Stefan Gärtner

Ausgewogene Strukturpolitik:
Sparkassen aus regionalökonomischer Perspektive

Beiträge zur europäischen Stadt- und Regionalforschung

herausgegeben von

Prof. Dr. Stefan Krätke

Europa-Universität Viadrina
Frankfurt/Oder

Band 5

LIT

Stefan Gärtner

Ausgewogene Strukturpolitik: Sparkassen aus regionalökonomischer Perspektive

LIT

Die vorliegende Arbeit wurde an der Fakultät Raumplanung der Universität Dortmund als Dissertation eingereicht.

Bibliografische Information der Deutschen Nationalbibliothek
Die Deutsche Nationalbibliothek verzeichnet diese Publikation in der Deutschen Nationalbibliografie; detaillierte bibliografische Daten sind im Internet über http://dnb.d-nb.de abrufbar.

ISBN 3-8258-1135-8
Zugl.: Dortmund, Univ., Diss., 2007

© LIT VERLAG Dr. W. Hopf Berlin 2008
  Auslieferung/Verlagskontakt:
  Fresnostr. 2   48159 Münster
  Tel. +49 (0)251–62 03 20   Fax +49 (0)251–23 19 72
  e-Mail: lit@lit-verlag.de   http://www.lit-verlag.de

Vorwort

Wirtschaftliche Konzentrationsprozesse und demographische Veränderungen führen dazu, dass immer mehr junge und qualifizierte Arbeitskräfte in Deutschland Städte und Regionen jenseits der Einzugsbereiche wirtschaftlich florierender Stadtregionen verlassen, weil sie dort immer weniger Chancen haben, angemessene Arbeit zu finden. Der öffentliche Sektor hat kaum Möglichkeiten, diese Entwicklung aufzuhalten, weil seine finanziellen Möglichkeiten begrenzt sind. Also werden Schulen geschlossen, Arbeitsämter und Gerichte zusammengelegt und Bahnlinien stillgelegt. Aber auch die private Wirtschaft reagiert auf solche Entwicklungen und zieht sich mehr und mehr aus der Fläche auf wenige zentrale Orte zurück. Einkaufszentren werden geschlossen und haushaltsbezogene Dienstleistungen werden nur noch elektronisch angeboten. Auch viele Banken und Sparkassen sehen sich gezwungen, die Standortpolitik in großstadtfernen Regionen zu überprüfen. Hier setzt die Arbeit von Stefan Gärtner an. Er argumentiert, dass gerade Sparkassen sich in solchen Regionen besonders engagieren sollen, weil sie als öffentlichrechtliche Regionalbanken geeignet sind, an der Entwicklung von Wachstumspotenzialen mitzuwirken und gleichzeitig Ausgleichsziele zu unterstützen. Hintergrund ist die Erkenntnis, dass sich das Fehlen von Banken in benachteiligten und peripheren Räumen nachteilig auf die wirtschaftliche Entwicklung von Unternehmen in diesen Räumen auswirkt, was wiederum dazu führt, dass Banken immer weniger Interesse an solchen Räumen haben. Die schrittweise Entleerung dieser Gebiete ist die Folge.

Das Anliegen des Autors ist es, einen wirtschaftspolitischen Baustein für eine ausgewogenere regionale Strukturpolitik in der Bundesrepublik Deutschland zu begründen. Die Arbeit baut eine überzeugende und immer gut nachvollziehbare Brücke zwischen den Anliegen einer sozial-orientierten Raumplanung und denen einer wirtschaftsbezogenen Strukturpolitik. Auf der Grundlage seiner umfassenden Kenntnis und differenzierten Analyse aktueller raumwissenschaftlicher Literatur, seiner fachlich fundierten Einsichten in das Sparkassenwesen in Deutschland, und mit Hilfe einer eindrucksvollen empirischen quantitativen und qualitativen Basis weist der Autor Wege auf, wie benachteiligte Räume in Deutschland stabilisiert werden können, und wie die regionalen Banken ihre Aufgaben dort trotz veränderter wettbewerbspolitischer Rahmenbedingungen wahrnehmen können. Dabei macht er deutlich, dass Bankenmärkte keinesfalls raumlos sind, wie von internationalen Kapitalmarktexperten gemeinhin angenommen wird.

Stefan Gärtner verbindet in dieser Arbeit raum- und bankenwirtschaftliche Aspekte und untersucht den Zusammenhang zwischen dem Wohlstand einzelner Regionen und dem Geschäftserfolg dort ansässiger Regionalbanken. Die Analysen der Untersuchung haben gezeigt, dass räumliche Nähe und die Kenntnis der lokalen Märkte für den Geschäftserfolg regionaler Banken eine wichtige Rolle spielen. Wenn Sparkassen in peripheren und strukturschwachen Regionen hinreichend erfolgreich sind – und dies ist möglich, wenn sie sich in regionale Zusammenhänge und Wirtschaftskreisläufe einbetten – können sie die regionale Entwicklung unterstützen und damit zum regionalen Ausgleich beitragen.

Es ist das Verdienst dieser sehr innovativen Arbeit, dass sie die regionalpolitisch oft artikulierte Forderung nach dem Erhalt auch privater Dienstleistungen in benachteiligten Räumen durch eindeutige empirische Befunde stützt. Sie liefert damit einen wichtigen und wissenschaftlich bedeutsamen Beitrag zur Konzeption einer "neuen" Strukturpolitik, die nicht einseitig auf wirtschaftliches Wachstum setzt, sondern versucht, Wachstum und Versorgung gleichermaßen zu berücksichtigen. Dies kann aber nur dann funktionieren – so der Standpunkt des Autors – wenn die räumlichen Konsequenzen einer wachstumsorientierten Strukturpolitik transparent kommuniziert werden, ein differenzierteres Raumleitbild zugelassen wird und für schwache Räume Entwicklungsalternativen bereitstehen. Eine solche Politik ist Voraussetzung für den Erhalt der Lebensqualität und Chancengleichheit der Menschen in strukturschwachen Regionen, die dort aus sozialen oder kulturellen Gründen bleiben möchten.

Klaus R. Kunzmann

vormals Jean Monnet Professor für Europäische Raumplanung an der Universität Dortmund
Potsdam, März 2008

Selbstloses Verhalten...

Unter Begriffen wie *indirekte Fitness* oder *reziproker Altruismus* diskutieren Biologen und Verhaltensforscher das Phänomen, dass sich Tiere zugunsten Einzelner uneigennützig zu verhalten scheinen. Nach der klassischen darwinistischen Lehre besäßen rein eigennützig agierende Individuen einen Selektionsvorteil, der zum Verschwinden des Altruismus führen müsste. So scheint sich die Natur nicht ausschließlich nach dieser modellhaften Gesetzmäßigkeit zu organisieren. Auch das Verhältnis zwischen Banken und Regionen ist vielschichtiger als es die klassische ökonomische Lehre vermuten lässt. So sind manche Regionalbanken gerade deshalb erfolgreich, da sie in der Region, in der sie ansässig sind, Verantwortung übernehmen und nicht in die erfolgreichen Regionen abwandern. Altruismus ließ sich auch bei der Erstellung dieser Arbeit beobachten, bei der mich Viele uneigennützig unterstützt haben. Folgenden Personen habe ich besonders zu danken:

Zunächst gilt mein besonderer Dank Prof. Dr. Klaus R. Kunzmann, der sich sofort bereit erklärte, die Dissertation zu betreuen. Er hat durch sein Drängen auf eine stringente und nachvollziehbare Argumentationsführung sehr zum Gelingen der Arbeit beigetragen. PD Dr. Dieter Rehfeld danke ich für die Übernahme des Zweitgutachtens und vor allem für die vielen spontanen Diskussionen beim Espresso, die mir, Dank seiner Fähigkeit sich schnell auf einen Sachverhalt einzulassen und Dank seiner Kreativität, sehr weitergeholfen haben. Ferner danke ich Dr. Hermann Bömer und Prof. Dr. Gerd Hennings für ihr Interesse an dem Thema und ihre Bereitschaft als Prüfer zur Verfügung zu stehen.

Die qualitative Feldforschung, in dessen Rahmen vier Regionen und ihre Sparkassen portraitiert wurden, wäre ohne die Hilfe und Gesprächsbereitschaft der beteiligten Institutionen nicht durchführbar gewesen. Diesbezüglich gilt mein besonderer Dank meinen Gesprächspartnern bei den Sparkassen Darmstadt, Dortmund, Biberach und Altmark West aber auch den Repräsentanten der vier beteiligten Städte und Kreise. Ferner bedanke ich mich bei den wissenschaftlichen Experten, die im Rahmen der Arbeit interviewt wurden. Eine Liste mit den Namen aller Gesprächspartnerinnen und Gesprächspartner befindet sich im Anhang. Für die Gewährung des Druckkostenzuschusses bedanke ich mich ausdrücklich bei der Wissenschaftsförderung der Sparkassenfinanzgruppe e.V.

Bei Heinz Brödner bedanke ich mich für den überaus gekonnten Gesamtüberblick bei Christian Meier für die sehr hilfreichen Diskussionen am Laufband und bei Jan Fasselt, Julia Finke, Christoph van Gemmeren, Dagmar Grote Westrick, Jörg Siegmann und Wiebke Lang für das Korrekturlesen. Carmen Oehler hat sich um das Layout verdient gemacht, wofür ihr mein Dank gilt.

Meiner Arbeitskollegin und guten Freundin Judith Terstriep gebührt überaus großer Dank: Sie hat mich in meiner täglichen Arbeit unterstützt, hat große Teile der Arbeit gelesen, stand immer für Diskussionen bereit und hat mir Mut zugesprochen, den ich gut gebrauchen konnte.

Dorothee Chini hat mich während der Zeit ertragen und hat damit den schwierigsten und undankbarsten Teil der Arbeit übernommen. Sie hatte nicht nur Verständnis für mich, sondern hat auch jeden meiner Selbstzweifel ausgeräumt. Dorothee Chini hat darüber hinaus inhaltlich zu dieser Arbeit beigetragen, indem sie immer wieder auf Verständlichkeit drängte und mich aufgefordert hat, jeden einzelnen Argumentationsschritt auszuformulieren.

Vielen Dank!

INHALTSVERZEICHNIS

A EINLEITUNG 3

B RAUM UND BANKEN: THEORIEN, POLITIKEN UND
  WIRKUNGEN AUF DEN RAUM 11

1 Raumwirtschafts- und Bankentheorien 13
  1.1 Kompetenzbasierte Ansätze der Regionalökonomie 16
    1.1.1 Flexible Produktion, Netzwerke und Konzentration
          ökonomischer Aktivitäten im Raum 18
    1.1.2 Innovative Milieus 20
    1.1.3 Produktionscluster im regionalen Kontext 23
    1.1.4 Kompetenzbasierte Ansätze im Vergleich 27
  1.2 Entwicklungslinien der Raumwirtschaftstheorien 28
    1.2.1 Angebotsorientierung: Von der Neoklassik bis zur
          Neuen Wachstumstheorie 29
    1.2.2 Nachfrageorientierte Wachstumstheorien 30
    1.2.3 Von der Polarisationstheorie zum Wachstumspolkonzept 32
    1.2.4 Endogene Regionalentwicklung 36
  1.3 Erklärungen für raumwirtschaftliche Entwicklungsphänomene 38
  1.4 Banken und Raum 41
    1.4.1 Zur Funktion von Finanzintermediären 43
    1.4.2 Bankentheorie 44
    1.4.3 Banken und Regionalentwicklung 47
    1.4.4 Banken und soziales Kapital 51
  1.5 Raumwirtschaftstheorien, Interventionsstrategien und
      Bedeutungen von Banken 52

2 Raumwirksame Trends, regionale Strukturpolitik
  und räumliche Verteilung 58
  2.1 Raumwirksame ökonomische und gesellschaftliche Trends 59
  2.2 Regionale Struktur- und Kohäsionspolitik 62
    2.2.1 Regionalpolitik der EU 66
    2.2.2 Regionale Strukturpolitik in Deutschland 70
    2.2.3 Regionale Strukturpolitik im Spannungsfeld
          zwischen Wachstum und Ausgleich 78
  2.3 Status quo der regionalwirtschaftlichen Raumstruktur in Deutschland 79
    2.3.1 Raumstrukturtypen 81
    2.3.2 Regionalwirtschaftliche Situation von Regionstypen 82
    2.3.3 Bestimmen Siedlungsdichte und Lage
          die regionalwirtschaftliche Situation einer Region? 84
    2.3.4 Regionalwirtschaftliche Situation der Kreise in Deutschland 86
  2.4 Zusammenfassung: Wie sehen die räumlichen Verteilungsmuster aus? 88

3	**Wirkungen und Akteure Kompetenzbasierter Strukturpolitik**	**92**
3.1	Direkte Effekte Kompetenzbasierter Strukturpolitik	92
3.2	Indirekte Effekte Kompetenzbasierter Strukturpolitik	94
3.3	Gesamtstaatliche Ebene: eine Positionsbestimmung	96
3.4	Ebenen und Akteure raumbezogener Wirtschaftspolitik: Sparkassen im Fokus	99

C SPARKASSEN: STRUKTUR, FUNKTION UND MARKTSTELLUNG 105

4	**Sparkassen und ihre Rolle im Bankenmarkt**	**107**
4.1	Öffentlicher Auftrag und Regionalprinzip	108
4.2	Struktur der Sparkassen-Finanzgruppe: Das Geschäftsmodell	110
4.3	Nutzen von Sparkassen	112
4.4	Rolle der Sparkassen im Bankenmarkt	113
	4.4.1 Bankenmarktstruktur	113
	4.4.2 Markt- und Ertragssituation	118
	4.4.3 Aktuelle Trends	123
5	**Sparkassen aus wettbewerbsrechtlicher, regionalökonomischer und bankentheoretischer Perspektive**	**125**
5.1	Bankdienstleistung als Daseinsvorsorge	126
5.2	Sparkassen im Lichte regionaler Strukturpolitik	128
5.3	Sparkassen aus bankentheoretischer Perspektive	129
5.4	Ein Fazit aus wettbewerbsrechtlicher, regionalökonomischer und bankentheoretischer Perspektive	136
6	**Regionalprinzip: Nachteile regionaler Bindungen**	**139**
6.1	Lock-In: Ertragskraft regionaler Banken in schwachen Regionen	141
6.2	Forschungsstandanalyse	142

D SPARKASSEN UND RAUM: EMPIRIE UND REGIONALSTUDIEN 149

7	**Das räumliche Umfeld von Sparkassen und ihr Ertrag: Indikatoren und Forschungsdesign**	**151**
7.1	Sparkassen, Gemeinden, Kreise und Zweckverbände: Bildung einer Untersuchungsebene	152
7.2	Indikatoren für die Merkmalausprägung von Sparkassen und Regionen	154
	7.2.1 Indikatoren zur Messung des Erfolgs von Sparkassen	156
	7.2.2 Indikatoren für die wirtschaftsstrukturelle Disposition von Regionen	157

8 **Das räumliche Umfeld von Sparkassen und ihr Ertrag: Quantitative Ergebnisse**   **163**
   8.1   Zusammenhänge zwischen regionalwirtschaftlicher Verfassung und dem Sparkassenertrag   164
       8.1.1   Korrelationen in Gesamtdeutschland   166
       8.1.2   Korrelationen in Westdeutschland   168
       8.1.3   Korrelationen in Ostdeutschland   168
   8.2   Sparkassenertrag und das regionale Umfeld   170
       8.2.1   Struktur- und Ertragsunterschiede zwischen West- und Ostsparkassen   171
       8.2.2   Zusammenhang zwischen Institutsgröße und Ertrag   172
       8.2.3   Hängen Ertrag und Zinsspanne von der Lage ab?   173
       8.2.4   Wo sind die Gewinner und wo die Verlierer zu finden?   176
   8.3   Ergebnisinterpretation   179
       8.3.1   Theoriegeleitete Begründungen der Ergebnisse   180
       8.3.2   Sachlogische Begründung der Ergebnisse   183
   8.4   Vergeben Sparkassen in schwachen ländlichen Regionen ausreichend Kredite?   186
   8.5   Zusammenfassung   188

9 **Regionen und ihre Sparkassen: eine vergleichende Analyse**   **192**
   9.1   Stadt Darmstadt   197
       9.1.1   Wirtschaft, Arbeit und Potenziale   198
       9.1.2   Wirtschaftsentwicklungsstrategie / Institutionelle Einbindung   200
       9.1.3   Sparkasse Darmstadt   201
       9.1.4   Ergebnisse   205
   9.2   Stadt Dortmund   207
       9.2.1   Wirtschaft, Arbeit und Potenziale   208
       9.2.2   Wirtschaftsentwicklungsstrategie / Institutionelle Einbindung   210
       9.2.3   Stadtsparkasse Dortmund   212
       9.2.4   Ergebnisse   216
   9.3   Landkreis Biberach   219
       9.3.1   Wirtschaft, Arbeit und Potenziale   220
       9.3.2   Wirtschaftsentwicklungsstrategie / Institutionelle Einbindung   222
       9.3.3   Kreissparkasse Biberach   222
       9.3.4   Ergebnisse   226
   9.4   Altmarkkreis Salzwedel   229
       9.4.1   Wirtschaft, Arbeit und Potenziale   230
       9.4.2   Wirtschaftsentwicklungsstrategie / Institutionelle Einbindung   233
       9.4.3   Sparkasse Altmark West   234
       9.4.4   Ergebnisse   237
   9.5   Vier Sparkassen und Regionen: Schlussfolgerungen   239

E HERAUSFORDERUNGEN EINER AUSGEWOGENEN STRUKTURPOLITIK 245

10 Strukturpolitische Szenarien: Typenbildung benachteiligter Räume   247

10.1 Auf der Suche nach den Verlierern   247

10.2 Szenarien regionaler Strukturpolitik   258

     10.2.1 Raumtyp I: Altindustriell-Städtisch   264

     10.2.2 Raumtyp II: Altindustriell-Peripher   266

     10.2.3 Raumtyp III: Agrarisch-Peripher   268

     10.2.4 Profillose Klein- bis Mittelstädte und benachteiligte Stadtteile als weitere Raumtypen   271

10.3 Bewertung der Szenarien   273

11 Sparkassen als Akteure einer ausgewogenen Strukturpolitik   277

11.1 Ausgewogene Strukturpolitik   279

     11.1.1 Gemeinsame Orientierung der verschiedenen Raumebenen   279

     11.1.2 Neue Raumleitbilder   280

     11.1.3 Neue Wahrnehmungs- und Handlungsräume   282

     11.1.4 Daseinsvorsorge flexibel gestalten   284

11.2 Sparkassen als umsetzende Akteure einer ausgewogenen Strukturpolitik   286

12 Zusammenfassung   291

F ANHANG   299

I **Verzeichnisse**   301

II **Strukturdaten und Analysen**   319

Abbildungsverzeichnis

Abbildung 1:	Aufbau der Arbeit	7
Abbildung 2:	Kompetenzbasierte Ansätze und Entwicklungslinien der Raumwirtschaft	14
Abbildung 3:	Elemente und Funktionen lokaler Milieus	21
Abbildung 4:	Die Region zwischen Exportbasis- und Clusterkonzept	32
Abbildung 5:	Themenbereiche der Finanzwirtschaft	45
Abbildung 6:	Banksysteme und Raum	47
Abbildung 7:	Raum im Wirkungsgefüge	59
Abbildung 8:	Kräfteverhältnis raumwirksamer Trends	60
Abbildung 9:	Ziel- und Strategieachsen der regionalen Strukturpolitik	63
Abbildung 10:	Regionaler Entwicklungsindikator für alle Kreise und kreisfreien Städte	83
Abbildung 11:	Entwicklungsstand aller Kreise/kreisfreien Städte nach dem ReEnt-Indikator (2003)	87
Abbildung 12:	Divergierende sich überlagernde Raummuster	90
Abbildung 13:	Ebenen raumbezogener Wirtschaftspolitik	100
Abbildung 14:	Bestandteile einer ausgewogenen Strukturpolitik	102
Abbildung 15:	Struktur der Sparkassen-Finanzgruppe (2004)	111
Abbildung 16:	Konsolidierung des deutschen Bankenmarkts 1995-2004	114
Abbildung 17:	Zweigstellenentwicklung 1995-2004	115
Abbildung 18:	Einwohner pro Bankstelle 2003	116
Abbildung 19:	Marktanteile nach Bilanzsumme 2005	118
Abbildung 20:	Eigenkapitalrentabilität in Prozent vor Steuern (1995-2004)	119
Abbildung 21:	Cost-Income-Ratio 1997-2004	120
Abbildung 22:	Eigenkapitalrenditen (vor Steuern) 2003 in ausgewählten europäischen Ländern	121
Abbildung 23:	Informationsasymmetrien in der Kreditwirtschaft	130
Abbildung 24:	Herfindahl-Hirshman Index 2003 für ausgewählte EU-Länder	131
Abbildung 25:	Schematische Darstellung der Indikatorenbildung und Untersuchungsraumebenen	151
Abbildung 26:	Sparkassen in der räumlichen Aufteilung	153
Abbildung 27:	Indikatorenübersicht	162
Abbildung 28:	Untersuchungsschritte	163
Abbildung 29:	Korrelationskoeffizienten zwischen Sparkassen- und Regionalindikatoren für Gesamtdeutschland	166

Abbildung 30:	Korrelationskoeffizienten zwischen Sparkassen- und Regionalindikatoren für Westdeutschland	168
Abbildung 31:	Korrelationskoeffizienten zwischen Sparkassen- und Regionalindikatoren für Ostdeutschland	169
Abbildung 32:	Einwohnerdichte nach Kreistypen	174
Abbildung 33:	Sparkassenindikator und Zinsspanne nach Kreistypen (Z-standardisierte Mittelwerte)	175
Abbildung 34:	Abweichung zwischen der Verteilung der Grundgesamtheit und der Verteilung der schwächsten und stärksten Sparkassen auf die Kreistypen (Prozentpunkte)	177
Abbildung 35:	Beziehungsspezifische Investitionen in unvollkommenen Bankmärkten	181
Abbildung 36:	Korrelationen zwischen Kreditvolumina, Einwohnerdichte und regionaler Wirtschaftskraft für West- und Ostdeutschland	188
Abbildung 37:	Matrix zur Positionierung der vier Beispielregionen	193
Abbildung 38:	Geographische Lage der vier Beispielregionen	194
Abbildung 39:	Stadt Darmstadt	197
Abbildung 40:	Stadt Dortmund	207
Abbildung 41:	Landkreis Biberach	219
Abbildung 42:	Altmarkkreis Salzwedel	229
Abbildung 43:	Drei Verliererräume nach verschieden Merkmalen	251
Abbildung 44:	Karte mit Beispielen schwacher Räume	256
Abbildung 45:	Ziel- und Strategieachsen der drei Szenarien	259
Abbildung 46:	Diagrammübersicht der Szenarien	263
Abbildung 47:	Szenarienverläufe beim Raumtyp Altindustriell-Städtisch	265
Abbildung 48:	Szenarienverläufe beim Raumtyp Altindustriell-Peripher	267
Abbildung 49:	Szenarienverläufe beim Raumtyp Agrarisch-Peripher	269
Abbildung 50:	Wachstumsorientierung einer ausgewogenen Strukturpolitik	278
Abbildung 51:	Umsetzungsebenen einer ausgewogenen Strukturpolitik	279
Abbildung 52:	Überlappende Raumbezüge	284

TABELLENVERZEICHNIS

Tabelle 1:	Raumwirtschaftstheorien, Wirkungen und die Bedeutung von Banken	53
Tabelle 2:	Sparkassen aus nationalstaatlicher, regionaler und gesamtwirtschaftlicher Perspektive	133
Tabelle 3:	Aufteilung und Gewichtung der Regionaldaten	154
Tabelle 4:	Wie aktiv waren die Sparkassen 1999-2003 in der Kreditvergabe?	171
Tabelle 5:	Ertragskennziffern von Sparkassen im West-Ost-Vergleich 1999-2003	171
Tabelle 6:	Die neun Siedlungsstrukturellen Kreistypen des BBR	174
Tabelle 7:	Raum- und Prosperitätsindikatoren der untersuchten Regionen	195
Tabelle 8:	Merkmale schwacher Räume	252
Tabelle 9:	Strukturpolitische Szenarien im Vergleich	259

Abkürzungsverzeichnis

ALQ	Arbeitslosenquote
BaRegio-Indikator	Bankenspezifischer Regionalindikator
BBR	Bundesamt für Bauwesen und Raumordnung
BIP	Bruttoinlandsprodukt
BMBF	Bundesministerium für Bildung und Forschung
BWS	Bruttowertschöpfung
CIR	Cost-Income-Ratio
DBB	Deutsche Bundesbank
DBS	Durchschnittliche Bilanzsumme
DSGV	Deutscher Sparkassen- und Giroverband
EKR	Eigenkapitalrentabilität
GA	Bund-Länder-Gemeinschaftsaufgabe Verbesserung der regionalen Wirtschaftsstruktur
GATS	General Agreement on Trade in Services
Helaba	Landesbank Hessen-Thüringen
IGZ	Innovations- und Gründerzentrum
IT	Informationstechnologie
IWF	Internationaler Währungsfonds
KMU	Kleinere und mittlere Unternehmen
NEG	New Economic Geography
NinA	Naturstoffinnovationsnetzwerk Altmark
OSGV	Ostdeutscher Sparkassen- und Giroverband
ReEnt-Indikator	Regionaler Entwicklungsindikator
ROG	Raumordnungsgesetz
SVC	SparkassenVentureCapital Dortmund GmbH
WTO	World Trade Organisation

Teil A

Einleitung

Einleitung

Durch eine ungleiche Entwicklung von Teilräumen einer Volkswirtschaft oder eines Staatenverbundes entstehen regionalwirtschaftliche Disparitäten. Im zwanzigsten Jahrhundert galt der ländliche Raum traditionell als strukturschwach und stand im Fokus der Bemühungen um regionalen Ausgleich. Räumliche Disparitäten stellen sich mittlerweile aber differenzierter dar und es lässt sich keine eindeutige Ordnung mehr ableiten, nach der die Agglomerationen Gewinner und die ländlichen Räume bzw. die Peripherien Verlierer sind. Quer zum Stadt-Land-Gefälle bestimmen großräumige Faktoren, empfundene Lebensqualität, Images und der wirtschaftsstrukturelle Besatz den regionalwirtschaftlichen Wohlstand von Regionen. Heute sind manche, vor allem altindustrielle Agglomerationen schwächer als ländlich periphere Räume und selbst in prosperierenden Städten sind mitunter einzelne Stadtteile ökonomisch und sozial von der gesamtstädtischen Entwicklung abgekoppelt.

In der Vergangenheit wurde im Rahmen der regionalen Strukturpolitik von staatlicher Seite versucht durch eine Ansiedlungspolitik schwache Räume zu entwickeln. Aufgrund anhaltend geringer wirtschaftlicher Wachstumsraten, einer alternden und demographisch schrumpfenden Bevölkerung, kaum noch vorhandener Ansiedlungspotenziale, den besonderen Herausforderungen der Wiedervereinigung und der zunehmenden internationalen ökonomischen Integration steht die regionale Strukturpolitik zurzeit vor einer Neuausrichtung. So wird auf allen strukturpolitisch wirksamen Ebenen, und insbesondere für Ostdeutschland (z.B. Dohnanyi, von 2004) unter Stichworten wie Cluster- oder Kompetenzfeldpolitik diskutiert, verstärkt vor Ort vorhandene Kompetenzen zu fördern (Beetz 2006: 15, Perlik/Messerli 2001). Ziel einer stärker am Wachstum orientierten Strukturpolitik ist die Entwicklung von Wachstumspotenzialen, die gesamtwirtschaftlich von Bedeutung sind. Für die Strukturpolitik relevante Potenziale werden dabei nicht ausschließlich aus Sicht der Regionen bestimmt, sondern es finden globalökonomisch wettbewerbsfähige Wachstumspole Berücksichtigung. So sind zwar in allen Regionen Potenziale vorhanden, allerdings sind die relevanten Kompetenzen vorrangig in prosperierenden Regionen verortet.

Obwohl die allgemeine Hoffnung besteht, dass die an zentralen Orten zu entwickelnden Wachstumspotenziale auf schwächere Räume *überschwappen,* muss tatsächlich davon ausgegangen werden, dass eine solche Neuausrichtung schwache Räume zunächst benachteiligt.[1] Ein Konflikt zwischen Wachstums- und Ausgleichszielen besteht nicht nur in Deutschland, sondern zunehmend – ausgelöst durch die Lissabon-Agenda – auch in der Europäischen Union (z.B. Hahne 2005: 257).

Gesamtwirtschaftlich kann eine solche Neuausrichtung Wachstumsprozesse induzieren, allerdings besteht die Gefahr, dass die nicht mehr geförderten Regionen künftig in einem räumlichen Innovationssystem fehlen. Dies vor dem Hintergrund, dass die Entwicklung von Regionen ex ante nur schwer einzuschätzen ist. So besteht die Gefahr, dass manche Regionen nicht mehr gefördert werden, obwohl sie in der Zukunft das Potenzial für einen selbsttragenden Aufschwung hätten. Ferner sind sozialpolitische Verwerfungen mit gesamtwirtschaftlichen Folgekosten zu erwarten. Auch ist zu berücksichtigen, dass andere raumwirksame Kräfte wie die Arbeitsmarkt-, Steuer- und Raumordnungspolitik ebenfalls stärker als früher schwache Räume benachteiligen bzw. weniger stark ausgleichend wirken.

Eine logische Konsequenz daraus ist ein strukturpolitisches Konzept, das gleichermaßen auf Wachstum und Ausgleich abzielt. In dessen Rahmen also gesamtwirtschaftlich bedeutsame Wachstumspotenziale unterstützt, aber ebenso gezielt schwache Räume entwickelt werden und versucht wird, Krisenkreisläufe zu verhindern. Eine derartige Strukturpolitik muss sich differenziert an den regionalen Erfordernissen orientieren. Vor dem Hintergrund, dass Politik dies allein nicht leisten kann, bedarf es regionaler Akteure, die bereit und fähig sind, den Standort vor Ort zu entwickeln.

Dem dezentralen Sparkassensystem in Deutschland kommt in diesem Zusammenhang eine besondere Rolle zu: Sparkassen sind in jeder Region ansässig, vor Ort unabhängig, an die Region gebunden und dürfen die als Spareinlagen eingenommenen Gelder nur in der Region, in der sie ansässig sind, als Kredite verwenden (Regionalprinzip), wodurch sie einen Kapitalabfluss in die prosperierenden Regionen bremsen. Im Rahmen der hier vorliegenden Arbeit wird der Frage nachgegangen, *ob diese öffentlich-rechtlichen Regionalbanken geeignet sind, an der Entwicklung von Wachstumspotenzialen mitzuwirken und gleichzeitig Ausgleichsziele zu unterstützen*. Eine Frage, die bisher kaum betrachtet wurde, obwohl Banken eine zentrale Rolle für die wirtschaftliche Entwicklung von Regionen einnehmen und ein unzureichender Zugang zu Kreditmärkten einen Engpass in der Regionalentwicklung darstellen kann. Fehlen Banken in strukturschwachen Regionen,

---

[1] Ob sich Wachstumseffekte prosperierender Regionen auf strukturschwache Räume ausdehnen, wurde zum Beispiel im Rahmen der Polarisationstheorie (Myrdal 1969) bereits in den 60er bis 80er Jahren des vergangenen Jahrhunderts diskutiert (Dybe 2003: 15).

können sich Unternehmen nicht entsprechend entwickeln, was wiederum das Interesse von Banken an diesen Regionen mindert und den ökonomischen Abstand zu den Zentren weiter vergrößert.

Aber selbst wenn, wie durch die Sparkassen sichergestellt, in allen Regionen Banken vorhanden sind, können diese nur zum regionalen Ausgleich beitragen, wenn sie in der Lage sind, in strukturschwachen Regionen einen ähnlichen Ertrag zu erwirtschaften wie in wohlhabenden Regionen. Aufgrund des geltenden Regionalprinzips, das Sparkassen daran hindert, außerhalb des eigenen Geschäftsgebiets aktiv zu werden, erscheint die Erfüllung dieser Prämisse zunächst einmal wenig wahrscheinlich.[2] Zumindest bei einer vordergründigen Betrachtung ist es naheliegend, dass Sparkassen in schwachen peripheren Regionen geringere Erträge erwirtschaften, folglich die regionale Entwicklung weniger stark unterstützen und somit letztendlich sogar zu einer Verstärkung regionaler Wohlfahrtsgefälle beitragen.

Den Rahmen dieser Arbeit bilden die Diskussion um die Folgen einer stärker auf Wachstum ausgerichteten Strukturpolitik und der Entwurf eines strukturpolitischen Konzepts, das entsprechend der spezifischen regionalen Stärken und Schwächen sowohl Wachstums- als auch Ausgleichselemente beinhaltet. Innerhalb dieses Rahmens werden Sparkassen als wichtige strukturpolitische Akteure untersucht.

Obwohl die genossenschaftlich organisierten Banken eine ähnliche Funktion einnehmen und Struktur aufweisen, werden Sparkassen aus folgenden Gründen in das Zentrum dieser Arbeit gerückt: Erstens sind Sparkassen öffentlich-rechtliche Organisationen, wodurch der Staat zumindest indirekt einen Zugriff hat und sich daher die Legitimität aus strukturpolitischer Sicht diskutieren lässt. Zweitens stehen Sparkassen als öffentlich-rechtliche Institutionen unter Dauerbeschuss der privaten Banken und der EU-Wettbewerbskommission, also hat die Frage ihres Nutzens eine besondere Relevanz. Und drittens sind Sparkassen – im Gegensatz zu den genossenschaftlichen Banken, die ihre Stärke im westdeutschen ländlichen Raum haben – bis auf wenige Ausnahmen, bei denen aber die Sparkassenfunktion von den entsprechenden Landesbanken übernommen wird, in allen Regionen mit relativ bedeutsamen Marktanteilen vertreten.

Aus der zuvor geschilderten Problemstellung ergeben sich folgende, die Arbeit strukturierende, zentrale Fragen:

---

[2] Dies vor dem Hintergrund, dass es zwischen Sparkassen keinen Ausgleichsfonds gibt und Sparkassen ausschließlich auf das regionale Geschäftspotenzial zurückgreifen können.

Frage 1: Welche Auswirkungen haben veränderte raumwissenschaftliche und strukturpolitische Ansätze auf den Raum und welche Rolle können regionale Banken als umsetzende Akteure einer ausgewogenen Strukturpolitik einnehmen?

Zur Beantwortung dieser Fragen werden in Teil B der Arbeit relevante raum- und bankenwirtschaftliche Theorien aufgearbeitet und miteinander in Beziehung gebracht. Der wirtschaftliche Status quo bundesdeutscher Regionen und aktuelle strukturpolitische Ansätze werden beschrieben. Darauf aufbauend erfolgen eine Analyse der Wirkungen einer neu ausgerichteten Strukturpolitik und eine Betrachtung der Sparkassen als lokale Akteure.

Frage 2: Welche Funktion haben Sparkassen aus wettbewerbsrechtlicher, banken- und regionalwirtschaftlicher Sicht?

In Teil C werden Sparkassen als strukturpolitische Akteure beschrieben, eine Bankenmarktanalyse vorgenommen sowie die wettbewerbsrechtlichen, banken- und regionalwirtschaftlichen Wirkungen von öffentlich-rechtlichen Regionalbanken diskutiert. Auch werden mögliche Nachteile regionaler Bindungen von Sparkassen erörtert.

Frage 3: Wie sieht das strukturpolitische Engagement der Sparkassen vor Ort aus? Sind Sparkassen in der Lage auch in schwachen Regionen einen Beitrag zur Regionalentwicklung zu leisten?

Teil D der Arbeit bildet den Kern der empirischen Analysen. Einerseits wird der Zusammenhang zwischen der regionalwirtschaftlichen Disposition von Regionen und der Ertragssituation von Sparkassen untersucht. Diesbezüglich werden die Korrelationen zwischen der Ertragsstärke von Sparkassen und der wirtschaftlichen Stärke von Regionen auf Ebene aller rund 470 Sparkassengeschäftsgebiete ermittelt. Anderseits wird anhand der qualitativen Untersuchung von vier Regionen und der dort angesiedelten Sparkassen die Umsetzung der Strukturpolitik vor Ort analysiert.

Frage 4: Wie ist eine ausgewogene auf Wachstum und Ausgleich setzende Strukturpolitik zu gestalten und wie kann eine solche Politik von den Sparkassen unterstützt werden?

Der abschließende Teil E arbeitet Typen schwacher Räume heraus, von denen angenommen werden kann, dass sie im Rahmen einer strukturpolitischen Neuausrichtung weiter an ökonomischer Bedeutung verlieren. Unter Bezugnahme auf diese Typen werden die zu erwartenden Folgen verschiedener strukturpolitischer Szenarien betrachtet. Darauf aufbauend wird skizziert, wie eine ausgewogene Strukturpolitik gestaltet und von den Sparkassen unterstützt werden kann.

Die inhaltliche Struktur und der Aufbau der Arbeit sind in Abbildung 1 skizziert. Hinsichtlich des kontextualen Aufbaus ist die Arbeit wie folgt strukturiert: Teil B legt die Grundlagen dar, indem Theorien und raumwirksame Faktoren aufgezeigt werden. Eine deskriptive und analytische Funktion nimmt Teil C ein, der die spezifische Struktur, die Bedeutung und Funktion von Sparkassen für den Bankenmarkt und die Regionalentwicklung skizziert. Teil D bildet den empirischen Kern der Arbeit und stellt sowohl quantitative Untersuchungen, bei denen die Grundgesamtheit aller Sparkassen betrachtet wurde, als auch vier Regionalstudien vor. Der abschließende Teil E ist konzeptioneller Art.

Abbildung 1: Aufbau der Arbeit

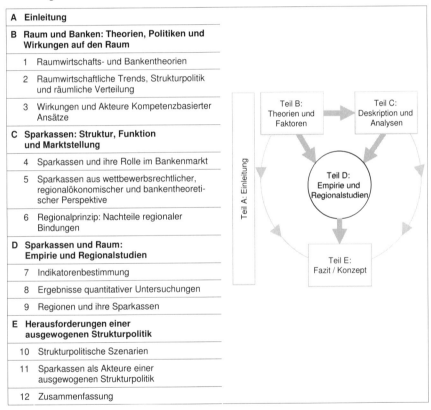

Methodisch basiert die Arbeit auf der Auswertung von Literatur und Expertengesprächen, der Analyse ausgewählter Regionen und Sparkassen, empirisch-statistischen Verfahren, in deren Rahmen spezifische Indikatoren entwickelt werden sowie auf der Bildung explorativer Szenarien.

Teil B

Raum und Banken: Theorien, Politiken und Wirkungen auf den Raum

Raum und Banken: Theorien, Politiken und Wirkungen auf den Raum

Die traditionell auf Ansiedlung setzende und in der Vergangenheit vor allem auf ländlich periphere Räume ausgerichtete Strukturpolitik wurde seit den 1970er Jahren unter Stichworten wie *regionalisierte Strukturpolitik* oder *endogene Regionalentwicklung* verändert. Sie berücksichtigt seitdem in vielen Bundesländern zunehmend vor Ort vorhandene Potenziale. Es handelt sich dabei aber nicht um eine Ablösung der traditionellen Strukturpolitik, sondern um eine Ergänzung bzw. um parallele Entwürfe. Seit rund einem Jahrzehnt zeichnet sich eine weitere Wende ab. So wird unter Stichworten wie *Cluster-* oder *Kompetenzfeldansatz* diskutiert, sich zwar an vor Ort vorhandenen Potenzialen zu orientieren, dabei aber überregional wettbewerbsfähige Potenziale zu fokussieren.

Solche Potenziale sind allerdings ungleich verteilt und in strukturschwachen Räumen weniger dicht gestreut. Weder in der wissenschaftlichen noch in der politischen Diskussion wird auf die Folgen eines solchen neuen strukturpolitischen Verständnisses für strukturschwache Räume eingegangen (Hübler 2005: 57, Rehfeld 1999: 247). Dabei ließe sich durchaus an die Diskussion um Wachstumspole im Rahmen der Polarisationstheorie (Myrdal 1969) aus den 50er bis 80er Jahren des vergangenen Jahrhunderts anknüpfen. Damals wie heute stellt sich die Frage, ob sich im Ergebnis einer solchen strukturpolitischen Neuorientierung die wirtschaftlichen Unterschiede verstärken oder ausgleichen (Dybe 2003: 15). Ferner stellt sich die Frage, inwieweit ein Stadt-Land-Gefälle als Denkfigur für die Gestaltung und Diskussion regionaler Strukturpolitik alleine noch ausreichend ist.

Gerade wenn es strukturpolitisch um die Entwicklung vor Ort vorhandener Potenziale geht, spielen regionale Banken und eine regionale Verfügbarkeit von Kreditmitteln eine zentrale Rolle: Fehlen regionale Finanzintermediäre, kann es aufgrund der Tatsache, dass die Banken in den Zentren nicht über hinreichende Informationen über potenzielle Kreditnachfrager in der Peripherie verfügen, bzw. unter der Annahme, dass Kreditengagements in der Peripherie kleiner und die zu finanzierenden Kreditsummen für diese Banken daher betriebswirtschaftlich unrentabel sind, zu einer kreditwirtschaftlichen Unterversorgung kommen. Da sich in deren Folge Unternehmen weniger gut entwickeln können, sind diese Regionen wiederum für Banken uninteressant. In prosperierenden Zentren konzentrieren sich hingegen die Banken und die Unternehmen können sich wiederum besser entwickeln. So kommt es zumindest in einer modellhaften Betrachtung zu sich selbst verstärkenden raumwirksamen Effekten (Porteous 1999), bei denen Banken eine Art Katalysatorfunktion einnehmen. Ferner kann angenommen werden, dass regionalorientierte Banken, neben ihrer Funktion als Finanzintermediäre, eine Rolle in der regionalen Wirtschaftsförderung bzw. bei der Umsetzung regionaler Strukturpolitik einnehmen, auch weil bei an die Region gebundenen Banken die regionalökonomische Entwicklung indirekt in die betriebswirtschaftliche Kalkulation eingeht (Dybe 2003: 218).

Allerdings werden Banken- und Finanzmarktsysteme kaum aus raumwirtschaftstheoretischer bzw. regionalökonomischer Sichtweise diskutiert. Zwar wurden regionale Banken von MYRDAL (1959, 1969) im Rahmen der regionalen Polarisationstheorie implizit betrachtet, doch trifft die Aussage von CHICK und DOW aus dem Jahre 1988 „the tendency in the literature is to ignore financial factors" (1988: 219) im Kern noch immer den Stand der theoretischen Diskussion.

Teil B der Arbeit geht der Frage nach, welche Auswirkungen veränderte raumwissenschaftliche und strukturpolitische Ansätze auf den Raum haben und welche Rolle regionale Banken als umsetzende Akteure einer ausgewogenen Strukturpolitik einnehmen können.

Diesbezüglich werden unter Berücksichtigung finanz- und bankenmarktlicher Aspekte die Entwicklungslinien der Raumwirtschaftstheorie, die Einflussfaktoren auf die Raumstrukturen und die Wirkungen einer an Kompetenzen orientierten regionalen Strukturpolitik diskutiert. Das erste Kapitel beschäftigt sich mit Raumwirtschaftstheorien, insbesondere mit neueren regionalökonomischen Ansätzen und betrachtet die Rolle von Banken für die regionale Entwicklung. Kapitel 2 skizziert die Raummuster beeinflussenden Faktoren, fokussiert dabei regionale Strukturpolitik und betrachtet den Status quo regionalwirtschaftlicher Entwicklung. Das dritte Kapitel diskutiert die raumwirtschaftlichen Wirkungen einer neu ausgerichteten Strukturpolitik hinsichtlich *regionsinterner* und *regionsübergreifender* Effekte und betrachtet die Akteure, die vor Ort an der Umsetzung beteiligt sind.

1 Raumwirtschafts- und Bankentheorien

Raum spielte in der Vergangenheit in ökonomischen Analysen kaum eine Rolle und wurde in wirtschaftswissenschaftlichen Fragestellungen nur in Randbereichen der Geographie oder der Stadt- und Regionalökonomie berücksichtigt (Krugman 1991: 3ff.). Aufgrund der Annahme, dass bei Realisierung des vollkommenen Wettbewerbs ein Verteilungsoptimum erreicht wird und sich durch eine gegebene Mobilität der Produktionsfaktoren der Raum ökonomisch gleichgewichtig entwickelt, hat sich die Disziplin *Raumwirtschaft* erst spät entwickelt. Doch die in der Realität gewonnene Erkenntnis der ungleichen Entwicklung von Regionen fordert die Wissenschaft heraus, die Gründe hierfür zu untersuchen und Entwicklungskonzepte zu erarbeiten, die insbesondere schwächere Regionen unterstützen.

Raumwirtschaftstheorien[3] sind als ökonomische Theorien mit räumlicher Dimension (Krieger-Boden 2005) zu verstehen und beinhalten Standort- und Lokalisationstheorien, die vornehmlich versuchen, die Struktur des Raumes zu erklären, also warum Unternehmen sich an bestimmten Standorten ansiedeln. Ebenso zählen hierzu die raumbezogenen Wachstums- und Entwicklungstheorien, die auf die Darstellung und Erklärung räumlich differenzierter ökonomischer Wachstums- und Entwicklungsprozesse abzielen (Hahne/von Stackelberg 1994: 12). Da es in dieser Arbeit um die Wirkungen neuer strukturpolitischer Ansätze geht, liegt der inhaltliche Fokus auf den Wachstums- und Entwicklungstheorien. Standort- und Lokalisationstheorien werden nur soweit behandelt, wie dies zum Verständnis erforderlich ist.

Die Entwicklung der Erklärungsmodelle und Theorien stellt sich nicht ausschließlich als räumlich und zeitlich geschichtet dar, gleichzeitig ergeben sich Alternativen, die sich teilweise ergänzen, aber auch diametral entgegenstehen. Bis heute gibt es keine allgemeingültige, operationalisierbare raumwirtschaftliche Entwicklungstheorie (Schätzl 2001: 29, Axt 2000: 151). Trotz ihrer Heterogenität lassen sich – wie in der folgenden Abbildung dargestellt – die Wachstums- und Entwicklungstheorien der Raumwirtschaft auf drei Grundkonzepte zurückführen (Gärtner 2003: 58).

---

[3] Ebenso könnte der Begriff regionalökonomische Theorien Verwendung finden. Die Begriffe sind nicht eindeutig abgrenzbar und werden teilweise synonym verwendet (vgl. Neuberger 2000: 42).

Abbildung 2: Kompetenzbasierte Ansätze und Entwicklungslinien der Raumwirtschaft

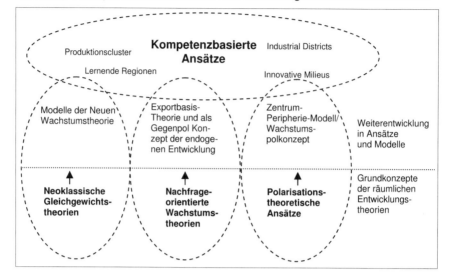

Aus diesen Grundkonzepten haben sich Modelle und Ansätze ausdifferenziert. Quer dazu zeichnet sich eine strukturpolitische, aber auch raumwirtschaftliche Neuausrichtung ab (in der Abbildung als Kompetenzbasierte Ansätze bezeichnet), die im Kern dadurch charakterisiert ist, dass

— die Entwicklung an den vor Ort vorhanden Kompetenzen ansetzt,

— der Raum in verschiedener Intensität mit seinem sozioökonomischen Wirkungsfeld (Läpple 1998a: 69), also Agglomerationseffekten, Netzwerken, zwischenbetrieblichen Kooperationen (Dybe 2003: 346), steigenden Skaleneffekten (Krugman 1991, Fujita et al. 1999) endogenen Potenzialen (Hahne/von Stackelberg 1994), aber auch kulturellen Faktoren (Grote Westrick/Rehfeld 2006) berücksichtigt wird,

— Wissens-Spillover, die – so zunehmend die Erkenntnis – auf räumliche Nähe angewiesen sind, eine besondere Bedeutung einnehmen (Koschatzky 2002) und

— strategisch auf ein regionales Wettbewerbsmodell gesetzt wird, das von der Konkurrenz um Qualität bzw. Kompetenz bestimmt wird.

In der raumwirtschaftlichen Diskussion existiert weder eine einheitliche Begriffsbildung bezüglich einer solchen Neuausrichtung, noch ein einheitliches Meinungsbild, welche Ansätze einer solchen Neuausrichtung hinzuzurechnen sind (Spehl, Interview vom 28.02.05). So fasst zum Beispiel SCHÄTZL diese Ansätze unter dem Begriff *dynamische evolutionäre Ansätze* zusammen, die er wiederum als Teil der *New Economic Geography* (NEG) versteht (Schätzl 2001). Ökonomen subsumieren diese neuen Ansätze oftmals unter der Bezeichnung NEG bzw. *Neue Ökonomische Geographie* (vgl. Kap. 1.2.1). Diese Zuordnung erscheint aus ihrer Sicht insofern sinnvoll, als die NEG in ihrer Modellbildung Erklärungsansätze für Konzentrationstendenzen ökonomischer Aktivitäten im Raum bietet. Allerdings handelt es sich bei der NEG um eine ökonomische Theorie, die zwar stärker als in der Vergangenheit den Raum betrachtet, aber bezüglich ihrer Offenheit für weitere Faktoren begrenzt sein muss. Auch ist mit dem Begriff eher die Modell- und Theoriebildung umrissen als die Beschreibung aktueller Ansätze der Raumwirtschaftspolitik (Krugman 1991). Populär ist der Begriff *Cluster*, der zurzeit wenig trennscharf eingesetzt wird und allgemein die räumliche Konzentration von Unternehmen einer Wertschöpfungskette bezeichnet. Innovationstheoretisch werden diese Ansätze auch als *Territorial Innovation Models* (Moulaert/Sekia 2003) bzw. *regionale Innovationssysteme* (Koschatzky 2001: 10) bezeichnet, wobei damit nicht immer zwingend raumwirtschaftliche Entwicklungskonzepte gemeint sind.

Da diese neuen Ansätze sich quer zu der klassischen raumwirtschaftlichen Theoriebildung, aber auch zur Innovationstheorie positionieren und breiter zu verstehen sind, werden sie hier mit dem Begriff *Kompetenzbasierte Ansätze* bezeichnet. Dieser Arbeitsbegriff hat nicht den Anspruch im Allgemeinen zutreffender zu sein als die vorgenannten, sondern nur im Besonderen – im Bezug auf den hier vorliegenden Untersuchungsfokus.

Darunter werden im Folgenden Ansätze wie *Innovative Milieus* (Camagni 1991), *Industrial Districts* (Marshall 1919), *Lernende Regionen* (Florida 1995) und *Produktionscluster* (Porter 1993, Rehfeld 1999) subsumiert (vgl. Abb. 2). Im Gegensatz zu den theoriegeleiteten raumwirtschaftlichen Entwicklungslinien orientieren sich die Kompetenzbasierten Ansätze nicht an geschlossenen Modellen, sondern an empirisch fundierten Ad-hoc-Erklärungen, wobei sie als analytische Ebene nicht, wie die drei räumlichen Entwicklungstheorien (vgl. Abb. 2), die gesamtwirtschaftliche Ebene, sondern die Mesoebene wählen. Anders ausgedrückt: Während die räumlichen Entwicklungstheorien Interaktionen zwischen den Unternehmen ohne weitere Spezifizierung annehmen und auf dieser Basis die Verteilung im Raum theoretisch untersuchen, fragen Kompetenzbasierte Ansätze nach den spezifischen Formen und Intensitäten der Interaktionen in einzelnen Räumen.

Diese Kompetenzbasierten Ansätze werden im nachfolgenden Unterkapitel (Kap. 1.1) vorgestellt und unter den Blickwinkeln Wachstum, regionale Wettbewerbsfähigkeit und Ausgleich betrachtet. Im Anschluss werden die drei Grundkonzepte der räumlichen Entwicklungstheorien (vgl. Abb. 2) dargestellt und die Bezugspunkte zu den Kompetenzbasierten Ansätzen aufgezeigt (Kap. 1.2). Da sich die tatsächlich stattfindende raumwirtschaftliche Entwicklung nicht allein aus Theorien und Modellen erklären lässt, erfolgt in Kap. 1.3 eine Auflistung von Erklärungsmustern für einzelne Entwicklungsphänomene. Wie bereits erwähnt, ist es eine der Schwächen der regionalökonomischen Theoriebildung, Bankensysteme, -strukturen, -theorien und die Verfügbarkeit regionaler Finanzierungsmittel zu ignorieren. Diesbezüglich erfolgt im Unterkapitel 1.4 eine Annäherung an bankwirtschaftliche Fragestellungen im Kontext räumlicher Entwicklung. Das Kapitel 1.5 schließt mit einer Bewertung und Gegenüberstellung der verschiedenen raumwirtschaftlichen Theorien und Ansätze sowie der daraus folgenden Bedeutung von Bankenstrukturen und Wirkungen auf die regionale Entwicklung.

1.1 Kompetenzbasierte Ansätze der Regionalökonomie

Jeder kennt die räumliche Ballung von Geschäften oder kleinen Handwerksbetrieben in den Altstädten europäischer oder orientalischer Großstädte, die noch nicht so sehr von den Einkaufszentren mit komplementär gestalteten Angeboten beeinflusst sind. Beispielsweise sei hier auf die Gewürzmärkte in Istanbul, die Textilmärkte am Montmartre oder die Handwerksgeschäfte in der Bukarester Altstadt verwiesen. Dabei handelt es sich um eine Konzentration ökonomischer Aktivitäten im Raum, also um ein *geographisches Cluster*.

Die wesentlichen Vorteile einer solchen räumlichen Spezialisierung sind, dass Kunden ein umfassendes Angebot geographisch konzentriert vorfinden, der Ort von spezifischen Lieferanten frequentiert wird, entsprechende Infrastrukturen bestehen, die Gewerbetreibenden in ein informelles Wissensnetz eingebunden sind und dadurch über Informationen bezüglich Markt- und Businesstrends verfügen. Die Konzentration begründet sich also durch Agglomerationsvorteile in Form von Kollektivgütern bzw. externen Effekten, die zum Beispiel durch Wissens-Spillover steigende Skalenerträge verursachen können. „Agglomeration – the clustering of economic activity, created and sustained by some sort of circular logic – occurs at many levels, from the local shopping districts that serve the surrounding residential areas (...) to specialized economic regions like Silicon Valley (...) that serve the world market as a whole" (Fujita et al. 1999: 1).

Seit den 1990er Jahren wurde der geographische Raum in den Wirtschaftswissenschaften wieder entdeckt. Diese Kehrtwende der klassischen Ökonomie kann KRUGMAN zugeschrieben werden, der sein 1991 veröffentlichtes Buch *Geography and Trade* mit dem Satz beginnt: „I more or less suddenly realized that I have spent my whole professional life as an international economist thinking and writing about economic geography, without being aware of it" (1991: 1).

Wieder entdeckt heißt aber, dass die ökonomische Theorie nicht immer *raumlos* war. Der Nationalökonom MARSHALL hat zum Beispiel bereits zu Beginn des vergangenen Jahrhunderts räumliche Nähe und Konzentration als bedeutend für den Erfolg von Unternehmen angesehen (Marshall 1919). Ebenso haben die Arbeiten von ALFRED WEBER (1909) zur Standorttheorie oder von PREDÖHL (1949) zur Außenwirtschaft Raum thematisiert. Außerhalb der klassischen ökonomischen Disziplin spielte Raum – so Krugman – ohnehin eine gewisse Rolle: In Teildisziplinen innerhalb der Wirtschaftsgeografie, Soziologie, Regionalökonomie und Politikwissenschaft wurde Ökonomie auch in der Vergangenheit im Kontext von geographischem Raum betrachtet. Hier sei zum Beispiel auf die Arbeiten von MYRDAL (1969) oder FRIEDMANN und WEAVER (1979) verwiesen. Der Wirkungszusammenhang zwischen Raum und Ökonomie blieb innerhalb der ökonomischen Disziplin insgesamt jedoch weitgehend unbetrachtet (Koschatzky 2001: 2, Scheuplein 2001).

Seit einigen Jahren gewinnt in der ökonomischen Disziplin der Raum jedoch an Bedeutung. So wird teilweise der Versuch unternommen, durch realitäts- und raumnähere Annahmen komplexere Zusammenhänge in Modellen abzubilden und damit die wirtschaftliche Entwicklung von Regionen zu erklären. Allerdings stoßen geschlossene Theorien und ökonometrische Modelle schnell an ihre Grenzen, wollen sie die Realität abbilden. So bleibt laut KRIEGER-BODEN auch in den meisten neueren Modellen der Raum homogen (2000: 20). Die im Folgenden vorgestellten aktuellen raumwirtschaftlichen Ansätze müssen keine Prämissen in Bezug auf formalisierte Theorien und Modelle erfüllen. Daher können sie offener sein, in ihren Ansätzen beispielsweise auch kulturelle Faktoren einfangen und die Regionen mit ihrem gesamten *Setting* betrachten.[4] Einige dieser hier als *Kompetenzbasierte Ansätze* bezeichneten Konzepte fungieren teilweise als Leitlinie regionaler Struktur- und Raumwirtschaftspolitiken und haben damit einen Einfluss auf die regionale Entwicklung. Im Folgenden wird auf die Herleitung dieser Ansätze und ihrer zentralen Begriffe eingegangen. Im Anschluss werden zwei dieser Ansätze vorgestellt.

---

[4] Die Kehrseite dieser Offenheit ist, dass die Ansätze aufgrund der hohen Komplexität schwierig umzusetzen sind. Dies zeigt sich u.a. darin, dass der Clusteransatz – der am ehesten einer marktlichen Logik entspricht und damit am wenigsten offen ist – am häufigsten umgesetzt wird und die anderen Ansätze, z.B. Innovative Milieus, eher auf der wissenschaftlichen Ebene diskutiert werden, als dass sie in der Praxis Anwendung finden.

1.1.1 Flexible Produktion, Netzwerke und Konzentration ökonomischer Aktivitäten im Raum

Die Anfang des zwanzigsten Jahrhunderts einsetzende standardisierte industrielle Massenfertigung, die von einer hohen innerbetrieblichen Arbeitsteilung geprägt war, ermöglichte die Nutzung von Skaleneffekten und sorgte für Produktivitätsgewinne. Dominant waren wenige Großunternehmen, die entlang der Wertschöpfungskette, vertikal integriert, Großteile einer Produktionsstufe, angefangen von der Rohstoffbeschaffung bis zur Vermarktung, in ihren Betrieben vollzogen. Aufgrund der innerbetrieblichen Arbeitsteilung und der hohen Stückzahlen waren die zwischenbetrieblichen Transaktionen eher gering. Steigende Produktvielfalt und immer kürzere Produktlebenszyklen führten jedoch seit den 1970er Jahren zu einer neuen industriellen Arbeitsteilung, nach PIORE und SABEL *the second industrial divide*. Es kam zu einer Schwerpunktverschiebung von der *Massenproduktion* hin zu einer *flexiblen Produktion* und Spezialisierung, von der innerbetrieblichen zur zwischenbetrieblichen Arbeitsteilung (Piore/Sabel 1984, 1985, Leborgne/Lipietz 1988) und damit zu einer räumlichen Neuausrichtung der Produktionsstandorte.

Aus einer hochflexiblen Produktion in kleinen Einheiten ergeben sich jedoch Nachteile. So können Skaleneffekte nicht hinreichend genutzt werden, Anlageinvestitionen erfolgen auf Grund der geringeren Produktionsmengen zu selten und kleine Unternehmen können komplexe Aufträge nicht alleine bearbeiten bzw. keine neuen Produkte entwickeln. Auch erfordert zwischenbetriebliche Arbeitsteilung – vor allem in der Forschung und Entwicklung – zwischenbetriebliche Wissensteilung. Insbesondere wenn es dabei um nicht kodifiziertes Wissen geht, stellt räumliche Nähe in diesem Kontext einen förderlichen Faktor dar. So konnte in verschiedenen Studien nachgewiesen werden, dass die Intensität von Wissens-Spillovern von der räumlichen Proximität der Akteure zueinander abhängig ist.[5]

Bei der Frage, wie beide Wirtschaftsparadigmen gleichzeitig umgesetzt werden können: Klein genug, um flexibel zu sein und groß genug, um Skaleneffekte realisieren zu können bzw. integrierte Produktionssysteme aufzuweisen, spielt räumliche Nähe eine wichtige Rolle. So können Unternehmen beispielsweise in regionalen Netzwerken das organisationstheoretische Problem zwischen zu klein, aber flexibel und zu groß, aber günstige Stückkosten, partiell lösen. Aus den internen Skalenerträgen von Großunternehmen werden durch regionale Integration externe Skaleneffekte aufgrund von Agglomerationsvorteilen. Dabei geht es allerdings

---

[5] Ein Überblick dazu findet sich bei Koschatzky (2001: 106ff.).

weniger um die Unterscheidung zwischen großen und kleinen Unternehmen, als vielmehr um die Unterscheidung zwischen innerbetrieblicher Arbeitsteilung in großen Produktionskomplexen und flexiblen Produktionen in zwischenbetrieblicher Arbeitsteilung, an der heute auch konzernabhängige Betriebe beteiligt sein können (Rehfeld 2001).

Ein in diesem Zusammenhang häufig zitiertes Beispiel mit hohem Symbolwert ist das so genannte *Dritte Italien*, eine sozial und geographisch homogene Region in der Emilia Romagna. Laut COOKE ist diese Region Heimat einer großen Anzahl von Unternehmensnetzen, die aufgrund der räumlichen Nähe besondere Wettbewerbsvorteile generieren können (1994: 237).

Bei Kompetenzbasierten Ansätzen nimmt der *Netzwerkbegriff* eine zentrale Bedeutung ein. „In Netzwerken agieren Unternehmen im kooperativen Wettbewerb" (Lessat 1998: 266). Der Netzwerkbegriff geht dabei zwar über die traditionellen marktvermittelten Beziehungsgeflechte hinaus, „doch anders als der Milieubegriff (...) werden Unternehmensnetzwerke (...) als Ergebnis rein optimierenden, rationalen Handelns interpretiert" (ebenda). Es gibt sehr viele verschiedene inhaltliche und formale Arten von Netzwerken: vertikale (entlang der Wertschöpfungskette), horizontale (auf derselben Wertschöpfungsstufe) und diagonale Vernetzungen (branchenübergreifend) sind möglich. Auch ist eine unternehmenszentrierte Einteilung nach Funktionen, zum Beispiel öffentliche Stellen, Forschungs- und Ausbildungsinstitutionen, Lieferanten oder Kunden, wie sie von RITTER und GMÜNDEN (1999: 389ff.) für Netzwerke im Innovationsprozess vorgenommen wurde, denkbar.

Unternehmen können von Netzwerken durch Vorteile – zum Beispiel Wissens-Spillover, Verbesserung der Kommunikation oder Reduktion von Unsicherheit – profitieren (Genosko 1997). Verdichten sich Netzwerke in einer Region, sind also viele Akteure eines Netzwerks in einer Region lokalisiert, profitiert die betroffene Region. Der Netzwerkbegriff trifft jedoch noch keine Aussage über die räumliche Nähe oder regionale Einbettung, vielmehr geht es um einen abstrakten ökonomischen Raum (Blotevogel 1995: 738ff.) bzw. einen sozialen Raum, der durch Beziehungen zwischen den Akteuren konstituiert ist. Da aber Kooperationsstrukturen und Interaktion durch räumliche Nähe begünstigt werden, wird bei ökonomischen Netzwerken die räumliche Dimension oft impliziert. Allerdings stellen die Unternehmen bzw. deren Interaktion und nicht der geographische Raum die zentrale Beobachtungseinheit dar.

Räumliche Nähe als zentraler Bestandteil Kompetenzbasierter Ansätze sowie die Konzentration ökonomischer Aktivitäten im Raum lässt sich auch rein ökonomisch begründen, wie es zum Beispiel im Rahmen der NEG (vgl. Kap. 1.2.1) geschieht.

Ausgangspunkt bilden steigende Skalenerträge und sinkende Transportkosten: Durch eine Konzentration wirtschaftlicher Aktivitäten erhöhen sich zwar in der Theorie die Transportentfernungen zu den Absatzmärkten, was allerdings aufgrund allgemein gesunkener Transportkosten nicht von so großer Bedeutung ist. Aufgrund der gesunkenen Transportkosten wird es lukrativ, wirtschaftliche Aktivitäten zu konzentrieren, um damit interne sowie externe Agglomerationsvorteile zu nutzen (z.B. Zimmermann 2003: 23, Krugman 1991).

Allerdings reichen Begründungen, die auf Agglomerationsvorteilen und niedrigen Transportkosten basieren, zur Erklärung von räumlicher Konzentration ökonomischer Aktivitäten alleine nicht aus (Max-Planck-Institut zur Erforschung von Wirtschaftsystemen 2001: 820). Eine wichtige Ursache ist, dass durch die Überlagerung sektoraler und regionaler Bezugspunkte bzw. -räume eine gemeinsame Kultur (Normen, Werte, Einstellung) entstehen kann. Da die Formen dieser gemeinsamen Kultur bzw. ethischen Orientierung, aber auch die relevanten Wissensbestände, je nach Branche und Ort sehr unterschiedlich sind, kommt es nicht nur allgemein zu einer Agglomerationsbildung, sondern zu einer räumlichen Spezialisierung (Gärtner 2006: 40ff.).

Die zuvor beschriebenen Erkenntnisse und Beobachtungen sind in diverse neuere regional- bzw. lokalökonomische Konzepte eingeflossen. Sowohl in den analytischen Grundlagen als auch in den konzeptionellen Konsequenzen kommt es dabei zu inhaltlichen Überschneidungen der einzelnen Konzepte, wodurch sich diese nicht eindeutig voneinander trennen lassen. Nachfolgend werden zwei dieser Ansätze vorgestellt. Sie markieren in gewisser Weise Fixpunkte bezüglich der Frage, inwieweit diese eher auf ökonomische (Clusteransatz) oder kulturelle und soziale Aspekte (Innovative Milieus) ausgerichtet sind.

1.1.2 Innovative Milieus

Die Groupe de recherche européen sur les milieux innovateurs (Gremi), die sich 1985 gründete, entwickelte den Ansatz der *Innovativen Milieus* (z.B. Camagni 1991), der gleichermaßen ökonomische, technologische, institutionelle und kognitive Aspekte einbezieht und vor allem auf quantitativen Untersuchungen aus Teilen Italiens beruht (Perlik/Messerli 2001: 13). Danach stellt das Beziehungsgeflecht zwischen relevanten Akteuren einen wesentlichen regionalen Wettbewerbsvorteil dar. GENOSKO betont in diesem Zusammenhang, dass „trotz der Bedeutung von *proximity* und räumlicher Konzentration der Milieu-Ansatz kein geographischer, sondern ein kultureller ist" (1997: 4ff.). Innovative Milieus basieren auf einem gemeinsamen Grundverständnis bezüglich sozioökonomischer Probleme und Lösungsmuster. Dieses ist zwar in der Regel an einen geographischen Raum gebunden, kann aber auch an einen *ortlosen* sozialen Raum gebunden sein, wie zum Beispiel ein Unternehmensverband. Auch CAMAGNI löst mit seinem *Konzept der Funktionsräume* die geographische von der soziokulturellen Proximität, wie in Abbildung 3 dargestellt ist. Die soziokulturelle Proximität, die für gemeinsame Normen, Werte und Verhaltensweisen verantwortlich ist, und die geographische Proximität bedingen sich gegenseitig und bewirken als Grundelemente das relationale Kapital, das Camagni als den regionalen Wettbewerbsfaktor bezeichnet. Somit ist der Milieubegriff implizit an die Region gebunden. Aus diesem relationalen Kapital resultieren spezifische Verhaltensweisen, die Innovationen begünstigen. Ein geographischer Raum gilt dann als besonders erfolgreich, wenn er über solch ein innovatives Milieu verfügt und Netzwerke bzw. die soziale Proximität einfangen kann.

So sehr dieser Ansatz der tatsächlichen Komplexität räumlicher Strukturen Rechnung trägt, so schwierig ist er analytisch und konzeptionell umzusetzen (Camagni 2003): Erstens ist es nur sehr eingeschränkt möglich, die komplexe Größe *relationales Kapital* in einzelne Bestandteile zu zerlegen. Zweitens ist kaum zu bestimmen, wie diese Bestandteile tatsächlich wirken und drittens sind viele dieser Bestandteile nur sehr schwer von außen zu beeinflussen.

Abbildung 3: Elemente und Funktionen lokaler Milieus

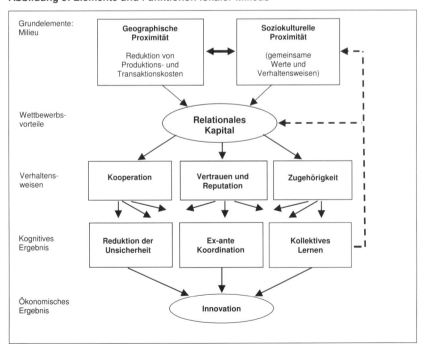

Um den analytischen Ansatz *Innovative Milieus* – der begründet, warum sich eine Region innovativ entwickelt bzw. als innovationsförderlich erwiesen hat – in der Regionalentwicklung umzusetzen und die Wettbewerbsfähigkeit einer Region oder Stadt zu verbessern, schlägt CAMAGNI (2003) die Berücksichtigung der *local governance* vor. Local governance wird als Summe der Regeln, Prozesse und Verhaltensweisen verstanden, die die Steuerung von Gemeinschaften bedingen.[6] Es sollen Möglichkeiten zur Diskussion und Interaktion geschaffen, lokale bzw. regionale Identität gefördert und Kooperationsmöglichkeiten sowie Vertrauen bewirkt werden. Dazu bedarf es sowohl spezifischer Akteure als auch Strukturen.

Auch wenn die Tendenz zur Verstärkung regionaler Ungleichgewichte beim Milieuansatz im Vergleich zu anderen Kompetenzbasierten Ansätzen eher als gering einzustufen ist, werden manche Räume die Disposition haben, diesem Ansatz besser zu entsprechen. Oder wie CAMAGNI es ausdrückt „it requires conditions that are rare and not all ubiquitous" (Camagni 2003). Dieser Ansatz wirkt daher eher wie ein Katalysator unterstützend und wird in Regionen mit guten Ausgangsbedingungen größere Wirkungen zeigen.

Beim Milieuansatz wird das Zusammenspiel ökonomischer, sozialer und kultureller Faktoren betrachtet, die unter dem Blickwinkel der räumlichen Nähe Wettbewerbsvorteile bewirken. Im Unterschied zum Clusterkonzept, das nachfolgend beschrieben wird, spielen die Zugehörigkeit der Unternehmen zu einer Wertschöpfungskette und deren Konkurrenzbeziehungen untereinander nur eine nachgeordnete Rolle.

---

[6] Zur Diskussion des Begriffs siehe auch Fürst/Zimmermann (2005)

1.1.3 Produktionscluster im regionalen Kontext

Der Clusteransatz hat in den letzten Jahren eine große Beliebtheit erfahren und wird vielfach als Allheilmittel zur Lösung diverser Entwicklungsprobleme diskutiert.[7] So schreibt zum Beispiel ROSENFELD: „Conceptually, industry clusters have become the sine qua non of economic development policy in many parts of the world." (2002: 5). Da der Begriff wenig differenziert verwendet wird,[8] wird zunächst einmal der analytische vom strategischen Ansatz getrennt.

Der analytische Ansatz behandelt ein Cluster als ein empirisch nachweisbares Phänomen – also die geographische Ballung von Unternehmen einer Wertschöpfungskette bzw. eines Sektors und weiterer relevanter Akteure, wobei meist eine Vernetzung zwischen den Akteuren angenommen wird. Der strategische Ansatz ist als Konzept der Wirtschaftsförderung, Regionalentwicklung und zunehmend auch der Struktur- bzw. Kohäsionspolitik zu verstehen und findet sich ebenso unter dem Begriff *Kompetenzfeldpolitik*. So lässt sich eine vage begriffliche Trennung, die allerdings nicht allgemeingültig ist, wie folgt vornehmen: Von der Politik aufgegriffen, liegt der Schwerpunkt beim Kompetenzfeldkonzept im Aufbau und der Unterstützung zukunftsfähiger Sektoren. Demnach beschreibt der Begriff Cluster das empirisch nachzuweisende Phänomen, also die räumliche Ballung und der Begriff Kompetenzfeldpolitik die strategische Entwicklung zukunftsfähiger Sektoren. Das Kompetenzfeldkonzept intendiert eine positive Entwicklung und Zukunftsfähigkeit bestehender Wertschöpfungsketten. Sektoren bzw. Branchen, von denen bezüglich Beschäftigungs- und Innovationseffekten keine besondere Dynamik zu erwarten ist, können im analytischen Verständnis – insofern die Unternehmen räumlich geballt sind – durchaus Cluster sein. Von Kompetenzfeldern würde in diesen Fällen allerdings nicht gesprochen (vgl. auch Gärtner 2004).

Der analytische Clusterbegriff wird schon länger in der raumwirtschaftlichen Wissenschaftsdisziplin verwendet (vgl. z.B. „the system of growth poles" von Lasuen, 1973). Als populärer Ansatz geht der Begriff in seiner heutigen Auslegung auf das Konzept der *nationalen Wettbewerbsvorteile* von PORTER (1993) zurück.

---

[7] Insbesondere in Bezug auf die anhaltenden Entwicklungsprobleme in Ostdeutschland wird zunehmend die Konzentration der Fördermittel auf Wachstumskerne bzw. Cluster gefordert, allerdings ohne dabei die Konsequenzen für weniger wettbewerbsfähige Räume offen anzusprechen (z.B. Tiefensee 12.03.2006, Bundesministerium für Verkehr, Bau- und Wohnungswesen 2004).

[8] So kritisieren zum Beispiel Martin und Sunley (2003) das Clusterkonzept als chaotisches Konzept, da der Begriff schwammig sei und keine Abgrenzung enthalte.

PORTER versteht unter einem Cluster die „geographische Konzentration von Unternehmen, spezialisierten Lieferanten, Dienstleistungsanbietern und Einrichtungen (zum Beispiel Universitäten, Normungsinstitute und Wirtschaftsverbände), die in bestimmten Feldern untereinander verbunden sind und gleichzeitig miteinander konkurrieren und kooperieren" (Porter 1999b: 207f). Dabei werden die vor- und nachgelagerten Unternehmen sowohl in der vertikalen als auch in der horizontalen Ebene betrachtet. So verwendet er das Clusterkonzept zunächst einmal analytisch.

PORTER geht davon aus, dass für das Standortgefüge die weltweite Verfügbarkeit von Kapital, Gütern, Informationen und Technik eine wichtige Rolle spielt. In seinen vergleichenden Länderstudien hat er die Bedeutung von in der Regel exportorientierten Clustern für die regionale Entwicklung aufgezeigt (Porter 1999a: 51ff.).

Nach PORTER liegen die relevanten Wettbewerbsvorteile in einer globalen Wirtschaft „zunehmend im regionalen Bereich – in Kenntnissen, Fähigkeiten, in Beziehungen und Motivationen, die räumlich entfernte Konkurrenten nicht aufbringen können" (Porter 1999a: 51ff.). Demnach hat sich die Gewichtung der einzelnen Standortfaktoren verändert: Waren früher Faktoren wie natürliche Häfen oder Rohstoffe bedeutsam, so ist der Wettbewerb heute weitaus differenzierter und die Interaktion der Akteure vor Ort hat sich von materiellen zu immateriellen Verflechtungen verschoben.

PORTER zufolge sind die Faktoren, die eine Herausbildung von Clustern bedingen, je nach Branchen und sogar Branchensegmenten sehr unterschiedlich. Er differenziert zwischen vier zentralen Bestimmungsfaktoren, die gemeinsam das Umfeld für Unternehmen schaffen und von denen Unternehmen beeinflusst werden:

— Faktorbedingungen: Wie sind die für eine spezifische Branche bedeutsamen Produktionsfaktoren herausgebildet?

— Nachfragebedingungen: Fungiert eine endogene Nachfrage als Impuls?

— Verwandte und unterstützende Branchen: Existieren Zulieferstrukturen?

— Unternehmensstrategie, Struktur und Wettbewerb: Was sind die nationalen Regulationen, die den Markt, die Unternehmensorganisation und die Konkurrenz bestimmen (vgl. Porter 1993: 95ff.)?

Der Fokus liegt bei PORTER eindeutig auf den Unternehmen. So empfiehlt er zum Beispiel bei der Standortwahl stärker auf „effiziente Infrastruktur, hochwertige Lieferanten und andere Vorteile, die ein Cluster bietet", also auf die gesamten Systemkosten und das Potenzial für Innovationen zu achten, statt auf niedrige Lohnkosten und Steuern (Porter 1999a: 61).

REHFELD betrachtet den Clusteransatz vorrangig aus dem Blickwinkel der Wirtschaftsförderung bzw. regionalen Strukturpolitik. Seinem Ansatz liegt die Beobachtung zugrunde, dass wirtschaftliche Strukturveränderungen in einzelnen Regionen sehr unterschiedlich wirksam werden und sich auch global agierende Unternehmen nicht vollständig von ihren Standortbindungen lösen (Rehfeld 1999). Ähnlich wie bei PORTER ist die Nähe[9] zu Unternehmen und Institutionen einer Produktionskette[10] von zentraler Bedeutung, um den Anforderungen im globalen Wettbewerb gerecht zu werden.

Unter dem Begriff Cluster fasst REHFELD räumlich konzentrierte Elemente einer Produktionskette zusammen, deren Endprodukte für den interregionalen Handel bestimmt sind und somit eine regionale Spezialisierung unterstützen (Rehfeld 1999: 43ff). Regionen profitieren danach vor allem, wenn sie Schnittstellen zwischen internen und externen wirtschaftlichen Verflechtungen aufweisen (ebenda). Dass sich REHFELD bei der Definition von wettbewerbsfähigen Clustern auf Produkte mit Fernabsatzorientierung konzentriert, bedeutet nicht, dass er auf den lokalen Absatz ausgerichtete Branchen für unerheblich für die wirtschaftliche Entwicklung einer Stadt bzw. Region hält. Nach ihm haben Cluster zwar eine ökonomische Leitfunktion für die regionale Entwicklung, die ökonomische Entwicklung einer Region ist aber von einer komplexen Systematik abhängig und lässt sich nicht auf die Existenz einzelner Cluster beschränken. So spielen Faktoren wie Lebensqualität, Wirtschaftsförderungskompetenz oder zukunftsweisende Infrastrukturen eine zentrale Rolle (Müller et al. 2002: 9).

Es existieren eine Reihe weiterer Ansätze und Konzepte, die eine gewisse Nähe zu den Grundgedanken des Clusters aufweisen. So erfreuen sich zum Beispiel *stadtteilökonomische Ansätze* bzw. *Lokale-Ökonomie-Maßnahmen* im Rahmen der Stadterneuerung zunehmender Beliebtheit. Solche Ansätze versuchen die ökonomische Diskrepanz zwischen schwachen und gutsituierten Quartieren innerhalb von Städten zu überwinden und beinhalten verschiedene Elemente Kompetenzbasierter Ansätze, sind aber eindeutig ausgleichsorientiert. So werden sie in der Regel nur in schwächeren Stadtteilen angewendet. Da sie im Rahmen strukturpolitischer Maßnahmen eine wachsende Rolle spielen und im weiteren Verlauf der Arbeit wieder aufgegriffen werden, werden diese Ansätze im folgenden Textkasten beschrieben.

---

[9] Nähe muss sich nicht geographisch konstituieren, sondern kann sich auch auf die soziale Ebene beziehen.
[10] Unter einer Produktionskette versteht er alle Funktionen, „die für die Entwicklung, Herstellung und Vermarktung eines Produktes bzw. einer Produktgruppe notwendig sind" (Rehfeld 1999: 48).

Stadtteilökonomische Ansätze / Lokale Ökonomie

Stadtteilökonomische Ansätze bzw. *Lokale-Ökonomie-Maßnahmen* gewinnen im Bezug auf die Revitalisierung strukturschwacher Stadtteile zunehmend an Bedeutung. Die staatliche Intervention soll dabei an den vor Ort vorhandenen endogenen Potenzialen ansetzen, eigendynamische Prozesse in Gang setzen und eine ökonomische Abwärtsspirale durchbrechen. Entwicklung wird dabei „nicht in erster Linie aus externen Impulsen erwartet (Ansiedlungspolitik, Mobilität von Arbeit und Kapital) und wird nicht als Wirtschaftswachstum verstanden, sondern vielmehr als eine qualitative Verbesserung der Lebensqualität und der Wirtschaftsstruktur vor Ort" (Weck 2005: 14).

Die Begriffe stadtteilökonomische oder auch Lokale-Ökonomie Ansätze, letzterer wurde aus dem angelsächsischen Raum ins Deutsche übersetzt, sind unscharfe Begriffe. Grundsätzlich geht es darum an den lokalen Problemlagen anzusetzen, anstatt überregional wettbewerbsfähige Wertschöpfungsketten zu sondieren.

Einige nehmen den Begriff sehr wörtlich und diskutieren ihn ausschließlich unter der Prämisse „local work for local people with local resources" (z.B. bei Körber et al. 2001). Andere wiederum betrachten alle Unternehmen am Standort unabhängig von deren Einbindung vor Ort und versuchen die Standortbedingungen für die lokale Wirtschaft im Allgemeinen zu verbessern. Eine dritte Position manifestiert sich in der Mitte: Es werden Unternehmen betrachtet, die lokal eingebettet sind und Lieferungen und Leistungen aus dem Stadtteil beziehen oder für den Stadtteil erbringen. So geht es LÄPPLE in seinem Konzept der städtischen Teilökonomien darum, eine Gesamtübersicht über die funktionale Vernetzung der Ökonomien einer Stadt, ihrer Größen und deren Bedeutung für die Stadt zu erhalten. Damit ist der Ansatz zunächst einmal ein analytisches Konzept.[11] Ziel ist es, darauf aufmerksam zu machen, dass eine städtische Ökonomie beide Pole benötigt: einerseits die exportorientierten Ökonomien, die Einkommen in die Region transferieren, von denen durch intraregionale Vernetzung auch kleinere Betriebe profitieren, und andersseits die auf die lokale Nachfrage orientierten Unternehmen, die die Lebensqualität am Standort erhöhen und unternehmensnahe Dienstleistungen bereitstellen.

Im Gegensatz zum Clusteransatz sind Lokale-Ökonomie-Maßnahmen stärker auf lokale Branchen und die Versorgung der Bevölkerung ausgerichtet. Ferner ist dieser Ansatz ausgleichsorientiert, da die Auswahl der zu fördernden Stadtteile nicht nach ihren Potenzialen, sondern nach dem Grad ihrer Benachteiligung erfolgt. Allerdings setzt die Stadtteilentwicklung an den lokalen Kompetenzen und Ressourcen an. Das heißt, dass schwache Stadtteile mit gewissen städtebaulichen, ökonomischen bzw. auch soziokulturellen Potenzialen eher von diesem Ansatz profitieren können als am Stadtrand liegende Großwohnsiedlungen mit Entwicklungsdefiziten.

---

[11] Dazu wurde das gesamtwirtschaftlich konzipierte Branchen- und Sektorkonzept auf die städtische Wirtschaft projiziert und „korrigiert bzw. ergänzt durch einen Bottom-up-Ansatz, durch den die spezifischen städtischen Entwicklungsbedingungen – insbesondere die historisch gewachsenen Produktions- und Wertschöpfungsstrukturen sowie die Verflechtungszusammenhänge – in die Analyse einbezogen werden" (Läpple 1998a: 73).

1.1.4 Kompetenzbasierte Ansätze im Vergleich

Die dargestellten Ansätze berücksichtigen den Raum stärker als in der Vergangenheit und treffen sich in der Zielsetzung, regionale Potenziale/Kompetenzen zu nutzen. Sie unterscheiden sich in ihrer analytischen Betrachtungsebene und folglich in ihrer strategischen Umsetzung.

Der Clusteransatz bezieht sich auf konzentrierte wettbewerbsfähige Wertschöpfungsketten. Die Wirtschaftsstruktur in Regionen, in denen solche Wertschöpfungsketten konzentriert sind, weist daher Spezialisierungsgrade auf und die jeweilige Region ist somit zwangsläufig, bezogen auf die regionale Perspektive, exportorientiert. Innerhalb dieser exportorientierten Wertschöpfungskette stehen aber ebenfalls nicht direkt exportorientierte Unternehmen im Lichte der Betrachtung, sofern sie vor- und nachgelagerte Lieferungen und Leistungen für die exportorientierten Unternehmen erbringen und daher Teil der betrachteten Wertschöpfungskette sind. Im Rahmen des Milieukonzepts erfolgt keine Beschränkung auf exportorientierte Wertschöpfungsketten, vielmehr werden alle regionalen Faktoren betrachtet. Nach LÄPPLE sind das Cluster- und Milieukonzept keine alternativen, sondern komplementäre Analysekonzepte. Zur begrifflichen Trennung schlägt er vor, mit dem Milieukonzept primär „die kulturellen, kognitiven und institutionellen Integrationsformen" zu bestimmen und mit dem Clusteransatz die „ökonomisch-organisatorischen und kooperationsvermittelten Zusammenhänge in ihrer räumlichen Ausprägung einzufangen"[12] (1994: 44ff.).

Dass das Clusterkonzept bezüglich der Diskussion um Wachstum und Ausgleich das größere Konfliktpotenzial aufweist, ist offensichtlich. Denn Clusterpolitik benötigt eine kritische Masse an einem Ort, was zwangsläufig mit einer geringeren ökonomischen Aktivität an anderen Orten einhergeht. "Nonetheless, the dramatically spatial unevenness of the real economy, the disparities between (...) congested cities and desolate areas; the spectacular concentration of particular industries in Silicon Valleys (..) is surely the result (...) of some set of cumulative processes, necessarily involving some form of increasing returns, whereby geographic concentration can be self-reinforcing" (Fujita et al. 1999: 2). So geht der Schweizer Wirtschaftswissenschaftler BORNER sogar so weit, dass er die „neuen Varianten

---

[12] Das Clusterkonzept stellt nach LÄPPLE ein „sehr fruchtbares Verbindungsglied zwischen Branche und Milieu" dar (Läpple 1994: 44). Die Branche versteht er als ökonomisch-technischen und marktvermittelten Zusammenhang.

von Cluster-Aktivismus (...) den Kategorien *beggar-my-neighbour-policies*" zuordnet (2002: 19). Von den Kritikern des Ansatzes wird vermutet, dass sich nicht nur Nachteile in Form von Entzugeffekten ergeben, sondern der Erfolg selbst in Regionen, in denen solche Ansätze angewendet werden, keinesfalls garantiert ist. Mögliche Risiken sind in dem folgenden Kasten dargestellt.

Risiken und Umsetzungsbarrieren des Clusteransatzes

Erstens ist zu klären, ob der Ansatz überhaupt politikfähig ist (Barjak 14.12.2004). „Der Cluster-Ansatz hat (...) die inhärente Schwäche, dass er sich gut zur ad hoc und ex post Beschreibung eignet, jedoch weniger zur Erklärung der Bestimmungsfaktoren und damit zur Prognose von alternativen Policies auf das regionale Wachstum" (Borner 2002: 10). So verweisen die Ansätze meist auf die exponierten Fälle wie das erfolgreiche Silicon Valley (Krüger 1996: 25). Gerade wenn im Rahmen der Struktur- bzw. Kohäsionspolitik Cluster erzwungen werden, ist der nachhaltige Erfolg fraglich.

Dies kann sich **zweitens** dann als problematisch erweisen, wenn Regionen *Modebranchen* fokussieren, ohne bei diesen Branchen am Standort über herausragende Kompetenzen zu verfügen. Kompetenzfelder benötigen eine Wettbewerbsfähigkeit und über die Region hinaus wirkende Alleinstellungsmerkmale. Es geht dabei um die „relativen Stärken" (Lammers, Interview vom 07.04.05) im Vergleich zu anderen Regionen.

Drittens lässt sich ein Cluster nicht auf die administrative Region beschränken. Das erfordert für bestimmte Kompetenzfelder eine entsprechende Flexibilität in der Zusammenarbeit auf regionaler Ebene, die bei lokalen Wirtschaftsförderungsämtern nur selten zu finden ist.

1.2 Entwicklungslinien der Raumwirtschaftstheorien

Wie bereits dargelegt, wird im Rahmen dieser Arbeit die Raumwirtschaft in drei traditionelle theoriebasierte Entwicklungslinien unterteilt, die im Folgenden dargestellt (Kap. 1.2.1-1.2.3) und bezüglich der raumwirtschaftstheoretischen Veränderung vor dem Hintergrund Wachstum, regionale Wettbewerbsfähigkeit und Ausgleich diskutiert werden. In Kapitel 1.2.4 wird ferner das Konzept der *endogenen Regionalentwicklung* vorgestellt, das zwar kein klassisches raumwirtschaftliches Konzept ist, jedoch als alternativer Ansatz die regionale Strukturpolitik seit den 1970er Jahren beeinflusst hat.

1.2.1 Angebotsorientierung: Von der Neoklassik bis zur Neuen Wachstumstheorie

Die neoklassische Gleichgewichtstheorie ist eigentlich keine Raumtheorie. Es handelt sich vielmehr um eine Modellbildung, die den Regionen bei Wirksamwerden freier Marktkräfte eine ausgeglichene regionale Entwicklung attestiert.

Das Wachstumsmodell der Neoklassik geht davon aus, dass Disparitäten zwischen Regionen nur kurzfristig auftreten. Durch die Wanderung der Produktionsfaktoren hin zum Ort der bestmöglichen Entlohnung kommt es zur Nivellierung der Entgeltdifferenzen und damit zu einer Konvergenz des Wohlstands in den Teilgebieten einer Volkswirtschaft bzw. der Weltwirtschaft. Es handelt sich dabei um eine geschlossene Theoriebildung, die im Modell regionale Entwicklungs- und Wachstumsprozesse erklären kann, der allerdings realitätsferne Prämissen wie absolute Rationalität von Haushalten und Unternehmen, Preistransparenz, atomistische Konkurrenz, keine Transport- oder Transaktionskosten, uneingeschränkte Mobilität der Produktionsfaktoren und exogene Bestimmung des Fortschritts zugrunde liegen. Darüber hinaus bleiben sowohl die Nachfrageseite als auch die raumdifferenzierende Wirkung von Agglomerationseffekten in der neoklassischen Theoriebildung unberücksichtigt (Arndt 1978: 34ff.).

Die auf der neoklassischen Gleichgewichtstheorie fußende *Neue Wachstumstheorie* versucht auf Grund der empirisch nachweisbaren regionalen Divergenz und der damit verbundenen Kritik am Modell der Neoklassik realitätsnähere Annahmen zu berücksichtigen. Der wesentliche Unterschied zur neoklassischen Theoriebildung liegt insbesondere darin begründet, dass variierende räumliche Entwicklungen vorgesehen sind, die auf endogenen Faktoren, vor allem Agglomerationsvorteilen, basieren. „Eine der grundlegenden Annahmen zur Endogenisierung von Wachstum ist die Existenz von positiven externen Effekten. In den Modellen der neuen Wachstumstheorie treten diese meistens als Wissens-Spillover zwischen Unternehmen auf" (Dybe 2003: 103).

Die neue Wachstumstheorie umfasst eine Vielzahl verschiedener Modelle. Weit verbreitet ist das *Zentrum-Peripherie-Modell* der New Economic Geography (NEG) von KRUGMAN, das er in den 1990er Jahren entwickelte und mit dem er eine räumliche Konzentration ökonomischer Aktivitäten als endogenen Prozess erklärt. Danach sind Agglomerationen nicht das Ergebnis inhärenter Standortunterschiede, sondern können „auf `kumulative Prozesse´ und zirkuläre Verursachung zurückgeführt werden" (Roos 2003: 108). KRUGMAN geht in seinen Modellen u.a. von (wissensbasierten) Spillovers, die zu steigenden Skaleneffekten führen, der Existenz von Transportkosten und der partiellen Immobilität von Teilen der Bevölkerung aus. Er untersucht dabei modellhaft, wann es unter diesen Prämissen zu Konzentrationsprozessen ökonomischer Standorte im Raum kommt. Steigende Skaleneffekte beschleunigen die Konzentration. Die Immobilität der Bevölkerung sowie hohe Transportkosten reduzieren diesen Prozess. Es geht also im Kern um die Frage, inwieweit Agglomerationseffekte, Transportkosten und Faktormobilität zentrifugal oder zentripetal wirken (Fujita et al. 1999: 345). „The tension between these centrifugal and centripetal forces shapes the evolution of the economy's spatial structure" (ebenda). Die in der Realität zu beobachtende Reduktion der Transportkosten und die Erhöhung der Mobilität des Produktionsfaktors Arbeit führt im *Krugmanschen Modell* zu einem Wirkungsüberhang an zentripetalen Kräften. Durch sinkende Transportkosten lohnt es sich, die Produktion an einem Ort zu konzentrieren, also hohe Transportentfernung in Kauf zu nehmen, und Skaleneffekte zu realisieren.

FUJITA et al. kommen zu der Erkenntnis, dass die aktuellen Modelle der NEG viele raumwirksame Phänomene erklären können, es allerdings an empirischen Überprüfungen fehle. So verstehen sie die NEG nicht als einen Ansatz, mit dem interventionistische Maßnahmen zu begründen sind, sondern als analytisches Konzept (1999: 348ff.).

Das Theoriegerüst geht ähnlich wie bei der Polarisationstheorie (vgl. Kap. 1.2.3) von einer *zirkulären Verursachung* aus und kann eine Verstärkung von raumwirksamen Effekten modellhaft erklären, aber nicht ihre eigentliche Ursache begründen, die im Rahmen des Modells in historischen Zufällen gesehen wird.

1.2.2 Nachfrageorientierte Wachstumstheorien

Die keynesianisch inspirierten Wachstumstheorien begründen – ähnlich wie die neoklassischen Theorien – die regionale Entwicklung gesamtwirtschaftlich exogen. Letztendlich tendiert die regionale Entwicklung dabei immer zum Ausgleich (Hahne/von Stackelberg 1994: 48). Im Rahmen dieser Theorien erfolgt im Gegensatz zur Neoklassik eine Fokussierung auf die Nachfrageseite, die die Auslastung der Angebotsfaktoren bestimmt. Die dadurch verursachten Investitionen schaffen Einkommen, ziehen weitere Investitionen in Produktionsanlagen nach sich, vermehren dadurch den Realkapitalbestand und fragen vor- und nachgelagerte Leistungen nach.

In die Raumwirtschaftstheorie hat die keynesianische Theorie, insbesondere in Form der Exportbasis-Theorie, Einzug gehalten. Die Theorie sieht im Güter- und Dienstleistungsexport einer Region den Motor für wirtschaftliche Entwicklung. Die

Anhänger dieser Theorie gehen davon aus, dass die wirtschaftliche Aktivität einer Region am stärksten durch eine Ausdehnung der Exportnachfrage, die als Basis-Aktivität bezeichnet wird, stimuliert werden kann.

Im *Ein-Regionen-Modell* der Exportbasis-Theorie wird dem durch Export erwirtschafteten Einkommen ein Multiplikatoreffekt zugeschrieben: Einerseits wird durch das Export-Einkommen Binnennachfrage geschaffen, andererseits geht die Theorie davon aus, dass ein Teil des Exporteinkommens für den weiteren Ausbau der Exportinfrastruktur (Produktionskapazitäten) eingesetzt wird. Zwar ist die Multiplikatorwirkung regionaler Exporte umso größer, je größer die Konsumquote und je kleiner die Importquote in der Region ist, die entscheidende Determinante und damit die strategische Stellschraube des Wirtschaftswachstums einer Region liegt jedoch nach dieser Theorie im regionalen Export (z.B. Schätzl 2001: 153, Hahne/ von Stackelberg 1994: 39).[13]

Die Exportbasis-Theorie hatte in der Vergangenheit einen nicht unerheblichen Einfluss auf die Strukturpolitik. So bezieht sich die 1969 zur Koordinierung der Strukturpolitik zwischen Bund und Ländern eingeführte *Gemeinschaftsaufgabe zur Verbesserung der regionalen Wirtschaftsstruktur* (vgl. Kap. 2.2.2.1) u.a. auf die Exportbasis-Theorie, indem sie in strukturschwachen Regionen Unternehmen mit Fernabsatzorientierung fördert (Becher/Rehfeld 1987).

Allerdings geht die Einfachheit der Theorie, die regionale Gegebenheiten wie intraregionale Nachfrage, Netzwerke, Wissens-Spillover-Effekte und vieles mehr unberücksichtigt lässt, mit einer Reihe von Unzulänglichkeiten einher. Aus gesamtwirtschaftlicher Sicht ist zu kritisieren, dass jeder Export einer Region einen Import einer anderen Region impliziert. Wachstumsprozesse in einer Stadt sind demnach mit einem städtischen Darwinismus (Läpple 1998b: 199) verbunden, da es zu Entzugseffekten in anderen Regionen und zumindest bei modellhafter Betrachtung zu einem gesamtwirtschaftlichen Nullsummenspiel kommt.[14]

Grundsätzlich weist die Exportbasis-Theorie eine gewisse Nähe zum Kompetenzfeld- bzw. Clusteransatz auf: Beide Ansätze stellen exportorientierte Sektoren in

---

[13] Im Laufe der 1970er Jahre sind Alternativen zur Export-Basistheorie entstanden, die nicht an der Stellschraube *Erhöhung des Exports* zur regionalen Einkommenssteigerung ansetzen. Sie versuchen vielmehr Importe durch regionale Angebote zu substituieren, um so den Nutzen der Exporteinkommen im Sinne einer Multiplikatorwirkung zu erhöhen. Diese Aspekte werden im Kapitel 1.2.4 aufgegriffen.

[14] Einschränkend ist anzumerken, dass, wenn mehrere Regionen ihre exportorientierten Basis-Aktivitäten ausdehnen und dabei gleichzeitig auch die Importquoten erhöhen, es durch Spezialisierungs- und Agglomerationseffekte sowie komparative Kostenvorteile durchaus zu einer Wohlstandsmehrung in allen Regionen kommen kann, was allerdings im Rahmen der Theorie keine Beachtung findet.

den Vordergrund der Betrachtung. Wie in der folgenden Abbildung dargestellt, besteht ein wesentlicher Unterschied jedoch darin, dass der Fokus bei der Exportbasis-Theorie ausschließlich auf den exportorientierten Unternehmen liegt, beim Clusterkonzept wird hingegen die gesamte Wertschöpfungskette und deren Vernetzung am Standort betrachtet.

Abbildung 4: Die Region zwischen Exportbasis- und Clusterkonzept

1.2.3 Von der Polarisationstheorie zum Wachstumspolkonzept

Bei den zuvor behandelten Wachstumstheorien führt die regionale Entwicklung – abgeleitet aus gesamtwirtschaftlichen exogenen Zusammenhängen – zum Gleichgewichtszustand zwischen Regionen.

Die nachfolgend vorgestellten Polarisationstheorien sind als Gegenposition dazu Ende der 1950er Jahre entstanden und versuchen, die unterschiedlichen wirtschaftlichen Entwicklungen von Regionen zu erklären.

Sie basieren auf einer Reihe von Annahmen, die den Gleichgewichtstheorien entgegenstehen (z.B. Schätzl 2001, Hahne/von Stackelberg 1994):

— Die Wachstumsdeterminanten, angefangen von originären Produktionsfaktoren bis zu den heute bedeutenderen Faktoren wie Wissen, Innovationspotenziale, Kompetenzen und Netzwerke, verteilen sich ungleich auf die Regionen.

- Die Produktionsfaktoren sind partiell immobil.

- Interregionale Abhängigkeit und die Lage im Raum sind für die wirtschaftliche Entwicklung von Bedeutung, so bestehen zum Beispiel Interdependenzen zwischen Zentrum und Peripherie.

- Die Märkte sind unvollkommen und weisen oligopolistische und monopolistische Marktstrukturen auf. Innovationen bedingen temporäre Monopole.

Die in der Mitte des vorigen Jahrhunderts von PERROUX[15] aufgegriffene sektorale Polarisationstheorie hat ihren Ursprung bei SCHUMPETER (1987, Nachdruck von 1934). Dieser hat in seinem 1934 erschienenen Buch *Theorie der wirtschaftlichen Entwicklung* Basisinnovationen, zum Beispiel die Erfindung der Dampfmaschine, für eine wellenförmige Entwicklung der Wirtschaft – auch *Lange Wellen* genannt – ursächlich gemacht. Diese Basisinnovationen ziehen eine Reihe *Sekundär- und Tertiärinnovationen* nach sich, wodurch eine Welle in Gang gehalten wird. Die Innovationen verursachen Investitionen in den betroffenen Sektoren und sorgen über *Akzelerator-Multiplikator-Effekte*[16] für einen Wachstums- und Entwicklungsprozess.[17]

PERROUX hat diese Grundgedanken aufgegriffen, indem er die durch den Innovationsprozess entstandenen Branchen als sektorale Wachstumspole bezeichnete. Er ging davon aus, dass sich diese Pole durch Verflechtungen zu motorischen Einheiten entwickeln, dadurch eine hohe Wettbewerbsfähigkeit erreichen und Initialeffekte auf andere Wirtschaftbereiche ausüben. Die sektorale Polarisationstheorie ist jedoch keine Raumwirtschaftstheorie, da sie weder die Standorte der motorischen Einheiten erklärt, noch gibt sie Auskunft über die räumliche Ausbreitung der Effekte (Schätzl 2001: 160ff.).

MYRDAL (1969) griff die sektorale Polarisationstheorie auf, lokalisierte die Wachstumspole, diskutierte die Auswirkungen auf den Raum und ist damit Begründer der *regionalen Polarisationstheorie*. Als Kritiker der neoklassischen Theorien geht er

---

[15] Perroux, F., 1964: L'économie du XXème siécle. Paris. Nach Schätzl (2001).
[16] Damit werden Effekte bezeichnet, die durch die Konsumierung der Einkommen, durch Investitionen der Unternehmen sowie durch Ausgaben der öffentlichen Hand entstehen und sich muliplikativ verstärken.
[17] Innovationen bringen es mit sich, dass andere Technologien und Infrastrukturen nicht mehr benötigt werden. „Zerstört werden auf diese Weise nicht nur der veraltete materielle Kapitalstock, sondern zumeist auch die damit verbundenen Arbeitsplätze (...) die sozioökonomischen und auch die räumlichen Strukturen" (Hahne/von Stackelberg 1994: 49).

von einer ungleichen Verteilung dieser Pole im Raum aus, die sich – erfolgt keine Intervention – kumulativ verstärken.

Er setzt der Hypothese einer gleichen Entwicklung der Regionen die These der zirkulären Verursachung eines kumulativen Entwicklungsprozesses entgegen (Schätzl 2001: 161). Auf Grund von Unteilbarkeiten interner und externer Ersparnisse verfestigen sich zufällige Wachstumsimpulse bzw. -hemmnisse. Durch intersektorale Verflechtungen breiten sich die Impulse auf andere Sektoren der Region aus. Der Prozess der positiven Rückkopplung hat sein Pendant in den *Entzugseffekten* bzw. *Back-Wash-Effects*, wovon schwache Räume betroffen sind. Die Zentren absorbieren einen Teil der mobilen Produktionsfaktoren zu Lasten der Peripherie oder altindustrieller Regionen.

Die in den Zentren unterstellten besseren Arbeits- und Lebensbedingungen bewirken, dass insbesondere gut ausgebildete junge Menschen dort hinziehen und diesen ökonomischen Effekt raumstrukturell verstärken. Hinzu kommt, dass die öffentliche Verwaltung auf Grund sinkender Staatseinnahmen nur noch sehr begrenzt als Nachfrager wirksam werden kann und öffentliche Investitionen in die regionale Infrastruktur unterbleiben.

Die sich im Gegenzug in den erfolgreichen Regionen ergebenden positiven Wirkungen konzentrieren sich zwar im Raum und verstärken sich dadurch kumulativ, diffundieren aber ab einem gewissen Konzentrationsgrad in das Umland. Der von MYRDAL als Kontereffekt bezeichnete Mechanismus sorgt für eine räumliche Ausbreitung der Investitionen und ist der Gegeneffekt zum Back-Wash-Effect. MYRDAL nimmt an, dass die Entzugseffekte in ihrer Wirkung die Ausbreitungseffekte übersteigen: „In no circumstances, however, do the spread effects establish the assumptions for an equilibrium analysis. In the marginal case, the two kinds of effects will balance each other and a region will be stagnating" (Myrdal 1969: 32). Allgemein wird davon ausgegangen, dass je höher eine Volkswirtschaft entwickelt ist, desto stärker werden Ausbreitungseffekte wirksam, da Infrastrukturen besser ausgebaut sind und aufgrund von Agglomerationsnachteilen Desurbanisierungseffekte unterstützt werden (Hahne/von Stackelberg 1994: 51).[18]

„Not much has been made of the financial aspects of cumulative theory, expects to argue that financial institutions share in the dynamic economies of scale which characterise business in the centre (…). This argument would suggest lower borrowing costs in the centre, but this reinforcement of regional disparity is not made

---

[18] Wobei eine gute verkehrliche Infrastruktur auch zur schnelleren Wirksamkeit der Entzugseffekte führen kann (Genosko 1997: 109).

use of in cumulative causation theory" (Chick/Dow 1988: 229). Bankensysteme stehen zwar nicht im Fokus der Polarisationstheorie (Dybe 2003: 95ff.), jedoch verweist MYRDAL darauf, dass Kapitalbewegungen dazu neigen, „die Ungleichgewichte zu vergrößern. (...) Verschiedene Untersuchungen in vielen Ländern haben gezeigt, wie das Bankensystem, wenn es nicht durch Eingriffe anders gesteuert wird, dazu neigt, aus den ärmeren Regionen die Ersparnisse abzuziehen und den reicheren und progressiveren Gebieten zuzuleiten, wo die Renditen hoch und sicher sind" (Myrdal 1959: 26). So sind in der Theorie der zirkulären Verursachung Banken sowohl Voraussetzung als auch Ergebnis der Konzentration ökonomischer Aktivitäten: Voraussetzung, weil Unternehmen die räumliche Nähe zu Banken suchen, um über gute Möglichkeiten der Kapitalbeschaffung zu verfügen. „Ergebnis, weil auch aus Sicht der Banken die Nähe zu den Kunden, insbesondere zu sich im Zentrum ballenden Großunternehmen, ein relevanter Standortfaktor ist" (Dybe 2003: 94).

Ob in der Realität die zentrifugalen oder -petalen Kräfte überwiegen, ob sich also die Einkommensdisparitäten zwischen Räumen verringern oder erhöhen, ist von vielen Rahmenbedingungen abhängig, kann empirisch nicht eindeutig nachgewiesen werden und wird je nach politischer Willensbildung unterschiedlich beantwortet. Neben den sozialpolitischen und verfassungsrechtlichen Vorgaben einer ausgeglichenen Regionalentwicklung war man in der Vergangenheit zur Ausschöpfung des Wachstumspotenzials darauf bedacht, Ausbreitungseffekte zu unterstützen (z.B. Schätzl 2001: 164 und Kap. 2.2).

Bei den Polarisationstheorien handelt es sich ebenfalls nicht um eine geschlossene Theorie, sondern um eine Vielzahl relativ unverbundener Teiltheorien, die komplexe Zusammenhänge erklären,[19] jedoch keinen konzeptionellen Zugang zur Entwicklung von Regionen bieten. So wurde die Polarisationstheorie zum Beispiel in Form des *Wachstumspolkonzepts* weiterentwickelt.

Es handelt sich dabei um ein Entwicklungskonzept, das sowohl den kumulativen Verstärkungseffekt, der bei einer räumlichen Konzentration ökonomischer Aktivitäten einsetzt, als auch den regionalen Ausbreitungseffekt von Investitionen nutzt. Regionen sollen danach systematisch gefördert werden, indem innerhalb strukturschwacher Räume Investitionen räumlich konzentriert werden. Die Verfechter dieses Ansatzes gehen davon aus, dass Wachstumsimpulse von den Wachstumspolen in einem hierarchischen Prozess zu den Orten niedrigerer Zentralitätsstufe

---

[19] Einer der grundlegenden Kritikpunkte an Myrdals Theorie ist, dass sie zwar die Gründe für die Vertiefung regionaler Disparitäten liefert, aber nicht in der Lage ist, die eigentlichen Ursachen für die Entstehung von Disparitäten zu bestimmen (z.B. Dybe 2003: 96).

springen. Dabei werden Konzentrations- und Entzugseffekte zunächst einmal in Kauf genommen. Das regionale Wachstumspolkonzept wurde in einer Vielzahl von Ansätzen als strukturpolitisches Handlungskonzept eingesetzt. So fußt in der Bundesrepublik das *Schwerpunktortekonzept* – ein noch heute im Rahmen der *Gemeinschaftsaufgabe Verbesserung der regionalen Wirtschaftsstruktur* gültiges Gestaltungsprinzip der Regionalpolitik – auf polarisationstheoretischen Ansätzen (Buttler/Hirschenauer 1995: 1062ff., vgl. auch Kap. 2.2.2.1).

Grundsätzlich weist das Wachstumspolkonzept eine gewisse Nähe zum Clusteransatz auf – beide legen einen Schwerpunkt auf die räumliche Konzentration wirtschaftlicher Aktivitäten. Der Clusteransatz setzt allerdings nicht nur auf Konzentration, sondern auch auf funktionale Differenzierung, damit spezifische Vorteile wie Wissens-Spillover einsetzen können. Ein weiterer Unterschied ist, dass das Wachstumspolkonzept vor allem für die Entwicklung schwächerer Räume eingesetzt wurde, die mit Hilfe so genannter Ausbreitungseffekte entwickelt werden sollten. Beim Clusteransatz ist eine Ausbreitung bzw. breite räumliche Streuung eigentlich kontraproduktiv, weil dadurch die benötigte kritische Masse bzw. die Dichte gefährdet würde.

Die grundsätzliche Nähe zwischen dem Wachstumspol- und dem Clusterkonzept zeigt sich u.a. an LASUENS in den 70er Jahren des vorigen Jahrhunderts entwickelten *System räumlicher Wachstumspole*. Nach LASUEN ist ein Wachstumspol ein regionales und sektorales Cluster von Betrieben, das durch eine regionale Exportaktivität miteinander verbunden ist (Lasuen 1973). LASUENS Ansatz basiert zwar auf dem Wachstumspolkonzept, er verschneidet dieses aber mit anderen Theorien: „it seems necessary to relate the framework of growth pole theory with those of central place theory and industrial structure analysis (...)" (Lasuen 1973: 164).

1.2.4 Endogene Regionalentwicklung

Durch eine ausschließliche Betrachtung der Exportaktivitäten, wie dies zum Beispiel im Rahmen der Exportbasis-Theorie der Fall ist, und Fokussierung auf Industrieprodukte vernachlässigen die am Wachstum orientierten Entwicklungsansätze in den Augen der Kritiker das *endogene Potenzial* und tragen zu einem stabilen Ungleichgewicht der Regionen bei. „With the growth centre doctrine as its principal tool, spatial development planning became the handmaiden of transnational capital." (Friedmann/Weaver 1979: 186). Als Gegenmodell wird seit den 1970er Jahren eine dezentrale endogene Entwicklung gefordert. Flankiert wurde dies durch sinkende Wachstumsraten und zu erwartende steigende Transportkosten in Folge der Ölkrise 1973/74 und einer allgemein gestiegenen Sensibilität gegenüber ökologischen Belastungen, die z.B. durch den 1972 erschienenen *Bericht an den Club of Rome* (Meadows 1972) gefördert wurde. Weitere Kritikpunkte an der Praxis der Strukturpolitik waren insbesondere die unzureichenden Erfolge einer auf Ansiedlungsanwerbung basierenden Regionalpolitik und einer damit einhergehenden Verfestigung räumlicher Benachteiligungsstrukturen.

Das Konzept der endogenen Regionalentwicklung wurde zwar als Entwicklungsstrategie für die Entwicklungsländer konzipiert, sollte aber ebenfalls in peripheren Regionen der Industrieländer angewandt werden.

Stellvertretend für eine ganze Reihe ähnlicher Ansätze kann auf das Konzept der *intraregionalen Potenziale* von HAHNE verwiesen werden. Ausgangspunkt bildet dabei die Annahme, dass die räumlich funktionale Arbeitsteilung nur bestimmte, überregional nachgefragte Fähigkeiten und Potenziale nutzt, während andere verkümmern. Dadurch werden Ressourcen wie Segmente des Arbeitsmarktes, handwerkliche Fähigkeiten, Traditionen sowie kulturelle und ökologische Potenziale nicht effizient und innovativ eingesetzt (Hahne/von Stackelberg 1994: 79ff, Hahne 1985).

Auch für das Konzept der *endogenen Regionalentwicklung* gibt es keine geschlossene Theorie und die Diskussion um den Begriff ist weit gefächert (Kappel 1999: 434).

Eine gewisse Nähe zum Clusteransatz zeigt sich durch die Fokussierung endogener Entwicklungspotenziale. Es stellt sich in diesem Zusammenhang die Frage, ob in allen Regionen in ausreichendem Maße Potenziale vorhanden sind, um eine eigenständige Entwicklung zu lancieren und ob sich eine auf Ausgleich ausgerichtete Strukturpolitik alleine darauf stützen kann. Im Gegensatz zum Clusteransatz geht das Konzept davon aus, dass sich alle Regionen eigenständig und gleichwertig entwickeln können und es wird daher keine Konzentration und Spezialisierung gefordert. Im Fokus des Ansatzes steht nicht Wirtschaftswachstum, sondern vielmehr die qualitative Verbesserung der regionalen Lebensbedingungen.

1.3 Erklärungen für raumwirtschaftliche Entwicklungsphänomene

Die sich in tatsächlichen Raumstrukturen manifestierende regionalwirtschaftliche Entwicklung ist komplex und kann mit den zuvor aufgeführten Theorien und Ansätzen nicht hinreichend erklärt werden. Es existiert jedoch eine Reihe von Erklärungen, die räumliche Entwicklungsphänomene beschreiben und teilweise mit Ad-hoc-Erklärungen arbeiten, die sich aber nicht verallgemeinern lassen. Im Folgenden werden einige dieser *Erklärungskonzepte* dargestellt.

Unabhängig von der Frage, ob der für das Entstehen von Zentren verantwortliche Impuls auf Zufälligkeiten basiert – wie es die Neue Wachstumstheorie bzw. die NEG (vgl. Kap. 1.2.1) nahe legen – oder inhärente Standortunterschiede und divergierende Ressourcenausstattungen für gegebene raumstrukturelle Situationen verantwortlich sind, wird zunehmend davon ausgegangen, dass regionale Entwicklung entlang eines historisch determinierten Entwicklungspfads stattfindet. Eine Umkehr dieser regionalen *Pfadabhängigkeit* ist – so die allgemeine Erkenntnis – im Rahmen einer strukturpolitischen Intervention nur bedingt möglich (z.B. Krätke/ Scheuplein 2001: 198ff., Gerling/Schmidt 2000: 11ff.). So sieht zum Beispiel DYBE, der die Wirtschaftsstruktur Mecklenburg-Vorpommerns untersuchte, die dort aufgrund einer starken landwirtschaftlichen Basis entstandene Ernährungswirtschaft als Beispiel dafür, dass sich „neue wirtschaftliche Strukturen aus etablierten Verhältnissen ergeben" (Dybe 2003: 239).

Die allgemeine Existenz einer regionalen Pfadabhängigkeit heißt aber nicht, dass schwache Regionen keine Chance auf eine wirtschaftliche Entwicklung bzw. auf einen aus eigener Kraft bewirkten Anschluss an stärkere Regionen haben. Denn von Zeit zu Zeit – insbesondere wenn es zu radikalen gesellschaftlichen oder technologischen Innovationen kommt – werden die Karten für regionale Entwicklung neu gemischt. So besteht die Möglichkeit, dass in schwachen peripheren Regionen die Standortvoraussetzungen für eine neue Technologie günstiger sind, was mit geringeren Standort- und Lohnkosten, aber auch mit spezifischen Standortstrukturen (z.B. mit soziokulturellen oder naturräumlichen Vorteilen) begründet werden kann. KUNZ (1987: 132) führt dies als eine der Begründungen für die prosperierende Entwicklung Süddeutschlands an (vgl. auch Kap. 2.3.4).

Die Überlegung, dass durch sprunghafte Innovationen vorher benachteiligte Räume neue Chancen haben, wurde von BREZIS et al. (1993) in einem Zwei-Länder-

Modell als *Leapfrogging* simuliert und die Bedingungen extrahiert, die notwendig sind, damit zuvor schwache Räume wirtschaftlich starke Räume überholen. Ein solcher „technischer Froschsprung" (Gerling/Schmidt 2000: 12) ist jedoch eher die Ausnahme, auch da technischer Fortschritt in der Regel aus bestehenden (räumlichen) Strukturen entsteht und die prosperierenden Zentren daher meist im Vorteil sind. Allerdings kann im Umkehrschluss festgehalten werden, dass „Peripherien wenig Chancen haben, einen Aufholprozess zu starten, wenn sie sich auf ausgetretenen Wegen bewegen (...)" (Dybe 2003: 115ff.). Ferner ist dieser Funktionsmechanismus geeignet, das wirtschaftliche Emporkommen (vgl. die Ausführung zum Landkreis Biberach in Kap. 9.3), aber auch den Niedergang der einen oder anderen Regionen zu erklären. Solche Effekte können dann besonders wirksam werden, wenn sie durch eine entsprechende staatliche strukturpolitische Intervention unterstützt werden und sich vor Ort Netzwerkstrukturen mit spezifischen Zulieferern herauskristallisieren. Letzteres ist allerdings nur schwer zu prognostizieren.

Der Niedergang einer Region, und dies steht im gewissen Widerspruch zu der in den Kapiteln zuvor vorgenommen Betonung zwischenbetrieblicher Kontakte und räumlicher Nähe, kann durch eine endogene Orientierung und stabile konsensorientierte Beziehungsstrukturen begünstigt werden. Dieser Effekt wird in der Regionalökonomie als *Lock-In Effekt* bezeichnet (z.B. Granovetter 1973, Grabher 1990). So spricht GRABHER von „the weakness of strong ties" (1990: 4ff.) und führt folgende Lock-In Effekte als entscheidend für die negative Entwicklung des Ruhrgebiets an: Funktionale Lock-In Effekte beziehen sich auf eine regionale Wertschöpfungskette, kognitive Lock-In Effekte auf die Beschränkung regionalen Wissens und regionaler Kontakte und politische Lock-In Effekte schlagen sich in einer Konsenskultur nieder und verhindern eine regionale Neuausrichtung und Veränderung. „Konsensbildung kann die notwendigen innovatorischen Prozesse (...) dadurch behindern, dass die (...) Denkmuster und Suchroutinen der Akteure durch `Selbstzensur´ den Innovationsprozess nahe am *status quo* halten (...). Es kommt zu kartellartigen Akteurskonstellationen, sozialen und thematischen Selektivitäten der Prozesse etc.", so FÜRST und KNIELING (2002: 6). GRANOVETTER hat 1973 vom Dilemma zwischen notwendiger enger Verbindung innerhalb von Netzwerken und einer gleichzeitig erforderlichen Offenheit nach außen gesprochen. Lock-In Effekte entstehen zum Beispiel, wenn sich Regionen ausschließlich an regionalen Wissens- und Ressourcenbasen orientieren und externe Impulse vernachlässigen. Dabei geht es nicht nur um fehlendes technologisches Wissen, sondern auch um „Erfahrungen und Erkenntnisse, die Anregungen und Impulse zu Denk-, Handlungs-, Kommunikations- und Kooperationsprozessen leisten" (Hoppe 2000: 42). Regionale Lernblockaden und Denkroutinen beherrschen die regionalen Akteure, angefangen von den Unternehmern über Arbeitnehmer bis zu den politischen Entscheidungsträgern. In der Vergangenheit wurden diese Effekte oftmals für altindustrielle Regionen diskutiert, in denen sektorale Abhängigkeiten durch politische Maßnahmen flankiert wurden. „Sklerotische Milieus" (Läpple 1994: 42) sind ein Erklärungsmuster für die Entwicklung des Ruhrgebiets. KUNZMANN führt ebenfalls bezogen auf das Ruhrgebiet die Kehrseite enger regionaler Beziehungsnetzwerke aus: „Given the dominance of the large industries in the Ruhr District and knowing of the close relationships between leading industrialists, unionists and politicians in the region – we use the German colloquial expression `Filz´ (...)" (Kunzmann 1986: 413). Lock-In Effekte sind dann besonders wirksam, wenn technologische oder gesellschaftliche Erneuerungen wirksam werden, für die neue Standorte besser geeignet sind und es dort zu Leapfrogging-Prozessen kommt.

Die Diskussion von räumlichen Ausbreitungseffekten oder Kontereffekten – wie Myrdal sie genannt hat – hat in der aktuellen regionalökonomischen Diskussion unter Begriffen wie *Trickling-Down-*, *Spread-* oder Sickereffekten ihren festen Stellenwert. Die Effekte äußern sich vor allem in Form der Ausbreitung von Nachfrageimpulsen, Standortverlagerung und der räumlichen Ausbreitung von technischem Wissen, also Spillovers. Die Wirkungen dieser Effekte können grob in substitutiv und komplementär unterteilt werden (vgl. Läpple, Interview vom 07.04.05) So entstehen *substitutiv wirkende Kräfte* vor allem durch das Wirksamwerden von Agglomerationsnachteilen – zum Beispiel hohe Grundstückspreise und Lohnkosten oder Umweltbelastungen – in Form der Verlagerungen wirtschaftlicher Aktivitäten in periphere Regionen. Allerdings ist eine Standortverlagerung nicht für alle Produktionen im gleichen Maße möglich und hängt zum Beispiel vom Reifegrad der Produkte ab.[20] Räumliche Ausbreitungseffekte ergeben sich eher für niedrigere Tätigkeiten in Form verlängerter Werkbänke (Genosko 1997: 5). So benötigen forschungsintensive Wirtschaftsaktivitäten in der Regel hochqualifizierte Infrastrukturen und gut ausgebildete Mitarbeiter, die vielfach nur in Agglomerationsräumen in ausreichender Menge vorhanden sind. Ferner werden Ausbreitungseffekte nicht immer im näheren räumlichen Umfeld wirksam, sondern zeigen sich mitunter inter-

---

[20] Produktionsverlagerungen von den Zentren in die Peripherie bzw. in strukturschwache Räume erfolgen nach der Produktlebenszyklus-Hypothese in erster Linie für die Herstellung standardisierter Massenprodukte. In der Entwicklungsphase eines Produkts sind hochqualifizierte Arbeitskräfte gefragt, die am ehesten in den Agglomerationsräumen, bzw. auf Nationalstaaten bezogen in den hochentwickelten Volkswirtschaften, zu finden sind. In der Reifephase verlagert sich der optimale Standort in Richtung Peripherie, da durch zunehmende Konkurrenz die Betriebe auf günstige Faktorpreise (Arbeit und Boden) angewiesen sind. Aufgrund der niedrigen Löhne und geringen Gewinne, die ohnehin meist in andere Regionen bzw. Länder fließen, kommt es nur eingeschränkt zu Nachfrage- und Wohlstandseffekten in diesen schwächeren Räumen.

Kapitel 1 - Raumwirtschafts- und Bankentheorien

national (Benzler/Wink 2004: 262), wie zum Beispiel die Verlagerung lohnintensiver Produktionen in Billig-Lohn-Länder verdeutlicht.

Ebenso können Ausbreitungseffekte *komplementär wirksam* werden, so dass den Zentren keine wirtschaftliche Aktivität entzogen wird. Beispielsweise kann relativ zeitnah die private Nachfrage nach Produkten aus Nachbarregionen, zum Beispiel nach Agrar-, Tourismus- oder Naherholungsprodukten, steigen. Auch kann eine betriebliche Nachfrage nach Vorprodukten bzw. wirtschaftlichen Funktionen (z.B. Logistikleistungen) einsetzen. Dass heißt, Städte und Regionen weisen arbeitsteilige Strukturen auf und können gegenseitig zu einer prosperierenden Entwicklung beitragen. Diese komplementären Ausbreitungseffekte können und sollten sich sowohl raumstrukturell hierarchisch, also zwischen Zentren und der Peripherie, als auch zwischen raumstrukturell gleichwertigen Raumgebilden einstellen. Für Städte und Regionen ergeben sich daher auf der Handlungsebene diverse, sich ergänzende und überlagernde Raumbezüge. In einer Untersuchung im Auftrag der Enquetekommission des Landtags NRW zur *Zukunft der Städte* wurden am Institut Arbeit und Technik alle Städte in NRW ab 50.000 Einwohner nach wirtschafts- und raumstrukturellen Gesichtspunkten in sechs Gruppen[21] eingeteilt und deren Vernetzungsstrukturen mit umliegenden Städten betrachtet. Dabei zeigte sich, dass sich vielfach kleinere und mittlere Städte im Sog von Großstädten gut entwickelt haben, ohne selbst großstädtische Strukturen herauszubilden (Gärtner et al. 2003: 106).

1.4 Banken und Raum

Wie bereits in der Einleitung beschrieben, findet eine Verbindung raumwirtschafts- und bankentheoretischer Fragestellungen selten statt. CHICK und DOW, die mit ihrem 1988 erschienenen Artikel "A post-Keynesian perspective on the relation between banking and regional development" diesbezüglich einen Beitrag, auf den in der aktuellen Literatur noch immer Bezug genommen wird, geleistet haben, vermuten, dass aufgrund gleicher Währungen innerhalb von Nationalstaaten Finanz- und Bankensystem für die raumwirtschaftliche Literatur irrelevant erscheinen (1988: 219). Die räumliche Betrachtung von Bankenmärkten beschränkt sich in ökonomischen Analysen daher meist auf die nationalstaatliche Ebene. So werden

---

[21] Die Gruppe beinhaltet folgende sechs Stadttypen: 1. Oberzentren mit vorrangig metropolitanen und wissensbasierten Sektoren, 2. Städte mit eigenständigem dynamischen Dienstleistungsprofil, 3. Städte im Sog von Metropolen, 4. Städte industrieller Prägung bei starker Sektor- bzw. Unternehmenskonzentration, 5. Städte mit industrieller Prägung durch klein- und mittelbetriebliche Sektoren, 6. Städte im Umbruch bei starker sektoraler Steuerung.

Marktstrukturmaße, also die Berücksichtigung der Anzahl der Banken in einem Markt, in der Regel nur zwischen Nationen verglichen. Dies liegt nicht nur an der fehlenden empirischen Basis für eine räumlich tiefergehende Betrachtung, sondern auch an der Sichtweise vieler Ökonomen, für die Bankenmärkte, abgesehen von Währungsunterschieden, meist raumlos sind.

Finanzgeographische Analysen beschäftigen sich mit Spezialgebieten wie Beteiligungs- bzw. Risikokapitalgebern und deren räumlicher Verteilung (Klagge/Martin 2005) oder der Lokalisation von Knotenpunkten weltweiter Finanzfunktionen, also der Konzentration von Finanzinstitutionen an einem Ort. Diese Finanzzentren fungieren als internationale Machtzentren (z.B. Sassen 2002, Porteous 1999) und bieten in der Regel Finanzdienstleistungen für den globalen Markt an. Nur wenige Arbeiten beschäftigen sich allerdings mit der Frage, welche Rolle Banken und regionale Kapitalflüsse für die regionalwirtschaftliche Entwicklung in der Breite einnehmen (Martin 1999: 5).

Da die regionale Verfügbarkeit von Krediten unmittelbar mit dem Vorhandensein von Finanzintermediären vor Ort zusammenhängt und Kreditmittel eine Voraussetzung für die Entwicklung von Regionen sind (Chick/Dow 1988: 220), nimmt die Betrachtung von Banksystemen, -strukturen und -theorien im Kontext der regionalen Entwicklung eine zentrale Rolle in dieser Arbeit ein.

Die Fokussierung dezentraler Bankensysteme birgt einen Widerspruch zu dem zuvor Geschriebenen, der sich aber auflösen lässt: Wenn, wie es die neueren regionalökonomischen Ansätze und Theorien formulieren, die räumliche Ballung von Branchen bzw. Wertschöpfungsketten vorteilhaft ist, warum sollte das nicht für die Bankwirtschaft gelten? Es stellt sich somit die Frage, warum die regionale Gleichverteilung von Finanzintermediären anzustreben ist, obwohl gerade in der Finanzbranche Transportkosten aufgrund der Immaterialität der gehandelten Produkte kaum eine Rolle spielen. Ist nicht vor dem Hintergrund der in Kapitel 1.1 dargestellten Erkenntnisse eine Gleichverteilung im Raum aus Effizienzgründen abzulehnen? Ja und Nein. Ja, wenn es um Finanzdienstleistungen im internationalen Maßstab geht, die an spezialisierten Orten effizienter zu erstellen sind. Nein, wenn es um die Sicherstellung der kreditwirtschaftlichen Versorgung von KMU geht, also um die *kreditwirtschaftliche Basisversorgung*: dafür werden Finanzintermediäre in räumlicher Nähe benötigt, die in der Lage sind, Informationen über ihre Kunden und deren Märkte zu sammeln.[22] Regionale Bankensysteme stellen eine Verbindung zwischen der lokalen Wirtschaft und den globalen Finanzzentren her, die beispielsweise den internationalen Zahlungsverkehr durchführen.

Das Kapitel 1.4.1 widmet sich den Funktionen von Finanzintermediären. In Kapitel 1.4.2 erfolgt eine Diskussion bankentheoretischer Ansätze, bevor in Kapitel 1.4.3 Banken unter räumlichen bzw. regionalökonomischen Aspekten betrachtet werden. Das Kapitel schließt mit einer Betrachtung der Rolle von sozialem Kapital in der Kreditwirtschaft (Kap. 1.4.4.).

1.4.1 Zur Funktion von Finanzintermediären

Finanzmärkte vermitteln Kapital zwischen Anlegern und Investoren und weisen im Vergleich zu anderen Märkten Besonderheiten auf. Diesbezüglich wurde in der einschlägigen Literatur (z.B. DBB 2005c, Klagge/Martin 2005, Fischer/Pfeil 2004, Engerer/Schrooten 2004) herausgestellt, dass:

— **erstens** die Informationen zwischen Anlegern und Investoren asynchron verteilt sind und nur unvollständig vorliegen,

— es sich **zweitens** um ein Verleihgeschäft handelt, d.h. Kreditsumme, Zinszahlung und Rückzahlung intertemporal stattfinden, und

— **drittens** das Verleihgeschäft auf dem Vertrauen basiert, dass die Rückzahlung stattfindet.

Sparern, die auf direktem Wege ohne die Hilfe von Finanzintermediären ihr Geld Investoren zur Verfügung stellen würden, würde es an Informationen mangeln und sie könnten diese nicht in gleicher Weise wie Finanzintermediäre verarbeiten und kontrollieren. Ferner würden sich Probleme durch unterschiedliche Fristigkeiten und hohe Risiken aufgrund einer geringen Diversifikation ergeben. So besteht die eigentliche Aufgabe von Finanzintermediären in der Diversifikation von Risiken, dem Ausgleich abweichender Fristigkeiten und der Sammlung sowie Auswertung von Informationen. Funktionierende Bank- und Finanzsysteme stellen einen effi-

---

[22] Das Problem der Differenzierung zwischen hochspezialisierten Wertschöpfungsketten, deren Konzentration Vorteile verspricht und Basisdienstleistungen, deren flächendeckendes Vorhandensein anzustreben ist, stellt sich immer wieder im Rahmen der regionalen bzw. lokalen Wirtschaftsförderungspolitik. Ein gutes Beispiel ist die Gesundheitswirtschaft, die in vielen Städten und Regionen im Fokus von Clusteraktivitäten steht: Angesichts der Notwendigkeit einer flächendeckenden Grundversorgung ist sie räumlich breit gestreut. Dass sich die Gesundheitswirtschaft daher eigentlich nicht zur Clusterbildung eignet, trifft aber nicht für die gesamte Gesundheitswirtschaft zu. So sind zum Beispiel die Medizintechnik, die Pharmazie und die Biotechnologie räumlich konzentriert (Rehfeld 2006: 74ff.).

zienten Mechanismus zur Kapitalallokation bereit und tragen damit zu einer höheren Produktivität der Investitionen und zu einem volkswirtschaftlichen Wachstum bei (DBB 2005c: 104). Das Finanzgewerbe nimmt somit eine Schlüsselstellung ein und seine Leistungsfähigkeit hat Auswirkungen auf andere Sektoren der Volkswirtschaft.

Finanzmarktsysteme werden bezüglich der Bereitstellung von monetären Mitteln in bankbasierte – damit wird die Fremdfinanzierung von Unternehmen mit Krediten bezeichnet – und kapitalmarktbasierte Märkte – zum Beispiel in Form von Beteiligungen oder Risikokapital – unterschieden.[23] Deutschland ist im internationalen Vergleich, auch wenn kapitalmarktbasierte Finanzierungen zunehmen (Sachverständigenrat zur Begutachtung der gesamtwirtschaftlichen Entwicklung 2005: 455), eindeutig als bankbasiertes System einzustufen (Hackethal/Schmidt 2005).[24] Dies resultiert aus einem ganzen Bündel von sich teilweise gegenseitig verstärkenden Ursachen, wie zum Beispiel der eher klein- und mittelbetrieblichen Wirtschaftsstruktur, der Unternehmensmentalität und der guten Versorgung mit günstigen Bankkrediten der vergangenen Jahrzehnte, die eine Thesaurierung von Gewinnen zugunsten von Eigenkapitalerhöhungen nicht nötig gemacht hat (Nitschke/Schoder 2005). Insofern ist ein gut funktionierendes Bankensystem in Deutschland von besonderer Relevanz für die regionale, aber auch die gesamtwirtschaftliche Entwicklung.

1.4.2 Bankentheorie

Wie die folgende Abbildung zeigt, ist die Finanzwirtschaft als übergeordnete Disziplin ein weites Feld, in dem die Bankentheorie nur einen kleinen Raum einnimmt. Aufgrund der großen Bedeutung bankbasierter Finanzierungsformen in Deutschland werden im Folgenden ausschließlich die Bankentheorie und die Beziehung zwischen Kunden und Banken (Relationship-Lending) betrachtet.

---

[23] Dabei ist zu beachten, dass die verschiedenen Finanzierungsformen auch in Abhängigkeit zueinander stehen. Um eine Kreditfinanzierung zu guten Konditionen zu erhalten, ist die Eigenkapitalausstattung, die wiederum mit Beteiligungskapital aufgebessert werden kann, relevant (Klagge 2003: 179).

[24] Einige Autoren verweisen darauf, dass die Entwicklung auf den Finanzmärkten, die zunehmende Globalisierung und insbesondere die regulatorischen Veränderungen, z.B. Basel II, aber auch neue Bilanzierungsvorschriften die Bedeutung von Kapitalmarkt- gegenüber Kreditfinanzierungen gestärkt haben und weiter stärken (z.B. Klagge 2003 : 182).

Abbildung 5: Themenbereiche der Finanzwirtschaft

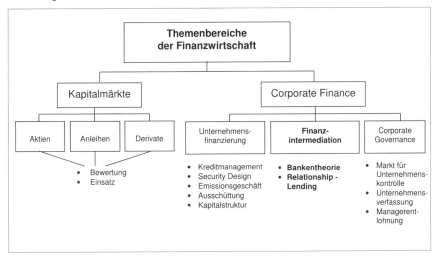

Quelle: in Anlehnung an Krahnen (1998: 3)

In der Vergangenheit wurde die traditionelle Wirtschaftslehre auf die Bankentheorie übertragen, wonach Bankensysteme als effizient gelten, wenn die Konzentration in der Branche gering, d.h. die Intensität des Wettbewerbs hoch ist (Martin 1999: 10ff.). Viele Anbieter – so die Theorie – verhindern Monopol- bzw. Oligopolrenten und sorgen daher für niedrige Preise. „This is exactly why indices of market concentration (...) play such an important role in almost all recent assessments of US and European banking markets. They are widely used in empirical work" (Fischer/ Pfeil 2004: 308). Daher wurden weltweit seit den 1990er Jahren wettbewerbsbeschränkende Regulierungen im Bankenmarkt abgebaut. „Eine wettbewerbspolitische Sonderstellung erscheint für viele Ökonomen kaum mehr vertretbar" (Fischer 2005: 2).

Doch bezogen auf die Allokationseffizienz, die Verfügbarkeit von Kreditmitteln und die Stabilität von Finanzsystemen zeigen sich Schwächen der klassischen Bankentheorie. Einige aktuelle Studien konstatieren, dass „vollkommener Wettbewerb nicht zwangsläufig die gesamtwirtschaftlich besten Ergebnisse erzielt. Banken scheinen zumindest in Teilen ihres Geschäfts auf (..) weniger idealtypischen Märkten zu agieren" (DBB 2005c: 107).

Die neue Bankentheorie berücksichtigt daher stärker die Besonderheiten der Finanzmärkte, sieht in einem maximalen Bankenwettbewerb nicht zwangläufig ein Optimum und lässt sich grob auf den folgenden Begründungszusammenhang verdichten: Das tragende Argument ist die asynchrone Informationsverteilung zwischen Schuldnern und Gläubigern sowie die Annahme, dass Informationen wieder verwertbar sind. Banken sammeln Informationen über Kreditnehmer und können im Laufe einer längerfristigen Kunden-Bank-Beziehung immer wieder darauf zurückgreifen. Dieses als Informationskapital bezeichnete Wissen stellt einen wesentlichen Teil der Vermögenswerte, den „Rohstoff" (Bodin 2001: 2) von Banken, dar. Wiederverwertbar sind erworbene Informationen über einen Kreditnehmer aber nicht nur von den Banken, die die Erstfinanzierung übernommen haben, sondern auch von konkurrierenden Banken. So ist dieser flüchtige Rohstoff gerade in wettbewerbsintensiven Märkten schwer zu schützen. Investiert eine Bank im Rahmen einer Kreditwürdigkeitsprüfung in kreditnehmerspezifische Informationen, so besteht die Gefahr, dass Konkurrenten das Ergebnis ihrer Prüfung beobachten, für diese Beobachtung jedoch deutlich geringere Kosten aufwenden müssen und somit bessere Kreditkonditionen anbieten können (Fischer 2005: 101). In einer modellhaften Überlegung bedingt dieses *Trittbrettfahrer-Problem*, dass in wettbewerbsintensiven Märkten nicht in die aufwendige Informationsbeschaffung investiert wird, was zu einer Kreditrationierung führen kann. Die Theorie der Kreditrationierung besagt, dass aufgrund asymmetrisch verteilter Informationen nicht die gesamte Kreditnachfrage bedient wird. Bei vollkommener Information würde sich der Zinssatz derart anpassen, dass jeder Nachfrager einen Kredit zum risikoadäquaten Zinssatz erhalten würde (Sachverständigenrat zur Begutachtung der gesamtwirtschaftlichen Entwicklung 2004: 286). Dieser Zusammenhang gilt insbesondere für die Kreditfinanzierungen von kleineren und mittleren Unternehmen (KMU) und die Existenzgründerfinanzierung, bei denen (noch) wenige Informationen vorliegen und die Kreditvolumina im Durchschnitt niedriger sind, wodurch diese Kreditengagements skalenökonomisch betrachtet weniger rentabel sind.

In Märkten mit einer geringeren Wettbewerbsintensität können hingegen auf Dauer angelegte Kunden-Bank-Beziehungen entstehen, was sich positiv auf die Verfügbarkeit von Kreditmitteln auswirken kann. „The argument is based on an intertemporal smoothing effect. In later periods and by virtues of their market power banks are able to extract a larger part of the project surplus from the good customers who survive." (Fischer/Pfeil 2004: 335). Dieser Zusammenhang wird in der angelsächsischen Literatur als *relationship lending* bezeichnet und von KRAHNEN (1998: 9) mit *Hausbankbeziehung* ins Deutsche übersetzt.

So scheint die einfache Gleichung, dass mehr Wettbewerb weniger hohe Oligopolrenten bewirkt und daher für die kostengünstige und umfassende Versorgung immer optimal ist, auf die Bankenmärkte nur bedingt anwendbar. Aus der theoretischen Perspektive kann ebenfalls abgeleitet werden, dass weniger Wettbewerb zu stabilen Beziehungen zwischen Kunden und Banken führt, wodurch die Risiken und Transaktionskosten sinken und es lohnenswert wird, auch kleinere Kreditsummen an Unternehmen zu vergeben.

1.4.3 Banken und Regionalentwicklung

In der finanzwirtschaftlichen und bankentheoretischen Literatur werden in der Regel Nationalstaaten als Bezugspunkte für Analysen betrachtet. Der geographische Raum unterhalb des Nationalstaats bleibt weitestgehend unberücksichtigt. In Anlehnung an KLAGGE/MARTIN (2005) und CHICK/DOW (1988) können Finanz- bzw. Bankensysteme als räumlich neutrale und nicht neutrale Systeme betrachtet werden, wie in der folgenden Abbildung dargestellt ist.

Abbildung 6: Banksysteme und Raum

Klassische ökonomische Theorien	Nachfrageorientierte Theorien, Polarisationstheorie usw.
⬇	⬇
Optimale Banken- und Finanzmärkte	**Nicht-optimale Banken- und Finanzmärkte**
1. Bankenmärkte unterscheiden sich nicht von anderen Märkten.	1. Bankenmärkte weisen spezifische Funktionsweisen auf.
2. Wettbewerb organisiert den Markt und führt zu maximaler Effizienz.	2. Transaktionskosten, insbesondere in Form von Prüfkosten, spielen bei der Kreditvergabe eine wichtige Rolle.
3. Informationen sind vorhanden, Zeit und Raum sind irrelevant.	3. Auszahlung und Rückzahlung von Krediten sind nicht simultan und Informationen liegen asymmetrisch vor.
⬇	⬇
Neutrale Banksysteme	**Nicht-neutrale Banksysteme**
⬇	⬇
Räumliche Struktur	Räumliche Struktur
1. Verteilung von Finanzintermediären im Raum ist unbedeutend.	1. Die räumliche Verteilung von Finanzintermediären spielt eine wichtige Rolle.
2. Proximität ist unbedeutend.	2. Proximität ist sowohl für die Kreditnehmer als auch für die Banken von zentraler Bedeutung.
3. Kreditversorgung ist auch für kleinere und mittlere Unternehmen überall gesichert.	3. Kreditmittel sind ein Engpassfaktor regionaler Entwicklung.
4. Kapital wandert zum Ort der bestmöglichen Rendite. Durch Wanderung der Produktionsfaktoren kommt es zu einer ausgeglichenen Regionalentwicklung.	4. Kumulative Krisenkreisläufe können entstehen.

Quelle: eigene Darstellung in Anlehnung an Klagge/Martin 2005: 391 [25]

---

[25] Allerdings beziehen Klagge und Martin die Abbildung auf Finanzmärkte und weniger auf bankbasierte Systeme.

CHICK und DOW (1988: 221ff.) beziehen sich bei ihrer diesbezüglichen Differenzierung auf zwei theoretische Zugänge: Dass Banken für die Entwicklung einer Region eine zentrale Rolle einnehmen, leiten sie aus der postkeynesianischen Theorie, der Dependenztheorie[26] sowie der Polarisationstheorie ab. Zur Beschreibung der Gegenposition beziehen sie sich auf die neoklassische Theoriebildung (vgl. Kap. 1.2.1).

Aus Sicht der neutralen Position, die im Kontext der neoklassischen Theoriebildung postuliert wird, sind Banksysteme bei maximaler Kapitalmobilität und hohem Wettbewerb am effizientesten. Da der geographische Raum danach unbedeutend ist, erhält jede profitable Investition, unabhängig vom Ort, eine Finanzierung (z.B. Martin 1999: 10ff., Klagge/Martin 2005: 391ff.). „Financial institutions intermediate between savers and investors, and funds systematically flow to those projects with the highest perceived rate of return, wherever they may be" (Chick/Dow 1988: 223). Modellhaft gedacht fließt das Kapital aufgrund einer höheren Rentabilität eine Zeitlang verstärkt in boomende Regionen, was sich aber dadurch wieder abschwächt, dass ab einem bestimmten Punkt die Renditen in den boomenden Regionen durch zunehmende Kapitalangebote abnehmen.

Sowohl anhand der neuen Bankentheorie (z.B. Fischer 2005) als auch aus verschiedenen raumwirtschaftlichen Theorien kann abgeleitet werden, dass Bankensysteme eine Raumrelevanz haben (z.B. Klagge/Martin 2005: 392ff., Fischer 2005, Dow 1999: 48, Chick/Dow 1988). Geht man also von einem räumlich nicht-neutralen Bankensystem aus, liegt der Schlüssel bei der Kreditvergabe an KMU in der Proximität. Kleinere Unternehmen benötigen ein effizientes Bankenumfeld in räumlicher Nähe. Proximität zu ihren Kreditnehmern ist aber ebenfalls für die Banken, die im Kreditgeschäft mit KMU engagiert sind, von zentraler Bedeutung. „Langfristige, enge Beziehungen zwischen Unternehmen und Hausbank vermindern die Informationsasymmetrie zwischen Schuldner und Gläubiger, die bei KMU besonders groß ist. Sie schaffen eine Vertrauensbasis, die für beide Seiten von Vorteil ist (...). Dies erklärt, warum KMU in Deutschland, wo das Hausbankensystem nach wie vor eine große Rolle spielt, nicht nur die Kreditaufnahme bei einer Bank konzentrieren, sondern sogar oft nur eine einzige Bankbeziehung unterhal-

---

[26] Die Dependenztheorie vereinigt eine Reihe von vor allem für die Lateinamerikanischen Länder diskutierten Theorien, die die Abhängigkeiten zwischen Industriemetropolen und den Peripherien für Entwicklungsunterschiede verantwortlich machen. Die verschiedenen Theorien beschränken sich aber nicht auf Entwicklungsunterschiede innerhalb eines Landes, sondern werden auch zur Erklärung von Entwicklungsunterschieden zwischen Industrienationen und unterentwickelten Ländern herangezogen. Danach liegt die Unterentwicklung von Regionen vor allem in aus dem Kolonialismus verursachten exogenen Faktoren begründet. Erst durch eine Abkopplung und eigenständige Entwicklung haben Regionen, der Theorie zufolge, Chancen, ökonomisch den Anschluss zu finden (z.B. Palma 1981).

ten" (Neuberger/Räthke 2001: 15). Insbesondere bei der Kreditvergabe an Kunden mit kurzer Kredithistorie (Existenzgründer) bzw. bei Unternehmen, die ihre Ertragskennziffern nicht veröffentlichen, verfügen regionale Banken aufgrund ihrer persönlichen Kontakte über komparative Kostenvorteile (Sachverständigenrat zur Begutachtung der gesamtwirtschaftlichen Entwicklung 2004: 287).

Aus der Frage, ob Bankenmärkte für die regionale Entwicklung relevant sind, ergibt sich die Frage, ob Wissen überall oder räumlich selektiv verfügbar ist: Nach der *raumrelevanten* Position steht die Informationsdichte, die Banken über Kreditnehmer haben, in Abhängigkeit zur Entfernung zum potenziellen Kunden. Diese wissensbasierte Differenzierung von regionalen Märkten steht im deutlichen Widerspruch zur neoklassischen Position, nach der Wissen, zumindest innerhalb eines Nationalstaates, überall in gleicher Qualität vorhanden ist.

Von einer mangelhaften regionalen Kreditversorgung wären insbesondere strukturschwache periphere Regionen betroffen, in denen sich Unternehmen aufgrund fehlender Kreditangebote nicht entsprechend entwickeln können, was wiederum in einem sich selbst verstärkenden Prozess dazu führen kann, dass diese Regionen für Banken uninteressant sind. Einige Autoren (z.B. Klagge/Martin 2005: 395, Chick/Dow 1988: 221, Dybe 2003: 94) beziehen sich diesbezüglich auf Myrdals Prinzip der zirkulären Verursachung (vgl. Kap. 1.2.3) und kommen zu der Vermutung, dass "this may perpetuate a cumulative process in which less credit means lower growth in the periphery; this turn depresses credit demand there in the future" (Klagge/Martin 2005: 395). Ein sich selbst verstärkender Prozess kann aber nicht nur für die schwachen Regionen konstruiert werden, sondern gilt in umgekehrter Form auch für die Zentren: Aufgrund der Ballung von Unternehmen, also potenziellen Kreditnehmern, besseren Renditeaussichten und einer stabileren Wirtschaftstruktur – so die Annahmen – sind die Zentren für Banken als Standort interessanter als die Peripherie (Porteous 1999). Aufgrund einer Konzentration von Finanzinstitutionen in den Zentren, so vermuten CHICK und DOW (1988: 239), siedeln sich Unternehmen, die auf eine Fremdfinanzierung angewiesen sind, eher in den Zentren an bzw. können dort, da die Kreditversorgung aufgrund der günstigeren Informationslage der Banken besser ist, schneller wachsen (z.B. Dybe 2003: 95, Chick/Dow 1988, Myrdal 1959). Hinzukommen steigende Skaleneffekte und Spillover, verursacht durch die Ballung von Finanzinstitutionen (Klagge/Martin 2005: 395). Banken kann daher eine Art Katalysatorwirkung für die Entwicklung von Zentren zugesprochen werden. DYBE kommt zu dem Fazit: „Banken sind hier nicht die Verursacher von ökonomischen Ungleichheiten. Aber ohne ihre Existenz würde sich aufgrund der geringen interregionalen Kapitalmobilität die Schere zwischen Zentrum und Peripherie nicht in gleichem Maße öffnen" (2003: 95).

Um die Gefahr des Kapitalabflusses aus schwächeren peripheren Regionen zu verhindern und die Kreditversorgung in schwächeren Regionen sicherzustellen, wurden Bankenmärkte in der Vergangenheit vielfach reguliert bzw. in unterversorgten Regionen Finanzinstitutionen geschaffen (z.B. Myrdal 1959: 42). So war der US-amerikanische Bankenmarkt lange Zeit nicht nur aufgrund der großen Entfernung zwischen den Zentren und nicht im heutigen Maß vorhandener Kommunikationstechniken regional separiert, sondern auch infolge einer vielfältigen gesetzlichen Regulation, die Bankenmärkte territorial begrenzte. Erst seit den 1970er Jahren setzte in den USA eine sukzessive Liberalisierung ein (Martin 1999: 7ff, Reifner et al. 1998, Chick/Dow 1988: 240). Auch die in vielen europäischen Ländern bis vor wenigen Jahren geltenden Vorschriften, dass dezentrale Genossenschaftsbanken und Sparkassen im Grundsatz ihre geschäftlichen Aktivitäten auf eine Region begrenzen müssen, folgten der Idee, regionale Kapitalabflüsse zu beschränken.

Weltweit wird allerdings von internationalen Institutionen (z.B. Internationaler Währungsfonds/IWF, World Trade Organisation/WTO), von Nationalstaaten, aber auch von der EU (vgl. Kap. 5.1) auf Deregulierung, Privatisierung und offene Bankenmärkte gesetzt, um – so das allgemeine Denken – die Effizienz und damit einhergehend die allgemeine Wohlfahrt zu erhöhen (Budd 1999: 118f, Martin 1999: 10ff.). Dies zeigt sich zum Beispiel an dem 1997 verabschiedeten *Financial Service Agreement* im Rahmen des General Agreement on Trade in Services (GATS), in dem 25 Industrieländer und 77 Entwicklungsländer weitgehende Liberalisierungsverpflichtungen eingegangen sind (WEED 2006: 1f.).

Liberalisiert ist auch der deutsche Bankenmarkt, insofern keine Marktzugangsbeschränkungen für Wettbewerber bestehen. Private, genossenschaftliche und öffentlich-rechtliche sowie regionale, nationalweit tätige und ausländische Banken sind in Deutschland am Markt. Allerdings bilden die Sparkassen und in ähnlicher Form die Genossenschaftsbanken eine Ausnahme, da sie in ihrer Kreditvergabe weiterhin territorial begrenzt sind (vgl. Kap. 4.1). Dies hat zur Folge, dass mittels dieser Banken in Deutschland die Kapitalabflüsse aus schwächeren Regionen gebremst werden, ohne dass dazu der Bankenmarkt reglementiert und kontrolliert wird. Mit diesen öffentlich-rechtlichen regionalen Banken nimmt Deutschland eine Sonderrolle ein.

1.4.4 Banken und soziales Kapital

Um Vorteile für die Regionalentwicklung durch lokale Banken zu generieren, aber auch, um als regionalorientierte Bank erfolgreich zu sein, spielen die Kenntnis von Werten, Kulturen, Symbolen und Einstellung im regionalen Kontext, Vertrauen und räumliche Nähe, Verbundenheit usw. eine zentrale Rolle. In der Finanz- und Bankwirtschaftstheorie werden allerdings nur sehr allmählich solche Faktoren, die hier als soziales Kapital[27] (z.B. Cooke et al. 2005, Camagni 2003, Krätke 2001) bezeichnet werden, beachtet, obwohl sie insbesondere für Kreditmärkte – credere (lat.) steht für vertrauen – von Bedeutung sind (Martin 1999: 11).

Dass soziales Kapital auch oder gerade im ökonomischen Kontext eine wichtige Bedeutung hat, ist keine neue Erkenntnis und beschränkt sich bei weitem nicht auf die Bankwirtschaft. Insgesamt zeigt sich eine zunehmende Diskrepanz zwischen der Wahrnehmung der Bedeutung von sozialem Kapital in seiner Summe für die wirtschaftliche Entwicklung und die Wohlfahrt eines Landes und der Formalisierung und Harmonisierung von Prozessen, Lebensstilen und Kulturen (z.B. Grote Westrick/Rehfeld 2006).

Dies wird zum Beispiel in den Angriffen der EU auf die Daseinsvorsorge in Deutschland, die aus ihrer Sicht nicht wettbewerbskonform ist (vgl. Kap. 5.1), aber auch in dem Wunsch, durch genauere, weltweit gültige, harmonisierte Eigenkapitalhinterlegungsvorschriften (Basel I und II) Finanzsysteme stabiler zu machen (Gärtner 2003: 50ff.), deutlich. So konstatiert der Geschäftsführer des Nordrhein-Westfälischen Handwerkstags: „Gingen bei der Risikoabschätzung einer Kreditvergabe früher durch die enge Anbindung an eine bestimmte Hausbank und den oft über lange Jahre gewachsenen persönlichen Kontakt zum Kundenberater die sog. `weichen Faktoren´ in die Bewertung mit ein, so stellte Basel II nun vorrangig auf die `harten´ Risikoindikatoren ab" (Köster 2005: 11). Hinzu kommt, dass viele Banken IT-gestütze Scoring-Systeme[28] verwenden, um standardisierte Massenkredite schnell und kostengünstig abzuwickeln. Scoring in der Kreditwirtschaft ist ein System, bei dem für verschiedene Merkmale (z.B. Beruf, Wohnsituation), die einen statistischen Einfluss auf die Bonität haben, Punkte vergeben werden. Diese Systeme unterstützten entweder den Kundenberater in seinem Entscheidungsprozess

---

[27] Cooke et al. (2005: 1066) definieren „social capital as the application or exercise for social norms of reciprocity trust and exchange for political or economic purposes".

[28] Bekanntestes Beispiel ist der u.a. von den Volks- und Raffeisenbanken vertriebene *Easy Credit* der *Norrisbank*, über dessen Bewilligung in einem statistisch-mathematischen Verfahren vollautomatisiert entschieden wird (Ritzer 28.08.2006).

oder entscheiden selbstständig anhand einer automatisierten Bonitätsprüfung, ob und zu welchen Konditionen der Antragsteller eine Kreditzusage erhält (Hottenrott 2002: 194ff.).

Es bleibt zum jetzigen Zeitpunkt eine offene Frage, inwieweit im Zuge einer automatisierten Sammlung und Auswertung bonitätsrelevanter Informationen und der zunehmenden harmonisierenden bzw. regulativen Vereinbarungen Informationsasymmetrien abnehmen, sich regionalorientierte Banken stärker an standardisierten Indikatoren orientieren und auch für KMU der Kapitalmarkt offen stehen wird und damit Banksysteme tatsächlich raumloser werden. Damit könnten Vorteile einer engen Kunden-Bank-Beziehung für die regionale Entwicklung verloren gehen.

Eine Verdrängung von regionalen Banken und typischen Hausbankbeziehungen kann aus Effizienzgründen Vorteile haben, wie KRAHNEN ausführt: „Für weitere Verdrängung der Intermediäre sprechen unter anderem die vermuteten positiven Skalenerträge, die mit einer zentralisierten Bonitätsprüfung durch Ratingagenturen anstelle dezentraler Bonitätsprüfungen durch mehrere Banken möglich wären. Darüber hinaus erlauben marktgehandelte Anleihen eine überlegene Risikoallokation, und aufgrund börsentäglicher Bewertung wird hohe Liquidität und schnelle Informationsaufdeckung erreicht" (Krahnen 1998: 9).

So bleibt also nicht nur die offene Frage, welche Auswirkungen die beschriebenen Tendenzen auf die Stabilität von Kunden-Bank-Beziehungen und damit auf die Bedeutung regionaler Banken haben werden, sondern auch, ob eine formalisierte, raumlose, an statistisch-mathematischen Maßzahlen orientierte Kreditwirtschaft mit einer Wohlstandszu- oder -abnahme einherginge.

1.5 Raumwirtschaftstheorien, Interventionsstrategien und Bedeutungen von Banken

Die diversen Brüche der Raumwirtschaftstheorien können zwar verschiedenen Phasen zugeordnet werden, entsprechen dabei aber keiner eindimensionalen chronologischen Abfolge. In der folgenden Tabelle werden vier struktur- und wirtschaftsförderungspolitische Hauptwege hinsichtlich der räumlichen Leitbilder und Wirkungen sowie der Bedeutung (regionaler) Banken diskutiert. Die vier dargestellten Wege sind idealtypisch und werden in dieser Form in der Realität nicht zu finden sein, verdeutlichen aber verschiedene den strukturpolitischen Epochen zugrunde liegende Raumleitbilder.

Kapitel 1 - Raumwirtschafts- und Bankentheorien

Tabelle 1: Raumwirtschaftstheorien, Wirkungen und die Bedeutung von Banken

Theoriebezüge	Neoklassische Theorieansätze	Nachfrageorientierte Theorien	Polarisationstheorien
Interventionsstrategische Implikation	Gleichgewichtstheorien	Wachstumspolkonzept	Eigenständige Regionalentwicklung ⇒ Alternative Ansätze ⇒ Komplementäre Ansätze	Kompetenzbasierte Ansätze ⇒ Industrial District ⇒ Produktionscluster ⇒ Innovative Milieus
Zugang	Theorien und Modelle (deduktive Ableitung). Empirische Beobachtungen bei der neuen Wachstumstheorie.	Empirie (induktive Ableitung) mit theoretischer Fundierung.	Empirie und konzeptionelle Entwürfe.	Empirie und konzeptionelle Entwürfe.
Ausgleichsmechanismus	Ausgleich aufgrund von Marktkräften.	Ausgleich durch Umverteilung.	Ausgleich durch Aktivierung endogener Potenziale.	Ausgleich durch Wachstum und Konzentration (indirekt).
Intervention	Intervention gering: nur bei Marktversagen. Infrastrukturpolitik im Rahmen der Neuen Wachstumstheorie und Exportförderung folgt man der Exportbasis-Theorie.	Infrastrukturinvestitionen. Ansiedlungsanreize. Konzentration auf Wachstumspole.	Förderung intraregionaler Kreisläufe. Abbau von Entwicklungsengpässen. Aktivierung regionaler Potenziale. Intraregionaler Einkommensmultiplikator.	Förderung von Netzwerken, Wissens- sowie Informationsgenerierung, spezifische Infrastrukturen und spezifische Ansiedlungen.
Raumbild	Der Raum tendiert letztendlich zum Gleichgewicht. Im Rahmen der Neuen Wachstumstheorie spezialisieren sich Orte und Agglomerationseffekte bewirken eine räumliche Konzentration.	Ökonomische Gleichverteilung wird angestrebt, wobei Investitionen auf dezentrale Wachstumspole zu konzentrieren sind.	Gleichverteilung ökonomischer Aktivitäten auf einem niedrigen Niveau. Eigenversorgung und ubiquitäres Vorhandensein ökonomischer Basisfunktionen.	Gewisser Grad an Konzentration & räumlicher Spezialisierung. Agglomerationsvorteile, Wissens-Spillover und steigende Skaleneffekte sorgen in manchen Regionen für Wettbewerbsvorteile.
Fazit	Wenig Anknüpfungspunkte für eine auf Ausgleich ausgerichtete Strukturpolitik.	Hoher finanzieller Einsatz bei nicht nachhaltigen Effekten (Mitnahmeeffekte), da regionale Pfadabhängigkeit. Aktuell fehlendes Ansiedlungspotenzial.	Interne & externe Ersparnisse können nur eingeschränkt genutzt werden, da keine Agglomerationsbildung. Bei konsequenter Abkopplung fehlender Wissens- & Know-how-Transfer. Gefahr von Lock-In.	Günstige Entwicklungseffekte in einigen Regionen. Umverteilungsmechanismen & differenziertes Raumbild sind in der Konsequenz gefragt. Kohärenzproblematik: Wachstum oder Ausgleich. Gefahr von falschen Entwicklungsprognosen.
Rolle von Banken	Banken vermitteln zwischen Sparern und Investoren. Räumliche Verortung innerhalb eines Nationalstaates ist irrelevant.	Wichtige Bedeutung von Banken als regionale Institutionen.	Banken haben als so genannte Basisinfrastrukturen eine zentrale Bedeutung für eigenständige Entwicklung.	Wichtige Bedeutung von Banken als regionale Institutionen.
Wirkungen regionaler Banken mit regional begrenzten Kapitalflüssen	Regionale Banken sind nicht bedeutsam, da Informationen ubiquitär vorhanden sind und jede aussichtsreiche Investition auch finanziert wird. Regionale Banken, die die Kapitalmobilität beschränken, sind kontraproduktiv.	Begrenzung der gewollten Konzentrationsprozesse durch regionale Geldkreisläufe. Da aber langfristig ohnehin auf Ausbreitung gesetzt wird, bereiten regionale Banken den Boden für eine gleichgewichtige Entwicklung vor.	Da regionale Banken sich in Abhängigkeit zur regionalen Wirtschaft entwickeln, könnten sie in abgehängten Regionen schwächer sein, wodurch sich Lock-In Effekte verstärken würden.	Die Bedeutung von Proximität bezieht sich auf alle Institutionen, insbesondere auf Banken. Finanzdienstleistungen sind zu differenzieren in hochspezialisierte Dienstleistungen und Basis-Bankversorgung. Regionale Banken nehmen Wachstums- und Ausgleichsfunktion ein.

Als erste interventionspolitische Strategie sind die sich aus angebots- und nachfrageorientierten Theorien ergebenden Gleichgewichts-Ansätze zu nennen (vgl. Kap. 1.2.1 und 1.2.2). Im Rahmen der neoklassischen Gleichgewichtstheorien lässt sich eine Intervention nur begründen, wenn Marktversagen vorliegt. Die aus den klassischen Theorien abgeleiteten Neuen Wachstumstheorien, z.B. die NEG, erklären räumliche Konzentrations- und Spezialisierungsprozesse. Eine staatliche Intervention kann nach diesen Theorien beispielsweise mit einer das gesamtwirtschaftliche Wachstum beeinflussenden Effizienzsteigerung von Zentren begründet werden, was zu einer Verstärkung regionaler Disparitäten führen kann. So ist eine diesbezügliche Interventionsstrategie auch von der politische Frage abhängig, inwieweit aus Effizienzgründen räumliche Ungleichgewichte in Kauf genommen werden. Dies lässt sich an die wirtschaftstheoretische Frage koppeln, ob freie Marktkräfte eher zu einer Überagglomeration führen oder sie, gemessen am allokativen Optimum, eher zu wenig räumliche Ballung unternehmerischer Aktivität hervorbringen (Pflüger/Südekum 2004: 11). Banken agieren innerhalb der neoklassischen Theorien als Intermediäre, die zwischen Sparern und Investoren vermitteln, ihre räumliche Verortung ist irrelevant, da jede rentable Investition unabhängig vom Ort finanziert wird. Regional segregierte Bankenmärkte sind sogar kontraproduktiv, da sie die Kapitalmobilität beschränken.

Das Wachstumspolkonzept als zweite interventionstheoretische Implikation basiert auf der regionalen Polarisationstheorie (vgl. Kap. 1.2.3), die als Gegenmodell zu den klassischen Gleichgewichtstheorien und -modellen die tatsächlich vorhandenen regionalen Divergenzen zu erklären versucht. Danach verteilen sich Wachstumspole ungleich im Raum, entziehen der Peripherie Produktionsfaktoren und geben diese partiell wieder an das Umland ab. Ob dabei langfristig Entzugs- oder Ausbreitungseffekte überwiegen, ist empirisch nicht eindeutig zu klären. Um diese Effekte im positiven Sinne zu nutzen, wurden diese Grundgedanken zu diversen hierarchischen Raummodellen, wie zum Beispiel dem Schwerpunktortekonzept, weiterentwickelt. Dabei sollen Investitionen, Infrastrukturen und Funktionen auf bestimmte Orte konzentriert werden, um eine kritische Dichte zu erreichen und von dort aus auf das Umland auszustrahlen. Interventionspolitisch heißt das, Anreize für Investitionen in räumlichen Schwerpunkten innerhalb schwächerer Räume zu schaffen.

Da sich jedoch gezeigt hat, dass sich Räume individuell entwickeln bzw. ihre Entwicklung durch einzelne Investitionen bzw. Ansiedlung nur schwer nachhaltig umzupolen ist (Pfadabhängigkeit regionaler Entwicklung, vgl. Kap. 1.3) und die Region mit ihrem gesamten sozioökonomischen Wirkungsfeld eine wesentliche Rolle spielt, reicht es nicht aus, Strukturpolitik auf Investitionsanreize zu reduzieren.

Angesiedelte Unternehmen stärken dann den Standort nachhaltig, wenn sie in ein funktionales Standortgefüge eingebunden sind und davon selbst dauerhaft profitieren. Diese Ansätze kommen auch deswegen, zumindest offiziell, kaum noch zur Anwendung, da mit hohem finanziellem Aufwand nur relativ kurzfristige Effekte erzielt wurden und die Gefahr von Mitnahmeeffekten besteht. Das heißt, dass Unternehmen sich auch ohne Subventionen an einem Standort angesiedelt hätten, die gezahlten Subventionen aber gerne in Anspruch nehmen. Ferner hat der Ansatz an Bedeutung verloren, weil die Zahl der ansiedlungswilligen Unternehmen zurückgegangen ist. Banken als Basisinfrastrukturen spielen bei dieser Herangehensweise eine wichtige Rolle. Nur in einer Region agierende Banken begrenzen den im Rahmen der Polarisationstheorie vorhergesagten Entzugseffekt, reduzieren damit aber auch die bewusst induzierten Konzentrationsprozesse im Rahmen des Wachstumspolkonzeptes. Allerdings ist es bei der Wachstumspolkonzeption das inhärente Ziel durch Konzentration von Investitionen an einem Ort langfristig Ausbreitungseffekte anzustoßen und damit ein größeres Umfeld profitieren zu lassen. Regional segregierte Banken halten somit Entwicklungswege offen und bereiten den Boden für räumliche Ausbreitungseffekte.

Die Konzepte einer eigenständigen Regionalentwicklung (Kap. 1.2.4) sind aus der Kritik an einer am Wachstum orientierten Politik entstanden. Ähnlich wie bei der Exportbasis-Theorie sind diese Ansätze zunächst einmal nachfrageorientiert, betrachten jedoch intraregionale Kreisläufe. Ziel ist die Aktivierung endogener Potenziale in allen Regionen. In der praktischen Umsetzung geht es dabei weniger um eine vollständige Abkopplung vom Weltmarkt als vielmehr darum, die regionale Wertschöpfung zu erhöhen, indem ein möglichst hoher Teil der regionalen Nachfrage regional abgedeckt wird. Politische Interventionen erfolgen mittels Potenzialanalysen, Aufbau von Institutionen – zum Beispiel in Form einer lokalen Bankeninfrastruktur – Förderung von Kleinstunternehmen, Genossenschaften, gemeinsam zu nutzender Infrastrukturen u.v.m. Da nach dem Verständnis der endogenen Regionalentwicklung jede Region über diverse Potenziale verfügt, kann es durch Überwindung gewisser Engpassfaktoren, zu einem regionalen Wohlstandsgleichgewicht kommen.

Nachteile dieser Ansätze können daraus resultieren, dass interne und externe Ersparnisse, die sich ggf. aufgrund einer Konzentration ökonomischer Aktivitäten einstellen, nicht hinreichend genutzt werden. Ferner können Regionen, die über weniger endogene Potenziale verfügen, langfristig ins Hintertreffen geraten. Lokal bzw. regional ausgerichtete Banken sind integraler Bestandteil eines solchen Ansatzes, vor allem wenn dadurch regionale Geldkreisläufe unterstützt werden. Es besteht allerdings die Gefahr, dass durch segregierte Bankenmärkte regionale

Lock-In Effekte verstärkt werden. Sind in einer schwachen Region auch die Banken schwach, können aufgrund einer geringeren Sparquote nur weniger Kredite vergeben werden (vgl. Kap. 6).

Die in der vierten Spalte in Tabelle 1 dargestellten Kompetenzbasierten Ansätze integrieren die verschiedenen zuvor dargestellten Ideen und Konzepte, indem sie einerseits an den regionalen Kompetenzen anknüpfen und auf Vernetzung vor Ort setzen und anderseits auf eine regionale Spezialisierung und je nach Definition eine Exportorientierung fokussieren.

Ziel ist auch bei diesen Ansätzen die Regionen durch Förderung der endogenen Potenziale zu entwickeln. Allerdings geht es dabei – zumindest beim Clusteransatz – weniger um die Förderung der auf regionale Nachfrage gerichteten Sektoren, als vielmehr um eine Spezialisierung der Regionen und Förderung exportfähiger Sektoren, die interregional wettbewerbsfähig sind. Da die gesamte Wertschöpfungskette betrachtet wird, finden aber auch nicht exportorientierte Unternehmen Berücksichtigung. Instrumente sind, ähnlich wie bei den Ansätzen einer eigenständigen Regionalentwicklung, regionale Analysen, wobei hierbei international wettbewerbsfähige Kompetenzen stärker im Blickfeld liegen. Weitere Instrumente stellen u.a. die Förderung von Netzwerken, Wissens- und Informationssammlung sowie spezifische Infrastrukturen und Ansiedlungen dar. Beim Ansatz der Innovativen Milieus wird die auf ökonomische Faktoren fokussierte Sichtweise um soziokulturelle Aspekte erweitert. So sind die einsetzbaren Instrumente breiter gefasst und können etwa von der Unterstützung einer ethnischen Community bis zur Förderung der Kunstszene reichen.

Im Gegensatz zur Wachstumspolkonzeption, in deren Rahmen durch externe Ansiedlung an bestimmten Knotenpunkten Impulse in strukturschwachen Regionen gesetzt werden, werden im Rahmen der Kompetenzbasierten Ansätze die Regionen gefördert, die bereits über überregional wettbewerbsfähige Potenziale verfügen. Gemäß der Zielsetzung sollen die Fördermittel im Sinne eines höheren Grenznutzens dort eingesetzt werden, wo sie den höchsten Ertrag erwirtschaften, d.h. in die Regionen investiert werden, die am ehesten geeignet sind, sich wettbewerbsfähig zu entwickeln. Ob es infolgedessen zu einer Ausbreitung der Effekte auf andere Regionen kommt, ist bisher nicht eindeutig geklärt und ist eigentlich auch gar nicht anzustreben, da sonst die notwendige kritische Masse an einem Ort verloren gehen würde. Es kann vermutet werden, dass diese Ansätze zumindest zeitweise schwächere Regionen benachteiligen und nicht in allen Regionen die entsprechenden Wirkungen zeitigen. Bei der Betrachtung von Banken ist zunächst einmal eine Differenzierung vorzunehmen: Handelt es sich um Finanzinstitutionen, die hochspezialisierte Finanzdienstleistungen in einer internationalen Arbeitsteilung erbringen, so ist die räumliche Konzentration zu fördern. Banken, die Basisbankdienstleistungen anbieten, gehören allerdings als Institutionen zum lokalen Standortgefüge. An Regionen gebundene Banken haben eine hohe Kenntnis der lokalen Wirtschaftsstruktur und können somit vielversprechende wirtschaftliche Kompetenzen erkennen und helfen, diese zu entwickeln. Ferner entschärfen sie das Problem, dass Kompetenzbasierte Ansätze indirekt regionale Disparitäten erhöhen, indem sie in allen Regionen Basisbankdienstleistungen anbieten und monetäre regionale Entzugseffekte reduzieren.

2 Raumwirksame Trends, regionale Strukturpolitik und räumliche Verteilung

Wirtschaftliche und gesellschaftliche Aktivitäten verteilen sich nicht gleichmäßig im Raum. Arbeitsteilige funktional-komplementäre wie auch konkurrierende Strukturen wechseln sich zwischen Gemeinden, (Groß-)Städten, Kreisen und Metropolen ab und bilden Siedlungen, Gewerbegebiete, Freizeitgroßanlagen, landwirtschaftlich genutzte Flächen und vieles mehr heraus. Manche Regionen, Orte und Städte haben ein ausgeprägtes Profil oder übernehmen zentrale Funktionen, andere haben keine auf das Umland ausstrahlende Funktion.

Es stellt sich die Frage, inwieweit die im vorherigen Kapitel diskutierten raumwirtschaftlichen Modelle und Theorien die räumliche Entwicklung erklären können. Historisch gesehen sind geographische Verteilungsmuster durch naturräumliche Gegebenheiten, Flüsse, Berge, Seen und nicht zuletzt aufgrund von Zufälligkeiten bzw. individuellen Entscheidungen entstanden. Natürliche Ressourcen haben die Siedlungsentwicklung seit der Mittelsteinzeit geprägt und waren bis weit in die Zeit der Industrialisierung von Bedeutung. Dörfer und später Städte entstanden und wuchsen vor allem dort, wo ertragreiche Böden die Versorgung mit Nahrungsmitteln begünstigten und Wasser, z.B. an Flussufern, vorhanden war (Hotzan 1994: 13ff.). Auch zu Zeiten der Industrialisierung verloren naturräumliche Gegebenheiten nicht ihre Bedeutung. So waren zum Beispiel die reichhaltigen Kohlevorkommen und die günstige Verkehrslage an den Wasserwegen entscheidende Determinanten des rasanten Wachstums im Ruhrgebiet (vgl. die Beschreibung der Stadt Dortmund, Kap. 9.2).

Wie in der folgenden Abbildung dargestellt, sind bestehende Raumstrukturen von gewachsenen Standortfaktoren, gesellschaftlichen und ökonomischen Trends sowie politischen Faktoren (z.B. regionale Strukturpolitik) abhängig. Oder anders ausgedrückt: zwar lässt sich die Existenz räumlicher Knoten vielfach aus historischen Ereignissen und naturräumlichen Gegebenheiten ableiten, deren heutige quantitative und spezifische Ausprägung hängt aber eher von ökonomischen und gesellschaftlichen Kräften, von politischer Steuerung und von individuellen Entscheidungen ab.

Kapitel 2 - Raumwirtschaftliche Trends, Strukturpolitik und räumliche Verteilung

Abbildung 7: Raum im Wirkungsgefüge

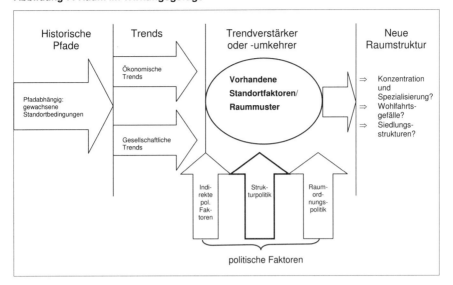

In diesem Kapitel werden raumwirksame Kräfte diskutiert. In der allgemeinen Diskussion stehen regionale Struktur- oder Raumordnungspolitik meistens im Vordergrund. Die regionale Strukturpolitik hat zwar einen gewissen Einfluss, ist aber nur ein Bestandteil raumgestaltender Prozesse. Zunächst werden daher ökonomische und gesellschaftliche Trends und ihre Wirkungen auf Raummuster beschrieben (Kap. 2.1). Politische Faktoren werden in Kapitel 2.2 vor allem hinsichtlich regionaler Strukturpolitik erörtert. Der Status quo der regionalwirtschaftlichen Entwicklung – wie also die tatsächlichen Raummuster aussehen – wird in Kapitel 2.3 skizziert. Das Kapitel schließt mit einer Zusammenfassung (Kap. 2.4).

2.1 Raumwirksame ökonomische und gesellschaftliche Trends

Vorzufindende Raumstrukturen lassen sich zwar häufig historisch erklären, haben sich aber vor allem durch ökonomische und gesellschaftliche Trends entwickelt. Wie die folgende Abbildung verdeutlicht, zeigen sich ökonomische und gesellschaftliche Trends sowohl mit konzentrierenden als auch dekonzentrierenden Raumwirkungen.

Abbildung 8: Kräfteverhältnis raumwirksamer Trends

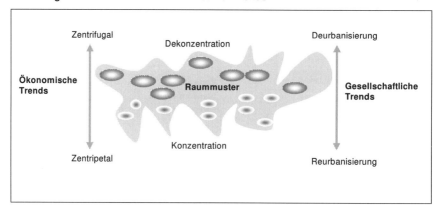

In Anlehnung an die in Kapitel 1 erörterten raumwirksamen Theorien und Modelle lassen sich als *ökonomische Trends* grob zwei, in Teilen gegenläufige Kräfte benennen (Einig/Guth 2005: 444): zum einen Zentripetalkräfte und zum anderen Zentrifugalkräfte (vgl. Kap. 1).

Die zentripetalen, eine funktionale Konzentration bedingenden Kräfte können ökonomisch (z.B. Krugman 1991, Myrdal 1969, Fujita et al. 1999), sozioökonomisch – zum Beispiel in Form des Clusteransatzes (Porter 1993, Rehfeld 1999) – oder auch soziokulturell (z.B. Camagni 2003) erklärt werden. Funktionale Spezialisierung findet u.a. aufgrund notwendiger räumlicher Nähe zwischen spezialisierten Unternehmen statt, damit etwa Wissensspillover einsetzen und Vertrauen entstehen kann (vgl. Kap. 1.1.1). „Zahlreiche theoretische und empirische Ergebnisse sprechen dafür, dass beim Zustandekommen von Innovationen – das heißt insbesondere auch bei der Umsetzung von Erfindungen – die Dominanz der modernen großen Ballungsräume zwingend ist" (Frey/Zimmermann 2005: 7). Standortfaktoren wie ein urbanes Milieu schaffen ein sozioökonomisches Interaktionsfeld, das insbesondere für kreative oder wissensintensive Branchen von Bedeutung ist.

Zentrifugal- bzw. Dispersionskräfte bedingen hingegen eine wirtschaftliche Dekonzentration. Sie können u.a. mit Agglomerationsnachteilen, Transportkosten, Proximitätsvorteilen, der Immobilität der Bevölkerung (vgl. Kap. 1) und der Tertiärisierung der Wirtschaft begründet werden. Grundsätzlich sind Dienstleistungsproduktionsstätten aufgrund einer erforderlichen Marktnähe und geringerer Investitionskosten weniger im Raum konzentriert als Produktionsstätten der gewerblichen Wirtschaft (Rehfeld 2006: 61ff.).

Auch auf *gesellschaftlicher Ebene* lassen sich grob zwei gegenläufige Kräfte, in Form einer seit langem feststellbaren Deurbanisierung auf der einen Seite und einer seit kurzem einsetzenden Reurbanisierung auf der anderen Seite, ausmachen.

Deurbanisierung als gesellschaftlicher Trend, also die Stadtflucht, lässt sich bei einer ersten Betrachtung in die Wanderung ins Umland (Suburbanisierung) und die tatsächliche Stadtflucht in die Peripherie unterteilen. Aufgrund tatsächlicher oder empfundener Ballungsnachteile (Kriminalität, Luftverschmutzung, hohe Wohnkosten usw.) suburbanisieren insbesondere junge Familien. Die Realisierung des weit verbreiteten Traums vom *Haus im Grünen* ist aufgrund einer gestiegenen allgemeinen Wohlfahrt und infolge der Motorisierung der Gesellschaft sowie verbesserter verkehrlicher Infrastrukturen für eine breitere Schicht möglich geworden (z.B. BBR 2005b: 71, Brake et al. 2001: 7). Im Rahmen einer abnehmenden Standort- und Raumbindung sowie neuer Lebenskonzepte zeigt sich aber auch eine Wanderung ins nähere und weitere Umland.[29]

Trotz anhaltender Suburbanisierung zeigen sich gesellschaftliche Reurbanisierungskräfte. Städte haben zwar als Wohnstandort etwas an Bedeutung verloren, gleichzeitig gewinnen manche Städte und Stadtteile als Räume, in denen Kultur, Wissenteilung, Bildung, Kreativität, Wohnen u.v.m. stattfindet, aber wieder an Bedeutung. Nicht nur gutverdienende Singlehaushalte sind die Nachfrager nach urbanem Lebensraum, auch junge Familien ziehen wieder in ausgewählte beliebte Großstädte und dort in der Regel in bestimmte, meist gentrifizierte Stadtteile (Difu 2005[30]). Hinzu kommt, dass bei gut ausgebildeten Personen, insbesondere solchen, die in urbanen Branchen arbeiten, Wohn- und Arbeitswelten räumlich häufiger zusammenfallen (z.B. Gärtner et al. 2003: 64ff.) und „für die hochflexiblen und entgrenzten Wirtschaftsbereiche der Wissensproduktion hat die städtische Konzentration von verwandten Betrieben und deren Beschäftigten die Funktion eines `Zufallsgenerators´ für Kontakte, Informationen und Gelegenheiten" (Hannemann/ Läpple 2004: o.S.).

Die beschriebenen Trends finden vor dem Hintergrund einer veränderten demographischen Entwicklung statt: Die Bevölkerung in Deutschland wird zukünftig abnehmen und sich in ihrer Struktur so verändern, dass es immer mehr alte und

---

[29] So werden beispielsweise ländliche Räume im Umfeld von Agglomerationen in Folge des Rückgangs landwirtschaftlicher Erwerbstätigkeit von neuen Nutzern wie „Töpfern, Bildhauern und Pferdezüchtern, den Baumschulen und Fitnessfarmen, den Meditationszentren und chinesischen Medizinschulen" (Kunzmann 2001: 219) wieder genutzt.
[30] Das Difu hat diesen Trend für München und Leipzig nachgewiesen.

weniger junge Menschen geben wird. Dieser Trend ist stabil und selbst bei zunehmender Geburtenzahl kurz- bis mittelfristig nicht umkehrbar (z.B. BBR 2005b: 29, Birg 2002: 2). Groß- und kleinräumig schlägt sich dies unterschiedlich nieder: „Neben wachsenden und weiter prosperierenden Regionen sind weite Teile Deutschlands von Rückgang und Schrumpfung betroffen" (BBR 2005b: 85). In manchen Räumen, vor allem in ostdeutschen peripheren Regionen, überlagern sich negative Wanderungssalden mit einer altersstrukturellen Erosion (Klemmer 2004: 23ff.). Schrumpfung und Alterung manifestiert sich im Osten auch deshalb so deutlich, da der Westen seit der Wende von einer massiven Ost-West-Wanderung vor allem junger Bevölkerungsgruppen profitiert hat. Zwar werden im Osten die ländlich peripheren Regionen weiter an Bevölkerung verlieren, aber auch der Westen wird in Zukunft weniger wachsen und in Teilen, insbesondere in altindustriellen Räumen, schrumpfen (BBR 2005b: 32ff.).

Schrumpfung bedeutet sowohl die demographische Entleerung von Regionen als auch den Rückgang von Kaufkraft, Infrastrukturen und ökonomischen Aktivitäten, also einen Prozess mit sich kumulativ verstärkenden Effekten. Für die davon betroffenen Kommunen und Kreise sind damit sinkende Zuweisungen aus dem Finanzausgleich, rückläufige Einnahmen aus der Einkommens- und Gewerbesteuer, Kaufkraftverluste und nicht ausgelastete Infrastrukturen, aber auch der Verlust einer für ein städtisches bzw. dörfliches Leben notwendigen Dichte verbunden.

2.2 Regionale Struktur- und Kohäsionspolitik

Politiken haben einen wesentlichen Einfluss auf die räumliche Struktur Deutschlands. Dies beginnt bei der Steuergesetzgebung, geht über Förderinstrumente, wie die Eigenheimzulage oder die Arbeitsmarktpolitik und endet beim Finanzausgleich[31] und der Raumordnungspolitik. Regionale Strukturpolitik ist zwar im Vergleich zu den anderen Politiken vom Volumen eher unbedeutend, da sie aber explizit raumwirksam ist, wird regionale Strukturpolitik im Folgenden in den Mittelpunkt gestellt.

Regionale Strukturpolitik hat überschneidende Bedeutungen, wird mit Begriffen wie Regionalpolitik oder regionale Wirtschaftspolitik synonym verwendet (z.B. Fürst et al. 1976: 4, Eckey 1995: 815) und ist nicht eindeutig von anderen Politikbereichen zu isolieren.

---

[31] Der horizontale Finanzausgleich gleicht unterschiedliche Finanzstärken von Gebietskörperschaften gleicher Ebene aus, der vertikale unterstützt untergeordnete Gebietskulissen.

Regionale Strukturpolitik kann als der auf geographische Räume ausgerichtete Bereich der Strukturpolitik bezeichnet werden. Strukturpolitik als Ganzes, also sektorale und regionale Strukturpolitik, ist der Ausschnitt aus der Wirtschaftspolitik, der sich selektiv auf bestimmte Bereiche bezieht (z.B. schwächere Regionen oder einzelne Branchen mit Entwicklungsdefiziten wie die Montanwirtschaft) und die Struktur der Wirtschaft verändert. ECKEY (1995: 815) bezeichnet regionale Strukturpolitik als die Schnittmenge von Wirtschafts- und Raumordnungspolitik. EICKHOF (2005: 3) versteht unter Regionalpolitik „die Gesamtheit aller Maßnahmen, die darauf abzielen, die Entwicklung in einem Teilgebiet einer Volkswirtschaft zu beeinflussen."

Regionale Strukturpolitik verfolgt traditionell das Ziel einer ausgeglichenen Regionalentwicklung, das – wie in der folgenden Abbildung dargestellt (horizontale Achse) – entweder sozialpolitisch oder wachstumspolitisch motiviert sein kann, wodurch sich regionale Strukturpolitik ökonomisch wie auch sozialpolitisch begründen lässt.

Abbildung 9: Ziel- und Strategieachsen der regionalen Strukturpolitik

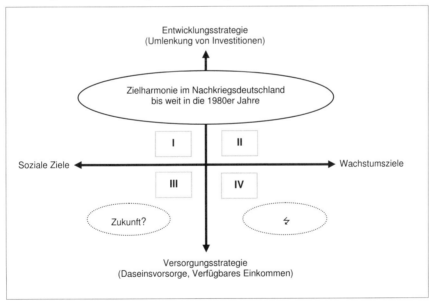

Sozialpolitisch (Felder I und III in der Abbildung) geht es darum, allen Menschen in allen Teilregionen gleichgewichtige bzw. gleichwertige Lebensverhältnisse zu gewähren. Im Rahmen einer wachstumsorientierten Zielsetzung (Felder II und IV in der Abbildung) steht hingegen schlicht die Frage im Vordergrund, in welcher Region eine Förderung den gesamtwirtschaftlich größten Ertrag erzielt. Da es nach neoklassischen Denkansätzen letztendlich zu einer ausgeglichenen Regionalentwicklung kommt, also erwartet werden kann, dass schwache rückständige Regionen zukünftig besondere Wachstumsraten aufweisen, werden durch Investitionen in diesen Räumen gesamtwirtschaftlich die größten Effekte erzielt. Nach diesem Denkmuster beschleunigt eine auf räumlichen Ausgleich setzende Strukturpolitik den natürlich stattfindenden Konvergenzprozess (Frey/Zimmermann 2005: 6) und ist somit zugleich wachstumsorientiert. Wachstumspolitisch kann eine ausgleichsorientierte Strukturpolitik auch damit begründet werden, dass durch eine Nutzung aller Potenziale und Ressourcen in allen Räumen ein optimales volkswirtschaftliches Resultat angestrebt wird. Traditionelle Denkfigur der regionalen Strukturpolitik ist daher ein Stadt-Land-Gefälle, das es aus sozialen und wachstumspolitischen Gründen zu überwinden gilt.

Auf der Instrumentenebene widerspricht sich die sozialpolitisch und wachstumspolitisch motivierte Ausgleichspolitik nicht zwingend. Räumliche Ausgleichspolitik wurde in der Vergangenheit auch forciert, da in der öffentlichen, und in großen Teilen auch politischen Meinung, eine weitere Agglomerationsbildung als gesellschaftlich nicht erstrebenswert angesehen wurde (Nonn 2004: 81ff.). So weist ZIMMERMANN daraufhin, dass es „in den 1960er Jahren, als das erste Raumordnungsgesetz des Bundes entstand, sogar noch `Entballungs´-Philosophien" gab (2003: 21).

Aufgrund eines permanenten Wachstums, und zwar bezogen auf die Wirtschaft und die Bevölkerung, das im Rahmen der Struktur- und Raumordnungspolitik zu verteilen war (z.B. Hahne 2005: 258), stellten sich in der Vergangenheit kaum Konflikte zwischen Wachstums- und Ausgleichsbestrebungen ein.

Als Gründe für ein Umdenken – die Erkenntnis also, dass Wachstum und Ausgleich Zielkonflikte bergen – können folgende Aspekte angeführt werden:

— Erstens das Beharrungsvermögen der wirtschaftlichen und wohlfahrtsbezogenen Unterschiede in der räumlichen Struktur,

— zweitens die „nationale Wachstumskrise" (Frey/Zimmermann 2005: 6) und der damit verbundene geringere Verteilungsspielraum (BBR 2005b: 163),

— drittens die Herausforderungen im Rahmen der Wiedervereinigung,

— viertens die zunehmende internationale ökonomische Integration (allgemein als Globalisierung bezeichnet), aber auch

— fünftens theoretische Begründungen, wie etwa die im Rahmen der Neuen Wachstumstheorie entwickelten Modelle (vgl. Kap. 1.2.1), die eine Verstärkung von räumlichen Ungleichgewichten voraussagen und in den Agglomerationen besondere Wachstumsschübe vermuten, sowie aktuelle Konzepte der Wirtschaftsförderung und Strukturpolitik, die auf Konzentration ökonomischer Aktivitäten im Raum setzen, wie der Clusteransatz.

Wie mittels der vertikalen Achse in Abbildung 9 dargestellt, lassen sich grob zwei Fixpunkte definieren, *wie* eine regionale Ausgleichspolitik organisiert werden kann. Dies lässt sich entweder dadurch bewerkstelligen, dass z.B. durch eine Anreizpolitik Investitionen in strukturschwache Regionen umgelenkt werden und dort im Sinne einer nachholenden Industrialisierung versucht wird, eine gleichwertige wirtschaftliche Entwicklung aufzubauen bzw. am Standort vorhandene Unternehmen in ihrer Entwicklung zu unterstützen (Entwicklungsstrategie: Feld I und II in der Abbildung dargestellt), oder durch die dauerhafte Alimentierung von in schwächeren Räumen lebenden Menschen und Subventionierung zentraler Infrastrukturen bzw. Daseinsvorsorgefunktionen des täglichen Bedarfs wie Konsum, Bildung, Gesundheit etc. (Versorgungsstrategie: Feld III). In der Vergangenheit dominierte die Entwicklungsstrategie, auch da sich eine wachstumsorientierte Zielsetzung einer Ausgleichspolitik nicht durch eine dauerhafte Alimentierung (Feld IV) begründen lässt.

Wenn aber eine ausgeglichene Regionalentwicklung nicht zwingend die gesamtwirtschaftlich besten Wachstumsergebnisse zeitigt – was zunehmend angenommen wird und mit neuen raumwirtschaftlichen Theorien und Modellen abgeleitet werden kann – kann es im Sinne einer Kosten-Nutzen-Rechnung sinnvoll sein, nur Räume mit herausstehenden wettbewerbsfähigen Potenzialen zu entwickeln (Feld II in Abbildung 9) und schwache Räume dauerhaft zu alimentieren (Feld III). Nach LAMMERS vom *Weltwirtschafts-Archiv* in Hamburg lohnt sich Regionalpolitik gesamtwirtschaftlich nur, „wenn der durch sie bewirkte Transfer in den Zielregionen wirtschaftliche Erträge entstehen lässt, die höher sind als die wirtschaftlichen Einbußen in den Regionen, denen die Ressourcen entzogen werden" (Lammers 2004: 624). Keinesfalls dürfe – so LAMMERS bezogen auf die Strukturpolitik der neuen Länder – „die Förderung auf wachstumsschwache Regionen konzentriert werden, etwa gestützt durch das Argument, dass die regionalen Unterschiede in Ostdeutschland ansonsten noch weiter zunehmen" (Lammers 2004: 625).

Die folgenden Unterkapitel befassen sich mit regionaler Strukturpolitik auf den verschiedenen politischen Ebenen und diskutieren, inwieweit es Parallelen zu der zuvor skizzierten raumwirtschaftlichen Diskussion gibt. Dabei erfolgt in Kap. 2.2.1

eine Diskussion der EU- und in 2.2.2 der deutschen Regionalpolitik. Ein zusammenfassendes Fazit schließt dieses Unterkapitel ab (2.2.3).

2.2.1 Regionalpolitik der EU

Artikel 158 des Vertrags zur Gründung der Europäischen Union (EGV) zielt auf den Abbau sozialer und wirtschaftlicher Disparitäten in den Mitgliedsstaaten und ihren Regionen. Wörtlich heißt es darin:

> *„Die Gemeinschaft setzt sich insbesondere zum Ziel, die Unterschiede im Entwicklungsstand der verschiedenen Regionen und den Rückstand der am stärksten benachteiligten Gebiete (...), einschließlich der ländlichen Gebiete, zu verringern".*

Die Europäische Union verpflichtet sich, nicht nur zu einer Kohäsion der europäischen Regionen durch diverse Instrumente – zum Beispiel die Einrichtung von Strukturfonds (Artikel 159-161 EGV) – beizutragen, sondern zugleich werden die Mitgliedsstaaten zur Unterstützung dieser Ziele verpflichtet:

> *„Die Mitgliedsstaaten führen und koordinieren ihre Wirtschaftspolitik in der Weise, dass auch die in Artikel 158 genannten Ziele erreicht werden".* (Art. 159 EGV)

Selbiger Artikel besagt ferner, dass im Zuge der Einrichtung des europäischen Binnenmarktes das Ausgleichsziel zu berücksichtigen ist.

Und damit ist auch schon das zentrale Spannungsfeld angesprochen: Auf der einen Seite legt die EU Kohäsionsziele fest und auf der anderen Seite verfolgt sie eine liberalisierte Wirtschaftspolitik und greift dabei partiell in die Bereiche der nationalen Politiken, die Ausgleichswirkungen haben, ein, wie z.B. der Konflikt um die Haftungsregime deutscher Sparkassen mit der EU-Kommission gezeigt hat (vgl. Kap. 5.1). HAHNE nennt dies das „europäische Ringen um einen Ausgleich zwischen liberaler Wirtschaftsordnung und solidarischer Gesellschaftsordnung" (2005: 257).

Zwar wurde in den Verträgen von Maastricht dem Ausgleichsziel ein höherer Stellenwert eingeräumt, was zu Lasten einer liberalen Ordnungspolitik im Rahmen des Binnenmarktes ging (Klemmer 1998: 463), jedoch strebt die EU unter dem Stichwort Lissabon-Agenda eine Wachstumstrategie an, der sich auch die Kohäsionspolitik unterzuordnen hat. Die in Lissabon im Jahr 2000 beschlossene Agenda[32] zielt darauf ab, die EU innerhalb von zehn Jahren zum „wettbewerbsfähigsten und dynamischsten wissensbasierten Wirtschaftsraum der Welt" zu machen (Europäischer Rat 2000).[33]

Die Europäische Union versucht im Rahmen ihrer *Kohäsionspolitik* durch eine Förderung strukturschwacher Regionen einen Beitrag zum Abbau regionaler Disparitäten zu leisten. „Zentrales Instrument für die Angleichung der Lebensbedingungen in der EU sind die Strukturfonds und die darauf aufbauende Strukturpolitik" (BBR 2005b: 319). Die 2006 auslaufende Förderphase ist in drei Förderziele unterteilt. Die ersten beiden Kategorien (Ziel 1 und Ziel 2) sind an strukturschwache Gebietskulissen gebunden, dass heißt nur Regionen, deren Bruttoinlandsprodukt (BIP) in einem gewissen Maß vom EU-Durchschnitt nach unten abweicht, können in den Genuss der Förderung kommen.[34] Die dritte Kategorie (Ziel 3) unterstützt die Qualifizierung von Humankapital und wird unabhängig von der Wirtschaftskraft der Region gewährt. Darüber hinaus sind die Gemeinschaftsaufgaben Teil der regionalen EU-Strukturpolitik, die die grenzüberschreitende, transnationale und interregionale Zusammenarbeit (INTERREG II), die transnationale Zusammenarbeit zur Förderung neuer Methoden zur Bekämpfung von Ungleichheiten auf dem Arbeitsmarkt (Equal), die wirtschaftliche und soziale Revitalisierung krisenbetroffener Stadtteile (URBAN II) oder die Entwicklung ländlicher Räume (LEADER+) unterstützen (BBR 2005b: 319, Gärtner 2004: 50). Die Strukturpolitik ist der zweitgrößte Posten im EU-Haushalt und beträgt zusammen mit den Agrarausgaben, die in einem gewissen Umfang ebenfalls raumwirksam sind, mehr als dreiviertel des gesamten Budgets.

Aktuell steht die europäische Kohäsionspolitik vor einer umfassenden Neuorientierung, deren Hauptmotivationen folgender Art sind: Einerseits besteht aufgrund finanzieller Restriktionen die Notwendigkeit zu einer Reform. Die 2004 vollzogene Erweiterung der EU auf zunächst 25 Länder würde, bei Beibehaltung der jetzigen

---

[32] In Lissabon wurde auf einer Sondersitzung des Europäischen Rats am 23.-24. März 2000 beschlossen, die Union auf ein neues strategisches Ziel festzulegen, in dessen Rahmen Beschäftigung, Wirtschaftsreform und sozialer Zusammenhalt als Bestandteil einer wissensbasierten Wirtschaft gestärkt werden sollen.

[33] Allerdings ist in diesem Zusammenhang darauf hinzuweisen, dass sozialen Belangen mittlerweile ein größerer Stellenwert eingeräumt wird und die Lissabon-Agenda somit einen Teil des Konfliktpotenzials bezüglich Wachstum und Ausgleich verloren hat. Dies geschah auch, da befürchtet wurde, dass die soziale Frage zum Sprengsatz des ausstehenden Referendums zur EU-Verfassung in Frankreich werden könnte (Metz 2005).

[34] So werden Ziel-1-Regionen dadurch bestimmt, dass das Pro-Kopf-BIP bei unter 75% des EU-Durchschnitts liegt. Bis auf Berlin gehören alle neuen Bundesländer in der Förderphase bis 2006 der Ziel-1-Gebietskulisse an.

Fördermodalitäten, die EU vor massive Haushaltprobleme stellen.[35] Hinzu kommt, dass durch die Berechnung der regionalen Bedürftigkeit nach dem jetzigen Verfahren viele Regionen aus der Förderung fallen würden, da sich der BIP-Durchschnitt durch den Beitritt der neuen, eher armen Länder massiv abgesenkt hat. Andererseits steht die Neuausrichtung der EU-Regionalpolitik in Zusammenhang mit der bereits erwähnten Lissabon-Agenda (Bachtler/Wishlade 2004). Die Regionalpolitik soll durch Verbesserung der regionalen Wettbewerbsfähigkeit einen Beitrag zu den sehr ambitionierten Zielen (de Bruijn/Lagendijk 2005: 1169) einer verbesserten Wettbewerbsfähigkeit leisten. So verweist der *Dritte Kohäsions-Bericht* der EU auf die Notwendigkeit der Integration der Lissabon-Agenda in die zukünftige EU-Kohäsionspolitik. Jede strukturpolitische Maßnahme sollte demnach einen Beitrag zum Wachstum leisten (Bachtler/Wishlade 2004: 12).

Für die geplante Neuausrichtung der EU-Regionalpolitik nach 2006 kann erwartet werden (Frankfurter Allgemeine Zeitung 25.07.2006, BBR 2005b: 320ff., Kommission der Europäischen Gemeinschaft 2004, Gärtner 2004: 51, Rehfeld et al. 2003), dass

Erstens die Strukturmittel auf besonders stark benachteiligte Gebiete konzentriert und stärker als in der jetzigen Förderperiode für Regionen vorbehalten sein werden, deren Pro-Kopf-Bruttoinlandsprodukt unter 75% des EU-Durchschnitts liegt (jetzige Ziel-1-Regionen). Faktisch heißt das, dass den jetzigen Ziel-2 Regionen weniger Mittel zur Verfügung stehen werden und einige der aktuellen Ziel-1 Regionen aufgrund des gesunkenen BIP-Durchschnitts aus der hohen Förderung herausfallen werden.[36] Nach vorläufigen Berechnungen des BBR (2005b) wird ein Großteil Ostdeutschlands weiterhin in den Genuss dieser EU-Förderungen kommen, jedoch wird es dort trotzdem zu erheblichen Einschnitten kommen.

Zweitens für die jetzigen Ziel-2-Gebiete im Rahmen der Neuorientierung eine doppelte Strategie erfolgt: Einerseits wird der *Europäische Fond für regionale Entwicklung* (EFRE) strukturschwache Regionen unterstützen, um deren Wettbewerbsfähigkeit zu stärken. Wie aus Verordnungsvorschlägen der Kommission zur Förderperiode 2007-2013 hervorgeht, wird dabei verstärkt auf Themen wie „effiziente regionale Innovationssysteme, Innovationskapazitäten, Förderung von industrie- und technologiespezifischen Kompetenzzentren, Unterstützung von Kooperations-

---

[35] Die Bereitschaft der jetzigen Nettozahler ihren Beitrag zu erhöhen ist gering. So wurde im Rahmen der EU-Haushaltsverhandlungen von Deutschland und anderen EU-Staaten aktuell gefordert unter anderem bei den Agrarausgaben und Strukturfonds Mittel einzusparen (vgl. Süddeutsche Zeitung vom 15/16 Juli 2006).

[36] Allerdings wird es für die Regionen, die diesem *statistischen Effekt* zum Opfer fallen, Übergangsregelungen geben.

netzwerken zwischen Hochschulen und Unternehmen, Förderung von Unternehmensnetzwerken und KMU-Clustern", gesetzt (Kommission der Europäischen Gemeinschaft 2004). Anderseits wird es eine Förderlinie aus dem *Europäischen Sozialfonds* geben, bei der die Mitgliedsstaaten – bzw. im deutschen Fall die Bundesländer[37] – die Möglichkeit haben, zu fördernde Projekte zu bestimmen. So können die Mittel auch weiterhin auf wirtschaftlich problematische Räume einer Region konzentriert werden,[38] wobei zu beachten ist, „dass es einer kohärenten Strategie für die Region als Ganzes bedarf und dabei eine Förderung nach dem Gießkannenprinzip vermieden wird" (Kommission der Europäischen Gemeinschaft 2004: 6ff.).

Drittens angestrebt wird die Umsetzung der Programme zu vereinfachen, transparenter und effizienter zu gestalten und dezentraler abzuwickeln.

Viertens eine Orientierung an Forschung, Entwicklung, Technologie und Innovation mit Fokus auf eine wettbewerbsfähige und nachhaltige wissensbasierte Wirtschaft angestrebt wird. „Nach Angaben von Kommissarin Hübner ist das eine Kehrtwende, verglichen mit der Politik der vergangenen Jahre" (Frankfurter Allgemeine Zeitung, 25.07.2006).

Insgesamt zeichnet sich eine Verschiebung der europäischen Strukturpolitik zu einer Ressourcenaktivierungs- und Wettbewerbspolitik ab. Dass es künftig stärker darum gehen könnte, innerhalb der Gruppe der *armen* Regionen (Ziel-1) die Regionen zu fördern, die über die wettbewerbsfähigsten Potenziale verfügen, hat die Wettbewerbskommissarin HÜBNER verlauten lassen (2005: 6). Wie stark diese Neuausrichtung auch tatsächlich in den europäischen Regionen Wirkung zeigen wird, ist nur schwer abschätzbar und hängt u.a. von der politischen Einflussnahme der Nationalstaaten ab. Auch wenn es insgesamt sinnvoll erscheint, die Lissabon-Agenda in Bezug auf wachstumsorientierte Wettbewerbspolitik mit der Europäischen Kohäsionspolitik zu verbinden, und angenommen werden kann, dass ärmere Regionen von einem gesamteuropäischen Wachstumsprozess profitieren, zeigen sich doch mögliche Konfliktpunkte hinsichtlich der im EU-Recht verankerten Ausgleichsziele und der im Rahmen der Lissabon-Agenda verfolgten Wachstumsziele. Diesbezügliche Konflikte werden aber kaum transparent diskutiert und damit

---

[37] Die Entscheidung, welche Regionen von der Ziel-2-Förderung profitieren sollen, werden auf Nationalstaatenebene bzw. auf NUTS-1-Ebene – in Deutschland die Bundesländer – getroffen.

[38] In der jetzigen Förderperiode hat sich die scharfe Abgrenzung der Fördergebiete nicht immer als sinnvoll erwiesen, da die ökonomischen Verflechtungsräume teilweise quer zu den Fördergebietskulissen liegen und in der Vergangenheit dadurch mitunter Unternehmen ausgeschlossen werden mussten, deren Teilnahme im Sinne des Projekterfolgs sinnvoll gewesen wäre (Muth/Rehfeld 2004: 23).

einhergehende Konsequenzen für ein Raumleitbild nicht kommuniziert. „Es kommt zu einer `Verkleisterung´ der Ziele, und zwar bis zu den jüngsten Papieren der EU-Kommission" (Schimanke 2006).

2.2.2 Regionale Strukturpolitik in Deutschland

In Deutschland existiert ein Gebot zur Herstellung gleichwertiger Lebensverhältnisse in allen Teilräumen, das auf verschiedenen Ebenen gesetzlich verankert ist.

Zunächst einmal ist im Grundgesetz (Artikel 20 Abs.1) die Sozialstaatlichkeit festgelegt, worin jedoch keine Aussage zu einem räumlichen Gleichgewicht formuliert wird. Dies ist in Artikel 72 Abs. 2 geregelt, der einen explizit räumlichen Fokus hat, indem er dem Bund die Handlungsvollmacht bzw. Gesetzgebungskompetenz überträgt,

> *„wenn und soweit die Herstellung gleichwertiger Lebensverhältnisse im Bundesgebiet oder die Wahrung der Rechts- oder Wirtschaftseinheit im gesamtstaatlichen Interesse eine bundesgesetzliche Regelung erforderlich macht."*

Raumwirksam ist ebenfalls Artikel 106 GG, der den Finanzausgleich zwischen den Ländern im Falle einer ungleichgewichtigen Entwicklung bestimmt.

Auch nimmt das Raumordnungsgesetz (§ 1 Abs. 2) Stellung und zwar durch ein Gebot der Herstellung

> *„gleichwertiger Lebensbedingungen in allen Teilräumen".*

Die aktuelle Diskussion, bei der diese Ziele zunehmend relativiert werden und in der unterschiedliche Auffassungen darüber deutlich werden, was unter einheitlichen Lebensbedingungen zu verstehen ist, zeigt das zentrale Spannungsfeld auf.

Zunächst einmal zur rechtlichen Interpretation: Nach dem Verfassungsrechtler PIEROTH regelt Art 72 Abs. 2 GG „lediglich die Tatbestandsvoraussetzungen, unter denen der Bundesgesetzgeber von seiner konkurrierenden Gesetzgebungskompetenz Gebrauch machen darf (...). Eine Pflicht (...) lässt sich hieraus nicht ableiten" (2006: 337). So argumentiert auch HÜBLER, der in der *Schaffung gleichwertiger Lebensverhältnisse* keinen Verfassungsauftrag sieht (2005: 60). So habe nach Art. 72 Abs. 2 der Bund lediglich die Kompetenz einzugreifen, woraus sich „keine materielle Haftungsverpflichtung" ableiten lässt (Hübler 2005: 60). Hübler relativiert ferner die Bestimmungen im Raumordnungsgesetz § 1 Abs. 2, da die dort formulierte Leitvorstellung der Raumordnungen „gleichwertige Lebensbedingungen" zu schaffen gleichberechtigt mit weiteren Zielen aufgeführt ist und in einem partiellen Widerspruch zu diesen stehe.[39]

Beinahe unbemerkt von der Öffentlichkeit hat es bereits eine Relativierung gegeben. So wurde nach der Wiedervereinigung der Passus in Art 72 Abs. 2 des Grundgesetzes von der *Einheitlichkeit* in *Gleichwertigkeit der Lebensverhältnisse* verändert (z.B. Eickhof 2005: 2, Hahne 2005: 259), was einen größeren Interpretations- und Handlungsspielraum lässt. Es geht demnach nicht um gleiche, sondern um gleichwertige Lebensbedingungen. „Denn grundlegende Unterschiede zwischen Metropole und Dorf, zwischen äußerst dünn besiedelten und hoch verdichteten Regionen, zwischen Industrierevier und Tourismusregion, zwischen Kernstadt und Suburbia lassen sich nicht nivellieren. Auch kann eine solche Nivellierung in einer hoch arbeitsteiligen Gesellschaft, die Zukunftsmöglichkeiten gerade durch Differenzierung schafft, nicht angestrebt werden" (Hahne 2005: 260).

So ist es – auch da die rechtliche Formalisierung genügend Spielraum lässt – weniger eine juristische, als vielmehr eine politische Frage, wie viel Ungleichheit den schwächeren Regionen zugemutet werden soll bzw. inwieweit der Staat für den Abbau von Ungleichgewichten Verantwortung trägt. So postuliert zum Beispiel der Hauptgeschäftsführer des Bundesverbandes deutscher Banken, WEBER, „dass die Gleichwertigkeit der Lebensverhältnisse in unserem Land durch mehr regionalen Wettbewerb und nicht mehr Umverteilung zu erreichen ist" (Weber 16.10.2004). Der Präsident des *Instituts für Wirtschaftsforschung* (ifo) SINN geht davon aus, dass die Marktwirtschaft „selbst bereits für eine angemessene Annäherung der Lebensverhältnisse" sorge. „Kapital wandert dahin, wo die Löhne niedrig sind, und Arbeitnehmer wandern in Gebiete, in denen die Löhne hoch sind und es Stellen gibt". Dadurch komme es zum Faktorausgleich. „Das mag zwar" – so SINN – „nicht genug sein, um eine Gleichwertigkeit der Lebensverhältnisse in einem tieferen ethischen Sinne herzustellen, aber doch schon ein ganze Menge" (2004).[40]

Auch gibt es diejenigen, die den Grundsatz gleichwertiger Lebensbedingungen und staatlicher Interventionen besonders betonen. Zu nennen sind zum Beispiel die Vereinte Dienstleistungsgewerkschaft (Ladwig 2005), der Deutsche Gewerk-

---

[39] So heißt es in § 1 Abs. 2 des ROG: „Leitvorstellung bei der Erfüllung der Aufgabe (...) ist eine nachhaltige Raumentwicklung, die die sozialen und wirtschaftlichen Ansprüche an den Raum mit seinen ökologischen Funktionen in Einklang bringt (...)". Erst danach wird, als eines von acht untergeordneten Zielen „die Herstellung gleichwertiger Lebensbedingungen" genannt.

[40] Die Liste derjenigen, die fordern, den Ausgleich eher den Marktkräften zu überlassen, ließe sich fortführen. Zu nennen ist zum Beispiel der ehemalige Bundesbankpräsident und Kuratoriumsvorsitzende der Initiative *Neue Soziale Marktwirtschaft* Tietmeyer (12.09.2003).

schaftsbund (DGB 2004) und zumindest in abgeschwächter Form auch die amtierende Justizministerin ZYPRIES: „ohne einheitliche soziale Mindeststandards und ein bestimmtes Mindestmaß an Homogenität kann ein Bundesstaat nicht leben" (Zypries 2003: 36).

2.2.2.1 Bundesebene

Eine tragende Säule der Strukturpolitik in Deutschland ist die *Bund-Länder-Gemeinschaftsaufgabe Verbesserung der regionalen Wirtschaftsstruktur* (GA), die 1969 zum Zwecke der Koordinierung der verschiedenen an der Strukturpolitik beteiligten Ebenen (Bund, Länder und Kommunen) eingeführt wurde.[41] FÜRST, KLEMMER und ZIMMERMANN sehen in der Einführung der GA die „eigentliche Geburtsstunde einer regionalen Strukturpolitik in der Bundesrepublik Deutschland" (1976: 1). Ziel war eine nachholende, vor allem industrielle Entwicklung der ehemaligen Zonen-Randgebiete, peripherer ländlicher Regionen und so genannter Notstandsgebiete im Nachkriegsdeutschland (Crow 2001: 12). Instrumentell arbeitet die GA mit Anreizen, um damit Investitionen in bestimmte Räume zu lenken, und stützt sich dabei im Wesentlichen auf zwei raumwirtschaftliche Erkenntnisse (vgl. Kap. 1.2): Einerseits das Wachstumspol- bzw. Schwerpunktortekonzept, indem versucht wird, Investitionen auf bestimmte Orte zu konzentrieren (Buttler/ Hirschenauer 1995: 1062ff.) und anderseits auf die Export-Basis-Theorie (z.B. Noll 2006: 82ff.), indem nur Investitionen im produzierenden Gewerbe mit Fernabsatz[42] gefördert werden (Primäreffekt).

Eine Renaissance erlebte die GA im Rahmen der Wiedervereinigung. So wurde das Instrumentarium mit nur geringen Modifikationen auf die neuen Länder übertragen und zunächst für ganz Ostdeutschland eine flächendeckende Höchstförderung eingeführt. Dadurch, dass zumindest zu Beginn[43] auf eine räumliche Differenzierung innerhalb Ostdeutschlands verzichtet wurde (vgl. Crow 2001: 86), wurde der ausgleichsorientierte Charakter der GA indirekt konterkariert. So wiesen zwar alle neuen Länder deutliche Entwicklungsdefizite auf, allerdings gab es innerhalb Ostdeutschlands große Unterschiede. Es kann vermutet werden, dass wohlhabendere Städte und Kreise über mehr förderfähige Unternehmen verfügen und somit diese Regionen stärker in den Genuss der Förderung kommen. Diesen Zusam-

---

[41] Geregelt ist die GA in Art 91a GG. Danach sind Gemeinschaftsaufgaben Aufgaben, die für die Gesamtheit bedeutsam sind, und für die die Mitwirkung des Bundes erforderlich ist. Neben der Gemeinschaftsaufgabe zur Verbesserung der regionalen Wirtschaftsstruktur gehören dazu der Agrar- und Küstenschutz sowie der Aus- und Neubau von Hochschulen.
[42] Ein Absatz gilt dann als überregional, wenn dieser außerhalb eines Radius von 50 km in Westdeutschland bzw. 30 km in Ostdeutschland erfolgt (Crow 2001: 74).
[43] Später wurden die Förderquoten innerhalb Ostdeutschlands gestaffelt.

menhang konnte CROW für das Land Sachsen-Anhalt im Zeitraum 1991-1996 nachweisen: In diesem Zeitraum erhielten die Kreise mit hoher Entwicklungsdynamik deutlich mehr GA-Mittel als die Kreise mit mittlerer Dynamik, die aber wiederum eindeutig stärker mit GA-Mitteln bedacht wurden als die Kreise mit geringer Entwicklungsdynamik (Crow 2001: 193ff.). Das Ergebnis ist vor allem bemerkenswert, da aktuell verlangt wird, die Förderung in Ostdeutschland auf die Wachstumsregionen zu konzentrieren.[44] Anscheinend ist eine solche Politik nach der Wende bereits mehr oder weniger unbeabsichtigt und unbemerkt vollzogen worden.

Die institutionelle und instrumentelle Ausgestaltung der Gemeinschaftsaufgabe ist seit Inkrafttreten bis über die Wiedervereinigung hinaus kaum verändert worden und stand in ihrer Grundkonzeption als überzentralisierend, unitarisierend und mit dem Subsidiaritätsprinzip unvereinbar häufig in der Kritik (Waniek 1995: 179f.). Mittlerweile ist die GA leicht modifiziert worden und die bis dahin ausschließlich auf Investitionen einzelner Betriebe ausgerichtete Förderung ist um „Elemente wie den Aufbau lokaler bzw. regionaler Organisationsstrukturen für Regionalmanagement" (Bundesministerium für Wirtschaft und Technologie 2001) erweitert worden. Die seit dem 1. Januar 2005 geltenden GA-Förderregeln (34. Rahmenplan) enthalten nun auch ein Förderangebot mit der Bezeichnung „Kooperationsnetzwerke und Clustermanagement" (Bundesministerium für Wirtschaft und Technologie 2005).

Regionale Strukturpolitik betreibt der Bund auch implizit durch raumwirksame Fachpolitiken im Bereich der Infrastruktur-, Arbeitsmarkt-, Innovations-, Technologie-, Existenzgründungs- und Mittelstandspolitik (Schrumpf/Müller 2001: 36ff.).

Bereits seit den 1980er Jahren orientiert sich die Forschungs- und Innovationspolitik, zum Beispiel im Rahmen der „dezentral koordinierten Technologiepolitik" (Rehfeld 1999: 28), stärker an Netzwerken und vor Ort vorhandenen Kompetenzen. „Stand und steht in der regionalen Wirtschaftspolitik die Angleichung der Lebensverhältnisse im Sinne einer Kohäsionspolitik im Zentrum der strategischen Ausrichtung, nahm in den vergangenen zehn Jahren die Anzahl der Programme insbesondere unter Verantwortung des Forschungsministeriums zu, die eine Förderung mit Bundesmitteln an Wettbewerbsprozesse zwischen Regionen koppelten und somit eine Unterstützung der erfolgsträchtigen Regionen anstrebten" (Benzler/Wink 2004: 253). So versucht beispielsweise das Bundesministerium für Bildung und Forschung (BMBF) – ausgehend von der Überlegung, dass wirtschaftliche und technologische Entwicklungen nicht flächendeckend entstehen, sondern einer

---

[44] So fordert zum Beispiel der Leiter des von der Bundesregierung eingesetzten Gesprächskreises Ostdeutschland VON DOHNANYI, die Förderung stärker auf Wachstumskerne zu konzentrieren, anstatt flächendeckend Infrastrukturen zu finanzieren (Dohnanyi, von 2004: 613).

räumlichen Ballung bedürfen – entsprechende Aktivitäten zu bündeln und regionale Netzwerke zu fördern. Diese Entwicklung lässt sich an den Programmen *BioRegio* und *InnoRegio* exemplarisch festmachen:

Der 1995 vom BMBF ausgerufene Wettbewerb BioRegio förderte Regionen im Verbund anstatt Einzelprojekte. Teilnehmen konnten Netzwerke in allen bundesdeutschen Regionen, unabhängig von der regionalen Bedürftigkeit. Zugunsten einer effizienteren Technologieentwicklung wurde damit in Kauf genommen, dass sich die regionalen Disparitäten verschärfen können (Koschatzky 2002). Dies vor dem Hintergrund, dass es schwächeren Regionen für eine erfolgreiche Wettbewerbsteilnahme unter Umständen an materiellen und politischen Ressourcen fehlt. Ferner setzt das Programm auf die räumliche Konzentration von Innovationspotenzial, was der früher angestrebten breiten Verteilung von Infrastruktureinrichtungen, der Grundlagenforschung und der Unterstützung von Strukturen des Wissenstransfers entgegen steht (Benzler/Wink 2004: 258). Die Förderung der Region war dabei eher Mittel zum Zweck, im Vordergrund stand die Entwicklung der Biotechnologie in Deutschland. So kann nach BENZLER und WINK der starke Anstieg der Anzahl von Biotechnologie-Unternehmen u.a. auf diese Förderpolitik zurückgeführt werden (Benzler/Wink 2004: 255). Heute wird die Bezeichnung BioRegio unabhängig von dem Wettbewerb als eine Art Label für Regionen vergeben, die über konzentrierte Kompetenzen im Bereich der Biotechnologie verfügen (vgl. auch die Beschreibung des Landkreises Biberach in Kap. 9.3.1).

Etwas anders war die Zielsetzung bei dem auf Ostdeutschland begrenzten Wettbewerb InnoRegio. Im Unterschied zu BioRegio zielte dieser Wettbewerb weniger auf die Stärkung bereits national wettbewerbsfähiger Regionen, als vielmehr darauf innerhalb der Gruppe der ärmeren Regionen, also innerhalb Ostdeutschlands, an den spezifischen Stärken anzusetzen und dort eine Netzwerkbildung zu fördern. In einem Wettbewerb wurden in der Programmlaufzeit zwischen 1999 und 2006 innovative regionale Netzwerke mit verschiedenen thematischen Ausgestaltungen gefördert (vgl. auch die Beschreibung des Altmarktkreises in Kap. 9.4.1).

Deutliche Überschneidungen bezüglich raumwirksamer Politiken stellen sich zwischen regionaler Struktur- und Raumordnungspolitik ein (die Grundzüge der bundesdeutschen Raumordnung sind in dem folgenden Kasten dargestellt), die aktuell besonders daran deutlich werden, dass die bundesdeutsche Raumordnungspolitik neu ausgerichtet wird und die Diskussion um Wachstum und Ausgleich dabei einen zentralen Stellenwert einnimmt.

Die räumliche Ordnung in der Bundesrepublik Deutschland

Die Raumordnung dient der räumlichen Planung und Koordinierung und findet auf der Bundesebene (Bundesraumordnung), der Landesebene (Landesplanung) und der städtischen Ebene (Bauleitplanung) statt. Die Rahmengesetzgebung für die räumliche Ordnung lag nach Art 75 Abs. 2 GG beim Bund. Der Bund hat zur Wahrung dieser Aufgabe das Raumordnungsgesetz (ROG) erlassen. Mit der Föderalismusreform liegt nun für die Raumordnung nach Art. 74 Abs. 1 Nr. 31 GG eine konkurrierende Gesetzgebung vor. Die künftige Rechtssprechung wird zeigen, inwieweit und in welchen Fällen die Länder von ihrer nun vorhandenen Abweichungskompetenz Gebrauch machen. Für die aktuelle Raumordnung und Landesplanung lassen sich keine unmittelbaren Konsequenzen ausmachen. § 1 ROG legt auch nach der Föderalismusreform fest, dass der bundesdeutsche Gesamtraum durch zusammenfassende, übergeordnete Raumordnungspläne und durch Abstimmung raumbedeutsamer Planungen und Maßnahmen zu entwickeln, zu ordnen und zu sichern ist. Dabei werden im Raumordnungsgesetz die Leitvorstellungen, Ziele und Grundsätze festgelegt.

Die Länder werden im ROG beauftragt, die räumliche Planung nach diesen Grundsätzen zu konkretisieren, also eine Raumordnung in ihrem Gebiet vorzunehmen (Landesplanung). Die Ressortierung der Landesplanung ist in den Bundesländern unterschiedlich geregelt. So liegt die Zuständigkeit in einigen Bundesländern beim Ministerpräsidenten bzw. der Staatskanzlei, andere haben ein eigenes Planungsministerium eingerichtet und wieder andere haben die Aufgabe einem Ressort, zum Beispiel dem Wirtschafts- oder Innenministerium, zugeschlagen.

Die faktische Macht der Raumordnungspolitik in Deutschland ist gering (Beetz 2006: 12) und verteilt sich auf viele Akteure und zwar „vertikal zwischen dem Bund und den Ländern sowie horizontal zwischen den Fach- und Sektoralpolitiken und der Raumordnungspolitik" (Aring/Sinz 2006: 44). Daher haben Informationsinstrumente im Rahmen der Raumordnung eine wichtige Funktion, wie z.B. der regelmäßig zu erstattende Raumordnungsbericht und die Erarbeitung von Leitbildern der Raumentwicklung.

Eine solche Neuausrichtung zeigt sich in einer aktuellen Stellungnahme des Beirats für Raumordnung (Beirat für Raumordnung 2005), in dem 2005 erschienenen Raumordnungsbericht (BBR 2005b),[45] der daraufhin von der Bundesregierung abgegebenen Stellungnahme (Bundesregierung 2005) und den Leitbildern und Handlungsstrategien für die Raumentwicklung[46] (Bundesministerium für Verkehr, Bau und Stadtentwicklung 2006).

---

[45] Im Raumordnungsgesetz ist festgelegt, dass das Bundesamt für Bauwesen und Raumordnung (BBR) in regelmäßigen Abständen Bundesraumordnungsberichte an das entsprechende Bundesministerium erstellt.

[46] Seit 1997 sind Leitbilder explizit als Instrument der Abstimmung der Entwicklungsvorstellungen von Bund und Ländern vorgesehen. Diese wurden nach einem von 2003 bis 2006 dauernden Abstimmungsprozess neu aufgelegt (Aring/Sinz 2006: 44).

Insgesamt kann festgehalten werden, dass die Raumordnungspolitik ebenfalls einen Schritt weg von der Ausgleichs- hin zur Wachstumspolitik geht und dabei den Gleichwertigkeitsgrundsatz neu bestimmt bzw. relativiert. Dabei geht es um die Austaxierung der Frage, wie Raumordnung einen Beitrag zum Wachstum leisten kann, was zukünftig unter gleichwertigen Lebensbedingungen zu verstehen ist und wie eine Mindestversorgung an Daseinsvorsorge in schrumpfenden räumlichen Kontexten zu sichern ist.

Die Bundesregierung bekräftigt zwar, „dass die Schaffung gleichwertiger Lebensverhältnisse weiterhin politisches Ziel bleibt, die Ausgestaltung aber den regional unterschiedlichen demographischen und strukturellen Rahmenbedingungen Rechnung tragen muss" (Bundesregierung 2005: 1). An anderer Stelle heißt es: „Unter den Bedingungen zunehmender internationaler Standortkonkurrenz muss das raumordnerische Entwicklungsziel stärker mit dem nationalen Wachstumsziel verknüpft werden. In diesem Kontext muss sich Raumentwicklungspolitik auf die Innovationsfähigkeit und damit stärker auf die Bedingungen der Erwirtschaftung von Wohlstand als auf seine Verteilung fokussieren (...)" (Bundesregierung 2005: 2).

Im Raumordnungsbericht 2005 sowie in der diesbezüglichen Stellungnahme sind drei Raumtypen aufgeführt, für die besonderer Handlungsbedarf besteht und zwar erstens die *großen Agglomerationen mit ihren metropolitanen Kernen*, die „als Zugmaschinen des wirtschaftlichen Wachstums und als Zentrum des politischen und kulturellen Lebens vor allem in ihren Funktionen zur Sicherung und wirtschaftlichen Entwicklung im internationalen und europäischen Wettbewerb zu stärken" (Bundesregierung 2005: 3) sind. Zweitens der *suburbane Raum*, der „stärker als bisher raumverträglich und nachhaltig zu gestalten" (Bundesregierung 2005: 3) ist. Und drittens die *peripher und dünn besiedelten Räume*, bei denen es, neben einer besseren Nutzung des Funktionalpotenzials ländlicher Räume, um die Sicherstellung der Daseinsgrundvorsorge geht.

So wird ein Strategiewechsel insofern vorgenommen, als betont wird, dass erst die Wachstumspotenziale zu fördern sind, um den notwendigen Spielraum für eine Ausgleichspolitik zu haben. „Wachstum ist die Voraussetzung zur Erwirtschaftung von Wohlstand, zum Bestehen im internationalen Wettbewerb und zum Zurückgewinnen von Spielräumen für soziale und räumliche Ausgleichspolitik. Kerne und Netze des ökonomischen Wachstums und der Innovation müssen unterstützt sowie räumlich konzentrierte Entwicklungsstrategien verfolgt werden" (Bundesregierung 2005: 5). ARING und SINZ führen für die neu formulierten Leitbilder der Raumentwicklung aus: „Insbesondere die Lobbyisten des ländlichen Raums sehen eine Aushöhlung des Gleichwertigkeitspostulats und implizit eine Vernachlässigung der ländlichen Räume" (2006: 48).

2.2.2.2 Landesebene

Die Struktur- bzw. Kohäsionspolitik innerhalb der Bundesländer ist nicht einheitlich organisiert und die Bereitschaft, Disparitäten hinzunehmen, ist unterschiedlich ausgeprägt. Insgesamt zeigt sich auf Länderebene ebenfalls eine Tendenz Struktur- und Kohäsionspolitik stärker an wettbewerbsfähigen Potenzialen auszurichten. Für Ostdeutschland kann die Förderung regionaler Branchenschwerpunkte mittlerweile als eine zentrale Strategie angesehen werden. „Diese Förderausrichtung wurde seit längerem von mehreren Landesregierungen und der alten Bundesregierung eingeleitet, die neue Bundesregierung hat sie weiter forciert" (Krätke/ Scheuplein 2001: 2). Eine europäische Fallstudie hat ergeben, dass die strukturpolitischen Programme in Sachsen in der Förderperiode zwischen 1994 und 2006 sukzessive stärker auf Wachstumspole ausgerichtet wurden. „Die Suche nach Clusterpotenzialen fällt beinahe zwangsläufig mit den dominierenden Zentren Sachsens zusammen, die das so genannte 'Sachsendreieck' bilden: Dresden, Leipzig und das Doppelzentrum Chemnitz/Zwickau vereinen auf sich die wesentlichen Impulse, die – so die Erwartung – hoffentlich in das Umland ausstrahlen" (Ache 2004: 184).

In Brandenburg wird seit geraumer Zeit über eine stärker am Wachstum ausgerichtete regionale Struktur- und Raumordnungspolitik diskutiert. Einerseits ist eine Neuordnung der zentralräumlichen Gliederung mit dem Ziel, durch eine Konzentration auf die Mittelzentren die Raumstruktur zu stabilisieren, geplant. So sollen Grund- und Kleinzentren überwiegend nicht mehr als Zentrale Orte eingeordnet und Zentrale Orte von derzeit 152 auf 50 reduziert werden (Gemeinsame Landesplanung Berlin-Brandenburg 2006). Anderseits plant das Brandenburgische Wirtschaftsministerium regionale Wirtschaftsförderung zukünftig auf Kompetenzfelder und regionale Wachstumskerne zu konzentrieren (Ministerium für Wirtschaft des Landes Brandenburg 2006, Arndt et al. 2005: 1). Allerdings wurde deren Anzahl im Laufe der politischen Abstimmungsprozesse immer weiter ausgedehnt. So sollen in Brandenburg zukünftig 16 Wachstumsbranchen, 67 Branchenschwerpunktorte und 15 regionale Wachstumskerne gefördert werden (Beetz 2006: 32).

Auch in den alten Bundesländern zeigt sich ein Wandel: So wurden in Nordrhein-Westfalen strategische Handlungsfelder identifiziert, die zukünftig die Technologie- und Strukturpolitik des Landes leiten sollen. Die strategischen Handlungsfelder spiegeln die wirtschaftlichen Stärken des Landes wider, von denen angenommen wird, dass von ihnen zukünftig Innovations- und Wachstumsimpulse ausgehen. Um eine punktgenaue und nicht eine flächendeckende Förderung sicherzustellen, wurden die strategischen Handlungsfelder verortet und die spezifischen Kompetenzen im räumlichen Kontext dargestellt (Rehfeld et al. 2004). „Neben dem für einige

Regionen wichtigen Ausgleichsziel steht nun das Ziel, die regionalen Stärken auszubauen. (...) Letztlich bedeutet das, dass sich (die Regionen) auf ihre Stärken besinnen und diese gezielt ausbauen" (Noll 2006: 81). Welche Wirkungen dies tatsächlich auf die Strukturpolitik des Landes haben wird, kann auch wegen des 2005 stattgefundenen Regierungswechsels noch nicht abgesehen werden.

2.2.3 Regionale Strukturpolitik im Spannungsfeld zwischen Wachstum und Ausgleich

Nachdem in den vergangenen Jahren in Teilbereichen bereits auf regionale Zusammenarbeit und Netzwerke gesetzt wurde, zeigt sich aktuell ein Trend zu einer mehr oder weniger konsequenten Förderung erfolgversprechender Sektoren und damit einhergehend einer Konzentration der Fördermittel auf die Regionen mit besonderen Potenzialen.

Die EU, die Bundesrepublik und die Bundesländer vollziehen einen – wenn auch allmählichen und von Kritik begleiteten – Wandel von einer Ausgleichspolitik zu einer auf Wachstum setzenden Regionalpolitik (z.B. Crow 2001: 30, Zimmermann 2003: 19, Benzler/Wink 2004: 259). Ähnliche Prozesse sind in vielen Ländern der OECD sichtbar (Expertenkommission „Überprüfung und Neukonzeption der Regionalpolitik" 2003), wie sich zum Beispiel anhand der Schweizer Regionalpolitik aufzeigen lässt: „Während die Schweizer Regionalpolitik", so BARJAK, „traditionell primär auf den Ausgleich zwischen peripheren und zentralen Regionen ausgerichtet war, nimmt die neue Regionalpolitik einen Paradigmenwechsel vor, indem sie auf die regionalen Stärken und Potenziale für wirtschaftliches Wachstum setzt" (14.12.2004). Ein Bericht der Schweizer Expertenkommission zur Neuausrichtung der Regionalpolitik zeigt Parallelen zum europäischen und bundesdeutschen Diskurs auf, proklamiert eine Wachstumsorientierung aber akzentuierter (Expertenkommission „Überprüfung und Neukonzeption der Regionalpolitik" 2003: ii).

Im Rahmen einer strukturpolitischen Neuausrichtung zugunsten Kompetenzbasierter Ansätze sind grob zwei Stringenzstufen zu unterscheiden: Einerseits ist es denkbar, wie die EU-Kommissarin HÜBNER schon für die Ziel-1-Förderkulisse angedeutet hat und wie es für die Gebietskulisse Ostdeutschland im Rahmen des InnoRegio-Programms (vgl. Kap. 2.2.2.1) und implizit in der ersten Phase der GA-Förderung nach der Wiedervereinigung bereits praktiziert wurde, innerhalb der *Gruppe der Armen*, die Förderung auf die Regionen zu konzentrieren, die über erfolgversprechende Wettbewerbsvorteile verfügen, also auf die Regionen, die wirtschaftsstrukturell besser positioniert sind. Andererseits – und dies wäre dann die so genannte zweite Stufe – wäre es möglich, unabhängig von der räumlichen

Bedürftigkeit die Strukturmittel den erfolgreichsten Städten und Regionen zur Verfügung zu stellen. Ausgleichspolitik müsste dann über Einkommenstransfers sowie Sicherstellung unerlässlicher Infrastrukturen in diesen Regionen hergestellt werden, also einer Versorgungsstrategie (vgl. Abb. 9 in Kap. 2.2).

Bei den im Rahmen dieser Arbeit durchgeführten Interviews (Interviewliste im Anhang) zeigte sich, dass die Gesprächspartner aus den klassischen ökonomischen Disziplinen tendenziell eine konsequente Umsetzung Kompetenzbasierter Ansätze fordern, aber davon ausgehen, dass die Politik dies nicht durchhält. Die Experten der raumwissenschaftlichen Disziplinen sehen hingegen bereits einen eindeutigen Trend zur Abkehr vom Gleichwertigkeitsziel, der sich ihrer Auffassung nach in seinen zentralisierenden Wirkungen durch siedlungsstrukturelle und demographische Entwicklungen noch verstärken wird.

2.3 Status quo der regionalwirtschaftlichen Raumstruktur in Deutschland

Wurde in diesem Kapitel bis jetzt aufgezeigt, welche raumwirksamen Trends und Politiken Raumstrukturen beeinflussen, wird im folgenden Unterkapitel thematisiert, wie sich Raumstrukturen tatsächlich darstellen, ob sich also die zuvor beschriebenen Faktoren in den Raummustern abzeichnen.

Auf der einen Seite zeigt sich seit den 1960er Jahren im Westen eine stabile, wenn auch über die Jahre nicht dramatische Suburbanisierung, die sich in Wanderungsbewegungen der Wohnbevölkerung als auch der Unternehmen aus den Kernstädten in das Umland abbildet (Brake 2001: 16ff.). Im Osten ist diese, oft als *nachholend*[47] bezeichnete Suburbanisierung der Wohnbevölkerung seit der Wende virulenter, schwächt sich aber seit einigen Jahren etwas ab (Aring/Herfert 2001: 44ff.). Auch unternehmensnahe Dienstleistungen orientieren sich zunehmend zentrifugal, jedoch diffundieren diese nicht wahllos in die Peripherie, sondern bilden neue Knoten, meist in der Nähe bestehender Zentren. KARSTEN und USBECK sprechen von „funktionaler Anreicherung der Suburbanisierung" (2001: 71). Gerade die Gemeinden, die in der Nähe der Kernstädte liegen und über eine gute großräumige Verkehrsanbindung verfügen, erzielten in den vergangenen Jahren ein hohes Beschäftigungswachstum (BBR 2005b: 46). Die Mehrzahl der zwischen 1997 und

---

[47] Ob es sich in Ostdeutschland um eine nachholende Suburbanisierung oder um einen durch Steuervorteile, ungeklärte Restitutionsansprüche und zumindest nach der Wende verfallene Innenstädte begünstigten Sonderweg handelt, ist nur schwer zu klären.

2002 entstandenen Beschäftigtenzentren[48] ohne oberzentrale Funktion befinden sich im suburbanen Raum,[49] d.h. in der Nähe größerer Städte und Agglomerationen (Einig/Guth 2005: 446ff.). Nach EINIG und GUTH weisen diese Standorte im suburbanen Raum „wegen ihrer Nähe zum Ballungskern entscheidende Agglomerationsvorteile auf, ohne von typischen Agglomerationsnachteilen (...) übermäßig betroffen zu sein" (Einig/Guth 2005: 444).

Auf der anderen Seite schlagen sich agglomerative bzw. metropolitane Kräfte in den Raummustern nieder: So zeigen Untersuchungen, dass insbesondere höherwertige unternehmensnahe Dienstleistungen sowie FuE-Dienstleistungen vermehrt in den Städten zu finden sind (z.B. Geppert/Gornig 2003, Neuhoff 1998). Je herausragender die ökonomischen Funktionen sind, umso metropolitaner in der Regel die Städte, so dass sich eine weltweite Städte-Rangordnung abzeichnet.[50] NEUBERGER spricht von einer „urbanen Hierarchie" der Bio- und Informationstechnologiestandorte (2000: 53). Eine urbane Renaissance zeigt sich ebenfalls in Bezug auf die Wohnbevölkerung: In Westdeutschland ist seit 1998 ein kontinuierlicher Bevölkerungszuwachs vieler Kernstädte zu beobachten. Im Osten stabilisieren sich die Städte bzw. hat sich dort die Geschwindigkeit des Bevölkerungsrückgangs reduziert, auch aufgrund eines deutlich verbesserten innerstädtischen Wohnungsangebots (BBR 2005b: 197ff.). In den Medien wird vielfach von einer Reurbanisierung bzw. vom Ende der Stadtflucht junger Familien gesprochen (z.B. Beyer 2006). Allerdings lässt sich die Reurbanisierung als in den Siedlungsstrukturen ablesbare Wirkung nur schwach belegen und wird für ostdeutsche Städte durch andere Faktoren überlagert.[51]

Es lassen sich also sowohl konzentrierend als auch dekonzentrierend wirkende Kräfte in den Raummustern ablesen. Um ein etwas differenzierteres Bild von den regionalwirtschaftlichen Gewinnern und Verlierern zu erhalten, wird in den folgenden Unterkapiteln

---

[48] Beschäftigungszentren sind nach dieser Untersuchung Gemeinden, die keine Funktion als Oberzentrum aufweisen, in denen zwischen 1997 und 2002 die Beschäftigung um mehr als 20% und mindestens 600 Beschäftigte gestiegen ist und die 2002 eine Gesamtbeschäftigung von mindestens 1000 Arbeitnehmern zu verzeichnen hatten (Einig/Guth 2005: 446).

[49] Um die Lage dieser neuen Beschäftigtenzentren zu ermitteln, wurden von EINIG und GUTH alle Stadtregionen in Deutschland auf der Basis der Pendlerstatistik der sozialversicherungspflichtig Beschäftigten abgegrenzt. Als suburbanes Umland einer Stadtregion wurden solche Gebiete definiert, die außerhalb der Kernstadtgrenzen liegen, durch verkehrliche Verflechtung aber noch in einem engen Beziehungsverhältnis zu dieser stehen (Einig/Guth: 447).

[50] Ein Überblick zu den verschiedenen Studien findet sich bei Derudder et al. 2003.

[51] So ist in Ostdeutschland die echte Reurbanisierung auch durch einen so genannten Kohorteneffekt verursacht. Dies vor dem Hintergrund, dass es zwischen 1977 und 1987 in der DDR einen Geburtenboom gab, der sich aktuell in Haushaltgründungen, arbeitsmarkt- und ausbildungsbedingt vor allem in den Städten, niederschlägt (Köppen 2005: 6ff.).

- eine neue Raumstrukturtypisierung des BBR, hinsichtlich der Entwicklung der Arbeitsplätze und Bevölkerung betrachtet (Kap. 2.3.1),

- die regionalwirtschaftliche Situation der siedlungsstrukturellen Regionsgrundtypen des BBR bestimmt (2.3.2),

- auf Ebene der Kreise/kreisfreien Städte die Korrelationen zwischen den Dimensionen Bevölkerungsdichte und Anteil der zentrennahen Bevölkerung an der Gesamtbevölkerung zum regionalwirtschaftlichen Entwicklungstand ermittelt (2.3.3) und

- die großräumliche Verteilung der räumlichen Verlierer und Gewinner dargestellt (2.3.4).

2.3.1 Raumstrukturtypen

Das Bundesamt für Bauwesen und Raumordnung (BBR) hat in dem 2005 erschienenen Raumordnungsbericht eine neue Raumstrukturtypisierung (siehe folgender Textkasten), die sich unabhängig von der administrativen Ebene konstituiert, gebildet.

Raumstrukturtypisierung des BBR

Zur Konstitution dieser Raumstrukturtypisierung wurden zwar auch die räumliche Verteilung der Bevölkerung und die Lagegunst als Basisindikatoren herangezogen, allerdings basieren diese auf neuen Messmethoden und wurden verwaltungsgrenzenunabhängig erhoben.[52] Aufgrund der Typisierung ergeben sich die folgenden Raumtypen: innerer und äußerer Zentralraum, Zwischenraum mit Verdichtungsansätzen sowie mit geringer Dichte und Peripherraum, der wieder in Räume mit Verdichtungsansätzen und mit sehr geringer Dichte unterteilt wird (Schürt et al. 2005, BBR 2005b: 15ff.)

Vorteil dieser kreisgrenzenunabhängigen Typisierung ist, dass verfälschte Dichtegrade, die bei den siedlungsstrukturellen Kreistypen auftreten können, vermieden werden. Dies vor dem Hintergrund, dass Siedlungsschwerpunkte innerhalb eines Kreises sehr ungleich verteilt sein können und Verwaltungseinheiten uneinheitlich

---

[52] So wurden mit einem gleichmäßig verteilten Raster die PKW-Fahrzeiten zu hochrangigen Zentren ermittelt. Dabei fließt nicht nur, wie üblich, die Fahrtzeit in die Betrachtung ein, sondern auch die Bedeutung des Zentrums. Zur Vermeidung von Verfälschung durch Gemeindegrenzen erfolgt die Dichtemessung durch eine Vielzahl gleichförmiger Rasterzellen. „Erst nach der von Gemeindetypen unabhängigen Typenbildung erfolgt eine Zuordnung zu Gemeinden" (Schürt et al. 2005: 12).

zugeschnitten sind (vgl. Schürt et al. 2005: 2). Ein Nachteil der neuen Raumtypen ist, dass viele Regionaldaten auf dieser Ebene nicht zur Verfügung stehen und ihr Einsatzbereich somit eingeschränkt ist. Jedoch hat das BBR die Beschäftigungs- und Bevölkerungsentwicklung zwischen 1997 und 2003 auf Grundlage dieser Typologie analysiert und kommt zu dem Ergebnis, dass in den alten Ländern insbesondere die Randlagen der Agglomerationen (äußerer Zentralraum) und die Zwischenräume, vor allem mit geringer Dichte, ein deutliches Bevölkerungswachstum verbuchen konnten. Diese Raumeinheit ist im Osten die einzige mit leichten Zugewinnen, alle anderen haben Bevölkerung verloren, am deutlichsten die Peripherie. Bei der Arbeitsplatzentwicklung zeigt sich, dass die sehr peripher gelegenen Räume in Ost und West am schlechtesten abschneiden, wobei im Westen die Peripherie nur ganz leicht an Arbeitsplätzen verloren hat. Alle anderen – am stärksten die Zentralräume – weisen in Westdeutschland Arbeitsplatzgewinne auf. Der Osten verliert in allen Raumkategorien Arbeitsplätze und zeitigt die stärksten Verluste in der Peripherie. Die Analysen auf Grundlage der Raumstrukturtypisierung zeigen, dass in West- und Ostdeutschland die Bevölkerungs- und Beschäftigtenentwicklung nicht identischen Raummustern folgen. Während sich bei der Bevölkerungsentwicklung eindeutige Suburbanisierungstendenzen abzeichnen – so profitieren in West- und Ostdeutschland am stärksten die Zwischenräume geringer Dichte, schneiden bezüglich der Beschäftigtenentwicklung die Zentralen Räume und Zwischenräume am besten ab (Schürt et al. 2005: 7ff., BBR 2005b: 21ff.).

2.3.2 Regionalwirtschaftliche Situation von Regionstypen

Um die regionalwirtschaftliche Situation differenzierter abbilden zu können und umfassendere Regionaldaten zu betrachten, werden im Folgenden die Raumkategorien Agglomerationsräume, Verstädterte Räume und Ländliche Räume[53] auf Ebene der 439 Kreise und kreisfreien Städte hinsichtlich ihrer regionalwirtschaftlichen Situation betrachtet. Die regionalwirtschaftliche Situation wird mit Hilfe eines im Rahmen dieser Arbeit gebildeten regionalen Entwicklungsindikators (ReEnt-Indikator) approximiert, der sechs Variablen (Bevölkerungs-, Beschäftigtenenwicklung, Arbeitslosenquote, Beschäftigtenbesatz, Bruttowertschöpfung und Anteil technischer Berufe) berücksichtigt und über Rangplätze entwickelt wurde. Die Zusammensetzung ist an einen im aktuellen Raumordnungsbericht des BBR verwendeten regionalwirtschaftlichen Entwicklungsindikator (BBR 2005b: 151) angelehnt

---

[53] Diese Regionsgrundtypen sind Teil einer umfassenden, weit verbreiteten Siedlungsstrukturellen Regions- und Kreistypisierung des BBR, die im Wesentlichen auf den Dimensionen Bevölkerungsdichte, -größe und zentralörtliche Funktion bzw. Lage im Raum basiert (siehe für eine detaillierte Beschreibung BBR o. J. und den Textkasten in Kap. 8.2.3).

Kapitel 2 - Raumwirtschaftliche Trends, Strukturpolitik und räumliche Verteilung 83

und wurde auf Ebene der Kreise/kreisfreien Städte neu aggregiert. In Kapitel 7.2.2 wird die Zusammensetzung detailliert beschrieben. Abbildung 10 zeigt die Ergebnisse für Gesamt-, West- und Ostdeutschland.

Abbildung 10: Regionaler Entwicklungsindikator für alle Kreise und kreisfreien Städte

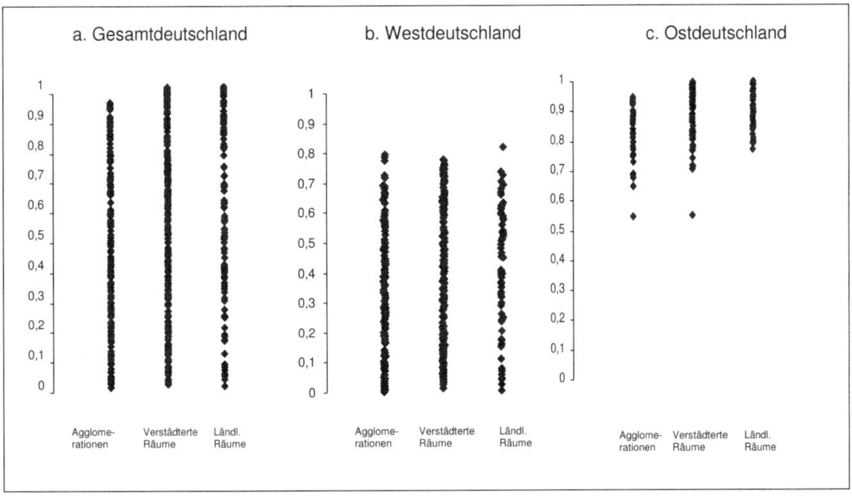

Datenquelle: BBR 2004, eigene Berechnungen

Die Diagramme a-c in Abbildung 10 geben die Indikatorergebnisse für jeden der 439 Kreise/kreisfreien Städte getrennt nach Regionsgrundtypen wieder. Dabei ist zu beachten, dass je schlechter die wirtschaftliche Lage eines/einer Kreises/kreisfreien Stadt ist, umso höher fällt der Indikatorwert aus (vgl. Kap. 7.2). Der Indikatorwert von 1,0 symbolisiert den schwächsten Kreis/kreisfreie Stadt Deutschlands. Jede(r) Kreis/kreisfreie Stadt wird entsprechend des Indikatorenergebnisses mit einem Punkt auf dem Graphen in den Diagrammen abgebildet. So sind beispielsweise im *Diagramm a* die Indikatorenergebnisse aller 149 Agglomerationsräume mit Punkten im entsprechenden Graphen eingezeichnet. Die Indikatorenergebnisse für die Kreise/kreisfreie Städte der Agglomerationsräume reichen von 0,0022779 - 0,9453303. Ein Regionstyp ist umso besser positioniert:

— je dichter die Punktverteilung im unteren Bereich eines Graphen ist,

— je schwächer die Punktverteilung im oberen Bereich ausgeprägt ist und

— je weniger weit die Punktverteilung nach oben reicht.

Die Abbildung 10 zeigt, dass aus westdeutscher Perspektive (Diagramm b) kaum Unterschiede hinsichtlich der drei Regionsgrundtypen bestehen. In Ostdeutschland

(Diagramm c) hingegen wird ein deutliches regionalwirtschaftliches Wohlfahrtsgefälle von den Agglomerationen hin zu den ländlichen Räumen sichtbar. Gesamtdeutsch (Diagramm a) ist selbiges weniger ausgeprägt und wird vor allem auch dadurch verursacht, dass ostdeutsche Kreise deutlich schwächer sind als Kreise im Westen und der Osten gleichzeitig über einen höheren Anteil peripherer Räume verfügt.

Eine statistische Betrachtung kann jedoch zu Verzerrungen führen: So ist zwar die wirtschaftliche Situation gesamtdeutsch in städtischen Räumen im Mittel etwas besser, allerdings zeigen sich ausgeprägte Polarisationen zwischen und innerhalb der Städte: Einerseits verstärkt sich die sozialräumliche Polarisation innerhalb von Städten (Gärtner/Müller 2004: 121ff., Bömer 2000: 174ff.). Anderseits profitieren nicht alle Städte von einer Wiederentdeckung der Stadt. Städte mit urbanen Funktionen, hoher Lebensqualität und wissensintensiven Wirtschaftsstrukturen gehören zu den Gewinnern, während altindustrielle Städte und Städte mit niedrigem „Hipness-Faktor" (Der Spiegel 2006: 18) eher die Verlierer der Entwicklung sind (BBR 2005b: 152).

2.3.3 Bestimmen Siedlungsdichte und Lage die regionalwirtschaftliche Situation einer Region?

Bei einer weiteren Analyse wurde betrachtet, inwieweit ein Zusammenhang[54] zwischen dem regionalwirtschaftlichen Status quo auf der einen Seite und der Bevölkerungsdichte sowie dem Anteil der zentrennahen Bevölkerung[55] besteht. Dabei ergibt sich folgendes Bild: Bevölkerungsdichte und der Anteil der zentrennahen Bevölkerung (BBR 2004) korrelieren in Deutschland leicht mit dem ReEnt-Indikator.[56] Das bedeutet, dass ein leichter statistischer Zusammenhang zwischen einer regionalwirtschaftlich schwachen Verfassung, einem geringen Anteil zentrennaher Bevölkerung und einer geringen Bevölkerungsdichte besteht. Die Erkenntnis, dass Ostdeutschland dünner besiedelt ist als Westdeutschland (157 zu 264 Einwohner/km²), einen geringeren Anteil an zentrennaher Bevölkerung aufweist (66,5 zu 76,6%)[57] und wirtschaftlich schwächer ist, legt die Vermutung nahe, dass die gesamtdeutschen Korrelationen vor allem durch den Unterschied zwischen

---

[54] Die Zusammenhänge wurden durch die Berechnung der Korrelationskoeffizienten nach Spearman ermittelt (zur methodischen Erklärung siehe Kap. 8).
[55] Anteil der Bevölkerung, die in einer Pkw-Fahrzeit von bis zu 30 Minuten das nächste Oberzentrum erreichen kann, zuzüglich der Bevölkerung des Oberzentrums selbst.
[56] Für die Dichte ergibt sich ein Korrelationskoeffizient nach Spearman von -0,265 und für den Anteil der zentrennahen Bevölkerung von -0,208.
[57] Beide Angaben BBR 2004.

West und Ost getragen werden. Für West- und Ostdeutschland getrennt durchgeführte Korrelationsanalysen bestätigen diese Vermutung: Im Westen korrelieren Bevölkerungsdichte und zentrennahe Bevölkerung nur sehr schwach mit der regionalwirtschaftlichen Verfassung,[58] während sich im Osten deutliche Zusammenhänge zwischen niedriger Dichte, geringer Zentralität und niedrigem regionalwirtschaftlichem Wohlstand zeigen.[59]

Es scheint, als hätten die rund 40 Jahre andauernden unterschiedlichen sozialen, wirtschaftlichen und institutionellen Prägungen divergierende Raumstrukturen in West- und Ostdeutschland hervorgebracht (Eickhof 2005: 7ff., Krätke/Scheuplein 2001: 7ff.), die auch noch heute Bestand haben. Zwar gab es auch im Osten, zumindest zu Beginn der Republik, ein föderalistisches Planungssystem mit Landes- und Regionalplanung, das „musste jedoch notwendigerweise auf eine Planung ausgerichtet sein, der von vornherein die Tendenz zur Zentralisierung innewohnte" (Kind 1995: 777). Daher bestanden schon vor der Wende in Ostdeutschland deutliche räumliche Entwicklungsunterschiede (Spudulyte 2003: 163).

Dass das regionalwirtschaftliche Gefälle zwischen ländlichen peripheren und verstädterten zentralen Räumen in Ostdeutschland deutlicher ausgeprägt ist als im Westen, kann u.a. vor dem Hintergrund der regionalen Polarisationstheorie von MYRDAL erklärt werden. Hiernach werden Ausbreitungseffekte von den Zentren in die Peripherie vor allem dann wirksam, wenn eine Volkswirtschaft weit entwickelt ist und die Infrastrukturen gut ausgebaut sind (vgl. Kap. 1.2.3). Die Infrastrukturen haben sich zwar auch in ländlichen Regionen in Ostdeutschland stark verbessert, weisen aber immer noch einen im Vergleich zum Westen leicht schlechteren Entwicklungsstand auf[60] und beeinflussen erst seit kurzer Zeit die Raumentwicklung.

---

[58] So liegen die Korrelationskoeffizienten zwischen Bevölkerungsdichte (-0,1) und dem Anteil der zentrennahen Bevölkerung (-0,08) auf der einen Seite und dem ReEnt-Indikator auf der anderen Seite in Westdeutschland nahe Null.

[59] In Ostdeutschland ergeben sich Korrelationskoeffizienten zwischen -0,26 und -0,35 für den Zusammenhang zwischen dem ReEnt-Indikator auf der einen Seite und der Einwohnerdichte sowie dem Anteil der zentrennahen Bevölkerung auf der anderen Seite.

[60] Eine übergreifende Bewertung der Infrastrukturausstattung in den neuen Bundesländern ist nur bedingt möglich. Es zeigen sich zwar noch immer Versorgungslücken in der Ver- und Entsorgung, die eigentlichen Probleme liegen aber darin, dass diese Netze aufgrund der in manchen Regionen stark abnehmenden Bevölkerung nicht ausgelastet sind. Für die verkehrlichen Infrastrukturen lässt sich konstatieren, dass die in PKW-Fahrzeiten gemessene Erreichbarkeit ostdeutscher Kreise/kreisfreier Städte deutlich schlechter als in Westdeutschland ist, was neben weiteren Entfernungen zu Autobahnanschlussstellen und schlechter ausgebauten Fernstraßen, auch in der deutlich peripheren Lage ostdeutscher Regionen begründet liegt (Deutsch et al. 2004, DIW 2003).

Es stellt sich allerdings die Frage, ob sich daraus eine Gesetzmäßigkeit derart ableiten lässt, dass die ostdeutschen peripheren Räume den Entwicklungsrückstand abbauen, sobald die Zentren genügend Wachstumsimpulse aufweisen und die Infrastrukturdefizite komplett abgebaut sind. So ist es erstens durchaus möglich, dass in einem vereinten Europa die Ausbreitungseffekte (vgl. Kap. 1.2.3) in Polen, Tschechien und Ungarn[61] wirksam werden und die peripheren Regionen Ostdeutschlands *übersprungen* werden und zweitens gibt es keine Sicherheit, dass die Zeitfenster der quasi *naturgesetzlichen Aufholjagd* der Peripherie immer offen stehen. Dies vor dem Hintergrund, dass in West- und Ostdeutschland, aber auch in anderen europäischen Ländern seit Mitte der 1990er Jahre die peripheren Räume an Entwicklungsdynamik verloren haben und der langfristige Umverteilungsprozess zugunsten dieser Regionen abgenommen hat (BBR 2005b: 43ff.). So scheint eine gute Infrastrukturausstattung zwar eine notwendige, aber keine hinreichende Voraussetzung für regionale Prosperität zu sein.

2.3.4 Regionalwirtschaftliche Situation der Kreise in Deutschland

Neben Unterschieden zwischen Stadt und Land sowie zwischen Städten mit vornehmlich wissensbasierten Sektoren und altindustriellen Agglomerationen ergeben sich hinsichtlich des regionalwirtschaftlichen Entwicklungsstandes deutliche Unterschiede auf großräumiger Ebene, was die folgende Abbildung zeigt. Um die geographische Verteilung des regionalwirtschaftlichen Entwicklungsstands kartographisch darzustellen, wurden alle Kreise/kreisfreien Städte anhand ihres regionalwirtschaftlichen Entwicklungsstandes mit Hilfe des ReEnt-Indikators in fünf Gruppen eingeteilt und in eine Karte (Abb. 11) eingetragen.

Insgesamt lässt sich die Situation grob mit einem deutlichen West-Ost- und einem schwachen Süd-Nord-Gefälle beschreiben.

---

[61] Allerdings verbessert sich infolge einer ökonomischen Integration osteuropäischer Länder die relative Lagegunst ostdeutscher Regionen, die aus europäischer Perspektive dadurch weniger peripher gelegen sind.

Kapitel 2 - Raumwirtschaftliche Trends, Strukturpolitik und räumliche Verteilung 87

Abbildung 11: Entwicklungsstand aller Kreise/kreisfreien Städte nach dem ReEnt-Indikator (2003)

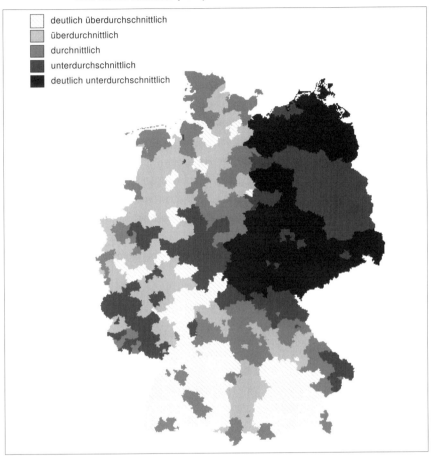

Datenquelle: BBR 2004, eigene Berechnungen und eigene Darstellung

Auch rund 15 Jahre nach der Wiedervereinigung zeigt sich im Osten trotz vieler Entwicklungsprogramme und eines hohen Nettotransfers von West nach Ost in der Breite noch kein sich selbsttragender wirtschaftlicher Aufschwung (Tiefensee 2006, Eickhof 2005: 9, Krätke/Scheuplein 2001: 7ff.).

Ein Süd-Nord-Gefälle wird seit den 1970er Jahren in den alten Bundesländern wahrgenommen (z.B. BBR 2005b: 41, Lammers 2003: 736ff., Körber-Weik/Wied-Nebbeling 1987: 82ff., Becher/Rehfeld 1986: 261ff.); wurde allerdings in den letzen Jahren durch die hohen Entwicklungsdefizite der neuen Bundesländer überlagert. Als Ursachen für dieses noch immer bestehende Wohlfahrtsgefälle werden verschiedene Faktoren, angefangen von Betriebsverlagerungen nach Süddeutschland während und nach dem Krieg (Kühn 1987: 115), über den Zufall, der zum Beispiel

Baden-Württemberg bezüglich unternehmerischer Talente bevorzugte (Kunz 1987: 131), bis hin zu (kultur)historischen Gründen (Brückner 1987, Petzina 1987), angeführt. Ferner wird diese Entwicklung damit begründet, dass Ansiedlungen neuer Branchen oft in bis dahin weniger entwickelten, landschaftlich attraktiven Regionen stattfinden (Kunz 1987: 132, Sinz/Strubelt 1986: 32ff., aber auch Kap. 1.3).

Im Westen spielt das traditionelle Gefälle zwischen Zentralraum und Peripherie keine so prägende Rolle bzw. wird von anderen Problemsituationen überlagert. Die strukturschwachen Regionen im Westen sind altindustrielle Verdichtungsregionen und ausgewählte ländliche Räume, vor allem im ehemaligen Zonenrandgebiet. „Die Anpassungsprobleme altindustrieller Regionen sind auf die regionale Konzentration bestimmter Branchen wie Werften, Stahl und Kohle zurückzuführen. Einzelne Ruhrgebietsregionen, das Saarland und Bremerhaven sowie ländliche Regionen mit industriellen Strukturproblemen (z.B. Pirmasens) sind Beispiele für solche Räume" (BBR 2005b: 152). Dem Osten geht es zwar insgesamt schlecht, aber die ländlichen peripheren Regionen sind dort besonders benachteiligt (Klemmer 2004).

2.4 Zusammenfassung: Wie sehen die räumlichen Verteilungsmuster aus?

Insgesamt lässt sich aufgrund der dargestellten raumwirksamen Kräfte und Trends kein konsistentes Raummuster identifizieren, wohl aber lassen sich – wie in der folgenden Abbildung dargestellt – die raumwirksamen Faktoren zusammenfassend beschreiben:

1. Aus großräumiger Perspektive ist in den alten Bundesländern ein seit Jahrzehnten bestehendes Süd-Nord- und gesamtdeutsch ein deutliches West-Ost-Gefälle zu erkennen.

2. Die Bevölkerung schrumpft, tut dies aber räumlich selektiv. Infolge von Wanderungen wird es einige Regionen geben, die auch zukünftig wachsen und andere, in denen sich die demographischen und damit einhergehenden ökonomischen Schrumpfungsprozesse beschleunigen werden. Großräumig, aber auch innerhalb von Städten und Regionen, wird es gleichzeitig Wachstums- und Schrumpfungsprozesse geben.

3. Suburbanisierung der Bevölkerung und der Ökonomie ist im Westen ein schleichender, im Osten ein rasanter Prozess.

4. Es zeigt sich eine gestiegene Bedeutung einerseits von Städten und Metropolen und anderseits des ländlichen oder suburbanen Idylls. Dazwischen verlieren manche Klein- und Mittelstädte ihre Versorgungsfunktionen.

5. Die neu entstehenden Wohnstandorte im suburbanen Raum, aber auch die Städte mittlerer Ordnung weisen unterschiedliche Funktionen auf:

    (a) manche sind nur Wohnstandorte bzw. Schlafstädte,

    (b) andere weisen haushaltsorientierte Dienstleistungsprofile auf und haben eine Zentrenqualität auf niedrigem Niveau (Brake 2001),

    (c) wiederum andere konzentrieren sich nicht nur auf die Versorgung des suburbanen Raums, sondern haben die Stadtregion im Blick (Brake et al. 2001: 7),

    (d) schließlich gibt es noch solche, die ein eigenständiges städtebauliches oder funktionales Profil entwickelt (Gärtner et al. 2003, Brake et al. 2001: 7) und eine „sortierende Leitfunktion" (Kunzmann 2001: 214) herausgebildet haben.

6. Stadtregionen geraten immer stärker als Einheiten ins Blickfeld: „Während der Kern der Stadtregion die `globalen´ Aufgaben wahrnimmt, um internationalen Ansprüchen an eine moderne Metropole zu genügen, komplettieren die Vorstädte in ihren unterschiedlichen Profilen die Palette der Funktionen, ohne die zentrale Funktionen nicht wahrgenommen werden können" (Kunzmann 2001: 214).

7. Trotz einer kontinuierlichen Suburbanisierung ist Dichte, Urbanität und Metropolitanität im Rahmen gesellschaftlicher und ökonomischer Innovationen bedeutsam. Das urbane Milieu hat insbesondere für hochwertige Dienstleistungen und Wirtschaftsaktivitäten eine zentrale Bedeutung.

8. Innerhalb der Städte, und dies betrifft auch wohlhabende Städte, zeigen sich deutliche Disparitäten zwischen gutsituierten oberschichtorientierten innerstädtischen und den so genannten benachteiligten Stadtteilen, die oft in verkehrlich belasteten Innenstadtlagen oder als Großwohnsiedlungen in den Außenbezirken liegen (Fragmentierung).

9. Es zeichnet sich nicht nur eine Spreizung zwischen profillosen Mittelstädten, zwischen peripheren Räumen und Agglomerationen bzw. Stadtregionen ab, sondern ebenso zwischen Orten, an denen neue wissensbasierte Arbeit und alte industrieorientierte Arbeit stattfinden.

Abbildung 12: Divergierende sich überlagernde Raummuster

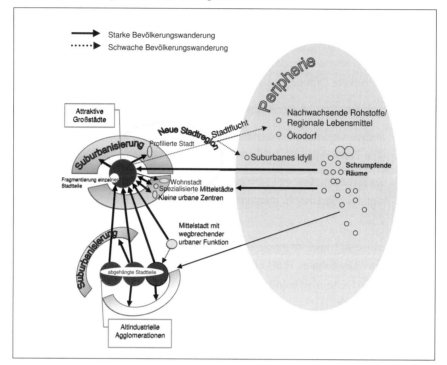

Aus großräumiger Perspektive zeigt sich neben einer leichten Zentrenorientierung, dass es dem Osten deutlich schlechter geht als dem Westen und dem Süden besser als dem Norden. Aus kleinräumlicher Perspektive verschiebt sich das Bild etwas: insbesondere die Subzentren in der Nähe bedeutender Zentren profitieren und die sehr ländlichen peripheren Räume, vor allem im Osten, sind benachteiligt. Einige ländlich geprägte Räume, insbesondere im Westen, schneiden allerdings gut ab. Ebenso gibt es im Bereich der Städte und Agglomerationen Räume mit schlechten Entwicklungsdaten. Agglomerations- und Dispersionskräfte wirken also in Ost und West, in Süd und Nord sowie in alten Industrieregionen und Zentren wissensbasierter Arbeit mit unterschiedlicher Intensität. Zu den Achsen Zentrum-Peripherie, die zumindest für Ostdeutschland einen nicht unwichtigen Erklärungsansatz bieten, müssten zur Erklärung der regionalwirtschaftlichen Wohlfahrtsgefälle noch Achsen wie neue versus alte Arbeit und hohe versus niedrige Lebensqualität herangezogen werden. „Nach dem `Stadt-Land-Gefälle´ der 1960er und 1970er Jahre, dem `Süd-Nord-Gefälle´ der 1980er Jahre und dem `West-Ost-Gefälle´ der 1990er Jahre stellen sich heute und in Zukunft die räumlichen Disparitäten in Deutschland differenzierter dar" (BBR 2005b: 107).

Regionale Strukturpolitik hat traditionell die Aufgabe zu einem Abbau solcher regionalwirtschaftlicher Gefälle beizutragen und in schwachen Regionen einen selbsttragenden Aufschwung zu induzieren. Zurzeit kann allerdings eine Tendenz hin zu neuen Ansätzen und einer stärkeren Wachstumsorientierung innerhalb der Strukturpolitik festgestellt werden. Wie intensiv ein solcher Wandel umgesetzt wird und ob sich dadurch langfristig die regionalen Disparitäten verkleinern oder vergrößern, kann zum jetzigen Zeitpunkt nicht beurteilt werden. "Insofern stehen wir erst am Anfang einer Grundsatzdebatte über die Frage, wie viel regionale Ungleichheit unsere Gesellschaft tolerieren kann und will" (Blotevogel 2006: 8). Die aktuelle Diskussion berücksichtigend kann davon ausgegangen werden, dass es strukturpolitisch zu einer gewissen Verschiebung hin zu Wachstumszielen kommt, dies aber nicht immer konsequent umgesetzt werden wird. Im folgenden Kapitel werden die zu erwartenden Effekte eines solchen Wandels diskutiert.

3 Wirkungen und Akteure Kompetenzbasierter Strukturpolitik

Der Trend zu einer Orientierung an regional wettbewerbsfähigen Kompetenzen innerhalb der Strukturpolitik stößt auf einen breiten Konsens. Auch lassen sich positive gesamtwirtschaftliche Wachstumseffekte infolge der Umsetzung dieser Ansätze ökonomisch begründen. Allerdings gibt es auch ein *Aber*, das jedoch in einem Nebel der Ungewissheit liegt, da die Wirkungen auf wettbewerbsfähige Potenziale setzender Ansätze noch nicht hinreichend erforscht sind (z.b. Hein[62] 2000, Barjak 14.12.2004): Erstens müssen solche Ansätze selbst in Regionen, die über hinreichende Potenziale verfügen, aufgrund diverser Umsetzungsbarrieren nicht die erwünschten Effekte zeitigen (direkte Effekte Kompetenzbasierter Strukturpolitik). Zweitens – eine viel offensichtlichere Gefahr – benachteiligt die strukturpolitische Betonung wettbewerbsfähiger Potenziale die Regionen, die nur über wenige solcher Potenziale verfügen (indirekte Effekte Kompetenzbasierter Strukturpolitik). Und drittens, in gewisser Weise als Folge, sind damit Effekte auf der gesamtstaatlichen Ebene verbunden (gesamtstaatliche Ebene). Diese drei Wirkungsebenen bestimmen die Struktur dieses Kapitels. Darüber hinaus erfolgen im Unterkapitel 3.4 eine Betrachtung der umsetzenden Ebenen und deren Akteure, insbesondere der öffentlichen regionalen Banken.

3.1 Direkte Effekte Kompetenzbasierter Strukturpolitik

Die nachfolgenden Ausführungen zu den direkten Effekten Kompetenzbasierter Strukturpolitik konzentrieren sich auf den Clusteransatz, da diesbezüglich die Diskussion am weitesten fortgeschritten ist[63] und die meisten Erfahrungen vorliegen.

---

[62] So kritisiert zum Beispiel HEIN, dass der „Cluster-Ansatz die Ursachen des Erfolgs (...) nicht jedoch – und das ist meine zentrale Kritik an diesem Ansatz – die Bedeutung des Clusters für einen größeren sozioökonomischen Raum" untersucht (2000: 6).

[63] Die dominierende Position des Clusteransatzes in der Strukturpolitik basiert auf diversen Gründen: Erstens zeigt sich seit Jahren eine Verknappung der öffentlichen Mittel – die sich zumindest im Rahmen der europäischen Regionalpolitik noch verstärken wird. Eine Konzentration von Fördermitteln auf erfolgsversprechende Cluster bewirkt im Rahmen einer Kosten-Nutzen-Rechnung den größten Ertrag, so die Befürworter. Zweitens setzt das Clusterkonzept an endogenen Potenzialen und eigendynamischen Kräften an, was zurzeit gesellschaftlich sehr en vogue ist. Und drittens versöhnt der Clusteransatz den alten Streit zwischen Neoklassik und Polarisationstheorie und ist somit zumindest auf der abstrakten Ebene konsensfähig. Gleichzeitig ist er einfacher umzusetzen als zum Beispiel der Innovative-Milieu-Ansatz.

Es existieren zwar Untersuchungen (z.B. Porter 1990, Grote Westrick/Rehfeld 2003), die die Wirkungen gewachsener Cluster in einzelnen Räumen untersucht haben, aber es finden sich kaum Analysen, die systematisch überprüfen, in welchem Ausmaß Clusterpolitik durch die öffentliche Hand zu gestalten ist und ob dadurch für Regionen und Städte ausreichende Erfolge erzielt werden (z.B. Barjak 14.12.2004). So wurde schon 1998 festgestellt, „there is little research on the effectiveness of industry cluster policy in generation economic development in cities or regions" (LeVeen 1998). Der empirische Beweis für den Erfolg von Clusterpolitik ist bis heute nicht vorhanden (Cassidy et al. 2005: 4ff.). Die Schwierigkeiten bei der Erfolgsmessung von Clusterpolitik liegen erstens in dem langen Zeithorizont, bis Cluster Erfolge aufweisen können, zweitens ist unklar, wie sich eine Region ohne die Clusterpolitik entwickelt hätte, und drittens sind die Grundvoraussetzungen wie Kompetenzen, Unternehmen, Netzwerke etc. zwischen Regionen divergierend verteilt. Quantitative Analysen können daher nur eine Hilfsgröße sein und qualitative Analysen sind nur mit erheblichem Aufwand für eine größere Grundgesamtheit durchzuführen und ihre Vergleichbarkeit ist nur bedingt gegeben. Evaluierungen von Clusterpolitiken dienen mehr der politischen Legitimation bzw. der Korrektur der Umsetzung, als dass sie einen systematischen Überblick über den Erfolg des Clusteransatzes geben könnten.

Die Förderung von Clustern ist immer auch damit verbunden, dass der lokalen bzw. regionalen Wirtschaftsförderung weniger finanzielle bzw. personelle Ressourcen für andere Bereiche zur Verfügung stehen. Wenn sich also eine besonders geförderte Branche/Wertschöpfungskette langfristig als nicht wettbewerbsfähig erweist, hat das insofern fatale Wirkungen, da mit den Ressourcen andere Bereiche am Standort hätten unterstützt werden können. Zwar wird im Rahmen einer Clusterförderung durch die öffentliche Hand meist Abstand von der einzelbetrieblichen Förderung genommen, jedoch werden durch die Fokussierung auf eine bestimmte Wertschöpfungskette die meisten Unternehmen am Standort exkludiert. Die Gefahr der Fehlentscheidungen ist dann besonders groß, wenn Städte und Regionen versuchen, dem allgemeinen Trend zu entsprechen bzw. von einer strukturpolitischen Förderung zu profitieren und Cluster für sich proklamieren, bei denen sie keine (ausreichenden) relativen Stärken aufweisen. BORNER spricht vom „clusters ex nihilio" (Borner 2002: 12).

Auch für auf den ersten Blick erfolgreich erscheinende Clusterprojekte ist die Frage nach der Anzahl und Art der geschaffenen Arbeitsplätze zu stellen: Profitieren davon die Arbeitnehmer in der Region? Oder wurden, wie das häufig im Rahmen der Unterstützung von Clustern im Hochtechnologiebereich vorkommt, nur wenige sehr spezialisierte Arbeitsplätze geschaffen?

„One of the major criticisms of clusters is that an over-specialised economy is susceptible to global competition and product cycle, and that any significant drop in demand will devastate the region" (Rosenfeld 2002: 13). Durch Cluster kommt es zwar zu Vereinbarungen und Absprachen, die zu einer eindeutigen Struktur und einem reibungslosen Ablauf führen (vgl. Kap. 1.1). Doch besteht auch die Gefahr, dass Regionen dabei in ihren Strukturen verharren und die Netzwerker infolgedessen weniger innovative Kräfte freisetzen, sondern vielmehr Lobbyarbeit betreiben. *Regionale Kartelle* führen, zumindest langfristig, in die Sackgasse. Insbesondere für die hochspezialisierten regionalen Cluster kann die langfristige Anpassungsfähigkeit verloren gehen (Maier/Tödtling 1996: 166). Dabei ist zu beachten, dass Cluster einen Lebenszyklus haben, sie also nicht unendlich in der gleichen Form weiter existieren können und nicht dauerhaft wettbewerbsfähig sind.

Die hier aufgeführten möglichen Fehlwirkungen einer entsprechenden Politik sind eher theoretischer Art und werden im Rahmen der untersuchten vier Regionen diskutiert (vgl. Kap. 7).

3.2 Indirekte Effekte Kompetenzbasierter Strukturpolitik

Unter indirekten Effekten Kompetenzbasierter Strukturpolitiken werden die Effekte verstanden, die in Regionen wirksam werden, die nicht bzw. nicht in ausreichender Menge über die notwendigen Wettbewerbsfaktoren verfügen, um diesen Politikansätzen zu entsprechen. Konkret geht es um die Fragen, ob bei konsequenter Anwendung dieser Ansätze eine Verstärkung regionaler Disparität bezüglich der Wohlstandsfaktoren in Kauf genommen werden muss und wie regional- und raumordnungspolitisch damit umgegangen werden kann. Auf einer abstrakten Ebene lassen sich die möglichen Wirkungen wie folgt typisieren:

Opportunitäts-Effekte: Traditionell wurden im Rahmen der Strukturpolitik Regionen gemäß ihrer Bedürftigkeit gefördert. Nach den beschriebenen neuen Ansätzen werden – sofern konsequent umgesetzt – solche Regionen gefördert, die erfolgsversprechende Potenziale vorzuweisen haben. Das heißt, dass sich die Förderung auf die Regionen mit den besten Entwicklungschancen zu Lasten der Regionen mit den geringsten Entwicklungschancen konzentrieren würde. Dies kann sich auch auf das regionale Vermögen beziehen, solche Ansätze umzusetzen zu können (regional governance).

Arm-bleibt-arm-Effekte: Cluster- und Kompetenzfeldpolitik kann in Regionen, die nicht originär über Kompetenzen verfügen, obwohl oft anders behauptet, nur bedingt erfolgreich sein. So betont der Clusteransatz die Pfadabhängigkeit sozioökonomischer Prozesse (Krätke/Scheuplein 2001: 198) und auch die Möglichkeiten der Schaffung neuer regionaler Angebote (z.B. im Tourismus) sind begrenzt (Perlik/Messerli 2001: 43). Ist es politisches Ziel, Regionen ohne wettbewerbsfähige Potenziale zu entwickeln, benötigen diese Regionen in der Regel einen Entwicklungsimpuls von außen, z.B. durch Ansiedlungen von Industrien oder Schaffung herausragender Infrastrukturen.

Urbanitätseffekte: Will man Cluster, muss Konzentration in Kauf genommen werden. Nach BORNER ist eine Konzentration wirtschaftlicher Aktivitäten im Raum die „logische Konsequenz der dynamischen Spillovers, Leaks, Economies of Scale, Scope and Skills. Wer Cluster will, muss auch (Groß-)Städte akzeptieren" (Borner 2002: 12). Die dem Clusteransatz zugrunde liegende Spezialisierung bedingt eine gewisse Konzentration, um eine hinreichende kritische Masse zu erreichen, wodurch zwangsläufig weniger dichte, periphere Räume in Kauf genommen werden. So kommt KRIEGER-BODEN zu der Erkenntnis, dass der Clusteransatz bei einer raumwirtschaftlichen Gleichverteilung nicht funktionieren kann (Krieger-Boden 2000). Dies hat eindeutige Konsequenzen für die Raumordnung und Infrastrukturplanung, aber auch für die Innovations- und Forschungspolitik, indem dementsprechende Einrichtungen nicht mehr im Zuge einer angestrebten Ausgleichspolitik im Raum verteilt werden, sondern an den *Wachstums-Hubs* konzentriert werden.

Kumulative Effekte: Je stärker sich eine Wachstumsorientierung innerhalb der regionalen Strukturpolitik auch auf die Basisinfrastrukturen bezieht, umso mehr verstärken sich die angeführten Effekte kumulativ und abgehängte Regionen haben immer weniger Möglichkeiten sich in der Zukunft zu entwickeln. Dies ist vor allem deswegen problematisch, da Regionen, in denen sich in der Zukunft eventuelle Wettbewerbspotenziale einstellen könnten, damit Entwicklungschancen vorenthalten werden.

Entzugseffekte: Es ist davon auszugehen, dass die Kompetenzbasierten Ansätze zumindest in der Anfangsphase Entzugseffekte mit sich bringen. „Startet eine Region einen Wachstumsprozess (...), so verbreitet sich die regionale Investitionsbasis (...). Die wachsende Region wird sich dabei auf Kosten der weniger erfolgreichen Regionen profilieren, indem sie ihnen Kapital und qualifizierte Arbeit entzieht. Dies stellt nichts anderes dar als die Revision der Geschichte von MYRDAL für unterentwickelte Räume" (Genosko 1997: 3). In welchem Rahmen und welchen zeitlichen Abständen es zu Ausbreitungseffekten kommt und welche Regionen davon profitieren, ist nicht eindeutig zu klären. Dabei sind auch die im Rahmen der Neuen Wachstumstheorie (vgl. Kap. 1.2.1) entwickelten Modelle wenig hilfreich. „Zur Isolation der Zentripetal- und Zentrifugalkraft gehen die Modelle von einem homogenen Raum ohne jegliche Standortvorteile aus. Dies führt dazu, dass die Modelle typischerweise multiple Gleichgewichte haben" (Roos 2003: 109).

Wie stark zentrifugale und zentripetale Kräfte wirksam werden, ob sich ein Gleichgewicht einstellen kann und in welcher Weise eine Region von den Wirkungen betroffen sein wird, hängt u.a. von der Art des Raumes ab. So ist es für einen attraktiven Landschaftsraum realistischer, Nachfrageimpulse im Bereich Naherholung zu erfahren, als für einen altindustriellen Raum. Auch ist damit die Frage verbunden, was mit Räumen passiert, für die politisch keine Entwicklungspräferenz festgelegt wird. Stabilisieren sich diese auf einem gewissen Niveau oder kommt es in Kaskaden zu stetig anhaltenden Entleerungsprozessen von Bevölkerung und Wirtschaft, so dass irgendwann funktionierende Strukturen nicht mehr aufrecht zu erhalten sind.

3.3 Gesamtstaatliche Ebene: eine Positionsbestimmung

Zunächst einmal sind die gesamtstaatlichen Effekte davon abhängig, wie erfolgreich die Regionen sind, in denen Kompetenzbasierte Ansätze zur Anwendung kommen. Trotz einiger Bedenken kann davon ausgegangen werden, dass die Ansätze insgesamt zu einem gesamtwirtschaftlichen Wachstum führen. Oder anders ausgedrückt, es stellt sich die Frage, ob bei anhaltend schwachen wirtschaftlichen Wachstumsraten eine Umverteilung der knappen Wachstumspotenziale bzw. deren breite Streuung gesamtwirtschaftlich sinnvoll ist. Sollten nicht vielmehr die relevanten wirtschaftlichen Wachstumspotenziale gestärkt werden?

Werden diese Wachstumspole, unterstützt durch eine entsprechende regionale Struktur- und Raumordnungspolitik, zu den nationalen Wachstumsträgern, können schwache Regionen dauerhaft alimentiert werden. Dies bedarf allerdings einer Abkehr von dem jetzigen Leitbild einer ausgeglichenen Regionalentwicklung und veränderter Umverteilungsmechanismen. Es wird nicht ausreichen, eine Wachstumsorientierung damit zu begründen, dass schwache und periphere Regionen von einer Wachstumspol- bzw. Metropolorientierung durch räumliche Ausbreitungseffekte profitieren werden.

Von vielen wird eine Neuinterpretation des „Gleichwertigkeitsziels der Lebensverhältnisse" gefordert und vorgeschlagen, die vor Ort erlebte Lebensqualität[64] stärker ins Blickfeld zu rücken (BBR 2005b, Blotevogel 2006, Hahne 2005: 258). „Gleichwertige Lebensbedingungen" – so HÜBLER – „sind aber nicht nur eine Frage von Arbeitsplätzen industrieller Standorte oder Cluster, sondern das, was Lebensbedingungen umschreibt, umfasst weit mehr" (2005: 56). Allerdings lässt sich damit nicht beschönigen, dass mit einer Diskriminierung von Räumen als nicht entwicklungsprioritär Nachteile einhergehen.

Räumliche Entwicklungsmöglichkeiten zu beschränken und gleichzeitig eine uneingeschränkte Agglomerationsorientierung vorzunehmen, erscheint gerade für ein dezentral strukturiertes Land wie Deutschland, das durch ein spezifisches pfadabhängiges räumliches Innovationssystem gekennzeichnet ist, nicht sinnvoll. „Aus der *polyzentrischen Raumstruktur* Deutschlands resultiert eine räumliche Verteilung hochrangiger Zentren über das ganze Bundesgebiet" (BBR 2005b: 184). So befindet sich zwar nach der *Anglo-german Foundation for the Study of Industrial Society* keine deutsche Stadt unter den 10 wichtigsten Weltstädten (Frankfurt nimmt Rang 13 ein), jedoch gehören mit Frankfurt, Hamburg, München, Düsseldorf, Berlin, Stuttgart und Köln 7 Städte zu der Gruppe der 100 wichtigsten Weltstädte. Großbritannien verfügt zwar mit London über den Global Player (Rang 1 in der Studie), es findet sich aber keine weitere Stadt unter den 100 wichtigsten Städten (Beaverstock et al. 2001: 5).

Ferner kann es in den Räumen, die in gewisser Weise sich selbst überlassen werden, die also in ihrer Teilhabe an der wirtschaftlichen Entwicklung nicht gefördert werden, durch sich verstärkende Effekte zu sozialen Verwerfungen mit gesamtgesellschaftlichen Folgekosten kommen.

Ein weiterer wenig beachteter Aspekt ist, dass Regionen mit gut entwickelten Infrastrukturen – vor allem im Bildungsbereich – auch Talente, Fähigkeiten und Ressourcen auf der subjektorientierten Ebene herausbilden, die durch Wanderungsbewegungen vor allem den Wachstumszentren zugute kommen. „Diese Potenziale sollte sich eine Wettbewerbsökonomie nicht entgehen lassen" (Hahne 2005: 259).

Allgemein wird kritisiert, dass durch die Popularisierung dieser neuen auf Wachstum ausgerichteten Ansätze die ursprüngliche theoretische Klarheit verloren geht

---

[64] Betrachtet man statistisch messbare Größen, zeigt sich, dass die subjektive Lebensqualität am stärksten mit der Arbeitslosenquote und dem Wanderungssaldo der 18- bis 30-Jährigen korreliert, das Verfügbare Einkommen hat statistisch einen geringen Einfluss (BBR 2005b: 6ff.). So scheint nicht das Einkommen, sondern die Möglichkeit am Erwerbsleben teilzunehmen eine große Rolle zu spielen. Dies ist – sollten sich solche Ergebnisse bestätigen – bei einer rein auf Versorgung ausgerichteten Ausgleichspolitik zu berücksichtigen.

(Perlik/Messerli 2001: 23) und die Folgen solcher Ansätze in der Umsetzung nicht transparent diskutiert werden und für schwache Räume daher auch keine Alternativen entwickelt werden, sich sogar viele Verantwortliche immer noch an den „Strohhalm einer nachholenden Industrialisierung klammern" (Hübler 2005: 57). Da die Konzentration von Fördermitteln auf Wachstumsregionen politisch nur schwer durchzuhalten ist, werden Clusterinstrumente in der Realität oft flächendeckend eingesetzt und die Mittel weiterhin *mit der Gießkanne* verteilt (Rehfeld 2005). So besteht die Gefahr, dass sich Strukturpolitik in Widersprüchen verliert, indem sie eine räumliche Konzentration fördert, die aber konsensorientiert, flächendeckend verteilen möchte.

So ist die Situation ambivalent: Auf der einen Seite sind mit Kompetenzbasierten Ansätzen gesamtwirtschaftliche Wachstumsziele verbunden und auf der anderen Seite sind negative Effekte zu vermuten, wenn Regionen die Teilhabe an der wirtschaftlichen und gesellschaftlichen Entwicklung genommen wird.

Taxiert man Vor- und Nachteile bzw. Chancen und Risiken geht es aus Sicht des Autors darum, eine *Doppelstrategie in Form einer ausgewogenen Strukturpolitik zu verfolgen*: Einerseits im Rahmen der regionalen Strukturpolitik die Wachstumspotenziale weitgehend unabhängig von Ausgleichszielen zu fördern und auf der anderen Seite, getrennt davon, spezifische Programme für schwächere Regionen anzubieten, um diese Regionen zu stabilisieren, Lebensqualität zu erhöhen und Teilhabe zu ermöglichen, aber auch Entwicklungsmöglichkeiten in der Zukunft offen zu halten. Eine solche Strukturpolitik bildet den Bezugsrahmen für die weitere Arbeit.

Dies erscheint theoretisch nicht zuletzt deshalb wichtig, weil die oben dargestellten wachstumstheoretischen Ansätze implizit eher ein zentralstaatliches Modell unterstellen und damit die Frage offen ist, wie es für ein dezentrales wirtschaftliches System zu adaptieren ist. Wie müssen die räumlichen Knoten, also die Orte, an denen Innovationen stattfinden sollen, skaliert sein? Oder anders gefragt, wo liegt aus sozialpolitischen, allokativen effizienzbezogenen, aber auch ökologischen Gründen das richtige Maße einer Agglomerationsbildung? Raumwirtschaftliche Modelle und Ansätze alleine können darauf keine adäquate Antwort geben. Diese muss in einem Abwägungsprozess im nationalen oder vielmehr regionalen Kontext gefunden werden, wobei sich diverse Unsicherheiten nicht ausräumen lassen.

3.4 Ebenen und Akteure raumbezogener Wirtschaftspolitik: Sparkassen im Fokus

Da eine auf Wachstum und Ausgleich setzende und an endogenen Potenzialen orientierte Strukturpolitik nicht von oben verordnet werden, sondern lediglich durch entsprechende Instrumente und Förderungen unterstützt werden kann, sind die Ebenen, die räumliche Wirtschaftsförderung vor Ort umsetzen und die entsprechenden Akteure in Augenschein zu nehmen.

Die politische Verfasstheit Deutschlands bedingt, dass regionale Wirtschaftspolitik eine Mehrebenenpolitik ist, die sich von der EU-, Bundes-, Landesebene bis zur kommunalen Ebene vollzieht (vgl. z.B. Noll 2006: 77ff.).

Eine einfache und klare Unterscheidung der verschiedenen Rollen bietet LAMMERS (1997, 1998), die in der Abbildung 13 skizziert ist: Die von der übergeordneten Raumebene betriebene Raumwirtschaftspolitik bezeichnet er als *Regionalpolitik* (nach dem hier vorliegenden Verständnis mit regionaler Strukturpolitik gleichzusetzen), die eine Umverteilung von Ressourcen anstrebt. Dies geschieht traditionell mit dem Ziel des Ausgleichs, neuerdings zunehmend mit dem Ziel der Aktivierung von Wachstumspotenzialen.

Die *Standortpolitik*, federführend organisiert von den kommunalen Wirtschaftsförderungsämtern, strebt eine Verbesserung des eigenen Standorts (Stadt, Kreis, Region) im Vergleich zu anderen Standorten an. In ihren „Durchgriffsmöglichkeiten" (Lammers 1998: 30) ist sie auf den eigenen Standort beschränkt, und betreibt Standortpolitik unabhängig von den strukturpolitischen Zielen der höheren Raumebene. Oft ergänzen sich die verschiedenen Ebenen in ihren Zielen, z.B. wenn eine strukturschwache Region auf spezifische, auf Ausgleich ausgerichtete, regionalwirtschaftliche Entwicklungsprogramme der EU oder eines Bundeslandes reagiert. Allerdings betreiben wohlhabende Kommunen und Kreise ebenfalls Standortpolitik und verstärken dadurch in der Tendenz das Wohlstandsgefälle zwischen Regionen. Damit können zwar gesamtwirtschaftliche Wachstumsziele unterstützt werden, jedoch werden die Ziele einer ausgleichsorientierten Strukturpolitik konterkariert. Ziele können ebenfalls auf sachlicher/thematischer Ebene divergieren. Will zum Beispiel ein Bundesland eine bestimmte Clusterentwicklung an einem, aus seiner Sicht besonders geeigneten Standort unterstützen, sind Aktivitäten einzelner Gebietskörperschaften, die versuchen entsprechende Unternehmen auf ihrem Terrain anzusiedeln, kontraproduktiv.

Abbildung 13: Ebenen raumbezogener Wirtschaftspolitik

Die Wirtschaftspolitik der Kommunen und Kreise wird allgemein als kommunale Wirtschaftsförderung bezeichnet. Dass Kommunen auf diesem Feld aktiv werden, lässt sich aus dem Grundsatz der kommunalen Selbstverwaltung (vgl. GG Art. 28) ableiten und mittelbar aus der Aufgabe begründen, dem Wohl der Bürgerinnen und Bürger zu dienen (vgl. auch Gärtner et al. 2006). Kommunale Wirtschaftsförderung – also die Förderung der Wirtschaft im eigenen Hoheitsgebiet – ist aber keine Pflichtaufgabe der Gemeinden und besitzt keine Legaldefinition. Grundsätzlich kann darunter „die zur Daseinsvorsorge zählende Aufgabe der Gemeinden, Städte und Landkreise, die durch die Schaffung oder Verbesserung der Standortbedingungen für die Wirtschaft mittels Förderung und Pflege der öffentlichen und privatwirtschaftlichen Unternehmen, das wirtschaftliche und soziale Wohl der Bevölkerung im kommunalen Gebiet sichert oder steigert" (Schubert 1998: 122), verstanden werden.

Bei der allgemeinen Diskussion um regionale Strukturpolitik wird oftmals die Standortpolitik, also die Umsetzungsebene, vernachlässigt. Dabei ist zu beachten, dass sich die Akteure der Standortpolitik keineswegs auf die kommunalen Wirtschaftsförderungsämter beschränken. So wird Standortpolitik als regionale Wirtschaftspolitik von einer Vielzahl von Akteuren gemeinsam getragen.[65] Dies ist schon deshalb von Bedeutung, da eine erfolgreiche Standortpolitik, die weniger auf

---

[65] Der Begriff Standortpolitik beschreibt auch deshalb eine raumbezogene Wirtschaftspolitik der unteren Raumebene besser als Wirtschaftsförderung, da er mehr Raum für eine strategische Komponente lässt. Kommunale Wirtschaftsförderung geht zwar in der Praxis weit über die Begrifflichkeit *Förderung* hinaus, doch der Begriff impliziert in gewisser Weise eine auf Einzelbetriebe ausgerichtete Beihilfe- bzw. Subventionspraxis.

die einzelbetriebliche Förderung als vielmehr auf die systemische Entwicklung des Standorts ausgerichtet ist, von einer Vielzahl regionaler, aber auch globaler Wissensbestände abhängig ist, die unter diversen Akteuren verteilt sind (vgl. Hamburg/ Widmaier 2004). Wenn man Wirtschaftsförderung als eine Daseinsvorsorge der kommunalen Hand bezeichnen kann, so ist Standortentwicklung das gemeinsame Produkt der regionalen Akteure. Neben anderen städtischen Ämtern (z.B. Stadtplanungsamt, Umweltamt usw.) sowie halbstaatlichen Einrichtungen wie Kammern und öffentlichen regionalen Banken sind auch die Unternehmen am Standort relevant, die mit ihren Kompetenzen das Standortgefüge ausmachen.

Öffentlich-rechtliche, an die Region gebundene Banken, namentlich Sparkassen, nehmen diesbezüglich eine interessante Rolle ein, die in der einschlägigen Literatur kaum beachtet wird:

Erstens verfügen sie über spezifisches Standort-Wissen, über das die kommunalen Wirtschaftsförderungsämter nicht in gleicher Weise verfügen, und können daher eine auf endogene Wachstumspotenziale setzende Strukturpolitik unterstützen.

Zweitens können sie aufgrund ihrer Nähe zur lokalen Wirtschaft eine regionale Netzwerkbildung fördern.

Drittens ist es ihnen möglich, auf die Region abgestimmte Finanzinstrumente zu entwickeln.

Und **viertens** ermöglichen sie aufgrund einer ubiquitären kreditwirtschaftlichen Versorgung die Entwicklung in allen Regionen, also auch in schwachen peripheren Räumen, und tragen so zu einer ausgeglichenen Regionalentwicklung bei.

Da Sparkassen einerseits in der Lage sind, regionale Wachstumspotenziale zu aktivieren, andererseits aber eine ausgeglichene Regionalentwicklung unterstützen und Daseinsvorsorge, zumindest im Bereich der Finanzdienstleistungsversorgung, in allen Regionen sicherstellen können, können sie aus einer theoretischen Perspektive zentrale Akteure bei der Umsetzung einer auf Wachstum und Ausgleich setzenden Strukturpolitik sein.

Regionale Banken lassen sich als ein wesentlicher Bestandteil des nationalen bzw. regionalen Innovationssystems verstehen. Nach COOKE et al. sind regionale Innovationssysteme „conventionalised in terms of a collective order based on microconstitutional regulation conditioned by trust, reliability, exchange and cooperative interaction" (1997: 490). ROOKS und OERLEMANS, die das Innovationssystem Südafrikas analysiert haben, sehen die „flows of financial capital" (2005: 1207) als einen von vier zentralen Bestimmungsfaktoren für die Innovationsfähigkeit von Unternehmen.

COOKE et al. verweisen in Anlehnung an die neue Bankentheorie darauf, dass Regionalpolitik, die die Finanzierungsmöglichkeiten von Innovationen fördern will, einen Fokus auf die Beziehung zwischen Finanzintermediären und Unternehmen legen sollte, um Informationsunsicherheiten zu minimieren (1997: 481). In Deutschland sind Sparkassen (gemeinsam mit den Volks- und Raiffeisenbanken) der Kern einer dezentralen, nahezu flächendeckenden Finanzierungsstruktur, die einen regionalen Engpass in der Kreditversorgung beseitigen können und die den föderalen politischen Strukturen mit einer ausgeprägten kommunalen Autonomie entsprechen. Sparkassen haben einen Einfluss auf die regionale Innovationsfähigkeit, und sind somit Bestandteil der in den einzelnen Regionen vorherrschenden regionalen Innovationssysteme. Da sie aber in allen Regionen anzutreffen sind, gehören sie auf systemischer Ebene gleichzeitig zum nationalen Innovationssystem.

Wie die folgende Abbildung illustriert, besteht eine ausgewogene auf Wachstum und Ausgleich setzende Strukturpolitik aus verschiedenen Bestandteilen. Dies beginnt bei der Politik auf der überregionalen Ebene, geht über Verbände und Kammern und beinhaltet selbstverständlich die Zivilgesellschaft und die Unternehmen sowie das System regionaler Wirtschaftsförderungsämter am Standort. Auf Grund der großen Bedeutung der Sparkassen als Teil des nationalen und regionalen Innovationssystems werden im folgenden Teil der Arbeit *Sparkassen im Blickfeld einer auf Wachstum und Ausgleich setzenden Strukturpolitik betrachtet*, wobei ein Augenmerk darauf gelegt wird, ob sie der ihnen theoretisch zugedachten strukturpolitischen Rolle gerecht werden und ob sie langfristig aus ökonomischer Perspektive in der Lage sind, diese Funktion in allen Teilräumen zu übernehmen.

Abbildung 14: Bestandteile einer ausgewogenen Strukturpolitik

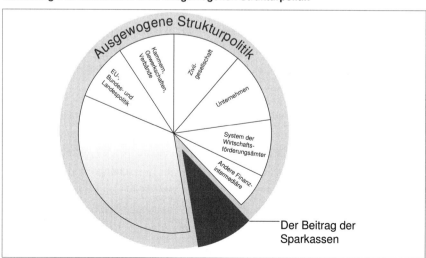

Teil C

Sparkassen: Struktur, Funktion und Marktstellung

Sparkassen: Struktur, Funktion und Marktstellung

Wie im vorangegangenen Teil der Arbeit aufgezeigt wurde, haben Bankensysteme eine zentrale Bedeutung für die regionale und somit auch gesamtwirtschaftliche Entwicklung. Im weiteren Verlauf der Arbeit soll dies anhand der in allen Regionen ansässigen öffentlich-rechtlichen Sparkassen beleuchtet werden.

Jeder kennt Sparkassen und hat eine grobe Vorstellung von ihrer Funktion, Wertehaltung, ihrer rechtlichen Verfasstheit sowie ihrer Bedeutung für die Gesellschaft, Regional- und Volkswirtschaft. Allerdings ist das Bild von Sparkassen in der öffentlichen Wahrnehmung nur sehr grob, was auch bei im Rahmen dieses Forschungsprojekts durchgeführten Interviews (Verzeichnis im Anhang) deutlich wurde. Die systematische Rolle, die Sparkassen als regional gebundene Banken für eine auf Wachstum und Ausgleich ausgerichtete Strukturpolitik einnehmen können, wird kaum wahrgenommen.

Dieser Teil der Arbeit beschäftigt sich daher mit der Frage, welche Funktion Sparkassen aus wettbewerbsrechtlicher, banken- und regionalwirtschaftlicher Sicht haben und welche Rolle die regionale Bindung dabei spielt. In Kapitel 4 erfolgt eine Beschreibung der Struktur und Funktion, des Geschäftsmodells, des allgemeinen Nutzens und ihrer Stellung im Bankenmarkt. Kapitel 5 widmet sich der Frage nach der Bedeutung und der Legitimität von dezentralen Banken aus strukturpolitischer, wettbewerbsrechtlicher und bankenmarkttheoretischer Sicht. Im darauf folgenden Kapitel 6 werden Probleme aufgezeigt, die mit der regionalen Bindung von Banken einhergehen können.

4 Sparkassen und ihre Rolle im Bankenmarkt

Sparkassen sind öffentlich-rechtliche Institute mit einer 200-jährigen Tradition, die sich der Wirtschafts- und Gesellschaftsstruktur angepasst und sich vom philanthropischen Auftrag, der Förderung des Spargedankens ärmerer Bevölkerungsgruppen, zu regionalorientierten Universalbanken entwickelt haben. Als öffentlich-rechtliche Institute sind sie an ihren Träger, in der Regel Gemeinden, Kreise oder Zweckverbände, gebunden. Der vom Stadtrat bestimmte Verwaltungsrat fungiert als Aufsichtsorgan. Die eingesetzten Vorstände leiten die Sparkasse in eigener Verantwortung. Allgemeine Merkmale des deutschen Sparkassensystems werden im folgenden Textkasten dargestellt.

Eckdaten des deutschen Sparkassensystems (Gärtner 2003: 24ff.):

Entstehung: Anfang des 19. Jahrhunderts, um ärmeren Bevölkerungsschichten die Möglichkeit zum Sparen und Gewerbetreibenden zur Versorgung mit Kapitalmitteln zu geben.

Struktur: Dezentral, mit rund 470 eigenständigen, an die Kommunen, Kreise bzw. kommunalen Zweckverbände (Träger) gebundenen Sparkassen.

Rechtsform: Anstalt des öffentlichen Rechts.

Bezeichnung: Die Bezeichnung Sparkasse ist nach §40 Kreditwesengesetz geschützt.

Öffentlicher Auftrag: Sparkassen haben einen öffentlichen Auftrag, der in den Sparkassengesetzen auf Länderebene und in den Satzungen geregelt ist, und können sich daher nicht ausschließlich auf die Gewinnzielung fokussieren.

EU-Wettbewerbskontrollverfahren: Seit 2005 Wegfall der Rechtsgüter Anstaltslast (Haftungsverpflichtung der Kommune im Innenverhältnis) und Gewährträgerhaftung (Haftung der Kommunen im Außenverhältnis).

Regionalprinzip: Geschäftstätigkeit konzentriert sich auf die Trägerregion. Verhindert im Grundsatz, dass die Finanzmittel in die Wachstumsregionen fließen.

Arbeitsteilung im Verbund: Die Aufgabenverteilung zwischen Sparkassen, Regional- und Bundesverbänden, Landesbanken, öffentlichen Versicherungen u.v.m. ermöglicht es den Sparkassen, flexibel und unabhängig vor Ort zu agieren.

Drei-Säulen-System: Der Sparkassensektor stellt eine von drei Säulen (private Geschäftsbanken, Genossenschafts- und Sparkassensektor) des Bankensystems in Deutschland dar.

Spannungsfeld: Öffentlicher Auftrag und Gemeinwohlorientierung verhindern Gewinnmaximierungsstrategie und ermöglichen eine an der Region orientierte Geschäftspolitik, wobei Sparkassen sich zugleich im hart umkämpften Bankenmarkt behaupten müssen. Hinzu kommt, dass die Kritiker des öffentlichen Bankensektors die Privatisierung der Sparkassen fordern.

Dieses Kapitel beschreibt die Merkmale der Sparkassen bezüglich der Rechtsform und der regionalen Bindung (Kap. 4.1), die Sparkassenfinanzgruppe mit ihrem spezifischen Geschäftsmodell (Kap. 4.2), den allgemeinen Nutzen von Sparkassen (Kap. 4.3) und den Bankenmarkt unter besonderer Berücksichtigung von Sparkassen (Kap. 4.4).

4.1 Öffentlicher Auftrag und Regionalprinzip

Nach Wegfall der kommunalen Haftungsverpflichtung in Form von *Anstaltslast* und *Gewährträgerhaftung* (vgl. Kap. 5) sind die wesentlichen Merkmale der Sparkassen vor allem der *öffentliche Auftrag* und das *Regionalprinzip*:

Das *Regionalprinzip* besagt im Grundsatz, dass Sparkassen Kredite nur an Institutionen, Unternehmen und Privatpersonen in der Region, in der die jeweilige Sparkasse ihren Sitz hat, vergeben und auch nur dort Zweigstellen eröffnen dürfen. Das Regionalprinzip ist in den Bundesländern mittelbar bzw. unmittelbar in den Sparkassengesetzen oder in einer auf Basis dieser Gesetze erlassenen Verordnung gesetzlich normiert.[66] Es ist nicht unumgänglich, es kennt Ausnahmen und ist nur ein Grundsatz, der eine flexible Handhabung in der Praxis erlaubt (Stern 2000: 5). Ziel ist, das in der Region angesparte Geld in erster Linie zur Förderung der heimischen Wirtschaft und Bevölkerung einzusetzen.[67] Das Regionalprinzip bremst die Mobilität des Kapitals und sorgt dafür, dass zentripetal wirkende Entzugseffekte (vgl. Kap. 1.2.3) reduziert werden. Dies kann je nach Sichtweise bzw. je nach zugrunde gelegtem wirtschaftswissenschaftlichem Theoriegerüst aus theoretischer Betrachtung positive oder negative Wirkungen zur Folge haben (vgl. Kap. 1.4).

Der Begriff *öffentlicher Auftrag* bezeichnet die vom Gesetzgeber bestimmten allgemeinen öffentlichen Aufgaben, die den Sparkassen obliegen und durch die sie sich von den privaten Banken unterscheiden. Aufgrund des öffentlichen Auftrags ist die Gewinnerzielung nicht Hauptzweck der öffentlich-rechtlichen Institute. Gewinne, die nicht zur Stärkung der Eigenkapitalbasis verwendet werden, sind gemeinnützig zu verwenden, entweder von den Sparkassen selbst oder von ihren Trägern, den Kommunen und Kreisen (z.B. Neuberger/Schindler 2001: 88ff.). Festgelegt ist der öffentliche Auftrag in den jeweiligen Sparkassengesetzen der Länder und den Verordnungen und Satzungen, er ist aber i.d.R. wenig konkret ausformu-

---

[66] Eine allgemeine Legaldefinition besteht nicht (z.B. Sommerfeld 2005: 15ff.).
[67] Daher gilt das Regionalprinzip in dieser strengen Form auch nicht für das Passivgeschäft (Einlagengeschäft), „denn auch die von auswärts hereingenommenen Gelder erhöhen das Ausleihpotenzial für den örtlichen Bereich" (Güde 1995: 42).

liert (Gärtner 2003: 17). Im Kern beinhaltet der öffentliche Auftrag folgende fünf Prägemerkmale, die mehr oder weniger in Rechtsnormen kodiert sind (Sommerfeld 2005, Gärtner 2003, Wengler 2002, Neuberger/Schindler 2001, Völter 2000):

Die *Wettbewerbsergänzungsfunktion* besagt, dass Sparkassen durch ihre flächendeckende Präsenz Monopol- bzw. Oligopolstellungen im Bankenmarkt vermeiden und zu einem intensiven Wettbewerb beitragen.

Unter der *Gewährleistungsfunktion* wird die Versorgung des Geschäftsgebiets mit geld- und kreditwirtschaftlichen Leistungen verstanden. Auch in Geschäftssparten mit geringerer Gewinnerwartung und in dünn besiedelten oder strukturschwachen Gebieten sollen Sparkassen Bankgeschäfte zu angemessenen Preisen anbieten.

Sowohl die Wettbewerbsergänzungsfunktion als auch die Gewährleistungsfunktion sind in peripheren und strukturschwachen Regionen von deutlich größerer Bedeutung als in städtischen Regionen. Eine aus dieser Tatsache abgeleitete Begrenzung von Sparkassenfunktionen auf schwache bzw. periphere Regionen würde jedoch das Verbundsystem insgesamt gefährden, was Auswirkungen auf die Wettbewerbsfähigkeit insbesondere kleinerer Sparkassen in peripheren Regionen hätte (Henneke/Wohltmann 2005: 1, Keßler/Riekeberg 1999: 281).

Mit der *Struktursicherungs- und Regionalförderungsfunktion* werden die Aufgaben umschrieben, die eine räumliche ausgeglichene Entwicklung unterstützen. Die dezentrale Struktur der Sparkassen ermöglicht in allen Teilräumen Zugang zu Bankdienstleistungen und das Regionalprinzip vermeidet, dass Gelder in der Fläche eingesammelt werden und „nur in den wirtschaftlichen Zentren Nutzen stiften" (Neuberger/Schindler 2001: 93).

Die *Hausbank-* und die *Kommunalberatungsfunktion* besagt, dass Sparkassen die Kommunen und Kreise bei ihren finanzwirtschaftlichen Abwicklungen zu unterstützen haben. Allerdings ist aufgrund der einwandfreien Bonität öffentlicher Körperschaften der Kommunalkredit auch für die privaten Banken interessant. Was dazu geführt hat, dass der Marktanteil der Sparkassen bei den Kommunalkrediten in den letzten Jahren gesunken ist (Neuberger/Schindler 2001: 100ff.).

Ebenfalls obliegt Sparkassen die Funktion der *Vermögensbildung* der Bevölkerung und der *Wirtschaftserziehung*. Von Kritikern wird häufig darauf hingewiesen, dass es überholt sei, die Bevölkerung zum Sparen anzuregen, da selbst Bezieher kleinerer Einkommen in der Lage und willig seien, zu sparen (z.B. Karl-Bräuer-Institut 1994: 18ff.). Allerdings hat sich diese Funktion verändert und beinhaltet in einigen Bundesländern heute zum Beispiel die Finanzierung von Schuldnerberatungseinrichtungen.

Die Auffassungen, welche Funktionen darüber hinaus dem öffentlichen Auftrag hinzuzurechnen sind, divergieren. So wird zum Beispiel teilweise die Stabilitätsfunktion der Finanzmärkte sowie eine Finanzierungsfunktion des Mittelstands und der Existenzgründer angeführt (z.B. Sommerfeld 2005: 34ff., Neuberger/Schindler 2001: 95ff.).

4.2 Struktur der Sparkassen-Finanzgruppe: Das Geschäftsmodell

Sparkassen sind zwar vor Ort unabhängig, zugleich aber in die Sparkassen-Finanzgruppe eingebunden, die für die effiziente Abwicklung nachgelagerter Tätigkeiten eine wichtige Rolle spielt und die damit den Sparkassen ermöglicht, als eigenständige Institute flexibel und unabhängig vor Ort zu agieren und zugleich als Universalbank Bankdienstleistungen kostengünstig anzubieten.

Die Struktur ist außergewöhnlich: nicht rein hierarchisch, nicht rein marktlich und auch nicht ausschließlich auf Freiwilligkeit basierend. Der Zusammenhalt basiert auf einer Mischung aus ökonomischer Rationalität, Gruppenphilosophie, Corporate Identity, Kapitalverflechtungen sowie Gesetzen und Normen. Nach GRICHNIK und BÖRNER handelt es sich um eine arbeitsteilige Zusammenarbeit „jenseits von Markt und Hierarchie" (1999: 6). „Das Verbundsystem bietet der einzelnen Sparkasse (...) alle Vorteile eines Großunternehmens, sichert aber die Vorzüge einer regional eingebundenen, flexiblen Organisationseinheit" (Buchmann 2001: 578). Der Verbund ist gekennzeichnet durch eine Orientierung an dem Subsidiaritäts- und dem Dezentralitätsprinzip. Das Prinzip der Subsidiarität soll die Entscheidungsfindung vor Ort belassen, das Mengengeschäft hingegen zentralisieren (Gerlach 1999: 310ff.).

Die Sparkassenfinanzgruppe ist historisch gewachsen, wurde durch neu geschaffene oder fusionierte zentrale Einrichtungen ergänzt und besteht heute aus Sparkassen, Regional- und Bundesverbänden, Landesbanken, öffentlichen Versicherungen, spezialisierten Dienstleistern u.v.m. und ist mit rund 670 Unternehmen und etwa 390.000 Mitarbeitern, gemessen am Umsatz von 3,3 Billionen €, nach eigenen Angaben die größte Finanzgruppe der Welt (http://www.gutfuer-deutschland.de/nachrichten/'globaler_cham-pion.html). Der innere Kern der Sparkassen-Finanzgruppe lässt sich, wie die folgende Abbildung zeigt, in den Bank- und in den Verbandsbereich unterteilen.

Abbildung 15: Struktur der Sparkassen-Finanzgruppe (2004)

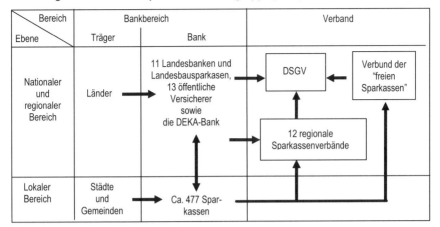

Der Deutsche Sparkassen- und Giroverband (DSGV) vertritt als Dachverband die Interessen der Sparkassen-Finanzgruppe, organisiert die Willensbildung innerhalb der Gruppe und legt die strategische Ausrichtung fest.

Die Landesbanken übernehmen in dem Verbund als Sparkassenzentralbanken insbesondere die Aufgaben der Zahlungsverkehrsabwicklung, der EDV-Entwicklung, des Liquiditätsausgleichs zwischen den Sparkassen sowie des Wertpapier- und Auslandsgeschäftes. Im Rahmen der Allfinanzstrategie wurden die öffentlich-rechtlichen Versicherungsunternehmen in den Verbund integriert (z.B. Sommerfeld 2005: 17ff.).

Das System kann aus Sicht der Sparkassen in zwei Arten von Arbeitsteilung gegliedert werden: Die *Vertikale Arbeitsteilung* beinhaltet die Arbeitsteilung zwischen den vor Ort agierenden Sparkassen und dem Verbund: Sparkassen konzentrieren sich auf die Region, sind damit schnell und flexibel und nutzen das Verbundsystem zur Abwicklung des Mengengeschäftes im Back-Office-Bereich und für das Vorhalten spezialisierter Kompetenzen. Die *Horizontale Arbeitsteilung* bedeutet, dass Sparkassen in ihrer Geschäftstätigkeit auf die Region begrenzt sind und nicht in Konkurrenz zueinander treten. Die Begrenzung auf die Region erscheint aus unternehmerischer Sicht zunächst einmal kontraproduktiv. Allerdings sind Sparkassen auf die Vergabe von kleineren Krediten spezialisiert, die nur kostendeckend zu vergeben sind, wenn die als Fixkosten anfallenden Prüfkosten auf Grund des intensiven Kundenkontakts gering sind.

4.3 Nutzen von Sparkassen

Der Nutzen von Sparkassen ist vielfältig und kann auf unterschiedlichen Ebenen diskutiert werden. Die eigentliche Funktion, die die öffentliche Rechtsform legitimiert, ist die Sicherstellung des *Zugangs zu Finanzdienstleistungen* für alle Bevölkerungsgruppen und Unternehmen in allen Regionen.

Im Rahmen der Arbeit stellt sich die Frage, ob Sparkassen einen inhärenten *strukturpolitischen Nutzen* aufweisen, indem sie in der Lage sind, gesamtwirtschaftliche Wachstumseffekte zu aktivieren und gleichzeitig zu einer ausgeglichenen Regionalentwicklung beizutragen. Dabei ist zu berücksichtigen, dass Sparkassen in ihrer originären Funktion zwar Finanzintermediäre sind, sie aber weitere für die Regionalentwicklung wichtige Funktionen übernehmen. Wenn Sparkassen auf der einen Seite eine stärker an wettbewerbsfähigen Kompetenzen ausgerichtete Strukturpolitik unterstützen und somit regionale und gesamtwirtschaftliche Wachstumseffekte aktivieren können und auf der anderen Seite in allen Regionen Zugänge zu Finanzdienstleistungen aufrechterhalten – somit also Entzugseffekte vermeiden und ökonomische Krisenkreisläufe in schwachen Region abschwächen können – wären sie wichtige Partner, um eine solche Strukturpolitik vor Ort zu unterstützen.

Unter Berücksichtigung der aktuellen Diskussion und einschlägigen Literatur werden neben der eigentlichen Funktion als Finanzintermediäre die folgenden Aspekte genannt:

Erstens bewirken Sparkassen vor Ort ein *hohes Steueraufkommen* (z.B. Möllring 26.05.2003). Zweitens haben sie eine wichtige Funktion als lokale Arbeitgeber und für die Bereitstellung von Ausbildungsplätzen (z.B. Städte- und Gemeindebund Nordrhein-Westfalen 06.04.2005). Drittens erbringen sie in den Regionen wichtige *Leistungen in der Kultur- und Sozialförderung* durch Sponsoring, Spenden und Stiftungsausschüttungen sowie Gewinnausschüttung an die Träger, in der Regel Städte und Kreise. Da diese Aspekte sich jedoch nicht unmittelbar aus der Funktion, die Sparkassen als Finanzintermediäre einnehmen, ableiten lassen und sich damit nicht eine öffentliche Rechtsform von Finanzintermediären rechtfertigen lässt, stehen diese Aspekte nicht im Fokus der weiteren Betrachtung.

4.4 Rolle der Sparkassen im Bankenmarkt

Das Bankensystem in Deutschland besteht im Wesentlichen aus drei Säulen. Die erste Säule bilden die vorwiegend in der Rechtsform der Aktiengesellschaft organisierten Kreditbanken. Neben den Regionalbanken und den Zweigstellen ausländischer Banken zählen hierzu die fünf Großbanken (Deutsche Bank, Dresdner Bank, Commerzbank, Bayerische Hypo- und Vereinsbank und seit 2004 die Deutsche Postbank). Die zweite Säule setzt sich aus den genossenschaftlichen Banken (rund 1.338 unabhängige Institute) zuzüglich der genossenschaftlichen Zentralinstitute zusammen und die dritte Säule wird durch die rund 477 Sparkassen und die Landesbanken gebildet. Die Banken dieser drei Säulen sind so genannte Retailbanken, d.h. sie betreiben alle Standardbankgeschäfte und verfügen über ein Zweigstellensystem.

Im europäischen Ausland hat im Gegensatz zu Deutschland eine rechtliche Reorganisation und (Teil-)Privatisierung des Bankenmarktes im großen Umfang stattgefunden (Engerer/Schrooten 2004: 74, Hakenes/Schnabel 2005: 2). Der deutsche Bankenmarkt unterscheidet sich von anderen europäischen Märkten aufgrund der hohen Bedeutung öffentlich-rechtlicher Banken, der strikten Trennung zwischen den drei Säulen und der horizontalen Arbeitsteilung, die bei den Sparkassen- und Genossenschaftsbanken besteht. Vor diesem Hintergrund wird der deutsche Bankenmarkt nachfolgend anhand der Kriterien Bankenmarktstruktur (Kap. 4.4.1) und Markt- und Ertragssituation (Kap. 4.4.2) analysiert. Dieses Unterkapitel schließt mit einer Auflistung aktueller den Bankenmarkt und insbesondere die Sparkassen tangierender Trends.

4.4.1 Bankenmarktstruktur

Mit 2.229 unabhängigen Kreditinstituten, 678.800 Beschäftigten und 42.659 Zweigstellen (Stand 2004/DBB 2005d: 23) gilt der deutsche Bankenmarkt bei vielen als *overbanked* und *overbranched*. Dabei ist grundsätzlich zwischen der Anzahl von Banken und Zweigstellen zu unterscheiden. Zunächst zu Deutschlands Banken: Wie in der folgenden Abbildung dargestellt, findet seit Jahren ein Konzentrationsprozess statt, der zwar an Dynamik verloren hat, sich aber nach Ansicht der Deutschen Bundesbank fortsetzen wird (DBB 2005c: 103).

Abbildung 16: Konsolidierung des deutschen Bankenmarkts 1995-2004

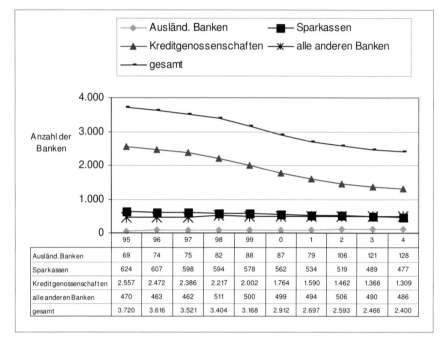

Datenquelle: DBB 2006a (Bankstellenstatistiken), eigene Berechnungen

Im Rahmen dieses Konsolidierungsprozesses hat sich die Anzahl eigenständiger Banken in Deutschland zwischen 1995 und 2004 von 3.720 auf 2.400 größtenteils fusionsbedingt verringert. Spitzenreiter bei den streng getrennt zwischen den drei Säulen durchgeführten Zusammenschlüssen sind die Genossenschaftsbanken, deren Anzahl sich innerhalb von 10 Jahren um rund 49% reduziert hat, gefolgt von den Sparkassen mit einer Reduktion von 24%. Im gleichen Zeitraum hat sich die Anzahl ausländischer Banken in Deutschland, allerdings ausgehend von einer niedrigen Basis, beinahe verdoppelt (DBB 2006a/eigene Berechnungen).

Deutschland verfügte 2004 über 26 Institute pro einer Millionen Einwohner im Vergleich zu 20,5 in der Euro-12-Zone[68] bzw. 18,7 in der Euro-15-Zone. Die Niederlande (28,3), USA (30,2), Dänemark (37,4), Finnland (69,4) und Österreich (97,4) liegen deutlich darüber (DSGV 2005: 4). Ergänzend ist zu beachten, dass die 477 Sparkassen und 1.309 Kreditgenossenschaften jeweils einen Verbund bilden und nicht gegeneinander konkurrieren, dies berücksichtigend wären für 2004 anstelle von 2.400 nur 614 Banken auszuweisen.

---

[68] Alle Länder, die den Euro als Währung eingeführt haben.

Kapitel 4 - Sparkassen und ihre Rolle im Bankenmarkt 115

Wie die folgende Abbildung zeigt, haben sich nicht nur die eigenständigen Banken in Deutschland reduziert, sondern auch die Anzahl der Zweigstellen ist in den letzten zehn Jahren kontinuierlich gesunken und zwar um 25%, ohne die Filialen der Postbank[69] (-32% unter Berücksichtigung der Postbank).

Abbildung 17: Zweigstellenentwicklung 1995-2004

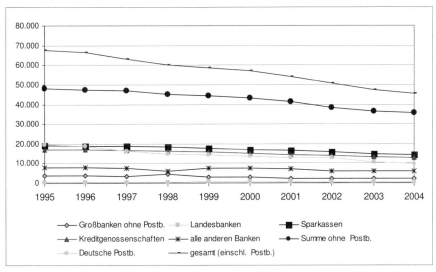

Datenquelle: DBB 2006a (Bankstellenstatistiken), eigene Berechnungen

Trotz des Umstandes, dass der Zweigstellenabbau im Sparkassensektor in den vergangenen Jahren prozentual am stärksten vorangeschritten ist (ohne Betrachtung der Postbank), wird mit 39% aller Zweigstellen von den rund 470 Sparkassen immer noch der Großteil der Zweigstellen unterhalten.

Zur Beurteilung der Versorgungsdichte bietet sich die Betrachtung der durchschnittlichen Bevölkerungsanzahl, die eine Bankstelle (Zweigstellen und Hauptsitze der Kreditinstitute) zu versorgen hat, an (vgl. Abb. 18). Je höher diese Zahl ist, umso geringer ist die Bankstellendichte eines Landes. Danach hatte eine Bankstelle im Jahr 2003 in Deutschland 2.280 Personen zu versorgen; unter Berücksichtigung der rund 10.000 Zweigstellen der Post AG fällt dieser Wert auf 1.660.

---

[69] Allgemein herrscht Uneinigkeit darüber, ob die Filialen der Deutschen Post AG als Bankzweigstellen zu zählen sind. „So bezieht die Europäische Kommission die Postbank beispielsweise mit ein, während die Bank für Internationalen Zahlungsausgleich sie außen vor lässt" (Sachverständigenrat zur Begutachtung der gesamtwirtschaftlichen Entwicklung 2004: 289).

Abbildung 18: Einwohner pro Bankstelle 2003

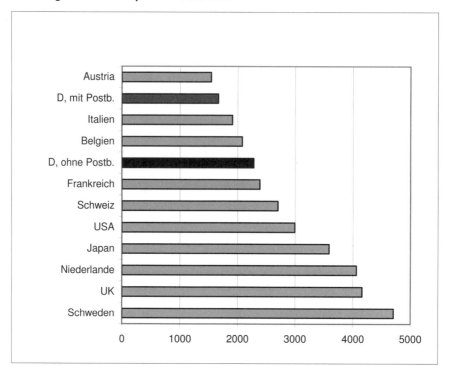

Datenquelle: DBB 2005b, eigene Berechnungen

Die im Durchschnitt von einer Zweigstelle zu versorgende Bevölkerung lässt allerdings nur eingeschränkt Rückschlüsse auf die Versorgungsqualität zu, da es sich um ein rein statistisches Maß handelt. So ist etwa die Siedlungsdichte und Siedlungsstruktur zu berücksichtigen. Fallen statistisch gesehen in einem dünn und in einem dicht besiedelten Land gleich hohe Bevölkerungsanteile auf eine Zweigstelle, ist die Versorgungssituation in dem dünn besiedelten Land schlechter, weil die durchschnittlichen Wege zur Bank in der Regel länger sind. Deutschland versorgt, trotz der recht hohen Siedlungsdichte, eine geringere Bevölkerungsanzahl als im Durchschnitt der EU üblich, verfügt also über ein überdurchschnittlich dichtes Bankstellennetz. Dies lässt sich mit der föderalistischen dezentralen Raum- und Siedlungsstruktur begründen. Ferner ist zu berücksichtigen, dass ein engmaschiges Netz von Bankstellen zwar Kosten verursacht, jedoch auch Vorteile für die Bevölkerung aufweist, was bei einer Kontrastierung mit den Bankenmärkten der angelsächsischen Länder deutlich wird (siehe folgender Textkasten).

Vergleich mit dem Ausland

Der Bankenmarkt in Großbritannien, der vorwiegend über privatrechtlich organisierte Banken verfügt, wird auf Grund der schlechten Versorgungslage ärmerer Stadtteile, peripherer Regionen und bestimmter Bevölkerungskreise schon seit langem kritisiert. Und dies, obwohl er von den privaten Banken immer wieder als positives Beispiel für Ertragskraft angeführt wird, was aber nicht daran liegt, dass die Märkte effizienter sind, sondern in „higher prices and margins, as one would expect for an oligopolistic market with small number of largely similar competitors" (Hackethal/Schmidt 2005: 22) begründet liegt. „The withdrawal of banks (...) from poorer areas may make commercial and shareholder sense for the companies involved, but it effectively produces areas of financial exclusion" (Martin 1999: 21). Der im Auftrag des britischen Finanzministeriums erstellte Cruickshank-Report (Cruickshank 2000) hat festgestellt, dass Versorgungsengpässe gerade für kleine und mittlere Unternehmen bestehen. Hinzu kommt, dass ganze Stadtteile und Regionen von Finanzdienstleistungen ausgeschlossen sind (Martin 1999: 20ff.). Die Versorgungslücke wird in Großbritannien traditionell durch so genannte *Money Lenders* geschlossen, die meist zu hohen Zinsen privat Geld verleihen (z.B. Sinclair 2001). Als Gegenmaßnahme werden „Community Development Financial Institutions" bzw. Credit Unions staatlich unterstützt, die einen Beitrag zur Schließung der Versorgungslücken leisten sollen (Hakenes/Schnabel 2005). Darunter werden verschiedene Arten von Non-Profit-Finanzintermediären verstanden, die teilweise selbst initiiert sind und für sehr kleine Unternehmen und ärmere Bevölkerungsgruppen entsprechende Finanzprodukte, wie z.B. Micro-Lending, anbieten (z.B. Gärtner 2003, Collin et al. 2001).

In den USA wurde, um die in manchen Regionen und Stadtteilen schlechte Versorgungslage mit Bankdienstleistungen abzuwenden, 1977 das „Community Reinvestment Act" (CRA) verabschiedet, das Banken dazu auffordert, auch in schwachen Regionen und für ärmere Bevölkerungskreise Angebote zu offerieren. Aufgrund der vielfältigen Kritik wurde das CRA 1995 mit dem Ziel, bei weniger Verwaltungsaufwand mehr Wirkung zu entfachen, reformiert. Allerdings ist das CRA eine eher freiwillige Regulierung, die wenig formalrechtliche Durchsetzungskraft hat und in erster Linie als Imagefaktor wirkt, da Banken, erfüllen sie diese Richtlinien, damit werben können (Hakenes/Schnabel 2005, Gärtner 2003, Reifner et al. 1998: 38ff.).

Doch auch in Deutschland ist die Versorgung mit Bankstellen nicht in allen Regionen gleich gut bzw. divergieren die Wettbewerbsintensitäten von Bankenmärkten regional. Städtische, insbesondere prosperierende Räume verfügen in der Regel über Bankstellen aller privaten Geschäftsbanken, der Genossenschaftsbanken und Sparkassen, während periphere Regionen im nennenswerten Umfang teilweise nur von den letzten beiden versorgt werden (Engerer/Schrooten 2004: 33, Sachverständigenrat zur Beurteilung der gesamtwirtschaftlichen Entwicklung 2004: 292). In Ostdeutschland ist die Wettbewerbsintensität im Bankenmarkt gerade in peripheren Regionen geringer als im Westen, da dort die Genossenschaftsbanken weniger vertreten sind und auch die privaten Banken unterrepräsentiert sind. Die Vormachtstellung der Sparkassen in Ostdeutschland resultiert auch aus ihrer dominierenden Rolle im Einlagengeschäft zu DDR-Zeiten (Nagelschmidt/Neymanns 1999: 17, 23).

4.4.2 Markt- und Ertragssituation

Vergleicht man Sparkassen, Genossenschaftsbanken und Großbanken bezüglich ihrer Bilanzsummen zeigt sich, wie in Abbildung 19 dargestellt, folgende Hierarchie: Die Sparkassen und Landesbanken nehmen zusammengefasst mit rund 34% den ersten Platz ein, wobei die Sparkassen nur einen Marktanteil von 14% vom Gesamtmarkt haben. Es folgen die fünf Großbanken mit 18% und der Genossenschaftssektor mit 12%. Zu den sonstigen Kreditbanken zählen die Regionalbanken und Zweigstellen ausländischer Geschäftsbanken. Hinter der Kategorie sonstige Banken verbergen sich Realkreditinstitute, Bausparkassen und Banken mit Sonderaufgaben.

Abbildung 19: Marktanteile nach Bilanzsumme 2005

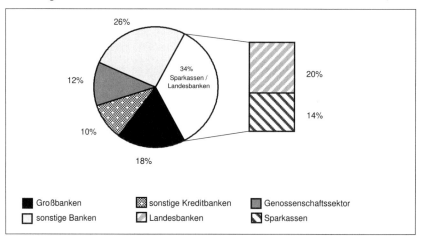

Datenquelle: DBB 2005a (Monatsberichte), eigene Berechnungen

Werden jedoch die Marktführer in einzelnen Segmenten betrachtet, verschiebt sich die Rangfolge der Marktanteile: Die Sparkassen übernehmen eine Marktführerschaft im Spareinlagengeschäft, in der Unternehmensfinanzierung und im allgemeinen Kreditgeschäft (DBB 2005a, eigene Berechnungen).

Ungeachtet der Konsolidierungsanstrengungen hat sich die Ertragslage im deutschen Bankensektor in den letzten Jahren deutlich verschlechtert, weist allerdings seit 2004 eine moderate Erholung auf. Grob lässt sich die Rentabilität der Banken durch die Ertragsindikatoren Eigenkapitalrentabilität (EKR) vor Steuern und Cost-

Income-Ratio (CIR) darstellen. Die CIR setzt den allgemeinen Verwaltungsaufwand mit dem Rohertrag ins Verhältnis, wodurch sich die Effizienz der Institute ergibt. Je höher dieser Indikator ausfällt, desto weniger effizient arbeitet eine Bank (siehe zu Erfolgsmessung von Banken Kap. 7.2.1).

Das folgende Diagramm zeigt die Eigenkapitalrendite zwischen 1995 und 2004 für alle Bankengruppen. Der 1998 zu verzeichnende starke Ausschlag nach oben, der sich insbesondere bei den Großbanken zutrug, ist auf Sonderfaktoren wie Verkäufe und konzerninterne Übertragungen zurückzuführen und bleibt hier unberücksichtigt. Ferner ist zu beachten, dass der Gruppe der Großbanken seit 2004 die Postbank zugerechnet wird. Wie an dem Diagramm abzulesen ist, hat im 10-Jahres-Verlauf die EKR aller Bankengruppen abgenommen. Ab 2003 deutet sich jedoch eine Verbesserung der Ertragssituation ab. Ferner wird ersichtlich, dass die EKR von Sparkassen und Genossenschaftsbanken weniger volatil ist und in der Regel über der der privaten Großbanken liegt.

Abbildung 20: Eigenkapitalrentabilität in Prozent vor Steuern (1995-2004)

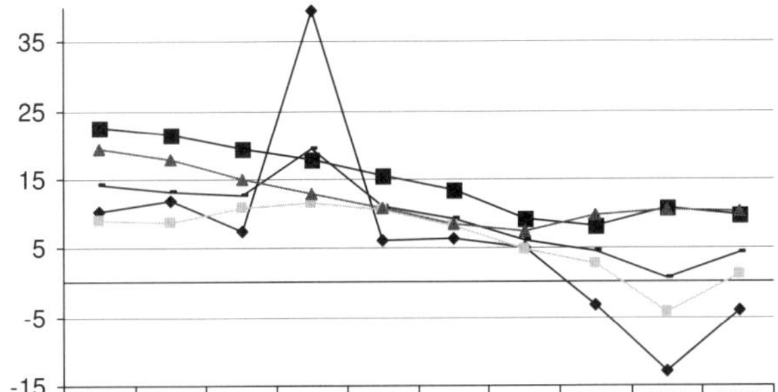

	1995	1996	1997	1998	1999	2000	2001	2002	2003	2004
Alle Bankengruppen	14,11	13,28	12,75	19,34	11,16	9,32	6,19	4,49	0,72	4,21
Großbanken	10,18	11,79	7,38	39,51	6,23	6,34	4,96	-3,14	-12,85	-3,97
Landesbanken	8,87	8,66	10,9	11,69	10,61	8,14	4,78	2,8	-4,25	1,07
Sparkassen	22,58	21,38	19,37	17,82	15,41	13,39	9,16	8,15	10,89	9,86
Kreditgenossenschaften	19,48	17,72	14,94	12,84	10,82	8,59	7,46	9,68	10,64	10,23

Datenquelle: DBB 2005a (Monatsberichte), DBB 2006b (GuV-Statistiken)

In Analogie zur Entwicklung der Eigenkapitalrentabilität ist, wie in dem folgenden Diagramm dargestellt, die CIR bis 2001 angestiegen. Der Anstieg kurz vor der Jahrtausendwende ist insbesondere auf Investitionen in IT- und Automatisierungstechnik zurückzuführen (Süddeutsche Zeitung 12.02.03, Gärtner 2003).

Abbildung 21: Cost-Income-Ratio 1997-2004

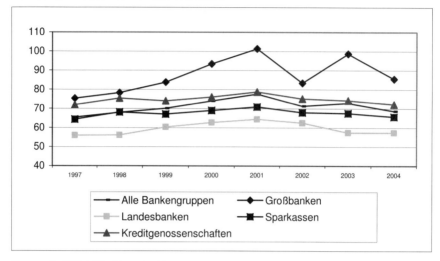

Datenquelle: DBB 2005a (Monatsberichte)

Als Ursache für die schwache Ertragssituation in den vergangenen Jahren werden vor allem Wertberichtigungen und eine höhere Risikovorsorge gesehen. Das operative Geschäft (insbesondere Zinsüberschuss und Provisionserträge) war nur bedingt ursächlich für den geringen Ertrag (Fröhlich/Huffschmid 2004: 14).

Die folgende Abbildung zeigt die Eigenkapitalrenditen bis 2003[70] im europäischen Vergleich und macht deutlich, dass die deutschen Banken das Schlusslicht in Europa darstellen. Für das schlechte Abschneiden der deutschen Banken im internationalen Vergleich lassen sich grob zwei mögliche Begründungszusammenhänge anführen: Entweder agieren die Banken hierzulande weniger effizient oder aber der intensive Wettbewerb führt zu niedrigen Preisen und damit zu niedrigen Gewinnen. Eine kürzlich veröffentlichte Studie der Kreditanstalt für Wiederaufbau kam zu dem Ergebnis, dass das deutsche Kreditgewerbe im internationalen Vergleich sehr produktiv ist[71], was nicht zu hohen Profiten führt, sondern sich in günstigeren Konditionen für Bankdienstleistungen niederschlägt. Ferner stellte die Studie fest, dass gemessen an den beanspruchten makroökonomischen Ressourcen Deutschland nicht overbanked sei. So sind rund 2% der Gesamtbeschäftigten in der deutschen Kreditwirtschaft beschäftigt, was mit Ländern wie Großbritannien (2,4) und

---

[70] Aktuellere Zahlen für Europa lagen bei Drucklegung der Arbeit nicht vor.
[71] Zur Ermittlung der Banken-Produktivität zog die KfW die 60-Industry-Data-Base des niederländischen Groningen Growth and Development Centre heran. Bezüglich der aufgrund der Methodenvielfalt eingeschränkten Aussagekraft siehe KfW-Bankengruppe 2005, insbesondere S. 6ff.

den USA (2,0) vergleichbar ist[72] (KfW Bankengruppe 2005). Zudem zeigt eine aktuelle Studie des DIW, dass Teile des öffentlich-rechtlichen Bankensektors, und damit sind vor allem die Sparkassen gemeint, außerordentlich profitabel arbeiten (Engerer/Schrooten 2004: 78).

Abbildung 22: Eigenkapitalrenditen (vor Steuern) 2003 in ausgewählten europäischen Ländern

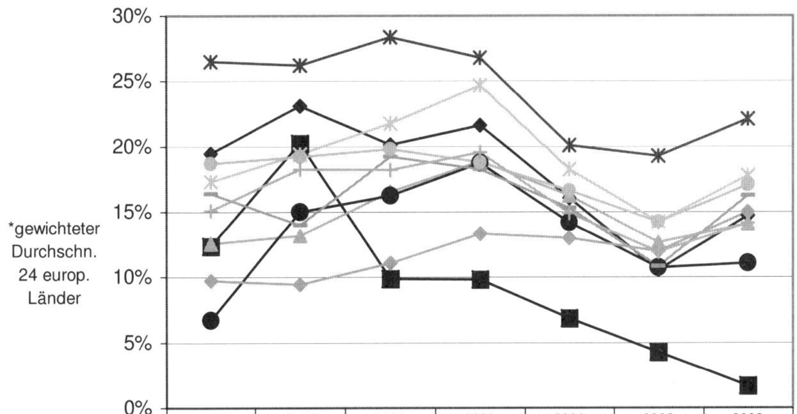

*gewichteter Durchschn. 24 europ. Länder	1997	1998	1999	2000	2001	2002	2003
Belgien	19%	23%	20%	22%	16%	11%	15%
Deutschland	12%	20%	10%	10%	7%	4%	2%
Frankreich	13%	13%	17%	19%	16%	13%	14%
Großbritannien	27%	26%	28%	27%	20%	19%	22%
Italien	7%	15%	16%	19%	14%	11%	11%
Niederlande	16%	14%	19%	18%	15%	11%	16%
Österreich	10%	9%	11%	13%	13%	12%	15%
Skandinavien	17%	19%	22%	25%	18%	14%	18%
Spanien	19%	19%	20%	19%	17%	14%	17%
Europa*	15%	18%	18%	20%	15%	12%	14%

Datenquelle: zeb[73]

---

[72] Allerdings ist der Vergleich nach dieser Zahl nur begrenzt aussagekräftig, da die Betrachtung der Beschäftigtenzahl im Kreditgewerbe insgesamt keine Aussage erlaubt, ob die Beschäftigten beispielsweise im internationalen Investmentbanking tätig oder überwiegend mit dem Retailbanking beschäftigt sind.

[73] Die Daten stammen von der European-Banking-Study 2004 und wurden freundlicherweise von der zeb/rolfes.schierenbeck.associates GmbH zur Verfügung gestellt. Wie man an den Angaben für Deutschland erkennt, weichen die Werte von den Angaben der Bundesbank leicht ab (vgl. Abb. 20). Dies liegt darin begründet, dass bei der European Banking Study nur ungefähr 90% der Banken berücksichtigt werden. Weder die Europäische Zentralbank noch die Deutsche Bundesbank ermitteln die Eigenkapitalrenditen für die Bankenmärkte einzelner Nationalstaaten (Telefonat mit Oliver Rosenthal vom 02.02.06).

Die Genossenschaftsbanken und Sparkassen[74] waren vom Ertragseinbruch in der Kreditwirtschaft von 1995 bis 2004 weit weniger betroffen als die privaten Großbanken (vgl. Abb. 20). Die Deutsche Bundesbank führt an, dass Institute, die auf das stetige Geschäft mit den Kleinanlegern sowie auf das Kreditgeschäft für den Eigenheimbau und an mittelständische Unternehmen fokussiert sind, weniger unter der Ertragsmisere am Bankenmarkt gelitten haben (DBB 2005c: 72). Viele sehen im schlechten Abschneiden der privaten Geschäftsbanken die Folge des sprunghaften Wechsels der Geschäftsstrategie und des Rückzugs aus der Mittelstandsfinanzierung. Nach Analysen von FRÖHLICH und HUFFSCHMID (2004: 117ff.) wurde beispielsweise zwischen 1990 und 2002 die Unternehmensstruktur der Deutschen Bank fünfmal umgebaut.

Die Tatsache, dass die Sparkassen trotz ihres öffentlichen Auftrags, der regionalen Bindung und dem damit verbundenen Engagement sowohl in der Krise als auch in der Erholungsphase besser abschneiden als die privaten Geschäftsbanken, legt die Frage nahe, ob es nicht eher *aufgrund* statt *trotz* des öffentlichen Auftrags heißen müsste. Denn in dessen Folge sind Sparkassen zu einem hohen Engagement für und einer Beschränkung auf die Region gezwungen, wodurch sie zwangsläufig eine hohe Marktkenntnis erlangen. „That they are more successful may be due to the conservative or conventional business policies which they have not only chosen to pursue but which were as imposed on them by the restrictive regulation in the relevant laws and by their ownership and governance structures" (Hackethal/Schmidt 2005: 16). Eine solche regionale Bindung kann vor allem in Verbindung mit dem auf horizontale und vertikale Arbeitsteilung setzenden Geschäftsmodell der Sparkassen und in ähnlicher Weise auch bei den Genossenschaftsbanken zum Erfolg führen.

Die privaten Banken machen hingegen die Existenz des starren Drei-Säulen-Systems, den hohen Anteil der öffentlich-rechtlichen Banken und die in der Vergangenheit gewährten Wettbewerbsvorteile durch Anstaltslast und Gewährträgerhaftung für ihre Ertragsmisere verantwortlich (z.B. Potthoff 16.07.2005). „Der Hauptgrund für den Rückstand der deutschen Banken" ist aus ihrer Sicht „der hohe Staatsanteil im Kreditgewerbe und die Struktur der Kreditwirtschaft mit drei klar abgegrenzten Gruppen" (Bundesverband deutscher Banken 2004: 11). Wobei sie mit dieser Begründung aus ihrer Sicht nicht ganz Unrecht haben, denn sie können

---

[74] Zu berücksichtigen ist, dass die leichte Abnahme der Eigenkapitalrentabilität (zwischen 2000 und 2004), also der prozentual am Eigenkapital gemessene Ertrag, bei den Sparkassen u.a der Aufstockung des Eigenkapitals in den Jahren zuvor geschuldet ist. Die Sparkassen haben nach eigenen Angaben zwischen 2000 und 2004 das haftende Eigenkapital um 21% erhöht, obwohl die Risikoaktiva in dieser Periode nur um 7% gestiegen sind (DSGV 2004: 6).

eine solche Strategie, die auf intensiver Kundenbindung und regionaler Orientierung basiert, nur sehr eingeschränkt umsetzen: Erstens ist bei einem internationalen Aktienunternehmen eine Unabhängigkeit und Entscheidungsfreiheit der einzelnen Bank vor Ort, wie dies auf Ebene der kommunalen Sparkassen vorhanden ist, nur eingeschränkt realisierbar. Zweitens fehlen den privaten Banken aufgrund der starken Stellung der Sparkassen und Genossenschaftsbanken die Mengengerüste vor Ort, um einen regionalen Markt betriebswirtschaftlich erfolgreich zu bearbeiten.

4.4.3 Aktuelle Trends

Der deutsche Bankenmarkt hat sich aufgrund einer Verhaltensänderung der Nachfrager, einer Strukturänderung bei den Anbietern, einer informationstechnologisch getriebenen Automatisierungswelle und einer Liberalisierung der Märkte stark verändert.

Zugunsten besserer Konditionen verzichten Privatkunden zunehmend auf eine persönliche Beratung und ein Filialnetz. „Das ist keine vorübergehende Mode, der Trend zu billig hat mittlerweile Tradition", heißt es in einem Artikel in der Frankfurter Allgemeinen Sonntagszeitung (Hoffmann 08.05.2005). Die Renditeerwartungen, insbesondere bei vermögenden Privatkunden, haben deutlich zugenommen (Bundesverband deutscher Banken 2004: 9).

Die Verhaltensänderung seitens der Nachfrager korrespondiert mit der Erhöhung der Wettbewerbsintensität auf der Angebotsseite. So genannte Nearbanks, die nur ganz bestimmte – meist hoch standarisierte Produkte anbieten – wie auch die Direkt-/Internetbanken erhöhen den Preiswettbewerb für Banken mit Zweigstellennetz. Diese Banken verzichten auf ein kostenintensives Filialnetz und spezialisieren sich auf die Teile der Wertschöpfungskette, die für sie besonders renditeträchtig sind (Handelsblatt 22.11.2005, Gärtner 2003). Sparkassen sind davon im besonderen Maße betroffen, da sie ein kostenintensives Zweigstellennetz unterhalten. Aus Sicht der Deutschen Bundesbank hat sich nicht nur der Wettbewerbsdruck im Einlagengeschäft durch neue Konkurrenten erhöht, „zugleich erfassen neue Konkurrenzbeziehungen zunehmend auch die Kreditmärkte für die privaten Haushalte, also für Konsumentenkredite und Hypothekendarlehen" (DBB 2005c: 72). Eine Intensivierung des Wettbewerbs ergibt sich auch im zweigstellegebundenen Retailmarkt durch die Expansionsbestrebungen der Postbank, die kürzlich den Baufinanzier BHW übernommen hat, um damit das Privatkundengeschäft weiter auszubauen (Einecke/Busse 09.01.2006).

Hinzu kommt, dass im Zuge einer Harmonisierung und Formalisierung (Stichwort: Basel II und Scoring-Modelle) Wettbewerbs- und Informationsvorteile regionaler Banken, die sich infolge einer besseren Kenntnis ihrer Kunden ergeben, an Wert verlieren könnten (vgl. Kap. 1.4.4).

Für die Sparkassen besteht die Herausforderung zukünftig darin, dem von vielen Faktoren ausgehenden zunehmenden Kostenwettbewerb standzuhalten und weiterhin mit hoher Beratungsqualität in der Fläche präsent zu sein (vgl. auch die Ausführungen des Vorstandes der Sparkasse Darmstadt in Kap. 9.1.3). Seit einigen Jahren wird innerhalb der Sparkassenlandschaft diskutiert, den Verbund intensiver zu nutzen und die Fertigungstiefe in der Nachbearbeitung bei den Sparkassen vor Ort zu reduzieren. So trägt der Verbund zwar jetzt schon maßgeblich zum ökonomischen Erfolg der Sparkassen bei, jedoch werden dabei mögliche Mengeneffekte nicht voll ausgeschöpft. Vereinzelt haben sich zwar Sparkassen zusammengeschlossen und so genannte regionale Abwicklungsgesellschaften gegründet, allerdings finden solche Kooperationen noch selten statt. Auch bei den Landesbanken werden zur Effizienzsteigerung weitere länderübergreifende Kooperationen und Fusionen erwogen (z.B. Süddeutsche Zeitung 30.10.2006, Potthoff 16.07.2005, Mußler 05.11.2005: 13). WEBER, der ehemalige Vorstandsvorsitzende der Deka-Bank, betont, dass es auf die richtige Balance von zentral und dezentral wahrzunehmenden Aufgaben und Funktionen ankommt. „Überspitzt könnte die Frage lauten: Wie viel Dezentralität kann man sich noch leisten, und auf wie viel Zentralität muss man sich einlassen?" (Weber 16.10.2004). Es geht darum, eine intensivere Zusammenarbeit innerhalb der Sparkassengruppe voranzutreiben, um das Mengenvolumen des Verbunds stärker zu nutzen, gleichzeitig jedoch die regionale Unabhängigkeit der Sparkassen zu erhalten. Neben der Kostenseite ist die Ertragsseite stärker in den Blickwinkel zu nehmen, also die regionale Wertschöpfung in der Region zu erhöhen, so die Aussagen der Expertinnen und Experten bei den untersuchten Sparkassen (vgl. hierzu insbesondere die Ausführungen zur Sparkasse Biberach in Kap. 9.3.3).

5 Sparkassen aus wettbewerbsrechtlicher, regionalökonomischer und bankentheoretischer Perspektive

Seit einigen Jahren wird die Legitimität der Sonderstellung öffentlich-rechtlicher Sparkassen in Zweifel gezogen. In den Medien wahrgenommen wurde der diesbezügliche Konflikt vor allem im Zuge des im Januar 2001 durch die EU-Kommission eröffneten Wettbewerbskontrollverfahrens[75], in dem insbesondere die kommunalen Haftungsregime Anstaltslast (Haftung des Trägers im Innenverhältnis) und Gewährträgerhaftung (Haftung im Außenverhältnis gegenüber Verbindlichkeiten Dritter) kritisiert wurden. Obwohl es 2001 zu einer Einigung mit der EU-Wettbewerbskommission kam, die im Wegfall der kommunalen Haftungsleistungen Mitte 2005 mündete, ist der Streit keineswegs beigelegt. Es scheint vielmehr, dass sich durch die Abschaffung der Staatshaftung ein Wandel in der Wahrnehmung vollzogen hat (z.B. Engerer/Schrooten 2004: 17, Fischer/Pfeil 2004: 343ff.). SOMMERFELD (2005) spricht vom „europarechtlichen Dauerbeschuss". Die EU hat bereits 2003 bezüglich des gesetzlichen Schutzes der Bezeichnung *Sparkasse* ein neues Verfahren eröffnet. Die Bundesregierung wurde aufgefordert, § 40 des Kreditwesengesetzes[76] so zu ändern, dass auch private Investoren nach Kauf einer Sparkasse den Namen *Sparkasse* weiterführen können (Süddeutsche Zeitung 25.07.2006, Hagelüken/Einecke 15.04.2005). Aber auch die privaten Banken kritisieren vehement das deutsche Sparkassensystem. Vor allem stört sie die Rechtsform, der gesetzliche Namensschutz, und dass Sparkassen unveräußerbar sind (Bundesverband deutscher Banken 2004: 10ff., Pott 12.12.2004). Die Rückendeckung für die Sparkassen mancher Städte und Bundesländer bröckelt ebenfalls. Dies zeigt sich beispielsweise an dem Versuch des Verkaufs der Sparkasse Stralsund (Allgemeine Zeitung 12.12.2003, Wittkowski 04.03.2004), an der Idee des Düsseldorfer Oberbürgermeisters, die örtliche Sparkasse in die Landesbank zu integrieren (Pott 12.12.2004), und an den gelegentlich auf Landesebene geführten Diskussionen um Kapitalbeteiligungsmöglichkeiten Privater bei den Sparkassen bzw. die Überführung dieser in den Besitz der Kommunen (z.B. Carstensen 2005, Einecke/Busse 09.01.2006, Köhler 14.11.2005).

---

[75] Für eine detaillierte Darstellung siehe Gärtner 2003: 41ff.
[76] Dieser Paragraph besagt, dass die Bezeichnung *Sparkasse* in Deutschland nur öffentlich-rechtliche Banken und freie Sparkassen führen dürfen.

Wie ist die Frage um die Legitimität der öffentlichen Rechtsform zu beurteilen? Verursacht sie Kosten in Form ungerechtfertigter Wettbewerbsvorteile und einer Behinderung einer effizienten Ressourcenallokation oder geht es, wie die Sparkassenvertreter vermuten, um die Ausschaltung lästiger Konkurrenten. Rechtfertigt der Nutzen für die Allgemeinheit das Festhalten an öffentlichen dezentralen Banken?

In den folgenden Unterkapiteln werden diesbezügliche Vor- und Nachteile theoretisch betrachtet. Dabei werden Bankdienstleistungen als Daseinsvorsorge diskutiert (Kap. 5.1) und die Wirkungen öffentlicher dezentraler Banken im Kontext regionaler Strukturpolitik (Kap. 5.2) sowie von Bankenmarktfunktionen (Kap. 5.3) erörtert. Das Kapitel schließt mit einer zusammenfassenden Betrachtung (Kap. 5.4).

5.1 Bankdienstleistung als Daseinsvorsorge

Im Rahmen der kommunalen Selbstverwaltung (Art. 28 Abs. 2 GG) erbringen Städte eine Reihe von Aufgaben wirtschafts-, gesellschafts-, sozial- und kulturpolitischer Art, die von öffentlichem Interesse sind, die Lebensqualität erhöhen und zur Profilbildung von Städten beitragen. Diese allgemein als Daseinsvorsorge bezeichneten Leistungen stehen zurzeit in einem vielfältigen Spannungsfeld: Auf allen politischen Ebenen (Bund, Land, Kommunen) werden Auslagerungen, Privatisierung und Public-Private-Partner-Modelle diskutiert bzw. wird zur Sanierung der öffentlichen Haushalte über eine Veräußerung öffentlicher Unternehmen nachgedacht. Privatisierung wird vielfach mit Effizienzsteigerung begründet. So heißt es in einer Publikation des Bundesverbands deutscher Banken, „für ein rein privatwirtschaftlich organisiertes Bankensystem spricht zudem der in vielen Studien belegte Tatbestand, dass öffentliche Unternehmen weniger effizient arbeiten als private" (2004: 39). Diese Behauptung kann allerdings nicht ohne weiteres auf die öffentlich-rechtlichen Sparkassen übertragen werden, wie in Kap. 4.4.2 ausgeführt wurde. Ferner ist zu beachten, dass Sparkassen im Gegensatz zu ehemaligen Staatskonzernen, wie der Deutschen Bundespost oder staatlichen Energieunternehmen, keine Monopolisten sind.

Neben der Debatte um Sparkassen in Deutschland ist die wettbewerbsrechtliche Auseinandersetzung auf europäischer Ebene zu betrachten: Mit zunehmender Regelungskompetenz der EU greift das europäische Recht zwangsläufig in deutsche Traditionen der kommunalen Selbstverwaltung ein (z.B. Articus 2002: 7ff.).

Das Verständnis von Daseinsvorsorge bzw. public service (Englisch) oder service public/servicio publico (in den romanischen Ländern) ist in den einzelnen Nationalstaaten unterschiedlich,[77] auch da differierende Auffassungen darüber bestehen, ob die öffentliche Hand rein regulativ wirken oder selbst Leistungen von allgemeinem Interesse anbieten soll, um ein eventuelles allokatives Marktversagen zu verhindern.

Die Pole bilden Frankreich auf der einen Seite, wo staatliche Daseinsvorsorge von großer Bedeutung ist, und Großbritannien auf der anderen Seite, wo die meisten Versorgungsleistungen privatwirtschaftlich erbracht werden (Sommerfeld 2005: 94).

Im Bezug auf die Sparkassen stellt sich die zentrale Frage, inwieweit einzelne Nationalstaaten berechtigt sind, Sonderstellungen für Unternehmen zu gewähren, um eine flächendeckende Versorgung mit elementaren Gütern zu gewährleisten. Im Gegensatz zum deutschen Grundgesetz, das von einer wirtschaftspolitischen Neutralität der Verfassung ausgeht, enthält der EG-Vertrag das ausdrückliche Bekenntnis zu einer an marktwirtschaftlichen Grundsätzen orientierten Wirtschaftsordnung mit freiem Wettbewerb (Sommerfeld 2005: 80).

Diesbezüglich stellt sich die grundsätzliche Frage, inwieweit sich Bankenmärkte von anderen Märkten unterscheiden, also staatliches Handeln begründbar ist. Ein tragfähiges Argument, das für die Unvollkommenheit von Finanzmärkten spricht, sind die beim Kreditgeschäft auftretenden Informationsasymmetrien, die zu einer Kreditrationierung insbesondere in schwachen oder peripheren Regionen führen können (vgl. Kap. 1.4.2). Dies vor dem Hintergrund, dass trotz formaler Vertragsrechte Transaktionen im Banksektor nicht absolut sicher sein können, auch deswegen, weil Bereitstellung und Rückzahlung intertemporal vollzogen werden. Fehlen Finanzintermediäre in der Peripherie – was bei einem rein privatwirtschaftlich agierenden Bankensystem angenommen werden kann – kann es aufgrund einer schlechten Informationsversorgung der Banken dazu kommen, dass auch vielversprechende Investitionsvorhaben in der Peripherie keine Kreditmittel erhalten (z.B. Fischer 2005: 88ff., Freixas/Rochet 1997: 15ff., im Bezug auf öffentliche Banken auch Dybe 2003: 225).

---

[77] So spricht zum Beispiel die Neue Zürcher Zeitung im Zusammenhang mit den Sparkassen vom "Mythos des Service public" (Neue Zürcher Zeitung 22.06.2005).

5.2 Sparkassen im Lichte regionaler Strukturpolitik

Ob Sparkassen regionalökonomisch bzw. aus dem Blickwinkel der regionalen Strukturpolitik sinnvoll sind, ist zunächst von dem zugrunde gelegten ökonomischen Theoriegerüst abhängig: Neoklassisch argumentiert, werden öffentlich-rechtliche Banken strukturpolitisch nicht benötigt (Nürk 1995, Neuberger/Schindler 2001: 93). Nach dieser Auffassung wird Kapital von den prosperierenden Regionen angezogen, aufgrund einer nach einer Zeit geringer werdenden Knappheit nimmt in diesen Regionen die Grenzproduktivität des Kapitals ab und der Prozess dreht sich um, wodurch sich ein Ausgleich zwischen den Regionen einstellt. Das Regionalprinzip verhindert partiell diese Kapitalmobilität, zwingt gegebenenfalls zur ineffizienten Verwendung der Mittel und verhindert den regionalen Ausgleich, wirkt nach diesem Theoriegerüst also kontraproduktiv (Nürk 1995).

Die Betrachtung der Realität zeigt allerdings, dass die neoklassische Theoriebildung die realen ökonomischen Raumstrukturen nicht zu erklären vermag und eine Reihe neuerer Theorien und Ansätze, z.B. die Polarisationstheorie und die Neuen Wachstumstheorien, von einer räumlichen ungleichen Entwicklung ökonomischer Aktivitäten ausgehen (vgl. Kap. 1.2.1 und 1.2.3). Kernpunkt dieser Ansätze ist, dass positive externe Effekte in Agglomerationen wirksam werden und dort zu Lasten schwächerer (peripherer) Räume zu einem sich selbst verstärkendem Wachstum führen. Ohne staatliche Lenkungsmaßnahmen kann dies zu einem regionalen Ungleichgewicht führen.

„Wird im Rahmen der regionalen Entwicklung eine Politik des Ausgleichs angestrebt, ist eine bundesweit flächendeckende Mittelverteilung, wie die der Sparkassengruppe, durchaus zweckmäßig. Sollen allerdings spezifische Wachstumszentren oder -pole gefördert werden, müssten die Mittel (überregional) konzentriert werden" (Wengler 2001: 299). Theoretisch besteht also die Gefahr, dass Sparkassen durch die Bindung von Kapital in schwachen Regionen gewünschte Konzentrationsprozesse verhindern.

Heißt das also, dass Sparkassen vor dem Hintergrund neuerer Kompetenzbasierter Ansätze kontraproduktiv sind? Aus Sicht des Autors keinesfalls: Denn wenn eine ausgewogene Strukturpolitik vollzogen wird, die auch Ausgleichsziele[78] verfolgt, dann geht es um die Aufrechterhaltung von Entwicklungsmöglichkeiten in allen Regionen und um die kostengünstige und effiziente Organisation der Daseinsvorsorge, wozu Sparkassen einen wichtigen Beitrag leisten können. Ferner werden auch zur Umsetzung einer wachstumsorientierten Strukturpolitik Akteure benötigt, die wettbewerbsfähige Potenziale vor Ort erkennen, helfen diese zu entwickeln und mit entsprechenden Finanzierungsinstrumenten die Weiterentwicklung unterstützen.

Eine dementsprechende Einschätzung teilten auch die im Rahmen der Arbeit interviewten Experten (siehe Anhang) und selbst die, die vehement für ein strukturpolitisches Wachstumsmodell eintraten, sahen nicht die Gefahr, dass die durch das Regionalprinzip verursachte partielle Kapitalimmobilität zur Wachstumsbremse werden könnte. Es sei eher zu vermuten, so die Experten, dass Sparkassen den Staat in schwachen Regionen von Aufgaben entlasten und dort die Möglichkeiten für zukünftige Entwicklung offen halten, ohne dabei den Wachstumsregionen Ressourcen vorzuenthalten.

5.3 Sparkassen aus bankentheoretischer Perspektive

Um die Bedeutung öffentlich-rechtlicher dezentraler Banken aus bankenwissenschaftlicher Perspektive zu betrachten, wird auf das Argument der neuen Bankentheorie, dass Informationsasymmetrien zwischen Kreditnehmern und Banken zu einer Rationierung von Krediten führen können, Bezug genommen (Kap. 1.4). Wie in der folgenden Abbildung dargestellt, lässt sich das Volumen möglicher Informationsasymmetrien modellhaft nach dem Grad der Wettbewerbsintensität und nach der räumlichen Entfernung, die hier nicht auf den geographischen Raum beschränkt, sondern auch institutionell, kulturell oder sozial begründet sein kann (vgl. Kap. 1.4.4), bestimmen.

---

[78] Das Ausgleichsziel ganz aufzugeben dürfte aus rechtlichen und politischen Gründen weder in Deutschland noch auf europäischer Ebene möglich sein. Es geht nicht um die Frage, ob regionaler Ausgleich zukünftig angestrebt wird, sondern um die Frage, wie viel Ausgleich und *wie* dieser zu organisieren ist.

Abbildung 23: Informationsasymmetrien in der Kreditwirtschaft

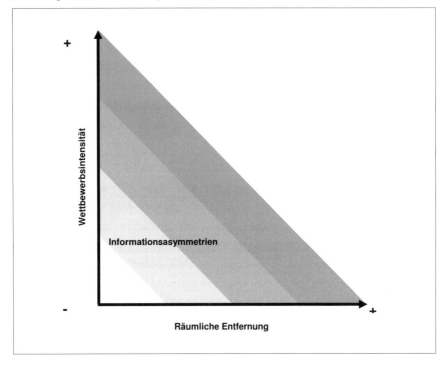

Allerdings besteht bei einem eingeschränkten Wettbewerb die Gefahr, dass Banken Oligopolrenten durchsetzen und aufgrund eines mangelnden Wettbewerbsdrucks ineffizient werden (vgl. Kap. 1.4.2). Daher setzen internationale Regierungsorganisationen im Zuge der Finanzmarktglobalisierung auf einen verstärkten Wettbewerb, eine vollständige Privatisierung und Öffnung der Märkte (Fischer/Pfeil 2004: 292).

Bezieht man diese theoretischen modellhaften Erkenntnisse auf die spezifische Bankenmarktstruktur in Deutschland, zeigt sich folgendes Bild:

Deutschland weist auf nationalstaatlicher Ebene eine im internationalen Vergleich geringe Konzentration im Bankenmarkt und hohe Wettbewerbsintensität auf.[79] Gemessen wird die Konzentration im Bankenmarkt mit Marktstrukturmaßen, zum Beispiel der „concentration ratio", die den prozentualen Marktanteil einer festgelegten Anzahl der größten Banken angibt, oder dem „Herfindahl-Hirshman-Index ", der sich aus der Summe der quadrierten Marktanteile aller Banken eines Marktes er-

---

[79] In der Regel wird eine niedrige Wettbewerbsintensität aus einer hohen Konzentration im Bankenmarkt abgeleitet, was auch empirisch nachgewiesen werden konnte (z.B. Fischer 2005).

gibt und sowohl die Anzahl aller Banken als auch die Verteilung ihrer Marktanteile berücksichtigt (DBB 2005c: 108, Fischer 2005: 21). Die folgende Abbildung gibt den Herfindahl-Hirshman Index für das Jahr 2003 für Deutschland und ausgewählte europäische Länder an und zeigt, dass die Konzentration in Deutschland am geringsten ist, was auf eine sehr hohe Wettbewerbsintensität hindeutet.

Abbildung 24: Herfindahl-Hirshman Index 2003 für ausgewählte EU-Länder

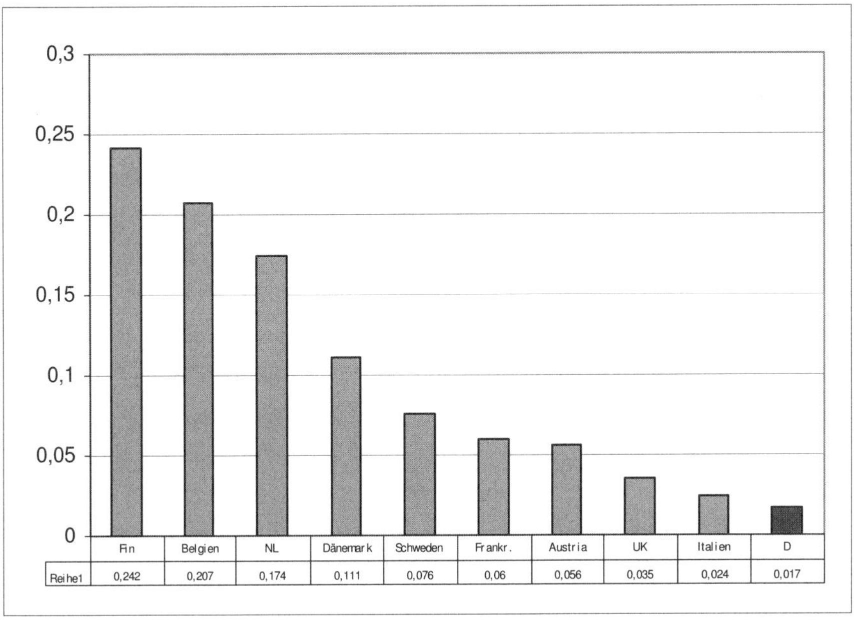

	Fin	Belgien	NL	Dänemark	Schweden	Frankr.	Austria	UK	Italien	D
Reihe1	0,242	0,207	0,174	0,111	0,076	0,06	0,056	0,035	0,024	0,017

Datenquelle: DBB 2005c: 108

Die geringe Konzentration und hohe Wettbewerbsintensität auf nationalstaatlicher Ebene ist in erster Linie auf die hohe Anzahl der Genossenschaftsbanken und Sparkassen (vgl. Kap. 4.4.1) zurückzuführen. Allerdings sind nationale Strukturmaße nur bedingt aussagekräftig, da regionale Märkte unberücksichtigt bleiben. Die Wettbewerbsintensitäten in regionalen Märkten können innerhalb eines Nationalstaates räumlich stark divergieren, so zum Beispiel zwischen Stadt und Land, und sind auf regionaler Ebene ohnehin geringer als auf nationaler. Dies vor dem Hintergrund, dass Sparkassen und Kreditgenossenschaften jeweils einen Verbund bilden und nicht gegeneinander konkurrieren. So sind in Deutschland die rund 470 Sparkassen und 1.300 Genossenschaftsbanken jeweils nur in einer Region tätig. Auf nationalstaatlicher Ebene werden alle Sparkassen und Genossenschaftsbanken als einzelnes Institut gerechnet, auf regionaler Ebene tritt aber in der Regel immer nur ein Institut aus der jeweiligen Gruppe in den Wettbewerb ein.

Mit der traditionellen Bankentheorie argumentierend, nach der ein maximaler Wettbewerb die höchste Effizienz bewirkt, müsste die geringe Wettbewerbsintensität in manchen Regionen zu hohen Preisen und einer schlechten Kreditverfügbarkeit führen. Nach der neuen Bankentheorie kann jedoch eine geringere regionale Wettbewerbsintensität zu einer besseren Versorgung mit Kreditmitteln führen, denn langfristige Kunden-Bank-Beziehungen bewirken abnehmende Informationsasymmetrien. Beide Thesen – die, dass Wettbewerb zu einer besseren und günstigeren Kreditversorgung führt, wie auch die, dass die Nachteile eines geringeren Wettbewerbes bei der Kreditvergabe an KMU, insbesondere für Existenzgründer, durch Nähevorteile und Relationship-Lending kompensiert werden – sind mangels Daten auf regionaler Ebene empirisch nur bedingt zu belegen. So kann die Bankenmarktkonzentration auf regionaler Ebene nur mittels mehr oder weniger geeigneter Hilfsgrößen betrachtet werden (DBB 2005c: 109).[80]

Die verschiedenen sich teilweise widersprechenden Argumente und theoretischen Ansätze machen eindeutige Aussagen über die Wirkungsweise des Bankenmarkts unmöglich. „In an international comparison, the German banking system stands out as being unique" (Hackethal/Schmidt 2005: 25), wodurch die Lage noch komplizierter wird. So resümiert der Sachverständigenrat zur Begutachtung der gesamtwirtschaftlichen Entwicklung, „dass die Analyse des deutschen Bankenmarkts anhand von herkömmlichen Konsolidierungs- und Konzentrationsmaßen kein eindeutiges Bild über die (betriebswirtschaftliche) Effizienz und den Wettbewerbsgrad und damit über die Allokationseffizienz des Systems insgesamt liefert" (2004: 294).

Sparkassen und Genossenschaftsbanken sorgen aus nationalstaatlicher Perspektive für einen hohen Wettbewerb und einen fragmentierten Bankenmarkt, aus regionaler Perspektive bewirken das Regionalprinzip und die damit einhergehende horizontale Arbeitsteilung von Sparkassen und Genossenschaftsbanken eine geringere Wettbewerbsintensität. So ist die Frage nach dem „optimalen Maß der Marktmacht" (Fischer 2005: 113) auf regionaler und nationaler Ebene unterschiedlich zu beantworten. Die folgende Tabelle betrachtet die auf nationaler und regionaler Ebene bestehenden Wettbewerbsintensitäten und diskutiert die Auswirkungen, die mit der Existenz öffentlich-rechtlicher Banken und dem Drei-Säulen-System verbunden sind, bezogen auf Effizienz, Stabilität und Allokation.

---

[80] Um die Wettbewerbsintensität auf regionaler Ebene zu ermitteln, hat FISCHER zum Beispiel die von den einzelnen Instituten in den Regionen unterhaltenen Zweigstellen betrachtet (Fischer 2005, siehe auch Kap. 8.2).

Tabelle 2: Sparkassen aus nationalstaatlicher, regionaler und gesamtwirtschaftlicher Perspektive

Funktion / Ebene	Effizienz	Stabilität	Allokation
Theoretische Vorüberlegungen	Eine hohe Wettbewerbsintensität ist nach der klassischen ökonomischen Lehre anzustreben. Da jedoch erst durch langfristige Kundenbeziehungen eine wirtschaftliche Kreditvergabe an KMU möglich wird, ist dieser Zusammenhang nicht immer haltbar.	Zunehmend wird angemerkt, dass maximaler Wettbewerb für die Stabilität von Bankenmärkten nicht zwingend förderlich ist.	Für eine dauerhafte Allokation sind Effizienz, Stabilität und die Bereitschaft prüfkostenaufwändige und risikoreiche Kredite an KMU und Existenzgründer zu vergeben, wichtige Faktoren.
Nationalstaatl. Perspektive	Durch die spezifische Drei-Säulen-Struktur des deutschen Bankenmarkts und die Unverkäuflichkeit von Sparkassen ist aus nationalstaatlicher Perspektive eine hohe Wettbewerbsintensität trotz zunehmender Konsolidierung gegeben.	Die auf nationaler Ebene zu beobachtende hohe Wettbewerbsintensität könnte aus der theoretischen Perspektive negative Auswirkungen auf die Stabilität haben.	Eine flächendeckende Versorgung mit allen Standardbankdienstleistungen ist durch Sparkassen gesichert.
Regionale Perspektive	Da Sparkassen i.d.R. nicht gegeneinander konkurrieren, ist die Wettbewerbsintensität regional betrachtet wesentlich geringer als national. Durch eine enge Bank-Kunden-Beziehung können sie jedoch KMU und Existenzgründer effizient mit Kreditmitteln versorgen.	Die auf regionaler Ebene geringere Wettbewerbsintensität und stabile Kunden-Bank-Beziehungen sind förderlich für die Stabilität.	Wettbewerb ist in allen Regionen vorhanden. Eine geringere Wettbewerbsintensität kann sich bei der Vergabe von Firmenkrediten positiv auswirken, da stabile Hausbankbeziehungen dafür sorgen, dass Kreditrationierung reduziert wird, kann aber auch zur Durchsetzung überhöhter Preise führen.
Gesamtwirtschaftliche Perspektive	Die hohe Wettbewerbsintensität sorgt für eine effiziente Versorgung der Wirtschaft und Bevölkerung mit Bankdienstleistungen. Durch ihre regionale Orientierung sind Sparkassen in der Lage prüfkostenintensive und risikoreiche Kredite zu vergeben, die für die gesamtwirtschaftliche Entwicklung von Bedeutung sind. Eine Privatisierung der Sparkassen würde zu einer Konzentration auf dem nationalen Bankenmarkt führen und insbesondere in schwächeren Regionen den Wettbewerb reduzieren und vor Ort stabilen Hausbankbeziehungen entgegenwirken.	Die Stabilität des deutschen Bankenmarktes basiert auch auf der stabilen Hausbankbeziehung und regionalen Orientierung von Bankenmärkten.	Die Existenz von Sparkassen sorgt zumindest aus theoretischer Perspektive dafür, dass Unternehmen, die aufgrund von Informationsasymmetrien mit Krediten unterversorgt wären, Zugang zu Krediten erhalten, was im Sinne einer Ausnutzung aller Ressourcen volkswirtschaftlich von hoher Bedeutung ist. Ferner könnte sich eine Privatisierung von Sparkassen in manchen Regionen und für bestimmte Bevölkerungskreise negativ auswirken.

Unter *Effizienzgesichtspunkten* besteht, angelehnt an die klassischen Finanzmarkttheorien, die Forderung nach einem hohen Wettbewerb im Bankenmarkt.[81] Angelehnt an die neue Finanzmarkttheorie kann eine geringere Wettbewerbsintensität im Kreditgewerbe jedoch auch wohlfahrtssteigernd sein (Neuberger/Schindler 2001: 91). Diesbezüglich wäre die Rolle der Sparkassen negativ einzuschätzen, da sie, was Bestandteil ihres öffentlichen Auftrags ist, die Wettbewerbsintensität erhöhen. Dem entgegen steht jedoch, dass aufgrund der horizontalen Arbeitsteilung von Sparkassen und Genossenschaftsbanken die Wettbewerbsintensität auf regionaler Ebene in Deutschland deutlich geringer ist und die Sparkassen traditionell enge Bindungen zu ihren Kunden unterhalten und verlässliche Partner in der Mittelstandsfinanzierung sind. Die Konzentrationsmaße auf nationaler Ebene täuschen folglich eine Wettbewerbsintensität vor, die es in der Realität nicht gibt.

Würden Sparkassen privatisiert bzw. das Regionalprinzip aufgehoben, könnte dies den Wettbewerb auf regionaler Ebene zunächst einmal verstärken, da die Sparkassen dann zueinander in Konkurrenz treten würden. Anzunehmen ist, dass sich die (dann privatisierten) Sparkassen auf die wirtschaftlich interessanten Regionen konzentrieren würden, wodurch das interregionale Wettbewerbsintensitätsgefälle vergrößert und gleichzeitig auf nationaler Ebene eine Konzentration durch eine säulenübergreifende Konsolidierung einsetzen würde. In der Folge bedeutete dies weniger Wettbewerb auf nationaler Ebene, einen verstärkten Wettbewerb in prosperierenden städtischen Regionen – wobei auch innerhalb der Städte eine Spreizung bezüglich der Versorgungsintensität zu erwarten wäre – und weniger Wettbewerb in schwächeren Regionen. Ferner kann angenommen werden, dass stabile Kunden-Bank-Beziehungen negativ tangiert würden. Wettbewerb auf der einen Seite ist notwendig, um Abhängigkeiten der Kunden von ihren Banken zu verhindern, stabile Beziehungen auf der anderen Seite sind von zentraler Bedeutung, um gerade für kleinere Unternehmen die Kreditvergabe zu marktfähigen Kosten zu gewährleisten.

---

[81] Dementsprechend wird Deutschland oft als Beispiel für den Zusammenhang zwischen einem hohen Wettbewerbsgrad im Bankenmarkt und günstigen Bankdienstleistungspreisen sowie einer guten Versorgung mit Kreditmitteln angeführt (z.B. Fischer/Pfeil 2004: 316). Bei Betrachtung der nationalen Ebene tragen Sparkassen zu einer hohen Wettbewerbsintensität bei.

Für die *Stabilität*[82] der Finanzmärkte ist ein hoher Wettbewerb nicht zwingend förderlich, kann sogar kontraproduktiv sein.[83] Die aufgrund der Existenz von Sparkassen auf nationaler Ebene hohe Wettbewerbsintensität in Deutschland könnte nach der neuen Bankentheorie zur Instabilität von Bankensystemen beitragen. Allerdings basiert die Begründung, dass eine hohe Wettbewerbsintensität der Bankenmarktstabilität entgegen läuft, auf der Annahme, dass durch hohen Bankenwettbewerb eine stabile und langfristig orientierte Kunden-Bank-Beziehungen konterkariert werden könne. Um dies beurteilen zu können, ist jedoch die regionale Ebene zu betrachten, auf der zum einen die Wettbewerbsintensität geringer ist und zum anderen infolge des Regionalprinzips der Sparkassen stabile Beziehungen bestehen.

Hausbankbeziehungen können „unter Umständen zyklische Wirkungen des Konjunkturverlaufs auf die Kreditvergabe abmildern. Ein Rückgang dieser engen Beziehungen könnte daher aus volkswirtschaftlicher Perspektive prozyklische Wirkungen verstärken, die die Makrostabilität gegebenenfalls negativ beeinflussen" (DBB 2005c: 112). Ein Rückzug aus der Fläche könnte die konjunkturverstärkende Wirkung der Bankwirtschaft erhöhen, da „bei zentralisierten und stärker am Gesamtportfolio ausgerichteten Entscheidungen der Kreditinstitute lokale Informationen, die vielfach die Basis für eine kreditwirtschaftliche Begleitung der Unternehmen durch ein Konjunkturtal bilden, weniger belangvoll werden" (Braatsch 2002: 17).

Unter *Allokation* wird hier die Versorgung mit Bankdienstleistungen an jedem Ort zu günstigen Preisen verstanden. Bedingungen dafür sind sowohl Effizienz – nur effiziente Märkte können auf Dauer eine Allokation sicherstellen – als auch Stabilität, „Finanzkrisen beeinträchtigen (...) das Funktionieren des Allokationsmechanismus oder setzen ihn zeitweise außer Kraft" (DBB 2005c: 104). Ferner ist zu beachten, dass Informationsasymmetrien zu einer Kreditrationierung führen können, was ebenfalls zu Lasten einer optimalen Allokation gehen würde.

Sparkassen, in ähnlicher Weise auch Genossenschaftsbanken, weisen als regional orientierte Banken stabile Beziehungen zu ihren Kunden auf und sind in der Hoff-

---

[82] Die Bedeutung von Bankenmarktstabilität kann grob in zwei Aspekte unterteilt werden: Einerseits trägt ein stabiles Bankensystem dazu bei, Bankkrisen, die infolge etwaiger Ansteckungseffekte hohe volkswirtschaftliche Kosten verursachen können, zu verhindern. Andererseits sollte es helfen, eine unerwünschte Verstärkung konjunktureller Effekte zu verhindern und „eine störungsfreie Transmission geldpolitischer Impulse zu ermöglichen" (Sachverständigenrat zur Begutachtung der gesamtwirtschaftlichen Entwicklung 2004: 273).

[83] Laut der Deutschen Bundesbank deuten Korrelationsberechnungen auf einen leicht positiven Zusammenhang zwischen einer höheren Marktmacht von Banken und Finanzstabilität hin. (DBB 2005c: 116ff.).

nung auf die Erwirtschaftung von Erträgen in der Zukunft bereit, in die Informationsbeschaffung potenzieller Kreditnehmer zu investieren und können daher entsprechende Kreditangebote machen. Sparkassen sind in allen Regionen ansässig, bieten dort alle bankwirtschaftlichen Dienstleistungen an, stellen damit die Allokation sicher und sorgen im Rahmen ihrer Wettbewerbsfunktion für angemessene Preise.

Aktuell weist der deutsche Bankenmarkt im internationalen Vergleich eine sehr dezentrale Struktur und eine relativ hohe Wettbewerbsintensität auf, wie ein vom Bundesministerium der Finanzen beim DIW in Auftrag gegebenes Gutachten feststellt (Engerer/Schrooten 2004: 33). Allerdings ist die Konzentration der Marktanteile auf wenige Banken in einigen Regionen recht hoch. Würden Sparkassen fehlen, wäre die zu Vermeidung einer großen Abhängigkeit von einzelnen Banken benötigte Wettbewerbsintensität nicht gegeben. Auch bestünde die Gefahr, dass schwache Regionen gar nicht mehr versorgt und Krisenkreisläufe entstehen würden. Ohne die Existenz von Sparkassen ist daher eine Kreditrationierung und Kreditunterversorgung mancher Unternehmen zu befürchten, was im Sinne eines optimalen Ressourceneinsatzes volkswirtschaftlich negativ wäre.

5.4 Ein Fazit aus wettbewerbsrechtlicher, regionalökonomischer und bankentheoretischer Perspektive

Hatte man in der Vergangenheit angenommen, durch hohe Wettbewerbsintensität im Bankensektor ein Optimum zu erreichen, sind in der neueren bankenwissenschaftlichen Diskussion solche linearen Annahmen allein stehend nicht mehr akzeptabel.

Intensiver Wettbewerb mit dem Ziel eine Machtstellung einzelner Banken zu vermeiden und für eine effiziente Kapitalallokation zu sorgen, ist aus theoretischer Perspektive eine genauso tragfähige Maxime wie die Forderung nach einem geringeren Wettbewerb, in der Hoffnung, dass sich stabile Kunden-Bank-Beziehungen etablieren und sich Informationsasymmetrien verringern.

Vor dem Hintergrund, dass die vielen KMU in Deutschland auf eine gute Kreditversorgung angewiesen sind, sind ein gutes Bankenumfeld und ein gewisser Grad an Wettbewerbsintensität bei gleichzeitig stabilen Beziehungen für die wirtschaftliche Entwicklung von großer Bedeutung. Genau diese Funktion erfüllen Sparkassen aus theoretischer Sicht: Eine Sicherstellung des Wettbewerbs in allen Regionen und stabile Hausbankbeziehungen auf regionaler Ebene.

Da es aufgrund von Informationsasymmetrien zu einer kreditwirtschaftlichen Unterversorgung von Regionen kommen kann, kann staatliches Handeln begründet werden. Informationsasymmetrien – so kann vermutet werden – treten dann in besonderem Maße auf, wenn die Kunden-Bank-Beziehung schwach ausgeprägt ist, was insbesondere der Fall ist, wenn Banken nicht in räumlicher Nähe vorhanden sind oder sie aufgrund sehr wettbewerbsintensiver Märkte nicht in die Beziehung und Informationsbeschaffung investieren. Es erscheint allerdings unverhältnismäßig, würde man den Wettbewerb staatlich beschränken, um das Trittbrettfahrer-Problem (vgl. Kap. 1.4.2) auf kompetitiven Kreditmärkten und eine damit zu befürchtende Kreditrationierung zu beschränken. Dies ist allerdings auch im Bezug auf die Sparkassen nicht der Fall. Sparkassen verfügen über keine exklusiven Marktzugänge.

Die Beurteilung der strukturpolitischen Legitimität von Sparkassen wird mitunter an die Frage geknüpft, ob eine ausgeglichene Regionalentwicklung politisches Ziel ist oder Ungleichgewichte zugunsten gesamtwirtschaftlicher Entwicklung in Kauf genommen werden. Die Frage läuft aus Sicht des Autors allerdings ins Leere, da Sparkassen sowohl helfen, endogene Wachstumspotenziale zu entwickeln, als auch zum regionalen Ausgleich beitragen können. „Durch ihre kommunale Bindung und die personelle Verflechtung mit dem Gewährträger besitzen sie tiefe und vielfältige regionale Informationen. Den Sparkassen kommt deshalb potenziell hohe Bedeutung bei der Bildung von Regionalinitiativen, der Anbahnung von Unternehmenskontakten und der Förderung der Netzwerkbildung zu" (Wengler 2002: 121).

Vielfach wird argumentiert, dass in Deutschland, einem Land mit einer gut funktionierenden Volkswirtschaft, die Existenz öffentlich-rechtlicher Kreditinstitute mit einem Marktanteil von über 40% nicht erforderlich sei bzw. Deutschland im Gegensatz zu anderen Ländern seine Strukturreform im Bankensektor noch nicht abgeschlossen hätte. Allerdings ist zu berücksichtigen, dass es sich bei den Sparkassen um keine zentralstaatlichen Banken handelt, sondern um seinerzeit aus bürgerschaftlichem Engagement gegründete kommunale Banken, auf die der Zentralstaat keinen direkten Einfluss hat (vgl. Kap. 4). Es kann sogar der umgekehrte Fall angenommen werden und zwar, wie es der Geschäftsführer des Nordrhein-Westfälischen Handwerkstags formulierte, dass „eine Privatisierung der Sparkassen auf eine Verstaatlichung der Unternehmensfinanzierung für mittelständische Betriebe hinausliefe, wahrscheinlich durch eine dann filialisierte KfW" (Köster 2005: 9).

Darüber hinaus ist ein dezentrales öffentliches Bankensystem vor dem Hintergrund der spezifischen räumlichen Strukturen in der Bundesrepublik Deutschland zu begründen. In zentralisierten Ländern wurden Sparkassen eher privatisiert (z.B.

Frankreich), in Ländern mit einer föderalen Struktur, wie Deutschland oder der Schweiz, blieben sie hingegen erhalten. Die Privatisierung wurde in Frankreich und Italien vom Zentralstaat beschlossen. In Deutschland und der Schweiz müssten die Länder bzw. Kantone darüber entscheiden (Hakenes/Schnabel 2005: 22).

Mit der Existenz der Sparkassen gehen jedoch aus Sicht der Kritiker auch Nachteile einher. So wird häufig angeführt, dass Deutschland über zu viele Banken und Zweigstellen verfügt (vgl. Kap. 4.4.1), wodurch sich entweder Bankdienstleistungen verteuern oder Bankrenditen reduzieren. Wie die Analysen in Kap. 4.4.2 gezeigt haben, sind in Deutschland davon eher die Renditen der Banken betroffen. Ferner haben private Banken aufgrund der hohen regionalen Marktdurchdringung der Sparkassen nur begrenzte Ertragssteigerungsaussichten. „For the large private banks, the acquisition on savings bank (...) would hold great promises. They are based on several factors (…), the most evident one is the retail market shares of the savings banks in their respective region" (Hackethal/Schmidt 2005: 20). Die privaten Banken sprechen von „strukturellen Mängeln des Bankenmarktes", deren Ausdruck die Verschlechterung der Ertragslage aller Kreditinstitute sei (Bundesverband deutscher Banken 2004: 8). „Die im Durchschnitt niedrigen Erträge und die mangelnde Rentabilität sind vor allem für solche Kreditinstitute ein Problem, deren Eigentümer eine international wettbewerbsfähige Rendite verlangen" (KFW-Bankengruppe 2005: 5).

Letztendlich ist es eine politische Frage, was wichtiger ist: die Sicherstellung einer Versorgung mit Finanzdienstleistungen und das Recht der kommunalen Selbstverwaltung im Bereich der öffentlichen Daseinsvorsorge tätig zu sein oder die Gewinnerwartung der privaten Banken.

6 Regionalprinzip: Nachteile regionaler Bindungen

Im vorangegangenen Kapitel wurde aufgezeigt, dass Sparkassen aus theoretischer Perspektive sowohl für einen funktionierenden Bankenmarkt als auch für die Regionalentwicklung eine wichtige Rolle spielen, die sich im Wesentlichen aus ihrer regionalen Bindung ergibt.

Aber eben diese regionale Bindung kann für Sparkassen systemisch betrachtet auch Nachteile haben, die in Anlehnung an die regionalökonomische Terminologie als Lock-In Effekte bezeichnet werden (vgl. Kap. 1.3). Diese möglicherweise auftretenden Effekte lassen sich in folgende Aspekte unterteilen:

Erstens besteht die Gefahr, dass die Kreditportfolios regionaler Banken korrespondierend mit der regionalen Wirtschaftsstruktur relativ homogen zusammengesetzt sind, was zu einer *Risikoklumpung* führen kann. Risikodiversifizierung ist jedoch eine der wesentlichen Aufgaben von Finanzintermediären (vgl. Kap. 1.4.3). So hält FIESELER – Vorstandsmitglied des DSGV – „Konzentrationsrisiken, wie sie durch die regionale Verankerung des Kreditgeschäfts entstehen können", für die größten Risikotreiber bei Sparkassen (Fieseler 2006: 15). Seit 2002 wird daher auf regionaler Ebene von den Sparkassenverbänden und Landesbanken Kreditpooling angeboten. Beteiligte Sparkassen können Kredite, bei denen aufgrund einer regionalbedingten Klumpung für die einzelne Sparkasse ein besonderes Risiko besteht, in einen so genannten *Basket* geben und so ihre Kreditrisiken diversifizieren. Zurzeit arbeiten der DSGV und die Landesbanken an einem einheitlichen überregionalen Standard für das Kreditpooling, wodurch ein bundesweites Pooling ermöglicht werden soll, was die Diversifizierungsmöglichkeiten deutlich steigern würde. (Fieseler 2006, Instinsky 2006). „Durch Bündelung und Verkauf von Kreditrisiken können die Vorteile der Risikodiversifikation innerhalb des Verbunds genutzt und die Klumpenrisiken, die einzelnen Sparkassen schon allein durch das Regionalprinzip auferlegt sind, auf die gesamte Unternehmensgruppe verteilt werden" (Sachverständigenrat zur Begutachtung der gesamtwirtschaftlichen Entwicklung 2004: 291).

Bis 2006 haben sich allerdings erst 57 Institute mit mindestens einer Transaktion an einem Kreditpooling beteiligt. Ein bundesweites Pooling bietet der Finanzgruppe gegenüber anderen Bankengruppen enorme Sicherheitsvorteile und kann die aus einer regionalen Bindung resultierende fehlende Risikodiversifizierung überkompensieren. Dabei wird es in Zukunft darauf ankommen, dass Sparkassen sensibel für eine regionalbedingte Risikoklumpung werden und Klumpungen nicht nur anhand von Branchen identifizieren, sondern auch anhand der vor Ort vorhandenen regionalen Wertschöpfungsketten. Dies wird vor allem dann an Bedeutung gewinnen, wenn Sparkassen verstärkt in die Finanzierung von regionalen Produktionsclustern einsteigen.

Da der Wertberichtigungsbedarf im Vergleich zu den privaten Großbanken bei den Sparkassen in der Vergangenheit aber nicht besonders hoch war (vgl. Kap. 4.4.2), und Kreditrisikotauschtransaktionen in der Finanzgruppe zunehmen, wird dieser Aspekt nicht weiter verfolgt.

Zweitens besteht die Gefahr, dass Sparkassen zwar ein hervorragendes Wissen über die lokalen Märkte haben, aber das Risiko von Investitionen in neue Technologien oder Produktinnovationen nicht abschätzen können, da sie auf den lokalen Markt fokussiert sind. Dies kann nicht nur bedeuten, dass ihnen notwendige Informationen für Kreditentscheidungen fehlen, sondern auch, dass sie von ihren Kreditnehmern zu wenige Innovationen einfordern (Allesandrini/Zazzaro 1999: 85). Allerdings werden sowohl durch den Verband (bezogen auf einzelne Branchen) als auch von den Landesbanken spezifische Kompetenzen bereitgestellt. Ferner besteht eine Kooperation mit dem *Steinbeis Transferzentrum* in Mannheim, das sich auf die Finanzierung und Vermarktung von Innovationen spezialisiert hat und gegebenenfalls Expertisen erstellt (Sparkassenfinanzgruppe o.J.).

Drittens können die regionalen Spar- und Investitionsquoten in einer Region voneinander abweichen, was dazu führen kann, dass monetäre Mittel unproduktiv in der Region verbleiben bzw. eine Region nicht ausreichend mit Kreditmitteln versorgt wird. Dieses Problem ist ebenfalls nicht virulent, da Sparkassen dies durch den über die Landesbanken organisierten Liquiditätsausgleich, den Interbanken-Handel und den Eigenhandel kompensieren können.

Viertens besteht die Gefahr – und das ist im Kontext dieser Untersuchung der interessanteste Aspekt – dass Sparkassen, da sie an die Region gebunden sind, *in schwächeren Regionen geringere Erträge erwirtschaften* bzw. von häufigen Kreditausfällen aufgrund einer hohen Konkursquote betroffen sind (Martin 1999: 8ff., Allesandrini/Zazzaro 1999: 74ff.) und hierdurch letztendlich die regionale Entwicklung nur eingeschränkt unterstützen können. Da dieser Aspekt nicht ohne weiteres widerlegt werden kann, wird er im folgenden Unterkapitel genauer betrachtet. In Kapitel 6.2 erfolgt eine diesbezügliche Forschungsstandanalyse.

6.1 Lock-In: Ertragskraft regionaler Banken in schwachen Regionen

Es existieren zwar diverse institutsübergreifende Sicherungsinstrumente, die eine einzelne Sparkasse im Fall einer wirtschaftlichen Schieflage auffangen, es besteht jedoch kein Finanz- bzw. Ertragsausgleichssystem, das Sparkassen in einem schwächeren wirtschaftlichen Umfeld stützt. So stellt sich die Frage, ob der Ertrag der Sparkassen mit der regionalen Strukturstärke korreliert und ihr Beitrag für die regionale Entwicklung – da sie über das Regionalprinzip an die Region gebunden sind – in schwächeren Regionen daher langfristig geringer sein muss und daher die Gefahr besteht, dass sie tendenziell regionale Disparitäten erhöhen.

Allgemein wird davon ausgegangen, dass die Ertragslage regionaler Banken direkt von der regionalen Wirtschaftskraft abhängt. So wird von Vertretern der Sparkassenfinanzgruppe das vielfältige regionalökonomische Engagement der Sparkassen mit den Worten: „nur wenn es der Region gut geht, geht es auch der Sparkasse gut" (z.B. Stadtsparkasse Wuppertal 2005: 42) bzw. „nur wenn es der Region gut geht, steht auch die Sparkasse auf einer gesunden wirtschaftlichen Basis" (Haasis 08.08.2005), begründet. Auch andere leiten einen solchen Zusammenhang modellhaft ab: „Geht es den Unternehmen in der Region schlecht, so wirkt sich das negativ auf die Geschäftsentwicklung der Bank aus" (Dybe 2003: 225). „One can think of reasons why a regionally distinct banking system may not be an unmixed blessing to the periphery: while such a system may guard against a monetary outflow to the centre, periphery banks are exposed to extra risk where peripheral regions have, as they tend to do, quite specialised and strongly cyclical economies" (Chick/Dow 1988: 240).

Theoretisch scheint die Ableitung *schwache Region gleich schwache Bank* zunächst einmal richtig. Es entspricht der ökonomischen Intuition, dass Sparkassen in einem prosperierenden wirtschaftlichen Umfeld höhere Ertragspotenziale aufweisen und damit höhere Gewinne erwirtschaften können als in schwachen Regionen. Konträr hierzu lassen sich unter Berücksichtigung der besonderen Funktionsweisen von Bankenmärkten und der horizontalen und vertikalen Arbeitsteilung der Sparkassenfinanzgruppe Argumente finden, die dafür sprechen, dass Sparkassen auch in schwachen Regionen einen hinreichenden Ertrag erwirtschaften können:

Erstens haben sich die privaten Geschäftsbanken speziell aus strukturschwachen und peripheren Regionen zurückgezogen und den Genossenschaftsbanken und

Sparkassen dieses Feld überlassen. Folglich verfügen diese dort über besonders hohe Marktanteile und können entsprechende Gewinne realisieren. Zweitens kann die geringere Wettbewerbsintensität vor Ort zu stabilen Kunden-Bank-Beziehungen führen, wodurch sich Informationsasymmetrien reduzieren und es lohnenswert wird, in die Informationsbeschaffung zu investieren und Kredite dadurch sicherer werden.

6.2 Forschungsstandanalyse

Die Frage, ob sich Sparkassen in schwachen Regionen den Krisenkreisläufen entziehen können, tangiert einerseits raumwirtschaftliche bzw. regionalökonomische und anderseits bank- bzw. finanzmarkttheoretische Disziplinen. Diese Schnittmenge ist unterrepräsentiert und es existiert kaum empirische Forschung, die geeignet wäre, eine solche Frage hinreichend zu beantworten (z.B. Petersen/Rajan 1995: 408, Fischer 2005). Bevor im folgenden Kapitel das Forschungsdesign konkretisiert wird, werden zunächst Forschungsarbeiten aus der Finanz- bzw. Bankenforschung präsentiert, die eine gewisse Nähe zu der hier aufgeworfenen Fragestellung aufweisen und erste Hinweise auf den Zusammenhang zwischen regionaler Situation in Form von Wettbewerbsintensitäten und der regionalen Kreditverfügbarkeit geben können. Diese Untersuchungen betrachten allerdings nicht den Zusammenhang zwischen der regionalwirtschaftlichen Situation und der Ertragslage regionaler Banken, was für die im Rahmen dieser Arbeit aufgeworfene Frage im Zentrum steht.

Bessere KMU-Kreditversorgung und höhere Preise in Regionen mit geringerer Wettbewerbsintensität: Vergleich regionaler Bankenmärkte in Deutschland

Für den deutschen Bankenmarkt und dessen regionale Ausgestaltung sind vor allem die Arbeiten von FISCHER und PFEIL (2004) sowie von FISCHER (2005) anzuführen. In diesen Untersuchungen wurden die Konzentrationen der Banken auf Ebene der Kreise und kreisfreien Städte untersucht und gleichzeitig die Korrelationen zwischen dem Preisniveau von Bankprodukten und der Kreditverfügbarkeit für KMU analysiert. Allerdings wurden mangels adäquater Daten die regionalen Marktanteile der einzelnen Banken von der Anzahl der von einem Institut in einer Region unterhaltenen Zweigstellen abgeleitet (Fischer/Pfeil 2004: 309). Es kann jedoch nicht davon ausgegangen werden, dass jede Zweigstelle in allen Regionen und über alle Gruppen über gleich große Marktanteile verfügt.

Wesentliche Ergebnisse der Untersuchungen sind, dass die Bankenmarkt-Konzentration in ostdeutschen Regionen höher und der Wettbewerb damit niedriger ist. Ferner konnte in Westdeutschland keine eindeutige Abgrenzung zwischen Stadt und Land bezüglich der Konzentration im Bankenmarkt festgestellt werden, was nach FISCHER vor allem auf die hohe Anzahl kleiner Genossenschaftsbanken in ländlichen Regionen zurückzuführen ist (2005: 28). Ein weiteres zentrales Ergebnis ist, dass in konzentrierten Märkten standardisierte Bankprodukte teurer sind, jedoch die Kreditverfügbarkeit im KMU-Segment in solchen Regionen besser ist. Daraus lässt sich einerseits ableiten, dass es einen Zusammenhang zwischen Marktstrukturmaßen und Wettbewerbsintensität gibt, und zwar dergestalt, dass Oligopolrenten höhere Preise bewirken, und andererseits, dass eine enge Kundenbindung in weniger wettbewerbsintensiven Märkten zu einer besseren Kreditversorgung führen kann.

Approximiert wurde die Kreditverfügbarkeit durch den Anteil der Bankkredite in Bilanzen kleiner und mittlerer Unternehmen. In Regionen mit geringer Wettbewerbsintensität ist danach „sowohl der Anteil der Bankkredite an der Bilanzstruktur der Unternehmen, als auch der Anteil der Unternehmen, die Bankkredite in ihrer Kapitalstruktur haben, im Durchschnitt höher" (Fischer 2005: 92). Ein höherer Anteil an Fremdfinanzierung in der Bilanz von Unternehmen lässt den Autoren zufolge auf eine bessere Kreditverfügbarkeit schließen. Dieses Verhältnis gilt für West- und Ostdeutschland gleichermaßen, stellt sich aber in den ostdeutschen Regionen – in denen die Unternehmen jünger und mit höheren Risiken behaftet sind – signifikanter dar (Fischer/Pfeil 2004: 338).

Ferner konnte FISCHER (2005) die These einer besseren Kreditverfügbarkeit in Regionen mit hoher Bankenkonzentration dadurch stützen, dass er den Anteil an Firmen betrachtet hat, die regelmäßig Skonti ziehen. *Skonti in Anspruch nehmen* bedeutet, Rechnungen für Lieferungen und Leistungen innerhalb einer bestimmten Frist zu begleichen und dafür ein Rechnungsabschlag gewährt zu bekommen. Sofern Banken einen hinreichenden Kreditrahmen gewähren, ist es für ein Unternehmen opportun eine Rechnung zu skontieren, also sofort zu begleichen, auch wenn dafür ein Kredit in Anspruch genommen werden muss. FISCHER stellte einen positiven statistischen Zusammenhang zwischen einer hohen Konzentration von regionalen Bankenmärkten in Deutschland und der Häufigkeit der Inanspruchnahme von Skonti fest.

Bessere Kreditverfügbarkeit für junge Unternehmen in Regionen mit geringerer Wettbewerbsintensität: Vergleich regionaler Bankenmärkte in den USA

Eine der bekanntesten Studien ist die von PETERSEN und RAJAN aus dem Jahre 1995, die die Kreditversorgung und deren Kosten in verschiedenen US-amerikanischen Regionen mit unterschiedlicher Bankenkonzentration untersucht haben, um die These empirisch zu testen, ob in einem wettbewerbsintensiven Bankenmarkt die fehlende Aussicht auf einen intertemporalen Margenausgleich zu einer Kreditrationierung führt. Tatsächlich konnte nachgewiesen werden, dass KMU in Regionen mit einem geringen Bankenwettbewerb bzw. einer hohen Konzentration der Marktanteile auf wenige Banken eine bessere Kreditversorgung erhalten und Rechnungen häufiger skontieren als in Regionen mit einem ausgeprägten Wettbewerb. Gleichzeitig zeigte sich, dass junge Firmen in Regionen, in denen der Wettbewerb weniger intensiv ist, Unternehmenskredite zu günstigeren Konditionen erhalten, etablierte Unternehmen dort jedoch einen höheren Zinssatz zu entrichten haben als vergleichbare Unternehmen in Regionen mit wettbewerbsintensivem Bankenumfeld. Das geglättete Preisprofil in Regionen mit einem geringeren Bankenwettbewerb kann einerseits bedeuten, dass die Banken in konzentrierten Märkten in stabile Kunden-Bank-Beziehungen investieren und da sie aufgrund der Konkurrenzsituation höhere Zinsen durchsetzen können, hinterher den Mehraufwand wieder ausgleichen (intertemporaler Margenausgleich), oder anderseits daher rühren, dass Banken in diesen Regionen die Risiken weniger exakt bepreisen.

Etablierte Branchen profitieren von mehr und neue Branchen von weniger Wettbewerb: Vergleich nationaler Bankenmärkte

CETROELLI und GAMBERA (2001) haben die gesamtwirtschaftliche Entwicklung sowie die Entwicklung einzelner Branchen verschiedener Länder mit unterschiedlich konzentrierten Bankenmärkten verglichen. Die Ergebnisse lassen sich wie folgt zusammenfassen: Einerseits kann das Standardargument, dass eine hohe Wettbewerbsintensität zu einer besseren und preiswerteren Kreditversorgung führt, bestätigt werden. Denn die wirtschaftliche Entwicklung war in den Ländern mit hoher Bankenwettbewerbsintensität besser. Allerdings – und dies bestätigt wieder die Gegenthese, dass ein hoher Wettbewerb zu einer Kreditrationierung führen kann – haben sich junge wachstumsintensive Branchen, die auf Kreditfinanzierung angewiesen sind, in den Ländern besser entwickelt, in denen die Bankenkonzentration höher und folglich die Wettbewerbsintensität geringer ist. CETROELLI und GAMBERA erklären die Ergebnisse mit zwei gegensätzlichen Trends: Einerseits führt die höhere Marktmacht zu höheren Kreditzinsen und mangelhaften Kreditangeboten. Anderseits beziehen sie sich auf die neue Bankentheorie, nach der Marktmacht zu einer Investition in eine Kunden-Bank-Beziehung führt und dadurch die Kreditverfügbarkeit besser sein kann. Jedoch ist anzumerken, dass die Ergebnisse aus vielerlei Gründen nur bedingt aussagekräftig sind. So ist zum Beispiel der Aussagegehalt nationaler Strukturmaße eingeschränkt, da Bankenmärkte gerade im Bereich der Kreditvergabe an KMU lokale Märkte sind und Wettbewerbsintensitäten zwischen einzelnen Regionen eines Nationalstaates sehr unterschiedlich ausgeprägt sein können, wie ein Blick auf den deutschen Bankenmarkt zeigt (vgl. Kap. 5.3). Ferner stellt sich die Frage, ob Bankenmärkte hauptverantwortlich für die Entwicklung einzelner Branchen sind.

Da die zuvor aufgeführten Forschungsarbeiten nicht geeignet sind zu klären, wie sich der Zusammenhang zwischen Sparkassenertrag und Region tatsächlich darstellt, wird dies im folgenden Teil der Arbeit analysiert. Dabei wird untersucht, ob und wie der Ertrag von Sparkassen und deren Kreditvergabe von der regionalwirtschaftlichen Situation, aber auch der Regionsart (städtisch-peripher), abhängt.

Teil D

Sparkassen und Raum:
Empirie und Regionalstudien

Sparkassen und Raum:
Empirie und Regionalstudien

In Teil C der Arbeit wurde die Bedeutung von Sparkassen aus theoretischer Perspektive beleuchtet. Dieser Teil beschäftigt sich mit der Frage, wie das strukturpolitische Engagement der Sparkassen vor Ort aussieht und ob Sparkassen auch in schwachen Regionen in der Lage sind, einen Beitrag zur Regionalentwicklung zu leisten?

Um zu untersuchen, ob Sparkassen wichtige Akteure einer neu ausgerichteten Strukturpolitik sein können, ist nicht nur die Betrachtung ihrer jetzigen Funktion ausschlaggebend, sondern von ganz zentraler Bedeutung ist die Beantwortung der Frage, ob sie aus ökonomischer Sicht in der Lage sind, in schwächeren Räumen dauerhaft, im gleichen Maße wie in prosperierenden Regionen, die regionale Entwicklung zu unterstützen. So besteht zumindest bei einer vordergründigen Betrachtung die Gefahr, dass die Entwicklungsmöglichkeit einer Sparkasse von der regionalen Situation determiniert ist und Sparkassen in strukturschwachen Regionen bescheidenere Betriebsergebnisse aufweisen und damit die Region nicht in gleichem Maße unterstützen können bzw. bei der Kreditvergabe nicht dieselben Risiken eingehen können wie in prosperierenden Regionen. Wären Sparkassen in schwachen Regionen nicht ähnlich wettbewerbsfähig wie in starken Regionen, könnte sogar behauptet werden, dass sie indirekt Disparitäten zwischen Regionen erhöhen. Im Zentrum dieses Teils der Arbeit steht daher die Untersuchung des Zusammenhangs zwischen Ertrag der Sparkassen und der regionalwirtschaftlichen Situation ihrer Geschäftsgebiete. Zwar hat die vorliegende Untersuchung einen regionalökonomischen Fokus, aber ohne Anwendung banken- bzw. finanztheoretischer Forschungsmethoden lassen sich die regionalen Implikationen nicht beantworten.

Zur Beantwortung der Frage, ob Sparkassen auch in schwachen Regionen hinreichend erfolgreich sind, beschäftigt sich Kapitel 7 mit der Frage, wie der Erfolg von Sparkassen und Regionen gemessen werden kann. Kapitel 8 stellt die Ergebnisse diverser Korrelationsanalysen, die den Zusammenhang zwischen Sparkassenertrag und regionalwirtschaftlicher Stärke des Geschäftsgebiets approximieren sollen, vor.

Vertiefend zu diesen quantitativen Untersuchungen erfolgt in Kapitel 9 eine Darstellung der Wirkungsweisen von Sparkassen im Kontext regionaler Entwicklungen anhand von vier untersuchten Regionen. Die im theoretischen Teil der Arbeit diskutierten regionalen Wirkungen neuerer strukturpolitischer Ansätze (insbesondere Kap. 3) werden anhand dieser *Regionalportraits* aufgegriffen und diskutiert.

7 Das räumliche Umfeld von Sparkassen und ihr Ertrag: Indikatoren und Forschungsdesign

Um festzustellen, ob Sparkassen auch in schwächeren und peripheren Regionen einen ausreichenden Ertrag erwirtschaften ist der Erfolg von Sparkassen und Regionen zu vergleichen. Dazu ist zunächst die Frage zu erörtern, *wie Erfolg von Sparkassen und von Regionen zu messen ist.* Ferner ist zu beantworten, *wie diesbezügliche Daten, die auf unterschiedlichen Raumebenen zur Verfügung stehen, vergleichbar gemacht werden können.* Dies vor dem Hintergrund, dass administrative Gebietskulissen (Gemeinden, Kreise) und Sparkassen-Geschäftsgebiete in vielen Fällen nicht deckungsgleich sind und die zur Messung der regionalökonomischen Verfassung von Regionen notwendigen Daten nur auf der Ebene der Kreise zur Verfügung stehen.

Wie in Abbildung 25 dargestellt, wird in diesem Kapitel beschrieben, auf welcher räumlichen Ebene regions- und bankspezifische Daten verglichen werden (Kap. 7.1) und welche Variablen in die Regions- bzw. Sparkassenindikatoren eingegangen sind (Kap. 7.2).

Abbildung 25: Schematische Darstellung der Indikatorenbildung und Untersuchungsraumebenen

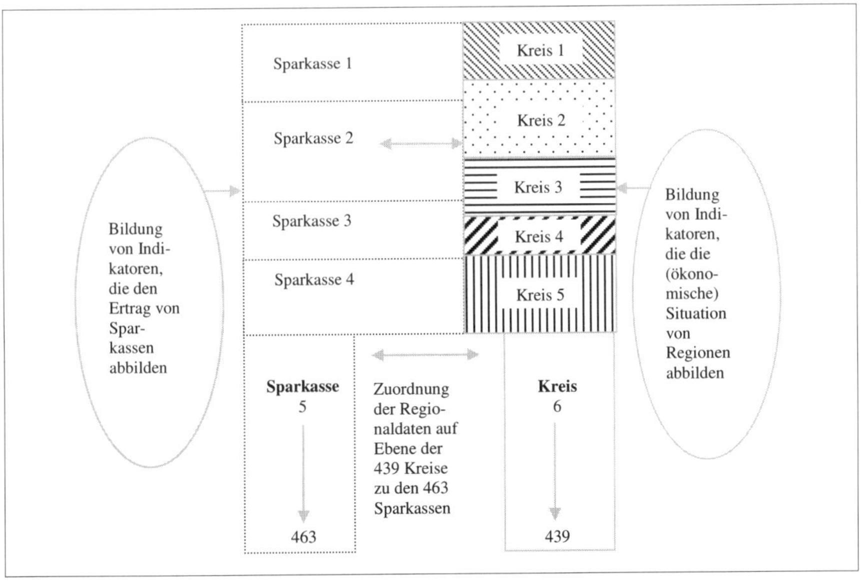

7.1 Sparkassen, Gemeinden, Kreise und Zweckverbände: Bildung einer Untersuchungsebene

Im Rahmen des Vergleichs zwischen der Ertragsstärke von Sparkassen und der regionalwirtschaftlichen Stärke von Regionen ergibt sich die Herausforderung, dass administrative Regionen (Gemeinden oder Kreise) und Sparkassengeschäftsgebiete nicht immer übereinstimmen. Neben Stadt- und Kreissparkassen, die in einem Kreis oder in einer Stadt/Gemeinde tätig sind, existieren Zweckverbandssparkassen, die mehrere Gemeindegebiete umfassen können. Ferner sind aufgrund diverser Gebietsreformen in den Bundesländern Gemengelagen entstanden, wodurch manche Sparkassen in mehreren, zu unterschiedlichen Kreisen gehörenden Gemeinden tätig sind und dort Zweigstellen unterhalten. Doch auch der umgekehrte Fall liegt vor: in einer Gemeinde oder einem Kreis werden von mehreren Sparkassen Zweigstellen unterhalten. Darüber hinaus sind seit einigen Jahren in manchen Bundesländern Sprungfusionen erlaubt, was zur Folge hat, dass mitunter nicht benachbarte Sparkassen fusionierten und nun über ein nichtzusammenhängendes Geschäftsgebiet verfügen. Die Zusammenhänge zwischen Sparkassengeschäftsgebiet und Landkreisen mit den teilweise überlappenden Strukturen sind in der Abbildung 26 schematisch und beispielhaft dargestellt: Sparkasse 1 ist nur in einem Teil des Kreises A aktiv. Sparkasse 2 übernimmt den Rest des Kreises A und ist im gesamten Kreis B tätig. Den Kreis C teilen sich zwei Sparkassen, die nur in diesem Kreis agieren. In Kreis D ist nur eine Sparkasse, die ausschließlich in diesem Kreis aktiv ist, ansässig.

Vor diesem Hintergrund wurden die Sparkassen und Regionen bzw. Kreise und kreisfreien Städte auf eine gemeinsame Raumebene umgruppiert. Als erster Schritt wurde diesbezüglich auf eine Zuordnung der Firma *Acxiom Deutschland GmbH* zurückgegriffen, die mittels einer Befragung aller Sparkassen die Gebiete ermittelt hat, in denen eine Sparkasse aktiv ist, also Zweigstellen unterhält. Somit sind nicht die satzungsgemäßen, sondern die marktlichen Geschäftsgebiete erfasst worden.[84] Die anhand einiger Kreise vorgenommenen Stichproben zeigen, dass die Zuordnung äußerst valide ist.

---

[84] Die Zuordnung der Sparkassenzweigstellen erfolgte durch Postleitzahlgebiete, die mit administrativen Gebietskulissen zu so genannten *Postleitzahlgemeindegebieten* verschnitten und dann den 439 Kreisen und kreisfreien Städten zugeordnet wurden.

Abbildung 26: Sparkassen in der räumlichen Aufteilung

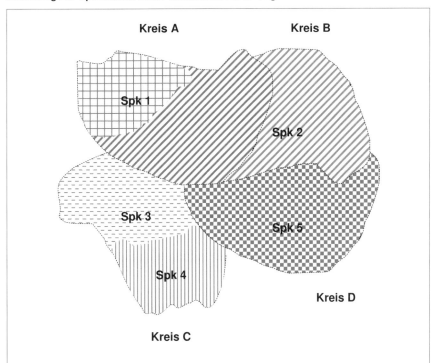

Um genaue Ergebnisse zu erhalten, wurden in einem weiteren Schritt bei Sparkassen, die in mehreren Kreisen geschäftlich aktiv sind, die jeweiligen Anteile der zum Sparkassen-Geschäftsgebiet gehörenden Bevölkerungsmengen im jeweiligen Kreis einzeln ermittelt und die regionalwirtschaftlichen Indikatoren entsprechend berechnet. Da sich die 439 Landkreise und kreisfreien Städte von ihrer Einwohnerstärke erheblich unterscheiden und von ca. 36.000 bis knapp 4 Millionen reichen, wurden die gewichteten Indikatoren anhand der Einwohnerzahl der Kreise/kreisfreien Städte normiert. Entsprechend der Aufteilung eines Sparkassengebiets auf mehrere Kreise wurden die wirtschaftsstrukturellen Indikatoren anteilsmäßig zugeordnet. Die Angaben zur Regionsart (z.B. verstädterte Räume, ländliche Räume), die sich, da es sich nicht um metrische Angaben handelt, nicht gewichten lassen, wurden aus dem Kreisgebiet übernommen, das den größten Anteil an der Bevölkerung im Geschäftsgebiet einer Sparkasse hat. Die folgende Tabelle gibt dieses Vorgehen exemplarisch wieder und bezieht sich dabei auf die Aufteilung in der zuvor dargestellten Abbildung.

Tabelle 3: Aufteilung und Gewichtung der Regionaldaten

Sparkasse	Kreis	Variable A	Regionsart	Bevölkerungsanteil des Sparkassengebiets am Kreis	Einwohner im Kreis	Einwohner im Kreis/Sparkasse	Variable (gewichtet)	Regionsart (definiert)
Sparkasse 1	A	50	1	30%	200 TE		50	1
Sparkasse 2	A	50	1	70%	200 TE	200*0,7=140	(140/190)*50 =36,84	
Sparkasse 2	B	100	3	100%	50 TE	50	(50/190)*100=26,3	3
Sparkasse 2	\multicolumn{5}{Sparkasse 2 Ergebniszeile}			36,84+26,3=**63,16**	1, da Kreis B überwiegt
Sparkasse 3	C	125	2	60%	100 TE		125	2
Sparkasse 4	C	125	2	40%	100 TE		125	2
Sparkasse 5	D	75	6	100%	150 TE		75	6

Die Kreise als Untersuchungsebene zu verwenden erscheint aus methodischen und datentechnischen Gründen sinnvoll: Erstens sind – auch wenn es diverse Überschneidungen gibt – bei rund 130 *Ein-Kreissparkassen* Geschäfts- und Kreisgebiet identisch. Zweitens wurde bei Sparkassen, die in mehreren Kreisen aktiv sind, berücksichtigt, wie groß ihr Geschäftsgebietsanteil im jeweiligen Kreis ist. Drittens lässt sich hinreichend begründen, dass trotz des Regionalprinzips, das die eine oder andere Sparkasse an nur eine Gemeinde bindet, der Kreis das wirtschaftsstrukturelle Umfeld einer Sparkasse bildet. Und viertens sind diverse Daten, die zur Bestimmung der wirtschaftsstrukturellen Disposition von Bedeutung sind, nur für Kreise, nicht aber für einzelne Gemeinden vorhanden. Zur Kontrolle wurde die Arbeitslosenquote als regionale Variable, die auf Ebene der Sparkassengeschäftsgebiete beim DSGV vorliegt, mit den Sparkassenerträgen in eine Korrelationsanalyse gebracht und mit den Analysen in Kap. 8 verglichen. Die Ergebnisse weisen die hier vorgenommene Zuordnung als sehr valide aus.

7.2 Indikatoren für die Merkmalausprägung von Sparkassen und Regionen

Zur Beantwortung der Frage, ob Sparkassen in der Lage sind, in schwächeren Regionen einen ähnlichen Ertrag zu erwirtschaften wie in prosperierenden Regionen, ist zunächst zu klären, wie sich der wirtschaftliche Erfolg von Sparkassen messen lässt und was eine strukturstarke bzw. -schwache Region bzw. einen

Standort, der für Banken interessant ist, ausmacht. Nachfolgend werden Indikatoren zur Erfolgsmessung von Sparkassen und für Regionen diskutiert.

Es sei darauf hingewiesen, dass die Erhebungszeiträume für die einzelnen in die Indikatoren eingegangenen Variablen aufgrund uneinheitlicher Quellen nicht immer identisch sind. Es handelt sich dabei aber um leichte, aus Sicht des Autors zu vernachlässigende Abweichungen, die das Ergebnis nicht verfälschen, denn es kann davon ausgegangen werden, dass gerade regionale Entwicklungspfade mittel- bis langfristiger Natur sind (vgl. Kap. 1.3). Ferner wurde sowohl bei Ertragskennziffern der Sparkassen als auch bei den Regionsindikatoren in der Regel der Durchschnitt mehrerer Jahre zugrunde gelegt. Um möglichst aktuelles Datenmaterial zu verwenden, wurde bei regionalbezogenen Variablen, die nicht zeitnah erhoben werden, davon abgewichen und der Wert des aktuell verfügbaren Jahres verwendet. In ähnlicher Weise wurde auch bei dem *Regionalökonomischen Entwicklungsindikator* im aktuellen Raumordnungsbericht (BBR 2005b: 149ff.) und beim *Regionalindikator* zur Abgrenzung der GRW-Fördergebiete (Maretzke 2006b: 8ff.) vorgegangen.

Um die verschiedenen Merkmale vergleichbar zu machen und zu einem Indikator zusammenzufassen bedarf es einer Aggregationsvorschrift. Dies vor dem Hintergrund, dass die einzelnen Variablen mit unterschiedlichen Maßeinheiten gemessen werden und unterschiedliche Größenniveaus aufweisen. Die in die Indikatoren eingegangenen Variablen wurden im Rahmen der Arbeit über Rangplätze standardisiert. Dieses Verfahren wurde gewählt, um die Wertelage der Kreise in den Vordergrund zu rücken, also die Position im Vergleich zu den anderen Kreisen und kreisfreien Städten. Ein weiterer Vorteil bei diesem Vorgehen ist statistisch-technischer Art und zwar dergestalt, dass Ausreißer, die die Ergebnisse einer Korrelationsanalyse verfälschen könnten, eingefangen werden, da nicht die tatsächliche Werteausprägung einer Variablen, sondern der Rangplatz eingeht.[85]

Zum Vorgehen: Zur Bildung der Indikatoren wurden für alle Variablen jeweils die Rangplätze ermittelt und gemäß der vorgenommenen Gewichtung additiv aggregiert. Für diese Summe wurden dann erneut Rangplätze vergeben, die durch die Anzahl der Ränge dividiert wurden (vgl. auch Maretzke 2006a: 330ff., BBR 2005b). Dies bedeutet im Ergebnis: je niedriger der Indikatorwert für einen/eine Kreis/kreisfreie Stadt ausfällt, umso besser ist der regionalwirtschaftliche Entwicklungsstand.

---

[85] Eine für einen Indikator durchgeführte Kontrollrechnung als Z-Standardisierung (vgl. zu Methodik Kap. 10.2.3) hat gezeigt, dass die Ergebnisse der Korrelationsanalysen bei beiden Verfahren ähnlich sind.

7.2.1 Indikatoren zur Messung des Erfolgs von Sparkassen

Der Erfolg von Banken kann mit unterschiedlichen Indikatoren gemessen werden. "Defining and measuring bank inputs and outputs is usually a matter for debate and controversy" (Illueca et al. 2005: 11). Jeder verwendete Indikator weist Schwächen auf, worauf auch die im Rahmen der Arbeit befragten Sparkassenvertreter hinwiesen: Die *Eigenkapitalrendite* (EKR)[86] setzt das in einem Jahr erwirtschaftete Betriebsergebnis ins Verhältnis zum Eigenkapital und wird international häufig als Vergleichsgröße verwendet. Eine Verzerrung dieser Variable kann speziell bei Sparkassen daher rühren, dass die Eigenkapitalrendite bei gleich bleibenden Erträgen sinken kann, wenn aufgrund guter Ertragssituationen die Eigenkapitalbasis in den Vorjahren gestärkt wurde (vgl. hierzu die Ausführungen in Kap. 9.3.3). Ferner handelt es sich um eine Momentaufnahme, die von Abschluss zu Abschluss Schwankungen ausgesetzt ist. Im Rahmen der Untersuchung wurde für alle Sparkassen das bilanzielle Eigenkapital zugrunde gelegt.

Ein weiterer weit verbreiteter Erfolgsindikator im Bankenbereich ist die *Cost-Income-Ratio (CIR)*, die den Verwaltungsaufwand mit dem Ertrag ins Verhältnis setzt und somit eine Art Effizienzmessung darstellt (vgl. Kap. 4.4.2). Vorteil dieses Indikators ist, dass er kaum durch die bilanzierende Bank zu beeinflussen ist. Nachteil ist, dass beispielsweise durch kurzfristige Senkung der Personalkosten die CIR zwar verbessert werden kann, dies aber nicht zwingend etwas über den Geschäftserfolg aussagt und dadurch die Basis für das operative Geschäft in der Zukunft entzogen werden kann. So ist eine niedrige CIR nur bis zu einer gewissen Untergrenze erstrebenswert.

Das *Betriebsergebnis* ist zu unterscheiden in das *vor* und das *nach Bewertung*. Das Ergebnis vor Bewertung enthält nur die Tatbestände aus dem operativen Geschäft, was den Vorteil hat, dass nur eingeschränkte Möglichkeiten der bilanzpolitischen Beeinflussung bestehen. Nachteil ist, dass die im Rahmen der Kreditpolitik vorgenommenen Wertberichtigungen nicht berücksichtigt werden, was beim Betriebsergebnis nach Bewertung Beachtung findet. Das Betriebsergebnis nach Be-

---

[86] Je nach Fragestellung lassen sich sehr unterschiedliche Arten der Eigenkapitalrendite abgrenzen: Die bilanzrechtliche Definition leitet sich aus dem Handelsgesetzbuch ab und dient traditionell den Gläubigerinteressen. Neuerdings wird von international agierenden Banken der im Handelsgesetzbuch ebenfalls zugelassene *International Accounting Standard* verwendet, der sich stärker am Markt orientiert. Die *bankenaufsichtsrechtliche Definition* des Eigenkapitals dient der Sicherung der Einlagen und der Funktionsfähigkeit des Bankensektors und rückt daher die geschäfts- und risikobegrenzende Funktion des Eigenkapitals in den Vordergrund. Bei der Betrachtung der *wirtschaftlichen Definition* geht es um die Beurteilung der Frage, ob Banken bei möglichen Verlusten weiterhin geschäftsfähig sind (Kohlhaussen 2001).

wertung kann allerdings bilanzpolitisch beeinflusst werden. So können zum Beispiel durch *Überkreuzkompensation*[87] stille Reserven gebildet werden, die das Betriebsergebnis nach Bewertung schmälern (zur Erfolgsmessung von Banken Stein, von 2001, Bieg 2001, Kohlhaussen 2001, Voss 1995).

Aufgrund der unterschiedlichen Aussagekraft wurden im Rahmen der Untersuchung alle zuvor aufgeführten Ertragsvariablen verwendet und einzeln mit den gebildeten Regionalindikatoren auf Korrelationen hin untersucht. Zusätzlich wurde aus Gründen einer besseren Übersichtlichkeit ein Sparkassenindikator gebildet, der sich aus dem Betriebsergebnis vor Bewertung, der EKR und der CIR zusammensetzt. Dieser wurde bei verschiedenen Teiluntersuchungsschritten verwendet.

Um die Schwankungen der Indikatoren zu *glätten*, wurde jeweils der Durchschnitt mehrerer Jahre (1999-2003) ermittelt. Die Variablen entstammen der ordentlichen Erfolgsspannenrechnung nach den Richtlinien des DSGV und sind insofern zwischen den Sparkassen vergleichbar.

7.2.2 Indikatoren für die wirtschaftsstrukturelle Disposition von Regionen

Es existieren zwar diverse ausgefeilte statistische Methoden (z.B. die multivariate Regressionsanalyse), mit denen Faktoren (hier wirtschaftsstrukturelle Merkmale einer Region) ermittelt werden können, die eine abhängige Variable (hier die Ertragssituation von Sparkassen) erklären können. Ziel dieser Untersuchung ist jedoch zu analysieren, ob eine, und wenn ja welche, Korrelation zwischen den Erträgen von Sparkassen und den wirtschaftlichen Situationen von Regionen besteht und nicht die Variablen herauszufiltern, die den Ertrag von Sparkassen statistisch erklären können.

Daher wurden zur Abbildung der Ertragskraft von Sparkassen und der wirtschaftsstrukturellen Situation von Regionen Indikatoren aus einzelnen Variablen gebildet, die sachlogisch begründet und an Indikatoren aus anderen Untersuchungen angelehnt sind.

Zur Bestimmung der wirtschaftsstrukturellen Position von Regionen wurde zunächst ein *Regionalökonomischer Entwicklungsindikator*, der sich auf den aktuellen Entwicklungsstand und die zukünftigen Potenziale der jeweiligen Region bezieht, gebildet. Mit Hilfe dieses Indikators lässt sich die Frage beantworten, *ob Sparkas-*

---

[87] Als Überkreuzkompensation wird die nach § 340 HGB vorgesehene Aufrechnung von Erträgen und Aufwendungen über verschiedene Geschäftssparten bezeichnet, die in der Bilanz nicht ersichtlich ist.

sen in schwachen Regionen ausreichend erfolgreich sind, um eine ausgeglichene Regionalentwicklung zu unterstützen. Ferner ist im Rahmen der Untersuchung zu überprüfen, wie die Ertragssituation von Sparkassen in für Banken weniger interessanten Regionen aussieht. Diesbezüglich wurde ein Bankenspezifischer Regionalindikator gebildet, der sich eher auf die unternehmerische Aktivität und das Einkommen in den Landkreisen und kreisfreien Städten bezieht. Beide Indikatoren unterscheiden sich nicht stark voneinander, da einzelne Variablen in beide Indikatoren eingegangen sind.

Um eine möglichst hohe Validität der Untersuchung zu erreichen, wurden beide Indikatoren einzeln in die Korrelationsberechnungen mit den Variablen, die den Erfolg von Sparkassen repräsentieren, einbezogen. Welche Faktoren in diese Indikatoren eingegangen sind und wie diese gewichtet wurden, wird im Folgenden dargestellt:

Regionalökonomischer Entwicklungsindikator (ReEnt-Indikator) auf Kreisebene

Das BBR (2005b: 149ff.) nennt die folgenden Variablen als zentral für die Bestimmung des regionalökonomischen Entwicklungsstands von Regionen. Die zugrunde gelegten Zeiträume der Einzelindikatoren sind in Klammern aufgeführt:

1. Die *Veränderungsrate der Bevölkerung* beschreibt die allgemeine Attraktivität einer Region. Ein Rückgang beruht oft auf einem Mangel an Arbeitsplätzen oder einer Überalterung der Bevölkerung und kann in der Zukunft Probleme verursachen, da Infrastrukturen nicht mehr im gleichen Maße aufrecht zu erhalten sind (2003/1997).

2. Die Veränderungsrate der sozialversicherungspflichtig Beschäftigten dokumentiert die Fähigkeit einer Region, neue Beschäftigungsmöglichkeiten zu schaffen (2003/1997).

3. Die durchschnittliche Arbeitslosenquote (ALQ) über mehrere Jahre gibt einen Eindruck der regionalen Arbeitsmarktprobleme wieder (Durchschnitt 2000-2003).

4. Der Besatz mit sozialversicherungspflichtig Beschäftigten (am Wohnort) beschreibt die Erwerbsquote, die Ausstattung mit Arbeitsplätzen und die Arbeitsplatzzentralität (2003).

5. Die Bruttowertschöpfung je Erwerbstätigem (BWS) ist ein Maß für die wirtschaftliche Leistungskraft und Produktivität einer Region. In der Regel geht ei-

ne hohe regionale Produktivität mit einem hohen Einkommensniveau einher (2002).

6. Der Anteil der technischen Berufe an allen Beschäftigten zeigt die berufliche Qualifikation der Einwohner und die Innovationsfähigkeit einer Region (2003).

Das BBR hat diese Einzelindikatoren gewichtet[88] und zu einem regionalen Entwicklungsindikator auf Ebene der 271 Arbeitsmarktregionen Deutschlands zusammengefasst (BBR 2005b: 151). Dieser Indikator wurde im Rahmen der hier vorliegenden Untersuchung nach der BBR-Systematik und der dort verwendeten Gewichtung übernommen und auf die Kreisebene übertragen.

Bankenspezifischer Regionalindikator (BaRegio-Indikator) auf Kreisebene

Rückt man die Frage in den Vordergrund, in welchem wirtschaftlichen Umfeld lokale, an die Region gebundene Banken erfolgreich sind, stehen andere Merkmale im Fokus. Vor diesem Hintergrund wurde ein Indikator gebildet, der stärker für Banken relevante Variablen berücksichtigt. Dieser *BaRegio-Indikator* beinhaltet einkommens- und unternehmensbezogene Indikatoren.

Folgende *einkommensbezogenen Variablen*[89] sind in den BaRegio-Indikator eingegangen:

1. *Das Verfügbare Einkommen je Einwohner* (Durchschnitt 2000-2003), das sich aus der Verteilungsrechnung der Volkswirtschaftlichen Gesamtrechnung ergibt und sich aus dem Arbeitnehmerentgelt, dem Betriebsüberschuss, dem Selbstständigen- und Vermögenseinkommen abzgl. der Einkommen des Staates und der Kapitalgesellschaften sowie des Saldos aus Steuern, Sozialbeiträgen und Transferleistungen zusammensetzt. Das Verfügbare Einkommen stellt einen Indikator für den *monetären Wohlstand* der Bevölkerung dar. Der Betrag steht der Bevölkerung zum Konsum und Sparen zur Verfügung (Datenquelle: Statistische Ämter der Länder 2004/eigene Berechnungen).

---

[88] Folgende Gewichtung wurde vom BBR vorgenommen: Veränderungsrate der Bevölkerung (20%), Veränderungsrate der sozialversicherungspflichtig Beschäftigten (10%), ALQ (30%), Besatz mit sozialversicherungspflichtig Beschäftigten (10%), Bruttowertschöpfung je Erwerbstätigem (20%) und der Anteil der technischen Berufe (10%).

[89] Der Einkommensindikator stützt sich primär auf das Sekundäreinkommen, also das Verfügbare Einkommen, da es für an die Region gebundene Banken von Bedeutung ist, wie viel in einer Region angespart bzw. investiert werden kann, unabhängig davon, ob dass Geld aus Primäreinkommen stammt oder aus staatlichen Transferleistungen besteht. Aufgrund von Steuern, Abgaben und Sozialleistungen findet eine erhebliche räumliche Umverteilung statt, die regionale Einkommensdisparitäten teilkompensiert.

2. Die *absolute Veränderungsrate* des Verfügbaren Einkommens (2003/1999), die die gesamte Veränderung des Verfügbaren Einkommens eines/einer Kreises/kreisfreien Stadt wiedergibt. Da für lokale Banken, die mit einer bankspezifischen Infrastruktur an die Region gebunden sind, die absolute Veränderung der Kaufkraft von Bedeutung ist, ist zu berücksichtigen, ob es neben einer Veränderung der Kaufkraft pro Kopf zu einer Bevölkerungsveränderung gekommen ist. So ist in manchen ostdeutschen Regionen, in denen arbeitsmarktbedingte Wanderungsverluste und, aufgrund einer alterstrukturellen Erosion, ein Überschuss an Sterbefällen zusammenfallen, die absolute Kaufkraft gesunken, obwohl das Verfügbare Einkommen pro Kopf zugenommen hat (vgl. z.B. Klemmer 2004). Um dies zu berücksichtigen, beinhaltet dieser Indikator Angaben über die Entwicklung der Kaufkraft und implizit die Entwicklung der Bevölkerung (Datenquelle: Statistische Ämter der Länder 2004/eigene Berechnungen).

Folgende *unternehmensbezogene Variablen* sind in den BaRegio-Indikator eingegangen:

3. Die *Gewerbesteuer pro Einwohner* 2001, die etwas über die Anzahl der am Standort ansässigen Gewerbesteuer zahlenden Unternehmen aussagt, Rückschlüsse auf die wirtschaftliche Situation der Unternehmen zulässt und sekundär ein Bild der Einnahmen des Kreises bzw. der kreisfreien Stadt wiedergibt. Aufgrund der unterschiedlichen Hebesätze der Gemeinden kann es allerdings zu gewissen Verzerrungen kommen (Datenquelle: BBR 2004).

4. Die *Anzahl der Unternehmen pro 1000 Einwohner* (Durchschnitt 2001-2004), die die wirtschaftliche Funktion der Region wiedergibt. Ferner sagt der Wert etwas darüber aus, ob eine Region eher großbetrieblich oder kleinbetrieblich strukturiert ist (Datenquelle: Statistische Ämter der Länder 2006, Sonderauswertung/eigene Berechnungen).

5. Der *Saldo aus Gewerbean- und -abmeldungen* (Durchschnitt 2001-2002),[90] der einen Überblick darüber gibt, ob die Anzahl der Unternehmen am Standort zunimmt. Allerdings gibt ein positiver Saldo keinen Aufschluss darüber, ob tatsächlich viele neue Unternehmen am Standort entstanden sind oder nur

---

[90] Da es in den Jahren 2003 und 2004 auf Grund der von der Bundesanstalt für Arbeit geförderten Ich-AGs zu einem starken Anstieg der Gewerbeanmeldungen kam, und zwar insbesondere in den Regionen, die über eine hohe Arbeitslosigkeit verfügen, wurden die Zahlen nur bis 2002 ausgewertet.

wenige Insolvenzen und Betriebsaufgaben stattgefunden haben (Datenquelle: Statistische Ämter der Länder 2005/eigene Berechnungen).

6. Die *Anzahl der Gewerbeanmeldungen pro Einwohner* (Durchschnitt 2001-2002) zeigt an, ob tatsächlich Neugründungen bzw. -ansiedlungen zu verzeichnen sind oder der positive Saldo auf eine geringe Anzahl an Gewerbeabmeldungen zurückzuführen ist, wie groß also die wirtschaftliche Aktivität einer Region ist (Datenquelle: Statistische Ämter der Länder 2005/eigene Berechnungen).

Ferner sind in den BaRegio-Indikator die folgenden Indikatoren eingegangen, die sowohl einen Einkommens- als auch einen Unternehmensbezug aufweisen:

7. Die *Arbeitslosenquote* (Durchschnitt 2000-2003), die ein Faktor der regionalen Einkommenskraft ist, was aufgrund der regionalen Binnennachfrage wieder einen Einfluss auf die Unternehmen am Standort hat. Ferner kann eine niedrige Arbeitslosigkeit auch ein Merkmal erfolgreicher Unternehmen sein (Datenquelle: BBR 2004/eigene Berechnungen).

8. Der *Beschäftigtenbesatz* (2003), der ebenfalls das Einkommen beeinflusst und in Verbindung mit der Arbeitslosenquote etwas über die Beschäftigungssituation aussagt. Der Arbeitslosenquote wurde immer der Beschäftigtenbesatz als Variable zugefügt. Dies erscheint deshalb sinnvoll, da die Anzahl der Personen, die einen Arbeitsplatz nachfragen, regional unterschiedlich hoch ist und die ALQ alleine nicht viel über die Anzahl der Arbeitsplätze in einer Region aussagt, auch weil die ALQ sich aus sozialgesetzlichen Gegebenheiten bestimmt (Datenquelle: BBR 2004).

9. Die *Insolvenzen* (Durchschnitt 2001-2004), worin die Privat- und Unternehmensinsolvenzen enthalten sind. Einerseits sind Privat- und Unternehmensinsolvenzen für Banken bezüglich eventueller Wertberichtigungen eine wichtige Größe, andererseits wird den privaten Haushalten durch Unternehmensinsolvenzen die Basis zur Einkommenserzielung entzogen (Datenquelle: Statistische Ämter der Länder 2005/eigene Berechnungen).

10. Die *Bruttowertschöpfung je Einwohner* (2002)[91] gibt Aufschluss über die Leistungsfähigkeit einer Region. Häufig ist eine hohe regionale Bruttowertschöpfung Grundlage für hohe Pro-Kopf-Einkommen (Datenquelle: BBR 2004).

---

[91] Um die Vergleichbarkeit mit dem ReEnt-Indikator zu gewährleisten, wurden für manche Indikatoren ältere Daten verwendet.

Das Verfügbare Einkommen und die Veränderung des Verfügbaren Einkommens wurden mit je 17,5%, die Anzahl der Unternehmen und das Gewerbesteueraufkommen mit je 10%, der Saldo der Gewerbean- und Gewerbeabmeldungen in Verbindung mit der Anzahl der Gewerbeanmeldungen[92] mit 15% gewichtet. Dadurch beträgt der Anteil der einkommensbezogenen und unternehmensbezogenen Variablen jeweils 35% Prozent. Die restlichen 30% entfallen auf die Variablen, die sowohl im Einkommens- als auch im Unternehmensindikator vorkommen und werden wie folgt gewichtet: Auf die Bruttowertschöpfung, die ALQ in Verbindung mit dem Beschäftigtenbesatz und die Insolvenzen entfallen je 10%.[93]

In der folgenden Abbildung sind angelehnt an Abbildung 25 die im Rahmen der Untersuchung verwendeten Indikatoren zusammenfassend aufgeführt.

Abbildung 27: Indikatorenübersicht

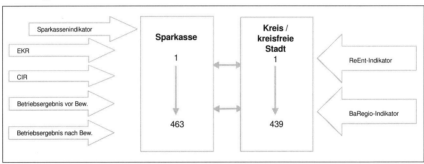

---

[92] Zehn Prozentpunkte entfielen auf den Saldo der Gewerbeanmeldungen und -abmeldungen und fünf Prozentpunkte auf die Anzahl der Anmeldungen.

[93] Die Gewichtung wurde mit Mitarbeitern des Instituts Arbeit und Technik, mit regionalökonomischen Experten anderer Institute und mit Vertretern von Sparkassen diskutiert und die Einzelmeinungen in einer Art Delphiverfahren (z.B. Volkmann 2000) immer wieder eingearbeitet.

8 Das räumliche Umfeld von Sparkassen und ihr Ertrag: Quantitative Ergebnisse

Um die Beziehungen zwischen dem Ertrag von Sparkassen und ihrer Kreditvergabe mit regionalwirtschaftlichen und regionalen Faktoren zu bestimmen, werden in diesem Kapitel die in der folgenden Abbildung dargestellten Zusammenhänge ermittelt. Dazu werden im Wesentlichen folgende Untersuchungsschritte vorgenommen:

— Ermittlung des Zusammenhangs zwischen der Ertragssituation von Sparkassen und
  - der regionalwirtschaftlichen Situation,
  - der Regionsart (Kreistypen, Einwohnerdichte) des Sparkassengeschäftsgebiets sowie
  - der Größenstruktur von Sparkassen.
— Ermittlung des Zusammenhangs zwischen der Zinsspanne und
  - der Regionsart sowie
  - der regionalwirtschaftlichen Situation des Geschäftsgebiets.
— Ermittlung des Zusammenhangs zwischen Kreditvergabevolumina und
  - der regionalwirtschaftlichen Situation sowie
  - der Regionsart.

Abbildung 28: Untersuchungsschritte

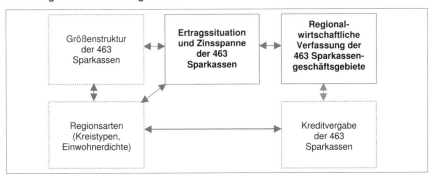

Da sich west- und ostdeutsche Regionen bezüglich der Arbeitsmarktsituation, des Wohlstands, der Wirtschaftsstruktur, aber auch der Bevölkerungs- und Siedlungsentwicklung, der Bevölkerungsdichte und der Lage im Raum erheblich voneinander unterscheiden und die regionalen Bankenmärkte ebenfalls unterschiedlich strukturiert sind, erfolgt neben der gesamtdeutschen Perspektive eine Betrachtung der spezifischen Situation in West- bzw. in Ostdeutschland.

In Kapitel 8.1 wird der Zusammenhang zwischen regionalwirtschaftlicher Verfassung des Geschäftsgebiets und der Ertragslage von Sparkassen mittels Korrelationsanalysen untersucht. Um die Ergebnisse auf eine breitere Basis stellen und interpretieren zu können, werden in Kapitel 8.2 weiter gehende Analysen vorgenommen. In Kapitel 8.3 werden die empirischen Ergebnisse interpretiert. In Kapitel 8.4 wird die Höhe der Kreditvergabe bezüglich der regionalen Strukturstärke und Regionsart des Sparkassengeschäftsgebiets untersucht. Das Kapitel 8.5 schließt mit einer Zusammenfassung der Ergebnisse.

8.1 Zusammenhänge zwischen regionalwirtschaftlicher Verfassung und dem Sparkassenertrag

Um den Zusammenhang zwischen der regionalen Situation und dem betriebswirtschaftlichen Erfolg von Banken zu untersuchen, wurden für alle 463[94] Sparkassen die Korrelationskoeffizienten zwischen den in Kapitel 7.2.2 vorgestellten Regionalindikatoren und ausgewählten Sparkassenertragskennzahlen (Kap. 7.2.1) ermittelt.

Korrelationskoeffizienten repräsentieren mit einer Maßzahl von -1 bis +1 den linearen statistischen Zusammenhang zweier Variablen. Die Werte -1 bzw. +1 weisen auf einen perfekten statistischen Zusammenhang in die eine oder andere Richtung hin (zur Methodik und Interpretation der Koeffizienten siehe folgender Textkasten).

Bei den Korrelationskoeffizienten ist zu beachten, dass Koeffizienten mit identischem Vorzeichen nicht immer auf den gleichen Sachverhalt hinweisen müssen. So nehmen etwa die regionsbezogenen Indikatoren einen umso höheren Wert an, je schlechter der regionalwirtschaftliche Status ist (vgl. Kap. 7.2). Ein positiver Korrelationskoeffizient, zum Beispiel zwischen dem ReEnt-Indikator und der Eigenkapitalrentabilität, deutet darauf hin, dass die Kapitalrendite der Sparkassen umso besser ist, je schlechter sich die regionale Situation darstellt. Also wäre in diesem Fall ein umgekehrter statistischer Zusammenhang mit einem positiven Korrelati-

---

[94] Sparkassen im Landesbanken-Besitz und die Sparkasse Berlin wurden nicht berücksichtigt.

onskoeffizienten ausgedrückt. Anders bei der CIR, die umso höher ist, je weniger effizient eine Bank arbeitet: steigt diese in Analogie zum ReEnt-Indikator, was ebenfalls durch einen positiven Korrelationskoeffizienten ausgedrückt wäre, hieße dies, dass eine Bank in schwachen Regionen weniger effizient wirtschaftet. Also lässt hier ein positiver Koeffizient darauf schließen, dass Sparkassen in starken Regionen erfolgreicher sind. Die Primär-Koeffizienten, die sich für die Berechnungen ergeben haben, sind im Anhang dargestellt (Tab. II.1.1). Zum besseren Verständnis der folgenden Abbildungen wurden die Vorzeichen der Korrelationskoeffizienten so verändert, dass ein in der Abbildung dargestellter positiver Wert immer ausdrückt, dass Sparkassen in schwachen Regionen, gemessen mit den jeweiligen Regionalindikatoren, bessere Erträge bzw. im Bezug auf die CIR ein besseres Aufwands-Ertrags-Verhältnis erwirtschaften. Im Text wird, wenn die Primär-Koeffizienten genannt werden, die jeweilige Bedeutung erklärt.

Korrelationskoeffizienten und methodische Vorarbeiten

Ein Korrelationskoeffizient drückt lineare Zusammenhänge zweier Variablen aus. Er versucht die Stärke des Zusammenhangs in einer einzigen, zwischen -1 und +1 liegenden Maßzahl darzustellen. Die Koeffizienten wurden bei den folgenden Analysen unter Zuhilfenahme des informationstechnologischen Programms *SPSS* durchgeführt. Dort stehen verschiedene Koeffizienten zur Auswahl. Beim Pearson'schen Korrelationskoeffizienten müssen die Variabeln mindestens Intervallskalenniveau aufweisen. Da die Regionalindikatoren in dieser Untersuchung jedoch über Rangplätze gebildet wurden (vgl. Kap. 7.2), weisen diese nur Ordinalskalenniveau auf, weshalb bei den meisten der folgenden Analysen auf den Rangkorrelationskoeffizienten nach SPEARMAN zurückgegriffen wurde (vgl. auch Brosius 2002: 496ff.). Im Text wird aus Gründen der Verständlichkeit das technische Vorgehen nur soweit dargelegt, wie es zur Ergebnisinterpretation notwendig ist. Im Anhang sind die Tabellen mit den Ergebnis-Rohdaten aufgeführt und es wird der jeweils verwendete Koeffizient angegeben.

Bei Korrelationsanalysen besteht die Gefahr, dass Ausreißer einen Zusammenhang verstärken oder abmildern können, der so in der Grundgesamtheit nicht vorhanden ist. Da es bei den hier vorliegenden Daten keine extremen Ausreißer gibt, bzw. bei den Regionalindikatoren durch die Normierung über Rangplätze (vgl. Kap. 7.2.2) Ausreißer ohnehin eingefangen wurden, wurde auf eine Bereinigung der Daten verzichtet. Weiterhin besteht die Gefahr, dass es zu einer Verfälschung der Ergebnisse kommt, wenn sich im Rahmen der untersuchten Grundgesamtheit zwei Gruppen von Fällen, die von ihrem Gruppenverhalten unterschiedlich sind, ergeben. Da sich zwischen West- und Ostdeutschland Unterschiede zeigen, wurden neben der gesamtdeutschen auch die Korrelationen in West- und Ostdeutschland betrachtet (vgl. auch http://www.statsoft.com/textbook/stathome.html). Ferner ist darauf hinzuweisen, dass, da immer mit der Grundgesamtheit gearbeitet wurde, das Signifikanzniveau für die hier durchgeführte Analyse unerheblich ist.

8.1.1 Korrelationen in Gesamtdeutschland

Wie im folgenden Diagramm veranschaulicht, ergibt sich für die 463 Sparkassen in Deutschland eine schwache Korrelation zwischen der Ertragslage von Sparkassen und der regionalen Situation.

Abbildung 29: Korrelationskoeffizienten zwischen Sparkassen- und Regionalindikatoren für Gesamtdeutschland

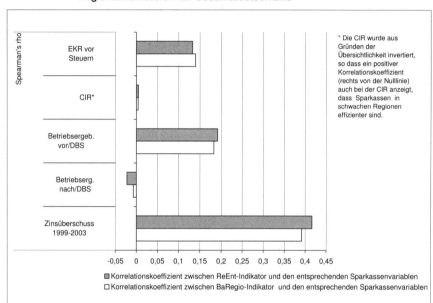

Datenquelle: BBR 2004 und 2005a, DSGV 2006 (Bilanzstatistik), Statistische Ämter der Länder 2004, 2005 und 2006, eigene Berechnungen

Das Diagramm gibt die Korrelationskoeffizienten[95] zwischen den Regionalindikatoren (ReEnt- und BaRegio-Indikator) und den Sparkassenvariablen (EKR, CIR, Betriebsergebnisse vor und nach Bewertung und der Zinsspanne) an. Ein Ausschlag nach rechts weist auf einen positiven Korrelationskoeffizienten hin, der aussagt, dass Sparkassen in schwachen Regionen einen besseren Ertrag erwirtschaften bzw. dass die Zinsspanne in schwachen Regionen höher ist oder sie effizienter agieren (CIR).

---

[95] Wie in dem Kasten (Korrelationskoeffizienten und methodische Vorarbeiten) dargestellt, stehen verschiedene Koeffizienten zur Auswahl. Da bei den vorgenommen Analysen meist kein Intervallskalenniveau vorliegt, wird in der Regel der Koeffizient nach Spearman verwendet. Nur wenn davon abgewichen wird, erfolgt ein entsprechender Hinweis.

EKR und das Betriebsergebnis vor Bewertung sind in schwachen Regionen etwas höher. CIR und das Betriebsergebnis nach Bewertung reagieren uneinheitlich und bewegen sich im Umfeld der Nulllinie. Die Korrelationskoeffizienten, die den Zusammenhang zwischen Zinsüberschuss und den Regionalindikatoren abgeben, nehmen Werte zwischen 0,39 und 0,45 an und weisen auf einen deutlichen statistischen Zusammenhang hin, der an dieser Stelle besagt, dass die Differenz zwischen Kredit- und Guthabenzinsen bei Sparkassen in schwachen Regionen höher ist.

Die beiden Regionalindikatoren weisen bezüglich der beschriebenen Ergebnisse eine hohe Parallelität auf und bestätigen sich damit gegenseitig. Mit dem ReEnt-Indikator kann aufgezeigt werden, dass Sparkassen in sich weniger gut entwickelnden Regionen einen hinreichenden Ertrag erwirtschaften. Wie die Abbildung 29 zeigt, stellt sich, bis auf das Betriebsergebnis nach Bewertung beim ReEnt-Indikator, ein leicht gegenläufiger statistischer Zusammenhang dar, der besagt, dass Sparkassen aus gesamtdeutscher Sicht in schwachen Regionen einen leicht besseren Ertrag erwirtschaften. Damit ließe sich bereits erklären, dass Sparkassen aufgrund ihrer Ertragssituation, bezogen auf die in den Indikator eingegangen Variablen, zu einer ausgeglichenen Regionalentwicklung beitragen können.

Doch es geht neben der Beantwortung dieser strukturpolitischen bzw. raumwirtschaftlichen Fragestellung auch darum zu klären, welche Bedeutung Kundenbindung, Raum und Proximität für Bankenmärkte und nationale Finanzierungssysteme haben, also um eine Verbindung bankentheoretischer und regionalökonomischer Fragestellungen. Um sich diesem Fragenkomplex zu nähern, wurde der BaRegio-Indikator gebildet (vgl. Kap. 7.2.2), der Faktoren beinhaltet, die bestimmen, wie ein regionaler/lokaler Standort aus Sicht der Bank beschaffen ist. Auch der BaRegio-Indikator zeigt, dass Sparkassen in schwachen Regionen mindestens so erfolgreich sind wie in wohlhabenden Regionen.

Fasst man für die gesamtdeutsche Betrachtung das Betriebsergebnis vor Bewertung, EKR und CIR zu einem Sparkassenindikator zusammen (vgl. Kap. 7.2.1) und prüft die Korrelation zum ReEnt-Indikator, ergibt sich ein Koeffizient von rund 0,12. So lässt sich für Gesamtdeutschland sagen, dass Sparkassen zwar an die Region gebunden sind, ihre Ertragsstärke jedoch nicht deutlich von der regionalökonomischen Disposition ihres Geschäftsgebiets abhängt, sie sogar aus statistischer Sicht von einer schwachen regionalwirtschaftlichen Situation ganz leicht profitieren können.

8.1.2 Korrelationen in Westdeutschland

Betrachtet man West- und Ostdeutschland getrennt voneinander, wird eine Diskrepanz bezüglich der Sensibilität, mit der Sparkassen auf die regionale Situation reagieren, deutlich.

Wie die nachfolgende Abbildung zeigt, ist in Westdeutschland der Ertrag der Sparkassen deutlich weniger von der regionalwirtschaftlichen Situation abhängig als dies aus gesamtdeutscher Perspektive der Fall ist. Je nach zugrunde gelegtem Indikator erwirtschaften Sparkassen in schwachen Regionen mal leicht schwächere und mal leicht bessere Erträge. Allerdings ist der Zinsüberschuss auch in Westdeutschland in wirtschaftlich schwachen Regionen eindeutig höher.

Abbildung 30: Korrelationskoeffizienten zwischen Sparkassen- und Regionalindikatoren für Westdeutschland

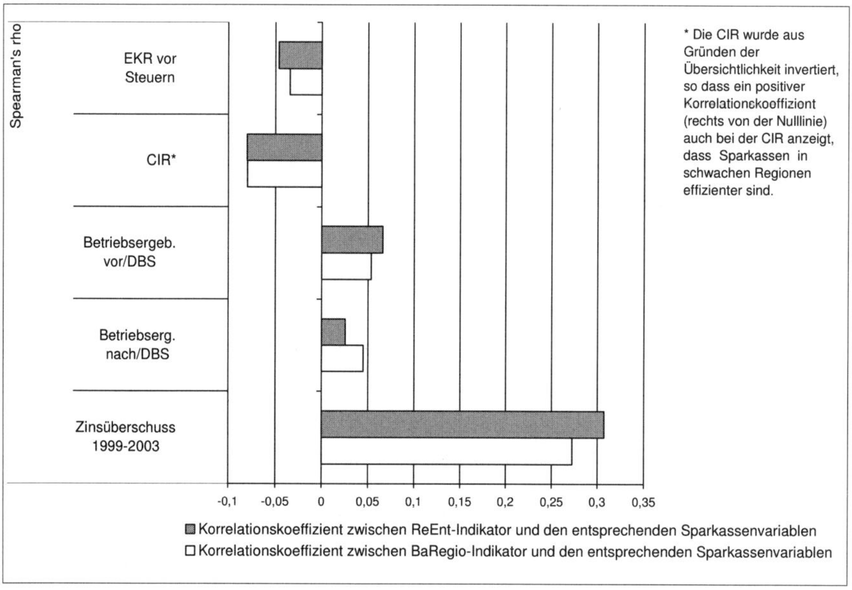

* Die CIR wurde aus Gründen der Übersichtlichkeit invertiert, so dass ein positiver Korrelationskoeffizient (rechts von der Nulllinie) auch bei der CIR anzeigt, dass Sparkassen in schwachen Regionen effizienter sind.

■ Korrelationskoeffizient zwischen ReEnt-Indikator und den entsprechenden Sparkassenvariablen
□ Korrelationskoeffizient zwischen BaRegio-Indikator und den entsprechenden Sparkassenvariablen

Datenquelle: BBR 2004 und 2005a, DSGV 2006 (Bilanzstatistik), Statistische Ämter der Länder 2004, 2005 und 2006, eigene Berechnungen

8.1.3 Korrelationen in Ostdeutschland

Die ostdeutschen Sparkassen reagieren stärker auf die regionale Situation, wie die folgende Abbildung signalisiert. Unabhängig davon, welche Sparkassen- und Regionalindikatoren betrachtet werden, deuten alle mehr oder weniger (die Korrelationskoeffizienten erreichen Werte zwischen 0,03-0,33) auf einen gegenläufigen statistischen Zusammenhang hin: Sparkassen erwirtschaften in schwachen Regionen einen höheren Ertrag. Dies gilt am deutlichsten für das Betriebsergebnis vor Bewertung. Auch fällt auf, dass der BaRegio-Indikator den Ertrag etwas stärker zu erklären vermag als der ReEnt-Indikator. Darüber hinaus zeigt sich in Ostdeutschland genauso wie in Westdeutschland, dass der Zinsüberschuss in schwachen Regionen höher ist.

Abbildung 31: Korrelationskoeffizienten zwischen Sparkassen- und Regionalindikatoren für Ostdeutschland

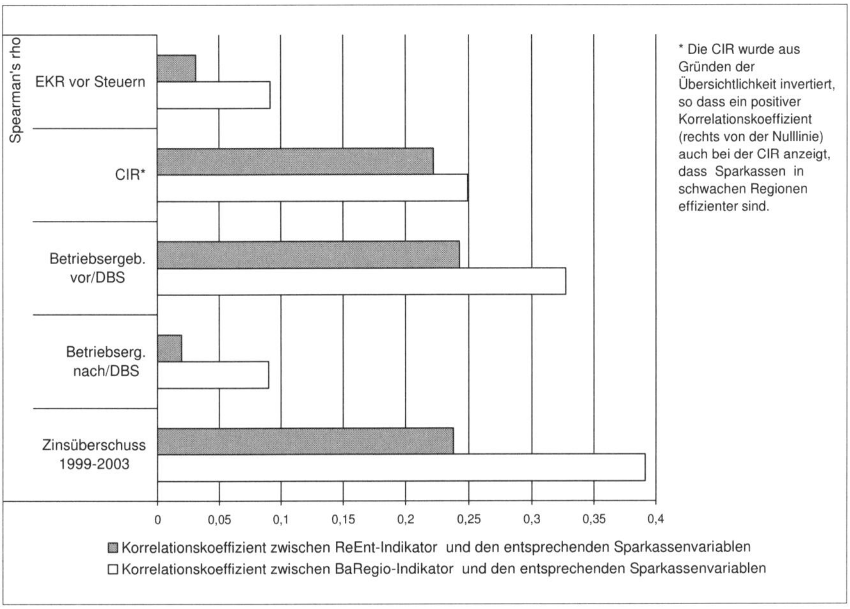

Datenquelle: BBR 2004 und 2005a, DSGV 2006 (Bilanzstatistik), Statistische Ämter der Länder 2004, 2005 und 2006, eigene Berechnungen

Auffällig ist bei den Sparkassen in Ostdeutschland, dass zwar das Betriebsergebnis vor Bewertung in schwachen Regionen deutlich besser ist als in wohlhabenden Regionen, dass aber die ostdeutschen Sparkassen beim Betriebsergebnis nach Bewertung kaum noch von einer regionalen Strukturschwäche profitieren. Dass sich auf der gesamtdeutschen Ebene dieses Verhältnis ähnlich darstellt (vgl. Abb. 29), hat statistisch-technische Gründe: Da die ostdeutschen Regionen deutlich schwächer als die westdeutschen sind (vgl. Kap. 2.3) und da in Ostdeutschland die Korrelationen zu den Regionalindikatoren zwischen Betriebsergebnis vor und nach

Bewertung deutlich unterschiedlich sind, zeigt sich gesamtdeutsch eine so starke Abweichung.[96]

Abschließend ist aus gesamt-, west- und ostdeutscher Perspektive festzuhalten, dass Sparkassen in schwachen Regionen im Durchschnitt einen ähnlichen Ertrag erwirtschaften wie an prosperierenden Standorten. Eine im Anhang dargestellte Kontrollrechnung (II.1.4), die auf Grundlage beim DSGV vorliegender Daten bezüglich der Sparkassengeschäftsgebiete durchgeführt wurde, bestätigt die Korrelationsergebnisse.

8.2 Sparkassenertrag und das regionale Umfeld

Mit den zuvor vorgestellten ersten Ergebnissen ist zwar die Grundfrage beantwortet, dass Sparkassen auch in schwachen Regionen ökonomisch erfolgreich sein können. Aber damit ist noch nicht geklärt, warum das so ist und wie einzelne Teilergebnisse zu interpretieren sind. Ferner ist im Rahmen dieser Arbeit nicht nur zentral zu untersuchen, in welcher Weise Sparkassen auf die wirtschaftliche Situation einer Region reagieren, sondern ebenso, in welchen Regionsarten, also eher in städtischen oder in peripheren Räumen, Sparkassen erfolgreicher sind. Dies ist nicht nur aus sparkassen-ökonomischer Sicht, sondern auch im Hinblick auf das Ziel einer ausgeglichenen Regionalentwicklung relevant.

In diesem Unterkapitel erfolgen daher weitere Analysen, die untersuchen,

- ob West- und Ostsparkassen bezüglich der (Bilanz-)Struktur relevante Unterschiede aufweisen, die das unterschiedliche Reaktionsverhalten auf die regionale Situation erklären können (Kap. 8.2.1),

- ob der Sparkassenertrag von der Institutsgröße abhängt (Kap. 8.2.2),

- in welcher Weise Sparkassenertrag und Zinsspanne von der geographischen Lage der Sparkasse abhängen (Kap. 8.2.3) und

- in welchen Kreistypen die stärksten und schwächsten Sparkassen zu finden sind, wo also die Verlierer- und Gewinner-Sparkassen lokalisiert werden können (Kap. 8.2.4).

---

[96] Dabei ist zu berücksichtigen, dass der Korrelationskoeffizient immer die Beziehung zwischen allen Fällen zweier Variablen angibt. Trennt man die Gruppe, ergibt sich ein verändertes Beziehungsgefüge.

8.2.1 Struktur- und Ertragsunterschiede zwischen West- und Ostsparkassen

Wie die folgende Tabelle zeigt, vergeben westdeutsche Sparkassen, gemessen an ihrer Bilanzsumme, deutlich mehr Kredite an Privat- und Geschäftskunden als ostdeutsche Institute. So machen Kredite im Westen rund 58% der Bilanz aus und im Osten nur 30,4%. Mit diesem Ergebnis lässt sich die stärkere Abhängigkeit der Sparkassen in Ostdeutschland von der regionalen Situation aber nur sehr schwer erklären. Das höhere Kreditengagement der westdeutschen Sparkassen würde eher vermuten lassen, dass diese Sparkassen stärker auf die regionale Situation reagieren.[97]

Tabelle 4: Wie aktiv waren die Sparkassen 1999-2003 in der Kreditvergabe?

	Kredite an Kreditinstitute in % der Bilanz (Mittelwerte[98])	Kredite an Privatkunden in % der Bilanz (Mittelwert)	Kredite an Geschäftskunden in % der Bilanz (Mittelwert)	Kredite (gesamt) in % der Bilanz (Mittelwert)
West	4,92	28,33	29,60	57,93
Ost	5,82	15,58	14,81	30,39
Gesamt	5,07	26,27	27,21	53,47

Datenquelle: DSGV 2006 (Bilanzstatistik), eigene Berechnungen

Bei Betrachtung der Erträge (folgende Tabelle) im West-Ost-Vergleich werden ebenfalls Unterschiede deutlich: Im Osten weisen die Sparkassen ein höheres Betriebsergebnis vor Bewertung als im Westen auf, nach Bewertung schlägt es aber um und der Westen liegt vorn. Deutlich besser ist im Osten wiederum die EKR.

Tabelle 5: Ertragskennziffern von Sparkassen im West-Ost-Vergleich 1999-2003

	Betriebsergebnis vor Bewertung / DBS (Mittelwert)	Betriebsergebnis nach Bewertung / DBS (Mittelwert)	EKR in % vor Steuern (Mittelwert)	CIR (Mittelwert)
West	0,986	0,507	11,79	66,83
Ost	1,135	0,474	16,70	65,38
Gesamt	1,010	0,502	12,58	66,60

Datenquelle: DSGV 2006 (Bilanzstatistik), eigene Berechnungen

---

[97] Dies auch vor dem Hintergrund, dass die westdeutschen Sparkassen über weniger „freie Liquidität" verfügen und somit weniger Mittel außerhalb der Region anlegen können als ostdeutsche Sparkassen (Interbankhandel, Eigenhandel).
[98] Mit Mittelwerten ist hier und im Folgenden das arithmetische Mittel bezeichnet.

8.2.2 Zusammenhang zwischen Institutsgröße und Ertrag

Um die in den Korrelationsanalysen ermittelten Ergebnisse interpretieren zu können, ist u.a. der Frage nachzugehen, ob die Größe einer Sparkasse einen Einfluss auf den Ertrag hat und ob die Institutsgröße mit der Einwohnerdichte korreliert.

Bei einer Korrelationsanalyse[99] zwischen der Höhe der durchschnittlichen Bilanzsumme, die die Institutsgröße widerspiegeln soll, und Variablen, die den Erfolg von Sparkassen messen (EKR und die Betriebsergebnisse vor und nach Bewertung), ergeben sich Korrelationskoeffizienten zwischen -0,09 und -0,13. Diese sagen aus, dass Sparkassen mit einer kleineren Bilanzsumme im Durchschnitt ganz leicht bessere Ergebnisse aufweisen.[100] Sparkassenvertreter, die im Rahmen dieser Untersuchung befragt wurden, führen dies auch darauf zurück, dass sich kleinere Institute besser bzw. flexibler steuern lassen und somit Kostennachteile aufgrund fehlender Mengeneffekte kompensiert werden können.

Die statistische Korrelation ist allerdings sehr schwach und ist ohnehin kein Beweis dafür, dass die Größe ursächlich für den leicht besseren Ertrag ist. So könnte der Zusammenhang auch daher rühren, dass Sparkassen in ländlichen und peripheren Regionen kleiner sind und dort die Sparkassen höhere Erträge erwirtschaften. Dies würde bedeuten, dass die Kausalität vor allem von der Regionsart und nicht von der Sparkassengröße getragen wird. Eine diesbezüglich durchgeführte Korrelationsanalyse zwischen Einwohnerdichte und Sparkassengröße ergibt einen Koeffizienten von 0,481[101], der besagt, dass Sparkassen in dicht besiedelten Regionen ein größeres Marktvolumen aufweisen.[102] Ferner ist zu beachten, dass Sparkassen im Osten, und dort sind die Sparkassen, abgesehen vom Betriebsergebnis nach Bewertung, erfolgreicher, von ihrer Bilanzsumme durchschnittlich um 32% kleiner sind als die Westsparkassen, was also ebenfalls die Korrelation zwischen besseren Erträgen und kleineren Sparkassen verursachen könnte.

---

[99] In diesem Fall wurde die Korrelationsanalyse nach Pearson durchgeführt, da alle in die Analyse eingegangen Variablen metrisch skalierbar sind.
[100] Die CIR reagiert so schwach um den Nullpunkt, dass sie faktisch keine Reaktion auf die Betriebsgröße zeigt.
[101] Auch hier wurde die Korrelationsanalyse nach Pearson durchgeführt.
[102] Dass Sparkassen in dicht besiedelten Räumen über deutlich höhere Bilanzvolumina verfügen, legt die Vermutung nahe, dass Sparkassen sich den regionalen Gegebenheiten anpassen. Wären in sehr dünn besiedelten Regionen die Geschäftsvolumina ähnlich groß wie in Agglomerationsräumen, wären sehr große geographische Geschäftsgebiete die Folge, was eine geringere räumliche Nähe zu den Kunden nach sich ziehen könnte.

8.2.3 Hängen Ertrag und Zinsspanne von der Lage der Sparkassen ab?

Wie die Korrelationsanalysen in den vorherigen Unterkapiteln gezeigt haben, korreliert die Zinsspanne mit der regionalen Strukturstärke derart, dass die Zinsspanne in schwachen Regionen höher ist. Um einerseits zu klären, inwieweit dies eine der Ursachen für die leicht bessere Ertragslage in diesen Regionen ist und andererseits, inwieweit sich die Zinsspanne bezüglich der Region (städtisch-peripher) unterscheidet, werden nachfolgend der Sparkassenertrag und die Zinsmarge vor dem Hintergrund der siedlungsstrukturellen Situation betrachtet. Diesbezüglich wurden alle Sparkassengeschäftsgebiete siedlungsstrukturell gegliedert und neun Kreistypen, die vom BBR für alle 439 Kreise und kreisfreien Städte Deutschlands konzipiert wurden, zugeordnet (siehe folgender Textkasten).

Siedlungsstrukturelle Regions- und Kreistypen des Bundesamts für Bauwesen und Raumordnung

Die siedlungsstrukturellen Gebietstypen des BBR finden für unterschiedlichste raumbezogene Fragestellungen in Wissenschaft und Planung Anwendung und sind auf breiter Ebene akzeptiert (Schürt et al. 2005: 12). Die Bildung der Typen basiert im Wesentlichen auf den Dimensionen Bevölkerungsdichte, -größe und zentralörtliche Funktion bzw. Lage im Raum. Auf Ebene der Raumordnungsregion werden drei Regionsgrundtypen, *Agglomerationsraum* (z.B. Dortmund in West- und Westsachsen in Ostdeutschland), *Verstädterter Raum* (z.B. Siegen im Westen und Magdeburg im Osten) und *Ländlicher Raum* (z.B. Emsland im Westen und Vorpommern im Osten), gebildet.

Diese werden einerseits weiter in differenzierte Regionstypen unterteilt, die für die folgende Analyse nicht weiter berücksichtigt werden. Andererseits werden neun Kreistypen herausgebildet, die in der vorgelagerten Typologie den drei Regionsgrundtypen zugeordnet werden. Um den großräumigen Kontext zu berücksichtigen, wird nach der Lage des Kreises im Regionsgrundtyp differenziert[103] (vgl. z.B. BBR o.J., BBR 2003: 3ff.). Die folgende Tabelle gibt die neun Kreistypen sowie die vorgelagerten Regionsgrundtypen wieder.

---

[103] Mit dieser Einordnung wird der Überlegung Rechnung getragen, dass die Lebensbedingungen und Entwicklungschancen in den Kreisen wesentlich von der Struktur und Lage des Regionstyps abhängig sind.

Tabelle 6: Die neun Siedlungsstrukturellen Kreistypen des BBR

Regionsgrundtyp I: Agglomerationsräume	1. **Kernstädte** im Regionsgrundtyp I Kreisfreie Städte >100000 E
	2. **Hochverdichtete Kreise** im Regionsgrundtyp I Kreise und Kreisregionen mit einer Dichte >=300 E/km^2
	3. **Verdichtete Kreise** im Regionsgrundtyp I Kreise und Kreisregionen mit einer Dichte >=150 E/km^2
	4. **Ländliche Kreise** im Regionsgrundtyp I Kreise und Kreisregionen mit einer Dichte <150 E/km^2
Regionsgrundtyp II: Verstädterte Räume	5. **Kernstädte** im Regionsgrundtyp II Kreisfreie Städte >100000 E
	6. **Verdichtete Kreise** im Regionsgrundtyp II Kreise und Kreisregionen mit einer Dichte >=150 E/km^2
	7. **Ländliche Kreise** im Regionsgrundtyp II Kreise und Kreisregionen mit einer Dichte <150 E/km^2
Regionsgrundtyp III: Ländliche Räume	8. **Ländliche Kreise höherer Dichte** im Regionsgrundtyp III Kreise und Kreisregionen mit einer Dichte >=100 E/km^2
	9. **Ländliche Kreise geringer Dichte** im Regionsgrundtyp III Kreise und Kreisregionen mit einer Dichte <100 E/km^2

Quelle: BBR o.J.

Dass der großräumliche Kontext die Kreistypen strukturiert, hat zur Folge, dass diese nicht in einer *durchgängigen urbanen Hierarchie* angeordnet sind. Wie dem nachstehenden Diagramm zu entnehmen ist, weist jeweils der erste Kreistyp in einem Regionsgrundtyp eine höhere Siedlungsdichte auf als der Kreistyp davor.

Abbildung 32: Einwohnerdichte nach Kreistypen

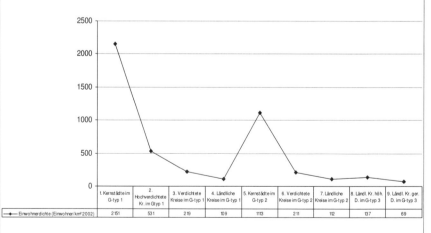

Datenquelle: BBR 2004

Kapitel 8 - Ergebnisse 175

Aus Gründen der Vergleichbarkeit wurden die Zinsmarge und der Sparkassenindikator standardisiert (Z-Standardisierung[104]), die Mittelwerte für die jeweiligen Kreistypen ermittelt und in die folgende Abbildung eingetragen.

Abbildung 33: Sparkassenindikator und Zinsspanne nach Kreistypen (Z-standardisierte Mittelwerte)

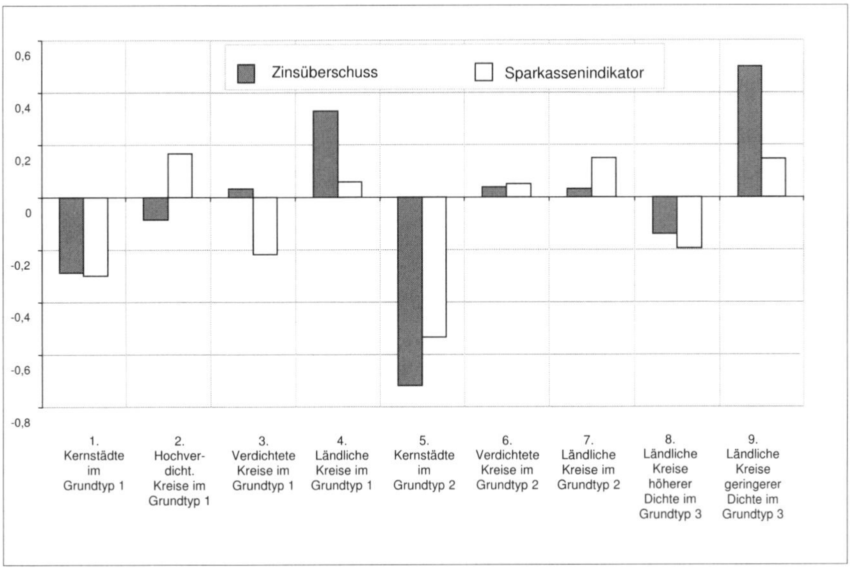

Datenquelle: BBR 2004, DSGV 2006 (Bilanzstatistik), eigene Berechnungen

Gleicht man die Abbildung mit der Einwohnerdichte der Kreistypen (vgl. Abb. 32) ab, zeigt sich ein grober Trend dergestalt, dass Zinsspanne und Sparkassenertrag relativ parallel reagieren (Ausnahmen bilden die Kreistypen 2 und 3) und sich die Einwohnerdichte spiegelbildlich dazu verhält (Ausnahmen bilden die Kreistypen 3 und 8). In der Tendenz heißt das, je höher die Einwohnerdichte, desto niedriger sind Ertrag und Zinsmarge. Da manche Kreistypen in Ostdeutschland nur selten vorkommen, ist eine getrennte Betrachtung nach West und Ost hier nicht sinnvoll. Allerdings zeigt sich im Bereich der ländlichen Kreise (Kreistypen 8 und 9) ein unterschiedliches Ertragsverhalten zwischen West- und Ostsparkassen. Da diese Kreistypen im Westen und Osten häufig genug vorkommen, ist der Unterschied erwähnenswert: Während im Westen der Kreistyp 9 (Ländliche Kreise geringerer Dichte im Grundtyp 3) deutlich besser positioniert ist als Kreistyp 8 (Ländliche Krei-

---

[104] Z-Standardisierung bedeutet, dass für jeden einzelnen Fall die Abweichung zum arithmetischen Mittel berechnet wird und durch die Standardabweichung (stellt die Streuung dar und berechnet sich aus der Addition aller quadrierten Abweichungen, geteilt durch die Anzahl der Fälle und radiziert) dividiert wird.

se höherer Dichte im Grundtyp 3), erwirtschaften Sparkassen im Osten in Typ 8 bessere Ergebnisse als in Typ 9, obwohl Sparkassen hier einen relativ hohen Zinsüberschuss realisieren.

Betrachtet man die Zinsspanne über alle Kreistypen im West-Ost-Vergleich, wird ein leichter Unterschied deutlich: Die Zinsspanne liegt im Westen mit durchschnittlich 2,4 leicht unter der im Osten mit durchschnittlich 2,6 Prozentpunkten. Betrachtet man West und Ost hinsichtlich der Frage, ob die Zinsspanne stärker mit der Einwohnerdichte oder mit der regionalen Strukturstärke (ReEnt-Indikator) korreliert, erhält man folgendes Ergebnis: im Westen ergibt sich ein Korrelationskoeffizient nach Spearman von ca. 0,1 bezogen auf die Einwohnerdichte und 0,3 bezogen auf den ReEnt-Indikator. Im Osten der Republik stellt sich das Verhältnis umgekehrt dar: 0,34 bei der Einwohnerdichte und nur 0,238 beim ReEnt-Indikator. So zeigt sich, dass die Zinsspanne zwar zu einem gewissen Grad an die Einwohnerdichte und regionale Strukturstärke gekoppelt ist und auch den Ertrag leicht mitbestimmt, dies aber nicht unumgänglich ist.

8.2.4 Wo sind die Gewinner und wo die Verlierer zu finden?

Um zu untersuchen, in welchen Kreistypen die schwächsten und die ertragsstärksten Sparkassen zu finden sind, wurden die 25% der Sparkassen, die den höchsten und die 25%, die den schwächsten Ertrag aufweisen, unter Verwendung des Sparkassenindikators ermittelt. Ferner wurde eine Gruppe mit den 10% schwächsten Sparkassen gebildet. Die den drei genannten Gruppen zugeordneten Sparkassen wurden auf die neun Kreistypen verteilt und die Abweichung von der Verteilung aller 463 untersuchten Sparkassen auf die Kreistypen ermittelt.

Die Ergebnisse sind in das folgende Diagramm eingetragen, wobei die eingetragenen Werte Prozentpunkte darstellen und keine Prozente. Zum Verständnis: Beispielsweise fallen rund 5,2% der 25% ertragsstärksten Sparkassen auf den Kreistyp 1. In der Grundgesamtheit der 463 Sparkassen befinden sich aber rund 7,6% der Sparkassen in dieser Kreiskategorie. Also ist die Gruppe der 25% ertragsstärksten Sparkassen mit 2,4 Prozentpunkten bei diesem Kreistyp unterrepräsentiert, was einer Abweichung von rund 32% entspricht.

Kapitel 8 - Ergebnisse

Abbildung 34: Abweichung zwischen der Verteilung der Grundgesamtheit und der Verteilung der schwächsten und stärksten Sparkassen auf die Kreistypen (Prozentpunkte)

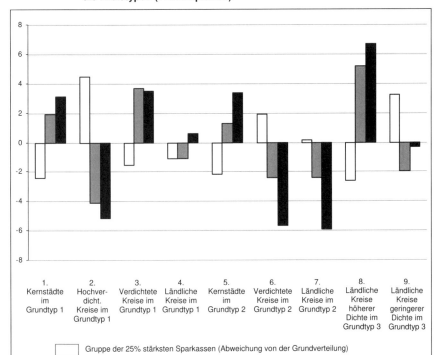

Datenquelle: BBR 2004, DSGV 2006 (Bilanzstatistik), eigene Berechnungen

Aus Sparkassen-ökonomischer Sicht ist ein Kreistyp, bei dem die Gruppe der ertragsstarken Sparkassen unterdurchschnittlich und die der ertragsschwachen Sparkassen überproportional vertreten sind, als Standort von geringem Interesse. Auch aus struktur- bzw. ausgleichsorientierter Perspektive könnte dies nachteilig sein, da Sparkassen dort langfristig in ihrer Existenz gefährdet sein könnten. Schlecht positioniert sind demnach Kreistyp 1 (Kernstädte im Grundtyp 1), Kreistyp 3 (Verdichtete Kreise im Grundtyp 1), Kreistyp 5 (Kernstädte im Grundtyp 2) und Kreistyp 8 (Ländlicher Kreis höherer Dichte im Grundtyp 3), der Spitzenreiter bei der Gruppe der schwächsten 10% der Sparkassen ist. Umgekehrt sind nach der statistischen Auswertung die Regionen im Vorteil, bei denen die schwachen Sparkassen unter- und die starken überrepräsentiert sind. Dazu gehören die Kreistypen 2, 6 und 7.

Für West- und Ostdeutschland durchgeführte Analysen zeigen, dass der Osten in der Gruppe der reichsten Sparkassen überrepräsentiert und in beiden Gruppen mit schwachen Sparkassen (25% bzw. 10%) deutlich unterrepräsentiert ist. So haben nur 6,8% der 10% schwächsten Sparkassen ihren Sitz in Ostdeutschland. Zum Vergleich: rund 16,1% der betrachteten 463 Sparkassen kommen aus Ostdeutschland. Bei den Kreistypen 8 und 9 wird auch bei Betrachtung der schwachen Sparkassen eine Diskrepanz zwischen West und Ost deutlich (vgl. Kap. 8.2.3): Sparkassen in Ostdeutschland sind vor allen im Kreistyp 9 schwach, im Westen dagegen im Kreistyp 8, wo die ostdeutschen Sparkassen besonders wohlhabend sind. Die sich im West-Ost-Vergleich unterschiedlich darstellende Ertragssituation der Kreistypen 8 und 9 ist auch vor dem Hintergrund zu sehen, dass die ländlichen Kreise im Osten peripherer und dünner besiedelt sind als im Westen. So weist der Kreistyp 9 im Westen eine durchschnittliche Einwohnerdichte von 83 Einwohnern/Quadratkilometer und im Osten von 58 auf. Vielleicht ist bei diesen Regionen im Osten eine Grenze unterschritten, ab der periphere Regionen für Sparkassen wieder unrentabler werden.

Vergleicht man nun diese Ergebnisse mit der im Unterkapitel (8.2.3) vorgenommenen Betrachtung der Ertragswerte, lässt sich zusammenfassend festhalten, dass Sparkassen in den Kreistypen 1, 3, 5 sowie im Westen in Kreistyp 8 und im Osten in Kreistyp 9 eher schlechte Erträge erwirtschaften. Aus Sparkassensicht sind die gesamtdeutschen Standorte mit erfolgreichen Sparkassen die Kreistypen 2, 6 und 7 sowie im Westen 9 und im Osten 8.

Nachdem bisher ermittelt wurde, ob und in welcher Weise der Sparkassenertrag von der Region abhängt, wurden in einer weiteren Korrelationsanalyse alle in die Regionalindikatoren eingegangenen Variablen sowie zusätzlich die Variablen Einwohnerdichte und die Anteile der zentrennahen Bevölkerung an der Gesamtbevölkerung betrachtet (vgl. Korrelationsanalyse im Anhang II.1.2).

Die Ergebnisse lassen sich darauf verdichten, dass sich der Sparkassenertrag aus gesamtdeutscher Perspektive statistisch am stärksten aus der ALQ und BWS erklärt: Je höher die ALQ und je niedriger die BWS, desto höher ist der Sparkassenertrag. Dies wird wahrscheinlich vor allem durch die deutlich höhere ALQ und geringere BWS bei gleichzeitig höherem Sparkassenertrag in Ostdeutschland verursacht sein. Auch bei den Variablen, die die Situation der Unternehmen am Standort widerspiegeln, zeigt sich: je schlechter die Situation für die Unternehmen, umso besser für Sparkassen.

Faktoren wie Einwohnerdichte und zentrennahe Bevölkerung weisen aus gesamtdeutscher Perspektive keinen so deutlichen statistischen Zusammenhang zu den Sparkassenerträgen auf, was sich aber bei einer differenzierten Betrachtung nach West und Ost ändert: Im Osten ist die Korrelation beim Betriebsergebnis vor Bewertung bei der zentrennahen Bevölkerung höher als bei allen regionalwirtschaftlichen Faktoren, im Westen sind siedlungsstrukturelle Faktoren hingegen unbedeutender als regionalwirtschaftliche Faktoren.

Insgesamt zeigt sich auch hier, dass zwar regionale statistisch messbare Faktoren einen Einfluss auf den Erfolg von Sparkassen haben, dieser aber nur zu einem gewissen Teil aus statistischen Analysen erklärt werden kann.

8.3 Ergebnisinterpretation

Die bis hierhin gewonnenen Ergebnisse lassen sich auf die folgenden Punkte verdichten:

- Sparkassen sind in schwachen Regionen ähnlich erfolgreich wie in starken Regionen. Ostdeutsche Sparkassen sind in schwachen Regionen sogar etwas erfolgreicher. Der Ertrag der Sparkassen hängt bei ostdeutschen Sparkassen deutlicher als im Westen mit der regionalen Situation zusammen.

- Das Betriebsergebnis nach Bewertung reagiert vor allem in Ostdeutschland weniger stark als das vor Bewertung auf die regionale Situation. Ferner ist das Betriebsergebnis vor Bewertung bei den ostdeutschen Sparkassen höher, das nach Bewertung bei den westdeutschen Sparkassen. Die EKR der ostdeutschen Sparkassen liegt wiederum deutlich über der westdeutscher Institute. Darüber hinaus haben die Analysen gezeigt, dass ostdeutsche Sparkassen weniger Kredite vergeben.

- Die Zinsmarge ist in schwächeren und ländlich-peripheren Regionen höher und zeigt eine gewisse Parallelität zu den Ertragswerten der Sparkassen. Allerdings ist dieser Zusammenhang nicht durchgängig.

Diese Ergebnisse werden nachfolgend vor dem Lichte theoretischer Vorüberlegungen (Kap. 8.3.1) diskutiert und soweit wie möglich unter Zuhilfenahme der empirischen Ergebnisse und regionalökonomischer Erkenntnisse sachlogisch begründet (Kap. 8.3.2).

8.3.1 Theoriegeleitete Begründungen der Ergebnisse

Tragendes Argument für den besseren Ertrag von Sparkassen in schwachen ostdeutschen Regionen ist eine angenommene höhere Marktmacht in diesen Regionen. Dies vor dem Hintergrund, dass im Osten die privaten Banken sowie die Genossenschaftsbanken gerade in peripheren Regionen, welche regionalwirtschaftlich besonders schwach sind (vgl. Kap. 2.3), weniger stark vertreten sind, also hier die Sparkassen über eine besondere Marktmacht verfügen.[105] Dass im Westen Sparkassen in schwachen Regionen kaum ertragsstärker sind als in starken Regionen, ist damit zu erklären, dass Genossenschaftsbanken dort gerade in ländlichen Regionen eine starke Marktstellung haben und zweitens die schwachen Regionen im Westen nicht nur ländliche Räume sind, sondern auch Städte schwach sind (vgl. Kap. 2.3), in denen die Marktmacht von Sparkassen nicht so hoch ist.

Nimmt man also an, dass die beschriebene Korrelation im Wesentlichen durch eine höhere regionale Marktmacht von Sparkassen verursacht wird, liegt die Vermutung nahe, dass in schwachen Regionen höhere Preise für Bankprodukte, also Oligopolrenten, realisiert werden.

Folgt man der neuen Bankentheorie (vgl. Kap. 1.4.2) kann Markmacht aber auch infolge einer engeren Kundenbindung zu einem gesteigerten betriebswirtschaftlichen Erfolg führen.[106] Mit Bezug auf die einschlägige Literatur (ein Überblick dazu findet sich z.B. bei Fischer 2005, vgl. auch Kap. 1.4.2) wurden die Effekte, die sich aufgrund einer stabilen Kunden-Bank-Beziehung infolge einer geringen Wettbewerbsintensität einstellen können, auf die folgenden drei hier relevanten Aspekte verdichtet, die sich gegenseitig ergänzen und Stufen einer Wertschöpfungskette abbilden:

— **Beziehungs- bzw. Informationsbeschaffungsinvestitionen**: Informationen sind asymmetrisch verteilt, müssen gesammelt und bewertet werden. Die Bereitschaft in diese Informationsermittlung zu investieren, ist für den Geschäftserfolg einer Bank zentral, kann aber nur geleistet werden, wenn die Chance auf eine langfristige Kunden-Bank-Beziehung besteht.

---

[105] Diese Aussagen wurden durch Vertreter der Verbände und einzelner Sparkassen bestätigt.
[106] Eine Korrelation zwischen hoher Profitabilität und geringer Wettbewerbsintensität muss nicht zwingend ein Zeichen der Ausnutzung von Marktmacht sein, sondern kann auch Zeichen dafür sein, dass die effizienteren Banken, die ein besseres Preis-Leistungs-Verhältnis aufweisen, Marktanteile hinzugewinnen und aufgrund einer tieferen regionalen Marktdurchdringung über höhere Mengengerüste verfügen. „Dann wäre zunehmende Konzentration im Rahmen einer Bankkonsolidierung weniger Ausdruck schwindenden Wettbewerbs, sondern vielmehr einer Umverteilung des Marktes hin zu den effizienteren Anbietern" (DBB 2005c: 110).

- **Learning by Lending**: Unter der Annahme, dass Informationen und Wissen wieder verwertbar sind, ist die Kreditvergabe dann kosteneffizient, wenn Banken über einen längeren Zeitraum die Möglichkeit haben, Informationen zu sammeln und zu bewerten. „Im Zeitablauf kann es (...) Finanzintermediären (…) gelingen, eine Reputation für eine sichere, aber dennoch ertragreiche Investitionsstrategie aufzubauen und so die aus der ungleichen Informationsverteilung resultierenden Probleme zu begrenzen" (DBB 2005c: 104).

- **Intertemporaler Margenausgleich**: Eine Beziehungs- bzw. Informationsbeschaffungsinvestition rentiert sich für eine Bank, wenn zu einem späteren Zeitpunkt kompensierende Geschäfte hinzukommen, was in einem wettbewerbsintensiven Bankenmarkt jedoch nur schwer zu realisieren ist. Schon alleine durch die längerfristige Existenz eines jungen Unternehmens werden Informationen öffentlich, die, wenn vor Ort Konkurrenten tätig sind, genutzt werden und konkurrierende Angebote getätigt werden können (DBB 2005c: 104, vgl. auch Kap. 1.4.2).

In Abbildung 35 ist das Wirkungsgefüge, mit dem die bessere Ertragssituation von Sparkassen in schwächeren Regionen erklärt werden kann, dargestellt.

Abbildung 35: Beziehungsspezifische Investitionen in unvollkommenen Bankmärkten

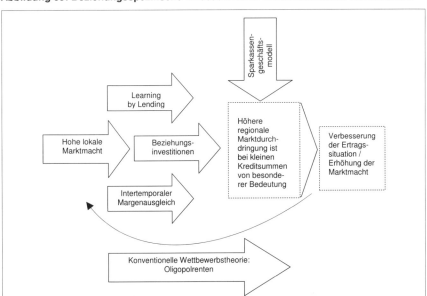

Hohe Marktmacht bildet den Ausgangspunkt und führt dazu, dass Beziehungsinvestitionen getätigt werden, die wiederum aufgrund von Lerneffekten und der Möglichkeit des intertemporalen Margenausgleichs – den Bankkunden fehlen schlicht alternative Banken vor Ort – rentabel werden.[107]

Diese Argumente sind insbesondere für Sparkassen, die im Gegensatz zu privaten Banken eher kleine Kreditsummen an KMU und junge Unternehmen vergeben, von Bedeutung. „Da Informationskosten meist nicht von der Höhe des zur Verfügung gestellten Kapitals abhängen (...), können durch die Konzentration der Finanzierung auf eine Bank Skaleneffekte bei der Informationsbeschaffung ausgenutzt werden" (DBB 2005c: 106). Informationsbedingte Vorteile, die sich in weniger kompetitiven Bankenmärkten einstellen, werden durch das besondere Geschäftsmodell der Sparkassenfinanzgruppe weiter verstärkt (vgl. Kap. 4.2). Das hohe Mengengerüst in der Region bedingt neben den aufgrund der stabilen Beziehungen niedrigen Transaktionskosten eine hohe Effizienz. In der Folge gewinnen diese Banken wiederum Marktanteile hinzu und ihre Marktmacht erhöht sich, solange Konkurrenten nicht massiv in den Markt eintreten, die jedoch nicht über diese informationsökonomischen Marktvorteile verfügen und erst einmal in die Informationsbeschaffung investieren müssen.

Allerdings ist darauf hinzuweisen, dass sich diese Begründung im Wesentlichen auf das Kreditgeschäft bezieht und sich im Einlagengeschäft in weniger wettbewerbsintensiven Märkten wahrscheinlich eher Oligopolrenten bemerkbar machen.[108]

Ferner ist zu beachten, dass auch Informationsvorteile einer Bank zur Ausnutzung von Marktmacht führen können (z.B. Fischer 2005: 99). Denn besitzen Banken informationsökonomische Vorteile, was andere Banken vor Ort daran hindert, wettbewerbsfähige Finanzierungsangebote zu unterbreiten, werden sie nur begrenzt bereit sein, Preiszugeständnisse zu machen. So kann zwischen zwei Bestimmungsgründen von Marktmacht unterschieden werden: einerseits die Marktmacht, die aus oligopolistischen lokalen Märkten resultiert und anderseits die informationsökonomische Marktmacht, die dem Wissensvorsprung einer Bank entspringt. Es kann allerdings angenommen werden, dass sich die Bestimmungsgründe in der Realität gegenseitig ergänzen bzw. verstärken, wie sich wahrscheinlich auch das

---

[107] In wettbewerbsintensiven Märkten besteht hingegen das Risiko, dass Informationen einer Bank abgejagt werden, wenn der Konkurrent vor Ort genügend Marktkenntnisse hat und die Banken daher erst gar nicht in die Informationsbeschaffung investieren, was zu einer ineffizienten Kapitalallokation führen kann (vgl. auch die Beschreibung der vier Beispiele in Kap. 9).
[108] Dem kann wiederum entgegnet werden, dass im Spar-Einlagengeschäft die Konkurrenz auf lokaler Ebene grundsätzlich höher ist, da hier Internetbanking eine größere Rolle spielt.

leicht bessere Ertragsergebnis von lokalen Banken in schwachen (ostdeutschen) Regionen partiell mit der neuen Bankentheorie wie auch konventionell wettbewerbstheoretisch erklären lässt.

8.3.2 Sachlogische Begründung der Ergebnisse

Eine Annäherung an die Beantwortung der Frage, ob Sparkassen in weniger wettbewerbsintensiven Märkten eher von einer stärkeren Kundenbindung profitieren und das daraus resultierende soziale Kapital zur Reduzierung von Informationsasymmetrien führt oder ob sie Vorteile mittels ihrer Marktstellung durch höhere Preise generieren, erhält man, wenn man die Ertragszahlen und das regionale Zinsmargengefälle in Augenschein nimmt.

Zunächst einmal zu den Ertragskennzahlen: In den vorangestellten Analysen hat sich vor allem für die ostdeutschen Sparkassen gezeigt, dass das Betriebsergebnis vor Bewertung deutlich stärker auf die regionale Situation reagiert als das nach Bewertung. Ferner wurde deutlich, dass die Ostsparkassen beim Betriebsergebnis vor und die Westsparkassen beim Betriebsergebnis nach Bewertung besser abschneiden, obwohl wiederum die EKR bei den ostdeutschen Sparkassen deutlich besser ist.

Eine naheliegende Vermutung ist, dass die geringere Sensibilität, mit der das Betriebsergebnis nach Bewertung auf die regionale Situation reagiert, durch Geschäfte verursacht wird, die nicht in der Region getätigt werden, also Eigenhandelsgeschäfte.[109] Sparkassen können sich durch bewertungsrelevante[110] *Wertpapiergeschäfte auf eigene Rechnung* (Eigenhandel/Depot-A) in gewisser Weise unabhängig von der regionalen Situation machen und damit den Effekt des besseren Betriebsergebnisses vor Bewertung in schwachen Regionen überlagern. Gerade ostdeutsche Sparkassen, bei denen der Unterschied zwischen Betriebsergebnis vor und nach Bewertung am deutlichsten ausfällt, verfügen durch eine geringe Kreditvergabe über relativ viele freie Mittel, die sie im Eigenhandel investieren können. Dass dies tatsächlich eine tragende Wirkung hat, wird allerdings durch die Tatsache konterkariert, dass das Betriebsergebnis der Ostsparkassen nach Bewertung hinter dem der Westsparkassen liegt und ohnehin nur ein Teil der Eigenhan-

---

[109] Das Regionalprinzip, das Sparkassen an die Region bindet, bezieht sich in erster Linie auf die Kreditgeschäfte. Ist vor Ort aus bankenökonomischer Sicht die Kreditnachfrage bedient, kann die freie Liquidität auch außerhalb der Region angelegt werden (vgl. auch Kap. 4.1).
[110] Die meisten Erträge aus dem Eigenhandel/Depot-A-Geschäft gehen als ordentliche Erträge in das Betriebsergebnis vor Bewertung ein. Allerdings beeinflussen z.B. Erträge aus Kursbewertungen das Betriebsergebnis nach Bewertung.

delsergebnisse bewertungsrelevant ist. Also muss es andere Gründe geben, die eine Absenkung des Betriebsergebnisses nach Bewertung in den ostdeutschen Regionen bewirken.

Ebenfalls naheliegend erscheint die Vermutung, dass in schwachen Regionen, und Ostdeutschland ist ja insgesamt deutlich schwächer als Westdeutschland, der Wertberichtigungsanteil auf uneinbringbare Kredite höher ist, was allerdings zunächst einmal der These zugegen laufen würde, dass infolge geringer Informationsasymmetrien in diesen Regionen Kredite sicherer sind. Tatsächlich haben die Ostsparkassen, gemessen an ihrer Bilanzsumme, einen höheren Wertberichtigungsanteil auf uneinbringbare Kredite, wie von Seiten des DSGV bestätigt wurde, wodurch das Betriebsergebnis nach Bewertung abgesenkt wird. Dieser höhere Anteil an Wertberichtigungen im Osten ist allerdings leicht rückläufig.

Ein weiterer Grund für die Umkehrung der Betriebsergebnisse im West-Ost-Vergleich, der allerdings nicht aus den Datenanalysen abzulesen ist, besteht darin, dass ostdeutsche Sparkassen in den letzen Jahren etwas stärker als die Sparkassen im Westen einen Teil ihrer Erträge über so genannte Überkreuzkompensationen stillen Reserven zugeführt haben.[111] Diese Art der Reservenbildung führt zu einer Abschmelzung des Betriebsergebnisses nach Bewertung.

Auch die Tatsache, dass die Eigenkapitalrendite der Sparkassen in den östlichen Bundesländern über der im Westen liegt, obwohl, wie gerade angeführt, das Betriebsergebnis nach Bewertung niedriger als das westdeutscher Sparkassen ist, lässt sich begründen: Der Vorsprung der ostdeutschen Sparkassen in Bezug auf die EKR bedeutet nicht zwingend, dass sie deutlich ertragsstärker als westdeutsche Sparkassen sind, sondern kann auch daher rühren, dass sie über eine geringere Eigenkapitalausstattung verfügen. Dies vor dem Hintergrund, dass die Eigenkapitalrendite eine relative Größe ist, die den Ertrag mittels der Eigenkapitalausstattung normiert und die gebildeten stillen Reserven nicht bilanziell als Eigenkapital ausgewiesen werden. Dass die Eigenkapitalausstattung in den östlichen Bundesländern geringer ist als im Westen, wurde von Experten des Ostdeutschen Sparkassen- und Giroverbands (OSGV) bzw. des DSGV bestätigt.

Lässt man das regionale Zinsmargengefälle in die Betrachtung einfließen, wird zunächst die These gestärkt, dass Sparkassen in erster Linie aufgrund höherer Preise von einer geringeren Wettbewerbsintensität profitieren. Denn die Marge

---

[111] Auf einen solchen Zusammenhang wurde von im Rahmen der Forschungsarbeit befragten Experten, mit denen die empirischen Ergebnisse rückgekoppelt wurden, hingewiesen.

zwischen Guthaben- und Kreditzinsen ist in ländlichen und strukturschwachen Regionen höher und zeigt eine gewisse Parallelität zu den dort besseren Ertragswerten.

Allerdings ist erstens die Zinsmargendifferenz zwischen west- und ostdeutschen Sparkassen von eher geringer Natur, obwohl im Osten die Wettbewerbsintensität geringer ist. Zweitens müssen höhere Zinsüberschüsse und Kreditzinsen in Märkten mit einer geringeren Bankenkonkurrenz nicht zwingend auf eine Ausnutzung von Marktmacht hindeuten. So weisen ostdeutsche Unternehmen höhere Risiken auf, was sich unter anderem an leicht höheren Wertberichtigungen zeigt, verfügen über weniger Eigenkapital und die oft kleineren Kreditsummen sind in der Vergabe kostenintensiver. Hinzu kommt die schlechte Informationslage zumindest zu Beginn der 1990er Jahre (z.B. Neuberger 2000: 34ff.). So stellt sich die Frage nach dem Ursache-Wirkung-Prinzip: „Nicht weil die Zinsen so hoch sind, geht es einer Region schlecht, sondern weil es einer Region schlecht geht, sind die Zinsen so hoch" (Dybe: 2003: 171). Ferner ist zu beachten, dass eine hohe Zinsmarge in ländlich-peripheren Regionen nicht unabdingbar auf geringere Vergütungen von Sparanlagen bzw. höhere Zinsforderungen für Kredite hinweisen muss. Denn, so vermuten Sparkassenvertreter, die Ursache kann auch in einem konservativeren Anlegerverhalten in diesen Regionen begründet liegen, und zwar in der Form, dass höhere Beträge in sicheren Sparformen, z.B. auf dem Sparbuch, deponiert werden,[112] also nicht die Kreditzinsen höher sind, sondern die Einlagenzinsen geringer.

So sind die Gründe für das bessere Abschneiden der Sparkassen in schwachen und peripheren Regionen nicht eindeutig zu bestimmen. Denn sind die Kreditrisiken wirklich größer, ist es im Zuge einer risikoadäquaten Bepreisung von Krediten durchaus angemessen, einen höheren Zins zu veranschlagen, und selbst wenn in solchen Regionen tatsächlich mehr Kredite abgeschrieben werden müssen, kann es trotzdem sein, dass Sparkassen in Folge einer engeren Kundenbindung über eine höhere Informationsdichte verfügen und dadurch Kredite, relativ gesehen, sicherer sind. Dies kann vor allem deswegen vermutet werden, da es anscheinend für andere Banken nicht rentabel ist, in solchen Regionen mit umfassenden Angeboten vor Ort präsent zu sein. Dies führt wiederum dazu, dass Sparkassen dort erfolgreich sein können.

---

[112] Diese These wurde zwar im Rahmen der Arbeit nicht weiter untersucht, erscheint aber insofern einen Teil der höheren Zinsmarge begründen zu können, weil in ländlichen-peripheren Regionen – und dies sind zumindest in Ostdeutschland die schwächeren Regionen – der Anteil älterer Bevölkerungsgruppen vergleichsweise höher ist. Ältere Menschen greifen häufiger auf klassische Sparanlagen wie das Sparbuch zurück (Naegele/Heinze 2006).

Insgesamt kann im Rahmen dieser Forschungsarbeit keine genaue Einschätzung bezüglich der Wirkungsintensitäten einzelner Faktoren gegeben werden. Ferner ist darauf zu verweisen, dass die im Rahmen dieser Studie erzielten Ergebnisse auf einer Momentaufnahme (1999-2003) basieren. Eine Fortführung bzw. regelmäßige Wiederholung ist dringend angezeigt, auch um jeglichen Zweifel zu beseitigen, dass die bis 2005 geltenden Haftungsleistungen der Gewährträger erheblichen Einfluss auf diese Ergebnisse haben. Darüber hinaus wäre es von großem Interesse, die Zusammenhänge zwischen regionaler Entwicklung und der Ertragssituation von Sparkassen in der Retrospektive zu betrachten, umso die Bankenmärkte im regionalen Kontext besser verstehen zu lernen und Aussagen für die weitere Entwicklung ableiten zu können. Diesbezüglich ist also weiterer Forschungsbedarf angezeigt.

Jedoch ist das zentrale Ergebnis, dass Sparkassen in schwachen Regionen mindestens so erfolgreich sind wie in wohlhabenden und in Ostdeutschland sogar in schwachen Regionen sichtbar besser abschneiden, stabil und konnte durch mehrere Sekundäranalysen und sachlogische Ableitungen bestätigt werden.

8.4 Vergeben Sparkassen in schwachen ländlichen Regionen ausreichend Kredite?

Neben der Frage, ob Sparkassen in schwachen Regionen einen ausreichenden Ertrag erwirtschaften und daher zum regionalen Ausgleich beitragen können, ist zu klären, ob sie in strukturschwachen und peripheren Regionen genügend Kredite vergeben oder ob es in diesen Regionen zu einer Kreditrationierung kommt (vgl. Kap. 1.4.2).

Vorweg ist anzumerken, dass diese Frage mittels statistischer Methoden nicht mit Bestimmtheit zu beantworten ist: denn wenn Sparkassen in schwachen oder peripheren Regionen weniger Kredite vergeben, weist dies nicht zwangsläufig auf eine Kreditrationierung hin, sondern kann auch Folge einer geringeren Kreditnachfrage sein. Problematisch wäre es im Hinblick auf den öffentlichen Auftrag allerdings, wenn Sparkassen trotz einer entsprechenden Nachfrage ihre liquiden Mittel in den Eigen- oder Interbankenhandel fließen lassen würden, weil ihnen das Kreditgeschäft in peripheren oder schwachen Regionen aufgrund der eher kleineren Kredite zu mühsam wäre bzw. die Risiken zu hoch wären.

Nun zu den Ergebnissen: In der gesamtdeutschen Perspektive zeigt sich eine hohe Korrelation dergestalt, dass Sparkassen in schwächeren und peripher gelegenen sowie dünner besiedelten Regionen deutlich weniger Kredite, und zwar an Privat- und Geschäftskunden, vergeben (vgl. Anhang II.1.3). So ergibt sich für Deutschland insgesamt ein Korrelationskoeffizient von rund -0,5 zwischen BaRegio-Indikator und der Höhe der Kreditvergabe an Geschäftskunden, der besagt, dass Sparkassen in schwachen Regionen deutlich weniger Kredite an Geschäftskunden vergeben als in wirtschaftlich erfolgreichen Regionen. Auch der Koeffizient, der den statistischen Zusammenhang zwischen Einwohnerdichte und dem Anteil der Geschäftskundenkredite an der Bilanzsumme ausdrückt, zeigt mit einem Korrelationskoeffizienten von 0,25, dass Sparkassen in dünn besiedelten Geschäftsgebieten im Verhältnis zur Summe der Aktiva weniger Kredite an Geschäftskunden vergeben. Allerdings ist die gesamtdeutsche Sicht etwas verzerrt, da die Regionen Ostdeutschlands insgesamt schwächer und etwas dünner besiedelt sind und die Sparkassen dort weniger Kredite in ihrer Bilanzstruktur aufweisen.

Abbildung 36 gibt getrennt für West- und Ostdeutschland die Korrelationskoeffizienten zwischen den Anteilen der Privat- und Geschäftskundenkredite und der regionalen Situation (BaRegio-Indikator) sowie der Einwohnerdichte wieder. Damit die Abbildung auf einen Blick verständlich ist, wurde der Korrelationskoeffizient, der sich zwischen der Einwohnerdichte und dem Anteil an Krediten an der Bilanzsumme ergibt, invertiert. Das heißt, dass ein positiver Korrelationskoeffizient zwischen diesen beiden Merkmalen ausdrückt, dass Sparkassen in dünn besiedelten Regionen mehr Kredite vergeben.

Die Abbildung zeigt, dass insbesondere in Ostdeutschland Sparkassen in dünn besiedelten und nach dem BaRegio-Indikator schwachen Regionen mehr Kredite an Privatpersonen vergeben als in dicht besiedelten wirtschaftlich erfolgreichen Regionen. Dieser Zusammenhang zeigt sich etwas schwächer für die Kreditvergabe an Unternehmen. In Westdeutschland hängt die Kreditvergabe weniger von der regionalen Situation ab: hier vergeben die Sparkassen in dünn besiedelten und schwachen Regionen statistisch gesehen etwas mehr Kredite an Privatpersonen als in dicht besiedelten, wohlhabenden Regionen. An Geschäftskunden vergeben sie allerdings in schwachen Regionen mit einer geringeren Bevölkerungsdichte weniger Kredite als im Durchschnitt der Regionen. So kann vermutet werden, dass die deutliche Korrelation zwischen Krediten an Geschäftskunden und der regionalen Situation, die sich gesamtdeutsch derart gezeigt hat, dass Sparkassen in schwachen Regionen viel weniger Kredite vergeben, vor allem der Tatsache geschuldet ist, dass die Kreditnachfrage im Osten, wo die Regionen regionalwirtschaftlich erheblich schwächer sind, geringer ist.

Abbildung 36: Korrelationskoeffizienten zwischen Kreditvolumina, Einwohnerdichte und regionaler Wirtschaftskraft für West- und Ostdeutschland

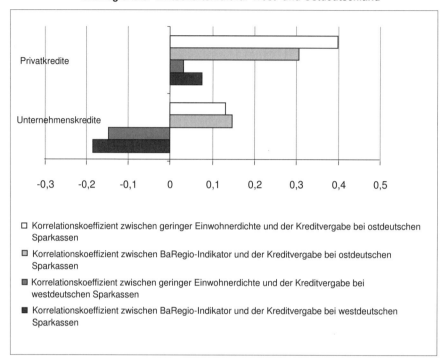

□ Korrelationskoeffizient zwischen geringer Einwohnerdichte und der Kreditvergabe bei ostdeutschen Sparkassen

▨ Korrelationskoeffizient zwischen BaRegio-Indikator und der Kreditvergabe bei ostdeutschen Sparkassen

■ Korrelationskoeffizient zwischen geringer Einwohnerdichte und der Kreditvergabe bei westdeutschen Sparkassen

■ Korrelationskoeffizient zwischen BaRegio-Indikator und der Kreditvergabe bei westdeutschen Sparkassen

Datenquelle: BBR 2004 und 2005a, DSGV 2006 (Bilanzstatistik), Statistische Ämter der Länder 2004, 2005 und 2006, eigene Berechnungen

8.5 Zusammenfassung

Erstens können Sparkassen auch in schwachen Regionen einen ausreichenden Ertrag erwirtschaften und somit zum regionalen Ausgleich beitragen. In schwachen ostdeutschen Regionen erwirtschaften sie statistisch gesehen ein besseres und in schwachen westdeutschen Regionen ein ganz leicht besseres bis neutrales Ergebnis.

Zweitens bestehen diverse Unterschiede zwischen West- und Ostsparkassen: Die Sparkassen in Ostdeutschland reagieren deutlicher auf die regionale Situation, sind kleiner, vergeben, gemessen an ihrer Bilanzsumme, weniger Kredite, das Betriebsergebnis vor Bewertung ist höher als im Westen, das nach Bewertung niedriger und die Eigenkapitalrendite liegt deutlich über der im Westen. Interpretieren lässt sich dieser Zusammenhang folgendermaßen: Sparkassen in Westdeutschland haben eine bessere Eigenkapitalausstattung, was die Eigenkapitalrendite als relatives Maß senkt. Dass Sparkassen im Osten der Republik stärker auf die regionale Situation reagieren, liegt daran, dass sie gerade in peripheren strukturschwachen Regionen von einer entspannten Konkurrenzsituation profitieren und dadurch über stabile Kunden-Bank-Beziehungen verfügen, aber auch höhere Preise durchsetzen können. Dass sich das Betriebsergebnis vor und nach Bewertung im West-Ost-Vergleich umkehrt, kann einerseits darin begründet liegen, dass die Sparkassen im Osten mehr Wertberichtigungen auf ihre Kredite zu verbuchen haben und anderseits, dass sie mittels so genannter Überkreuzkompensationen stille Reserven bilden, also das Betriebsergebnis nach Bewertung bilanziell absenken. Allerdings handelt es sich bei dieser Interpretation um eine deduktive Ableitung, die durch weitere Forschungsarbeiten zu untermauern ist.

Drittens haben die Analysen gezeigt, dass Sparkassen in West- und Ostdeutschland in schwachen und peripheren Regionen eine höhere Zinsspanne aufweisen. Was – so die Vermutung – einerseits an der für Sparkassen besseren Wettbewerbssituation in diesen Regionen liegt, sie also höhere Preise durchsetzten können, andererseits aber auch auf eine höhere Bepreisung von Krediten aufgrund leicht höherer Kreditrisiken und höherer Transaktionskosten (kleinere Kreditsummen) zurückgeführt werden kann. Ferner kann die höhere Zinsspanne partiell mit einem konservativeren Anlageverhalten in diesen Regionen begründet werden.

Viertens wurde ein statistischer Zusammenhang deutlich, der besagt, dass kleinere Institute ein ganz leicht besseres Ergebnis erzielen. Dies kann auch darauf zurückgeführt werden, dass kleinere Institute in ländlich-peripheren Räumen zu finden sind und Sparkassen in diesen Räumen etwas bessere Erträge erwirtschaften. In diesem Zusammenhang ergab sich ebenfalls der Zusammenhang, dass die Institutsgröße deutlich mit der Einwohnerdichte und Regionsart korrespondiert und Sparkassen in dünn besiedelten Räumen, gemessen an der Bilanzsumme, entsprechend kleiner sind. Dies ermöglicht eine starke Bindung an die Region.

Fünftens lässt sich festhalten, dass der Ertrag umso höher ist, je ärmer und peripherer die Region ist, woraus allerdings keine Gesetzmäßigkeit abzuleiten ist, nach der sich die Erträge der Sparkassen eindeutig entlang einer *Zentrum-Peripherie*- bzw. *Starke-Schwache-Regionen-Achse* bestimmen lassen. Nach Kreistypen zeigen sich folgende Verlierer- und Gewinnerstandorte: Sparkassen erwirtschaften im Kreistyp 1 (Kernstädte im Regionsgrundtyp 1), 3 (Verdichtete Kreise im Regionsgrundtyp 1), 5 (Kernstädte im Regionsgrundtyp 2) sowie im Westen in 8 (Ländliche Kreise höherer Dichte im Regionsgrundtyp 3) und im Osten in 9 (Ländliche Kreise geringer Dichte im Regionsgrundtyp 3) eher schlechte Erträge. Aus Sparkassensicht sind die gesamtdeutschen Standorte mit Potenzial die Kreistypen 2 (Hochverdichtete Kreise in Grundtyp 1), 6 (Verdichtete Kreise im Regionsgrundtyp 2) und

7 (Ländliche Kreise im Regionsgrundtyp 2) sowie im Westen 9 (Ländliche Kreise geringer Dichte im Regionsgrundtyp 3) und im Osten 8 (Ländliche Kreise höherer Dichte im Regionsgrundtyp 3).

Sechstens wird bei einer zusammenfassenden Betrachtung aller in die Regionalindikatoren eingegangenen Faktoren deutlich, dass sich der Sparkassenertrag aus gesamtdeutscher Perspektive am stärksten aus der ALQ und BWS erklärt. Betrachtet man die Sparkassen im Osten isoliert, wird ersichtlich, dass diese am deutlichsten auf die Einwohnerdichte und den Anteil der zentrennahen Bevölkerung an der Gesamtbevölkerung im Kreis reagieren.

Siebtens zeigt sich, dass die Sparkassen im Osten wesentlich geringere Kreditanteile in ihrer Bilanzstruktur aufweisen als im Westen. Allerdings weisen innerhalb Ostdeutschlands die Regionen, die beim BaRegio-Indikator schlecht abschneiden, also schwach sind, deutlich höhere Kreditanteile bei Privatkunden und leicht höhere bei Geschäftskundenkrediten auf. Im Westen vergeben Sparkassen nach den Analysen in schwächeren und ländlicheren Räumen etwas mehr Kredite an Privatkunden und etwas weniger an Geschäftskunden.

Achtens lässt sich festhalten, dass die Ergebnisse in der Tendenz mit den wenigen existierenden empirischen Studien, die die hier gestellten Fragen tangieren, übereinstimmen (vgl. Kap. 6.2). So konnte FISCHER (2005) nachweisen, dass Bankprodukte in Regionen mit weniger intensivem Bankenwettbewerb etwas teurer sind, also zum Teil Oligopolrenten realisiert werden, und dass in diesen Regionen die Kreditverfügbarkeit, insbesondere in Ostdeutschland, besser ist. Zu ähnlichen Ergebnissen kamen auch PETERSEN und RAJAN (1995) für US-amerikanische Regionen. Unterstellt man, dass in schwachen Regionen weniger Banken aktiv sind, was zumindest für den Osten der Republik zutrifft, zeigt sich bei den hier durchgeführten Analysen eine Übereinstimmung.

Damit lässt sich an den Begründungszusammenhang der neuen Bankentheorie, die sich insbesondere auf informationsbedingte Marktunvollkommenheiten in der Kreditfinanzierung bezieht, anknüpfen:

Beziehungsspezifische Investitionen werden durch eine hohe Konkurrenz gefährdet, die ihrerseits den intertemporalen Margenausgleich verhindert. Investiert eine Bank im Rahmen einer Kreditwürdigkeitsprüfung in kreditnehmerspezifische Informationen, so besteht die Gefahr, dass Konkurrenten das Ergebnis ihrer Prüfung beobachten, für diese Beobachtung jedoch deutlich geringere Kosten aufwenden müssen. In diesem Zusammenhang wird allgemein darauf hingewiesen, dass der Informationsvorsprung von Banken infolge stabiler Kunden-Bank-Beziehungen in weniger wettbewerbsintensiven Märkten besonders wertvoll ist, wenn Liquiditätsengpässe von Unternehmen auftreten, da dadurch konjunkturelle Schwankungen begrenzt und die Bankenmarktstabilität erhöht wird (z.B. DBB 2005c). Dass dieser Effekt besonders in schwachen Regionen auftritt, in denen weniger Banken im Wettbewerb stehen und somit ein inhärenter Beitrag zu einer ausgeglichenen Regionalentwicklung geleistet wird, wurde bis jetzt nicht betrachtet.

Neuntens zeigt sich, dass die Höhe der Sparkassenerträge nur zu einem Teil der hier skizzierten Gesetzmäßigkeit folgt bzw. die Sparkassenerträge nur partiell mit statistischen Analysen zu begründen sind. Oder anders ausgedrückt: es konnte zwar gezeigt werden, dass Sparkassen auch in schwachen Regionen erfolgreich sind, aber die tatsächlichen Bestimmungsfaktoren, die den Ertrag einer Sparkasse ausmachen, konnten mit diesen statistischen Methoden nicht eingefangen werden, was aber auch nicht das Ziel dieser Untersuchung war. So kann angenommen werden, dass andere Faktoren, die überwiegend nicht statistisch messbar sind, eine größere Rolle spielen. Dazu gehören zum Beispiel: Mitarbeiter- und Führungsqualitäten, Unternehmenskulturen, gesammeltes Informationskapital und eine historisch bedingte Pfadabhängigkeit.

9 Regionen und ihre Sparkassen: eine vergleichende Analyse

Im vorangegangen Kapitel wurde aufgezeigt, dass Sparkassen aus statistischer Sicht in schwachen Regionen mindestens so erfolgreich sind, wie in prosperierenden Regionen und daher in der Lage sind, zu einer ausgeglichen Regionalentwicklung beizutragen. Im Folgenden wird betrachtet, wie Sparkassen vor Ort in der Regionalentwicklung aktiv sind. Dazu werden vier Landkreise bzw. kreisfreie Städte hinsichtlich ihrer wirtschaftlichen Entwicklung, Standortpolitik und der diesbezüglichen Rolle der Sparkassen vorgestellt. Die Beschreibung der vier Beispielregionen hat einerseits die Funktion, die Rolle von Sparkassen in der Standort- und Strukturpolitik zu veranschaulichen und anderseits zu betrachten, wie Regionen hinsichtlich der in Teil B diskutierten raumwirtschaftlichen Wirkungsweisen funktionieren und welche Folgen eine Kompetenzbasierte Strukturpolitik vor Ort entfacht.

Diesbezüglich stehen folgende Fragen im Vordergrund:

1. Verfügen Sparkassen über regional- bzw. lokalökonomisches Wissen?
2. Sind Sparkassen in der Lage, sich in die Strategie der öffentlichen Akteure einzubinden oder gehen sie eigene Wege?
3. Bedienen sie die regionale Kreditnachfrage in ausreichendem Maße, welche Bedeutung hat die regionale Konkurrenzsituation für den Aufbau stabiler Kunden-Bank-Beziehungen und welche Rolle spielen neue Finanzierungsformen wie etwa Beteiligungskapital?
4. Wie gehen Sparkassen mit intraregionalen Konzentrationsprozessen um und welche Bedeutung haben Zweigstellen für Stadtteile bzw. Dörfer?
5. Spielen Kooperationen mit anderen Sparkassen in der Region eine Rolle?
6. Welche Rolle übernehmen Sparkassen in der Umsetzung aktueller strukturpolitischer Ansätze und bei der Entwicklung endogener Potenziale?
7. Was sind die Wurzeln wirtschaftsstruktureller Kompetenzen einer Region?
8. Lassen sich wirtschaftsstrukturelle Kompetenzen (Stichwort Cluster) politisch unterstützen?
9. Was sind die Folgen für die Region und in welcher Weise wirken Ausbreitungs- und Entzugseffekte?

10. Was sind Entwicklungsalternativen für Regionen, die nicht im nennenswerten Umfang über wettbewerbsfähige Kompetenzen verfügen?

Es ist darauf hinzuweisen, dass nicht untersucht wurde, ob sich alle rund 470 Sparkassen in Deutschland für ihren Standort engagieren und damit auch tatsächlich zur Standortpolitik beitragen. Ziel der Regionsbeschreibung ist vielmehr, das zuvor beschriebene theoretische Vermögen, das Sparkassen für die Regionalentwicklung aufweisen, zu veranschaulichen. Da bei der Auswahl der Beispiele auch die Bereitschaft der Sparkassen an einer solchen Untersuchung mitzuwirken eine Rolle gespielt hat, kann davon ausgegangen werden, dass die vorgestellten Institute in gewisser Weise Vorzeigebeispiele sind und ein positiveres Bild zeichnen als in der Realität tatsächlich vorhanden. Es handelt sich aber um keine Selbstdarstellung der vier Sparkassen, so wurden auch regionale Akteure außerhalb der Institute befragt.

In der folgenden Abbildung sind die vier Beispielregionen mittels der Achsen Siedlungsstruktur (städtisch-peripher) und Prosperität (prosperierend-strukturschwach) eingeordnet.

Abbildung 37: Matrix zur Positionierung der vier Beispielregionen

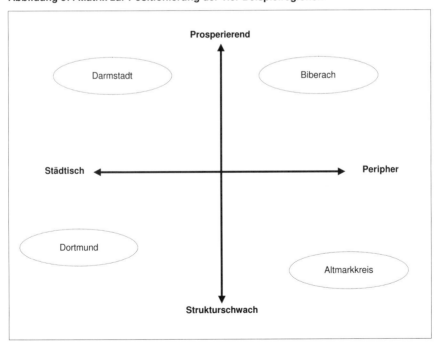

Für alle vier Felder wurden typische Städte/Kreise ohne extreme Merkmalsausprägungen ausgewählt. Weitere Bedingungen für die Auswahl waren, dass sowohl Kreis- als auch Stadtsparkassen an der Untersuchung beteiligt sind und dass die Region über eine nach innen und außen wahrnehmbare regionale Identität verfügt. Der geographischen Verteilung wurde insofern Rechnung getragen, als dass jede Region in einem anderen Bundesland liegt und eine Region in Ostdeutschland beheimatet ist (siehe nachfolgende Abbildung).

Abbildung 38: Geographische Lage der vier Beispielregionen

Kapitel 9 - Regionen und ihre Sparkassen

Die folgende Tabelle zeigt für die vier Regionen jeweils eine Auswahl von Raum- und Prosperitätskriterien. Umfassenderes Datenmaterial zu den einzelnen Regionen befindet sich im Anhang (Tabellen II.2.1).

Tabelle 7: Raum- und Prosperitätsindikatoren der untersuchten Regionen

Region Eckdaten	Stadt Darmstadt	Stadt Dortmund	Landkreis Biberach	Altmark-Kreis Salzwedel
Einwohner/km²	1133	2102	131	44
Einwohnerdichte im Verhältnis zum Bund/Land[113]	4,92 / 3,93	9,12 / 4	0,57 / 0,44	0,19 / 0,344
Gebietstyp[114]	Kernstadt im Agglomerationsraum	Kernstadt im Agglomerationsraum	Ländlicher Kreis im Verstädterten Raum	Ländlicher Kreis geringer Dichte im Ländlichen Raum
Arbeitslosenquote (2000-2003 in %)/ Beschäftigte je 1000 Einw. 2003	7,8 / 623	14,7 / 326	4,8 / 327	16,2 / 293
Rangplatz von 439 Kreisen/kreisfreien Städten[115]	58	245	8	382

Datenquelle: BBR 2004, Regionaler Entwicklungsindikator (siehe Kap. 7.2.2)

Die Stadt **Darmstadt** stellt sich als wirtschaftlich erfolgreicher Wissenschaftsstandort dar. Obwohl seitens der Stadt bis vor kurzem keine explizite Förderung einzelner wirtschaftsstruktureller Kompetenzen erfolgte, verfügt Darmstadt über diverse tragfähige Potenziale, die aus langfristigen Entwicklungspfaden resultieren. Die Sparkasse Darmstadt unterstützt die regionale Entwicklung und fördert projektorientiert vor Ort vorhandene Kompetenzen.

Dortmund, eine altindustrielle Stadt im Umbruch, gestaltet seit einigen Jahren den tiefgreifenden Strukturwandel, setzt dabei bewusst auf die Entwicklung von Kompetenzfeldern und gilt als Paradebeispiel einer neuen Standortpolitik. Dieser An-

---

[113] Dieser Wert gibt den Multiplikator an, der beschreibt um wie viel sich die Einwohnerdichte vom Bundes- bzw. Landesdurchschnitt unterscheidet.
[114] Die siedlungsstrukturellen Gebietstypen wurden vom BBR entwickelt und gliedern alle Kreise und kreisfreien Städten hinsichtlich der Dimensionen Bevölkerungsdichte, -größe und zentralörtliche Funktion bzw. Lage im Raum. Eine genauere Erklärung ist im Textkasten in Kap. 8.2.3 zu finden.
[115] In der Tabelle ist der nach dem ReEnt-Indikator (vgl. Kap. 7.2.2) ermittelte Rangplatz bezogen auf alle 439 Kreise und kreisfreien Städte angegeben.

satz wird von der örtlichen Sparkasse explizit unterstützt. Trotz der erfolgreichen Bewältigung des Strukturwandels ist die Stadt von einer anhaltend hohen Arbeitslosigkeit geprägt.

Der peripher gelegene Landkreis **Biberach** zeichnet sich durch eine niedrige Arbeitslosigkeit und eine relativ hohe Bevölkerungszunahme aus. Die Sparkasse, die einen nicht unerheblichen Teil des Ertrags im Investmentbanking erwirtschaftet und in der Region an Wachstumsgrenzen stößt, ist wirtschaftlich sehr erfolgreich.

Der dünn besiedelte, im ehemaligen Zonenrandgebiet liegende **Altmarkkreis Salzwedel** verfügt über keine nennenswerten wirtschaftsstrukturellen Kompetenzen und setzt, in der Hoffnung sich daraus ergebender Kompetenzen, auf Ansiedlung. Auch aufgrund der relativen Nähe zu Wolfsburg und der hohen öffentlichen Förderung, die sich aus der regionalen Strukturschwäche ergibt, konnten in den letzten Jahren einige Unternehmen erfolgreich angesiedelt werden. Die Sparkasse Altmark West hat ihr Geschäftsgebiet im Altmarkkreis Salzwedel und zeichnet sich durch einen, im Vergleich zu Ostdeutschland, hohen Anteil an Unternehmenskrediten in der Bilanzstruktur aus.

Die Informationen zur Erstellung der Regionsbeschreibungen wurden durch Daten-, Material- (z.B. Geschäftsberichte) und Literaturauswertungen sowie mehrere Besuche der Regionen zusammengetragen. Befragt wurden Vertreter der Sparkassen und regionale Akteure aus verschiedenen Bereichen (Wirtschaftsförderung, Landratsämter). Im Anhang befindet sich eine Datensammlung (II.2) sowie ein Material- (II.2) und Interviewverzeichnis (I.3) zu den einzelnen Beispielen.

In den folgenden Unterkapiteln werden die vier Regionen inklusive der jeweiligen Sparkassen unter Berücksichtigung der in den vorigen Kapiteln aufgeworfenen Fragen dargestellt. Am Ende der Beschreibungen werden die gewonnenen Erkenntnisse zusammengetragen. Ferner erfolgt in Kap. 9.5 ein zusammenfassendes Fazit bezüglich aller vier Regionen.

9.1 Stadt Darmstadt

Darmstadt befindet sich in der polyzentrischen Metropolregion Rhein-Main und liegt zwischen den Zentren Frankfurt im Norden und Mannheim im Süden. Innerhalb der Rhein-Main Region positioniert sich Darmstadt mit den umliegenden Landkreisen als Region Starkenburg[116].

Abbildung 39: Stadt Darmstadt

Sowohl bezogen auf den Individualverkehr (Autobahnen) als auch den Schienen- und Flugverkehr (internationaler Flughafen Frankfurt) ist die Region gut angebunden. Das relativ dünn besiedelte Umland von Darmstadt weist eine hohe naturräumliche Attraktivität auf.

Darmstadt ist national und für bestimmte Themen auch international als Wissenschafts- und Technologiestandort bekannt. Wirtschaftsstrukturell sind wissensintensive unternehmensnahe Dienstleistungen[117] profilbildend. Die Einkommen und der Anteil der Beschäftigten mit hoher Qualifikation sind deutlich überdurchschnittlich. Die Stadt hat einen hohen Pendlersaldo von 451[118]. Die Zahl der Einwohner (knapp 140.000) ist bis zum Jahr 2000 gefallen, steigt aber seit 2001 an. Ziel der Darmstädter Politik ist es, weiteres Wachstum zu generieren und dementsprechend neue Wohngebiete auszuweisen. Die Zahl der Einpendler steigt kontinuierlich, was mit einem anhaltenden Suburbanisierungstrend einhergeht.

---

[116] Zur Region gehört die Stadt Darmstadt sowie die Landkreise Darmstadt-Dieburg, Bergstraße, Groß-Gerau und der Odenwaldkreis.
[117] Siehe hier und für alle Regionsbeispiele die Tabellen (II.2.1) im Anhang, sofern keine anderen Quellen angegeben sind.
[118] Je 1000 Beschäftigte am Arbeitsort.

Nach dem ReEnt-Indikator (vgl. Kap. 7.2.2) belegt Darmstadt Rang 58 von 439 Kreisen und kreisfreien Städten. Wie verschiedene Rankings einschlägiger Verlage zeigen, ist die Stadt in der medialen Wahrnehmung deutlich besser positioniert als der Rangplatz es wiedergibt.[119] Obwohl die Seriosität solcher populärwissenschaftlichen Rankings teilweise anzuzweifeln ist und veröffentlichte Rankings oft zu unterschiedlichen Ergebnissen kommen (Maretzke 2006a: 325), geben sie zumindest eine gewisse Wahrnehmung wieder und – vorausgesetzt, Journalisten schreiben nicht voneinander ab – kann davon ausgegangen werden, dass Städte und Regionen, die wiederholt gut abschneiden, auch tatsächlich gewisse Standortqualitäten aufweisen.

9.1.1 Wirtschaft, Arbeit und Potenziale

Viele der Wirtschaftsbereiche, bei denen Darmstadt über besondere Kompetenzen verfügt, lassen sich historisch begründen und haben technologische Wurzeln am Standort. Die Technische Universität (TU) spielt in diesem Zusammenhang eine besondere Rolle. Erfolgsfaktoren sind u.a. die Verflechtungen der einzelnen Unternehmen untereinander wie auch mit der gut ausgebauten Forschungslandschaft. Aus Sicht der Wirtschaftsförderung spielen die folgenden Kompetenzfelder eine besondere Rolle für den Standort:

Informationstechnologie: Die Informationstechnologie (IT) ist die tragende Säule der Darmstädter Wirtschaft bzw. der Region. Unternehmensstrukturell ist die Branche am Standort durch eine Mischung aus einigen Großbetrieben, wie zum Beispiel Deutsche Telekom AG, Software AG, und vielen kleinen Unternehmen gekennzeichnet. Wichtig für das Kompetenzfeld IT sind der Studiengang Informatik an der TU sowie die *Fraunhofer-Institute* für *Integrierte Publikations-* und *Informationssysteme* und für *Sichere Telekommunikation*. Als Beispiel für die Bedeutung der Universität kann die Software AG angeführt werden, die sich 1969 aus der TU heraus gründete und heute weltweit 2.500 Mitarbeiterinnen und Mitarbeiter beschäftigt. Das Software-Cluster hat zwar seinen Kern in Darmstadt, begrenzt sich aber nicht auf die Stadt. Einerseits sind weitere Standorte innerhalb der Region Starkenburg relevant, andersseits lässt sich eine *Software-Gasse* entlang der Berg-

---

[119] Bei einem Ranking der Zeitschrift Capital, das sich in erster Linie auf die Entwicklung der Wirtschaftsleistung, Kaufkraft, Bevölkerung und Arbeitsplätze stützt, belegte Darmstadt Platz 6 von 60 untersuchten Städten (Capital 2001). Im Zukunftsatlas der Prognos AG belegte Darmstadt 2004 Rang 4 von 439 Kreisen und Kreisfreien Städten in Deutschland (Prognos AG 2004). Lebensqualität scheint ebenfalls eine Stärke Darmstadts zu sein. So kam die Stadt, wie eine Untersuchung der Zeitschrift Fokus gezeigt hat, auf Platz 7 von 83 getesteten Großstädten (Focus 2000).

straße mit den Fixpunkten Darmstadt und Heidelberg/Walldorf-Wiesloch mit dem Sitz von SAP erkennen.

Bio-/Pharmatechnologie: Die Region zeichnet sich durch Unternehmen im Bereich Bio-/Pharmatechnologie aus. Dazu zählen zum Beispiel Unternehmen wie Merck[120], das nach Aussage der Experten vor Ort mit seiner über dreihundertjährigen Geschichte das älteste pharmazeutisch-chemische Unternehmen der Welt ist und den Kern des Clusters bildet, Degussa-Röhm, dem Erfinder von Plexiglas und Entwickler und Hersteller von Spezialpolymeren, oder Döhler, dem Weltmarktführer von Fruchtsaftessenzen. Laut Michael Kolmer von der Darmstädter Wirtschaftsförderung handelt es sich dabei um ein Cluster, das große Teile der Wertschöpfungskette abdeckt. So sind auch Spezialanbieter unternehmensnaher Dienstleistungen, zum Beispiel im Bereich Werbung und Kommunikation, für bio-/pharmatechnologische Unternehmen am Standort ansässig.

Im Rahmen der Feinchemie spielt ferner die Haarkosmetik eine besondere Rolle. Die Firma *Goldwell* ist vor einigen Jahren an den japanischen Konzern *Kao* verkauft worden, der den Standort zum weltweiten *Professionell Hair Care-Center* für Europa ausgebaut hat.

Maschinenbau und Elektrotechnik (Schwerpunkt Mechatronik): Nach hohen Arbeitsplatzverlusten im Maschinenbau hat sich, nach Aussage der Wirtschaftsförderung, die Branche am Standort mittlerweile konsolidiert und aufgrund der regionalen Kompetenzen in der IT-Wirtschaft und Elektrotechnik besondere Stärken im Bereich Mechatronik herausgebildet. Auch im Bereich Mechatronik verfügt Darmstadt über große international bekannte Unternehmen wie die der *Schenk-Gruppe*, die sich vom Maschinenbauer zum Mechatroniker entwickelt haben und in Darmstadt ca. 2.500 Mitarbeiterinnen und Mitarbeiter beschäftigen.

Weltraum- und Satellitentechnik: Der Weltraum- und Satellitenbereich ist laut Kolmer ein „Pfund im Standortmarketing". Bei jeder europäischen Marsmission erscheint Darmstadt mit der am Standort ansässigen European Space Agency (ESA) im Fernsehen. Das ebenfalls in Darmstadt ansässige *Europäische System von Wettersatelliten* (EUMETSAT) hat einen ähnlich hohen Standortimagefaktor. Es ist Ziel der Wirtschaftsförderung, diesen Bereich zukünftig stärker zu beachten.

Neben den Potenzialen entlang spezifischer Wertschöpfungsketten verfügt die Stadt über besondere wissenschaftliche Kompetenzen. In ihrer Vielfalt repräsentieren sie ganz unterschiedliche Wissenschaftsgebiete, haben aber einen Schwer-

---

[120] Viele kleinere und mittlere Unternehmen haben sich als *Spin-offs* der Firma Merck ergeben.

punkt in der Technologieforschung im breiteren Sinne. Aufgrund der Bedeutung Darmstadts als Wissenschaftsstandort wurde der Stadt 1997 die Bezeichnung Wissenschaftsstadt vom Land verliehen.

Ein weiterer Standortvorteil ist das gute Bankenumfeld, wobei die Sparkassen, so Michael Kolmer, trotz der Nähe zum Finanzzentrum Frankfurt insbesondere für KMU und Existenzgründer eine wichtige Funktion einnehmen.

Negativ auf die Region wirken verschiedene Agglomerationsnachteile, wie etwa hohe Wohnpreise und verkehrliche Belastungen. Der bevorstehende Abzug der amerikanischen Streitkräfte kann aufgrund der dynamischen Entwicklung der Stadt vorteilhaft sein, weil dadurch große Flächenareale frei werden, die zum Wohnungsbau und zur Büroentwicklung zur Verfügung stehen.

Obwohl das verarbeitende Gewerbe in Darmstadt nicht mehr sehr bedeutend ist, ist Industrieförderung politisch hoch aufgehängt, was sich zum Beispiel an dem gemeinsamen industriepolitischen Leitbild der Stadt und dem Unternehmensverband Südhessen e.V. zeigt. Es ist, so Kolmer, Ziel, die verbliebenen Arbeitsplätze in diesem Bereich am Standort zu erhalten. Auch da die in der Hochtechnologie entstandenen Arbeitsplätze, aufgrund des unterschiedlichen Anforderungsprofils, nur eingeschränkt Ersatz für die abgebauten Arbeitsplätze im verarbeitenden Gewerbe bieten.

Innerhalb der Region Starkenburg zeigen sich starke Gefälle in der Wirtschaftskraft. So weist der Odenwaldkreis – auch da er als Ausgleichsraum mit vielen landschaftsschutzrechtlichen Restriktionen belegt ist – eine wesentlich geringere Wertschöpfung pro Einwohner auf als der Rest der Region. Laut Michael Kolmer wird die Schwäche des Odenwalds aufgrund der Lage innerhalb des prosperierenden Südhessens nur eingeschränkt wahrgenommen, wodurch der Odenwald vom Land Hessen nicht die geforderte strukturpolitische Aufmerksamkeit erhält.

9.1.2 Wirtschaftsentwicklungsstrategie / Institutionelle Einbindung

Da die Wirtschaftsförderung Darmstadt nur vier Personen beschäftigt, war es bis dato nicht möglich, eine nach Kompetenzfeldern ausdifferenzierte strategische Wirtschaftsförderungspolitik zu betreiben. Dies soll jedoch im Rahmen einer Neuausrichtung in Angriff genommen werden: Wirtschaftsförderung, Stadtentwicklung und eine städtische Entwicklungsgesellschaft werden zukünftig zu einer Einheit zusammengefasst, die eine nach Branchen bzw. Kompetenzfeldern orientierte strategische Wirtschaftsförderung betreibt.

Neben einer Orientierung an den endogenen wirtschaftsstrukturellen Kompetenzen ist es Strategie, für ein kreatives Milieu zu sorgen. „Eine überragende Bedeutung für die Entstehung eines kreativen Milieus kommt den Aktivitäten von Schlüsselpersonen zu, die sich nach innen für die Förderung von Netzwerkbeziehungen einsetzen, nach außen für den Standort werben und zugleich persönlich mit einer Stadt/Region identifiziert werden" (Kolmer 2004: 46). Im Rahmen der Initiierung und Förderung von Netzwerken nehmen die TU und die Sparkasse eine besondere Rolle ein. Ein wichtiges Instrument zur Netzwerkbildung seien die regelmäßig stattfindenden Wirtschafts- und Branchengespräche.

Da Darmstadt sich alleine nicht in der Gruppe der „global cities" behaupten kann, positioniert sich die Stadt in verschiedenen räumlichen Kontexten in Kooperation mit anderen Städten bzw. Kreisen. Darmstadt „sucht ohne Kernkompetenzen aufzugeben, Allianzen jenseits administrativer Grenzen" (Kolmer 2004: 47). Um die regionale Konkurrenz mit den benachbarten Landkreisen zu überwinden, wurde die als Verein organisierte *Wirtschaftsförderung Starkenburg* gegründet, der neben der Stadt Darmstadt die Landkreise Darmstadt-Dieburg, Bergstraße, Groß-Gerau und der Odenwaldkreis angehören. Finanziell getragen wird der Verein neben den beteiligten Gebietskörperschaften von der Sparkasse Darmstadt, der Volksbank Griesheim-Weiterstadt und der IHK Darmstadt. Über die Wirtschaftsförderung Starkenburg ist Darmstadt Mitglied bei der neu gegründeten *International Marketing Region Frankfurt Rhein-Main GmbH*. Aus Sicht von Michael Kolmer sei es aber in der Zukunft wichtig, die Region noch weiter, also bis in den Neckar-Raum hinein, zu definieren und nach außen zu vermarkten.

9.1.3 Sparkasse Darmstadt

Die Sparkasse Darmstadt vergibt, gemessen am Bilanzvolumen, relativ wenige Kreditmittel, was nach Aussage der Sparkasse vor allem aus der starken Dienstleistungsorientierung der Darmstädter Wirtschaft resultiert, in deren Folge die Kreditnachfrage gering ist. Insbesondere IT-Unternehmen und Anbieter unternehmensnaher Dienstleistungen haben einen relativ geringen Investitionsbedarf und die großen produktionsintensiven Unternehmen verfügen in der Regel über andere Finanzierungsquellen, wobei auch die Ausstrahlung des Finanzzentrums Frankfurt eine Rolle spielt. Der Provisionsertrag der Sparkasse Darmstadt ist hingegen überdurchschnittlich hoch, was aus einem hohen Engagement im Versicherungsgeschäft resultiert.

Die Sparkasse verfolgt keine Spezialisierungsstrategie und versteht sich als Marktführer in allen Bereichen. In den vergangenen Jahren konnten sowohl bei den

Privat- als auch bei den Unternehmenskunden aufgrund des Rückzugs der privaten Banken zusätzliche Marktanteile gewonnen werden.

Marktsituation und -anteile

Das Rhein-Main-Gebiet zeichnet sich durch ein starkes Bankenumfeld aus. Der Marktanteil der Sparkasse Darmstadt liegt trotz der ausgeprägten Konkurrenz im Bereich der Hauptbankverbindung bei rund 38%[121].

Neben den klassischen privaten Großbanken und den örtlichen Volksbanken haben die Postbank, die Citibank und die Badische Beamtenbank am Standort eine relativ starke Marktstellung. Hinzu kommen Direkt- bzw. Nischenbanken (vgl. Kap. 4.4.3) – teilweise in Frankfurt ansässig und mit Zweigstellen in der Region Darmstadt vertreten – die massiv in den Preiswettbewerb um Privatkunden eintreten. Georg Sellner, Vorstandsvorsitzender der Sparkasse, geht davon aus, dass bei „einer sich allgemein ausbreitenden Schnäppchenmentalität der Preis zukünftig eine wesentlich größere Rolle bei der Wahl des Kreditinstituts spielen wird" und versucht durch eine hohe Effizienz darauf vorbereitet zu sein. Preispolitik ist für ihn neben den klassischen Erfolgsfaktoren der Sparkassen wie Qualität der Beratung, Verlässlichkeit, persönlicher Bindung und räumlicher Nähe der dominante Erfolgsfaktor der Zukunft.

Fusionen, Zweigstellen und Konzentration im Landkreis

Aufgrund verschiedener Gebietsreformen ist die Stadt- und Kreissparkasse Darmstadt in der kreisfreien Stadt Darmstadt und in Teilen des Landkreises Darmstadt-Dieburg – der sich wie ein Kragen um die Stadt legt – tätig. In diesem Landkreis ist ebenfalls die Zweckverband-Sparkasse Dieburg ansässig. Allerdings agieren die beiden Sparkassen nicht in denselben Orten und teilen sich das Geschäftsgebiet auf.

Fusionen sind laut dem Vorstandsvorsitzenden der Sparkasse zurzeit bankwirtschaftlich nicht geboten, langfristig aber vorstellbar und sinnvoll, da sich die Wirtschaftsregion zunehmend weniger lokal definiert und sich dies auch in regionalen politischen Kooperationen niederschlägt.

Um den Back-Office-Bereich effizient abwickeln zu können, gründete die Sparkasse Darmstadt gemeinsam mit vier benachbarten Sparkassen sowie der *Landes-*

---

[121] Wobei die Angaben aufgrund der hohen Anzahl an Einpendlern nur bedingt aussagekräftig sind.

bank Hessen Thüringen (Helaba) das Sparkassen-Dienstleistungszentrum Südhessen GmbH (SDS), eine zentrale Abwicklungsstelle für den Zahlungsverkehr. Ferner wurde im Herbst 2004 eine Kooperationsvereinbarung zwischen benachbarten Sparkassen in Südhessen getroffen, um eine funktionale Arbeitsteilung zu organisieren. Im Rahmen dieser Kooperation wird auch eine zeitlich koordinierte einheitliche Marktbearbeitung bei ausgewählten Vertriebsthemen angestrebt.

Die meisten Geschäftsstellen erwirtschaften Gewinne, so dass das Geschäftsstellennetz auch unabhängig vom öffentlichen Auftrag bestehen bleiben würde.[122] Aus Sicht der Sparkasse Darmstadt stellen Geschäftsstellen einen wichtigen Kristallisationspunkt für die kleinteilige lokale Wirtschaft dar. Umgekehrt profitieren aber auch die Zweigstellen von frequentierten Geschäften in der Umgebung.

Regionale Entwicklung und Kreditportfolio

Nach Meinung von Georg Sellner ist eine verlässliche, alle Kundengruppen einschließende Geschäftspolitik nicht nur Ausdruck des öffentlichen Auftrags, sondern auch Erfolgsfaktor. Eine Geschäftspolitik, die auf der Suche nach dem maximalen Gewinn kurzfristig die Strategie ändert und neue Kundenzielgruppen definiert – wie bei den Großbanken in der Vergangenheit geschehen – sei „gerade zu dümmlich", so Sellner. Der Vorstandsvorsitzende wies darauf hin, dass aus dem Regionalprinzip einerseits der Zwang zur optimalen Marktdurchdringung und andererseits, da langfristig gedacht werden müsse, die Stärke in der Wirtschaftsförderung resultiere. Wirtschaftsförderung heißt für Georg Sellner auch erforderlichenfalls eine Wertberichtigung im Kreditgeschäft hinzunehmen und mit dem Kunden trotzdem weiter zusammenzuarbeiten. Trotz des eindeutigen Bekenntnisses zum Regionalprinzip wird der Eigenhandel (Wertpapiergeschäfte auf eigene Rechnung) als Absicherung gegen regionale Schwankungen und zur Diversifizierung des Kreditportfolios als legitime und notwendige Option gesehen.

Nach Aussage der Wirtschaftsförderung Darmstadt haben sich die privaten Banken am Standort in erheblichem Umfang aus der KMU-Finanzierung zurückgezogen. Sowohl die Sparkasse als auch die genossenschaftlich organisierten Banken haben diese Lücke teilweise geschlossen. Die Kreditstruktur der Sparkasse entspricht grundsätzlich der regionalen Wirtschaftsstruktur, wobei die Sparkasse, nach eigener Aussage, keine Klumpenrisiken – eine besondere Gefahr regionaler Banken (vgl. Kap. 6) – aufweist.

---

[122] Im Stadtteil Eberstadt wurde zwar eine Geschäftsstelle geschlossen, allerdings hing dies mit der Renovierung und Vergrößerung einer nur 800 Meter entfernten Geschäftsstelle zusammen und sei daher ein Einzelfall und keinesfalls der Einstieg in einen Rückzug aus der Fläche.

Die Sparkasse Darmstadt stellt Unternehmen selbst kein Beteiligungs- bzw. Risikokapital zur Verfügung, sondern vermittelt Kapital über die Helaba und die Bürgschaftsbank Hessen, wobei Michael Kolmer von der Wirtschaftsförderung vermutet, dass in der Zukunft regionale Finanzintermediäre, die Beteiligungskapital zur Verfügung stellen, auch für den Raum Darmstadt wichtiger werden.

Kolmer, der sich grundsätzlich sehr zufrieden mit der Arbeit der Sparkasse und insbesondere deren Unterstützung in der Standortpolitik zeigte, könnte sich für die Zukunft vorstellen, dass die Sparkasse ihre intermediäre Rolle zwischen öffentlicher Hand und privater Wirtschaft weiter ausbaut und zum Beispiel im Standortmarketing aktiv wird, sowie dass das spezifische Wissen der Sparkasse über die lokale Wirtschaft strategischer für die Ausrichtung der Wirtschaftsförderung genutzt werden könnte.

Die Sparkasse unterstützt die regionale Wirtschaft nicht nur durch eine entsprechende Kreditvergabe, sondern engagiert sich zum Beispiel auch aktiv bei der Vernetzung zwischen den Unternehmen am Standort und fördert Kooperationen zwischen Unternehmen und der TU. Die Sparkasse ist sowohl persönlich als auch institutionell in vielen Gremien und Institutionen verankert.

Engagement der Sparkasse

Die Darmstädter Sparkasse zeigt regionales Engagement auf zwei Ebenen: Einerseits unterstützt sie, um emotionale und räumliche Nähe am Standort zu symbolisieren, das persönliche Engagement der Mitarbeiterinnen und Mitarbeiter zum Beispiel in der Vereinsarbeit. Anderseits wendete die Sparkasse Darmstadt in den letzten Jahren jährlich zwischen 900.000 € und rund 1,1 Mio. € auf, um gemeinnützige Projekte in der Region zu unterstützen. Dies wird explizit über die lokale Presse kommuniziert. „Wir gehören dem Bürger" ist laut Peter Lehr, Marketingexperte der Sparkasse, die Botschaft. Dabei ist es Strategie, die Förderung nicht auf wenige Leuchttürme zu konzentrieren, sondern breit zu streuen. So vergibt die Sparkasse zwischen 700 und 800 Einzelspenden im Jahr. Förderkriterium ist dabei die regionale Bedeutung. Fast allen Förderanträgen kann entsprochen werden, allerdings wird die gewünschte Höhe oftmals reduziert. Neben den Einzelspenden tragen eine Stiftung im kulturellen Bereich und der Ludwig-Metzger-Preis, der jährlich an gemeinnützige Einrichtungen und Institutionen verliehen wird und sich aus Geldern der Kundenlotterie PS-Losparen speist, zur Erhöhung der regionalen Lebensqualität bei. Ferner findet eine jährliche Ausschüttung an die Stadt Darmstadt statt, die diese jedoch nur für gemeinnützige Projekte verwenden darf.

9.1.4 Ergebnisse

Zusammenfassend lassen sich folgende Punkte aus der Analyse der Region Darmstadt als wesentlich für die Untersuchung herausstellen:

Erstens zeigt das Beispiel, dass Sparkassen auch in städtischen prosperierenden Regionen, in denen ein wettbewerbsintensives Umfeld privater Banken aktiv ist, eine wichtige Funktion in der Mittelstandsfinanzierung übernehmen, die sich durch den Rückzug der privaten Banken aus der Mittelstandsfinanzierung verstärkt hat.

Zweitens wird eine Gemeinsamkeit zwischen lokaler Wirtschaftsförderungspolitik und Unterstützungsstrategie der Sparkasse deutlich. Sowohl die städtische Wirtschaftsförderung als auch die örtliche Sparkasse setzten bis vor kurzem nicht direkt auf Clusterförderung. So gibt es eine gemeinsame strategische Ausrichtung, die sich aufgrund informeller Netzwerke und Kontakte ergibt. Dabei ist aber augenfällig, dass die Sparkasse durch Förderung einzelner Projekte und Unterstützung von Netzwerken und Kooperationen eine indirekte Clusterförderung betreibt.

Drittens demonstriert das Beispiel die Pfadabhängigkeit regionaler Entwicklung und die Bedeutung historischer Wurzeln regionaler Kompetenzen (vgl. Kap. 1.3). Der Erfolg der Region liegt u.a. darin begründet, dass sich wissenschaftliche und technologische Kompetenzen über einen langen Zeitraum gebildet und basierend auf den vorhandenen Kompetenzen immer wieder neu ausgerichtet haben.

In diesem Zusammenhang wird **viertens** deutlich, dass Cluster auch dann erfolgreich sein können, wenn sie von den öffentlichen Akteuren nicht explizit unterstützt werden, also kein Clustermanagement betrieben wird. Es reicht in diesem Zusammenhang aus, wenn die öffentliche Hand die notwendigen Foren und Freiräume zur Verfügung stellt und eine Vernetzung unterstützt. Die Cluster können zwar ex-post als Erfolgsfaktoren herangezogen werden, inwieweit dies auf andere Regionen übertragbar ist, bleibt allerdings offen.

Fünftens zeigt das Beispiel, dass die örtliche Wirtschaftsförderung, die in Darmstadt bislang nur über vier Mitarbeiter verfügte, nicht zwingend der zentrale Akteur für die regionale Entwicklung sein muss. So nimmt der Präsident der TU in der Vernetzung der relevanten Akteure eine wichtige Rolle ein. Ein solches regionales Engagement ist dann besonders erfolgreich, wenn es in einer klar wahrnehmbaren Stadt oder Region mit einer ausgeprägten Identität zum Zuge kommt.

Sechstens ist auf die Positionierung in verschiedenen Raumkontexten hinzuweisen. Wirtschafts- und siedlungsstrukturell zeigt Darmstadt ein eigenständiges Profil auf. Um sich national und global zu positionieren und den unterschiedlichen regionalen wirtschaftlichen Verflechtungen Rechnung zu tragen, ist es für Darmstadt jedoch notwendig, in verschiedenen räumlichen Kontexten zu agieren und entsprechende Kooperationen einzugehen.

So wurde gemeinsam mit den umliegenden Landkreisen die Wirtschaftsförderung Region Starkenburg gegründet, in der Darmstadt das städtische Zentrum darstellt. Im Rahmen der internationalen Standortvermarktung bindet sich Darmstadt in die Region Rhein-Main mit dem Zentrum Frankfurt ein. Um den Raum südlich von Darmstadt nicht zu vernachlässigen, der wirtschaftsstrukturell ebenfalls mit Darmstadt verbunden ist, soll zukünftig stärker der Begriff Rhein-Main-Neckar profiliert werden. Darmstadt versteht sich in diesem Zusammenhang als Bindeglied zwischen den polyzentrischen Räumen Rhein-Main und Rhein-Neckar (Benz 2004: 8).

Siebtens zeigt das Beispiel, dass selbst bei Zentren, die nicht über eine metropolitane Größe verfügen, Agglomerationsnachteile wie ein hohes Aufkommen an Pendlerverkehren und hohe Wohnkosten entstehen können.

Achtens wird an der schwächeren Entwicklung des *Odenwaldes* deutlich, dass zwar restriktive naturräumliche Vorgaben die wirtschaftliche Entwicklung bremsen können, dies jedoch mit gesellschaftlichen, ökologischen und auch ökonomischen Vorteilen in der Gesamtregion einhergehen kann. Dazu bedarf es aber einer räumlichen Arbeitsteilung und eines überregionalen Konsenses, der für die Region Odenwald akzeptabel ist. Dies könnte zum Beispiel bedeuten, dass sich die wirtschaftliche Funktion des Odenwaldes in Teilen darauf beschränkt ökologischer Ausgleichsraum zu sein, wofür die Region dann Anspruch auf eine entsprechende Vergütung haben müsste. Eine solche räumliche Arbeitsteilung setzt voraus, dass sich die Raumordnung und regionale Strukturpolitik von dem Ziel verabschiedet, in allen Teilräumen eine gleiche wirtschaftliche Entwicklung realisieren zu wollen (vgl. die in Kap. 2.2 aufgezeigte Differenzierung zwischen Entwicklungs- und Versorgungsstrategie).

9.2 Stadt Dortmund

Mit rund 590.000 Einwohnern gehört Dortmund zu den zehn größten Städten Deutschlands. Aufgrund der Randlage im östlichen Ruhrgebiet nimmt die Stadt für Westfalen eine Zentralitätsfunktion ein. Die Bevölkerungsdichte ist mit rund 2.100 EW/km² recht hoch, variiert aber innerhalb des Stadtgebiets erheblich. Die Stadt profitiert davon, dass sie im Gegensatz zu anderen Städten im Ruhrgebiet aufgrund der Größe des Stadtgebiets einen Teil der Suburbanisierung innerhalb der Stadt realisieren kann.

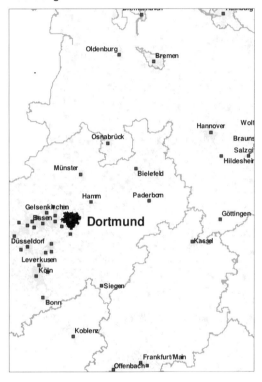

Abbildung 40: Stadt Dortmund

Sowohl bezogen auf den Individualverkehr (Autobahnen) als auch den Schienen- und Wasserwegeverkehr ist Dortmund nicht nur gut mit dem Umland vernetzt, sondern nimmt für den Schienen- und Straßenverkehr wichtige Knotenpunktfunktionen ein. Ferner konnte der Dortmunder Regionalflughafen seine Angebote in den letzten Jahren ausweiten.

Die Industrialisierung und damit die Entwicklung zur Großstadt verdankt Dortmund – wie viele andere Städte im Ruhrgebiet – den vormals reichhaltigen Kohlevorkommen, woraus sich die Stahlwirtschaft am Standort entwickelte. Dritte Säule der städtischen Wirtschaft war bis in die 70er Jahre des vergangenen Jahrhunderts die Bierproduktion, die Mitte der 1960er Jahre rund 6.800 Menschen[123] beschäftigte.

---

[123] http://www.wdr.de/themen/wirtschaft/wirtschaftsbranche/brauereien/index_050201.jhtml?rubrikenstyle=wirtschaft

Mit dem Niedergang des Bergbaus und der Stahlwirtschaft kam es zu erheblichen Arbeitsplatzverlusten und auch die Brauerei- und Getränkewirtschaft baute am Standort aufgrund der Produktivitätsfortschritte Arbeitsplätze ab. Innerhalb der letzten 25 Jahre war der Verlust an Arbeitsplätzen im verarbeitenden Gewerbe in Dortmund rund dreimal höher als im Bundesgebiet. Kompensiert wurden die Arbeitsplatzverluste teilweise im Handel und Dienstleistungsgewerbe (Bömer 2005: 8ff, Bade/Kiehl 2002: 30). So liegt der Beschäftigtenanteil im dritten Sektor mit rund 75% weit über dem Landes- und Bundesdurchschnitt. Auch die Beschäftigten im Bereich der unternehmensnahen Dienstleistungen sind überdurchschnittlich stark vertreten. Allerdings ist der hohe relative Anteil der Beschäftigten im tertiären Sektor auch auf den Arbeitsplatzverlust im verarbeitenden Gewerbe zurückzuführen.

Dortmund nimmt nach dem ReEnt-Indikator (vgl. Kap. 7.2.2) Rang 245 von 439 Rangplätzen ein, was für eine westdeutsche Stadt insofern ein schwaches Ergebnis ist, da die ostdeutschen Kreise und kreisfreien Städte hintere Plätze einnehmen. Da Dortmund im Rahmen seiner Standortpolitik seit Jahren auf Kompetenzfelder setzt, profitiert die Stadt von einem guten Image, das sich bei verschiedenen populärwissenschaftlichen Rankings zeigt. So erreichte die altindustrielle Stadt Rang 28 von 60 Plätzen im Ranking der Zeitschrift Capital Anfang 2005 (Capital: 18) und das Handelsblatt (21.07.2004) bezeichnete die Stadt gar als „Stillen Star" und schreibt: "kaum eine andere Ruhrgebietstadt hat den Strukturwandel so gut verkraftet".

9.2.1 Wirtschaft, Arbeit und Potenziale

Trotz der hohen Arbeitsplatzverluste im sekundären Sektor und der nicht ausreichenden Dynamik in der Dienstleistungswirtschaft verfügt Dortmund über besondere Potenziale und relative Stärken in seiner Branchenstruktur, die mit spezifischen Standortvorteilen einhergehen. Die beinahe solitäre Lage am östlichen Rand des Ruhrgebiets ermöglicht beispielsweise besondere Entwicklungen im Einzelhandel, ferner spielen die Universität mit integriertem Technologiepark, diverse Forschungsinstitute sowie Gründer- und Unternehmerzentren eine wichtige Rolle. Teilweise ergeben sich die aktuellen Kompetenzen aus der Weiterentwicklung historischer Wirtschaftsstrukturen. Dortmund betreibt seit einigen Jahren eine Kompetenzfeldpolitik, bei der die folgenden am Standort konzentrierten Branchen im Fokus stehen:

Informationstechnologie (IT): Dortmund gehört mit rund 650 IT- Unternehmen zu den größten IT-Standorten Deutschlands. Die Universität mit dem Studiengang Informatik, diverse Institute und die Fachhochschule stellen in diesem Zusammenhang wichtige Potenzialfaktoren dar. Der Kern des Dortmunder IT-Clusters entstand im Bereich der Anwendungssoftware in den 1970er und -80er Jahren im universitären Umfeld. Ergänzend waren traditionelle Branchen wie Maschinenbau oder der Montanbereich und dessen Zulieferer als Nachfrager von Bedeutung (Rehfeld/Wompel 1999). Eine tragende Rolle bei der Entwicklung des Dortmunder IT-Clusters spielt das 1.050 Mitarbeiter beschäftigende Unternehmen Materna. Winfried Materna war in seiner damaligen Funktion als IHK-Präsident Mitbegründer des regionalen Unternehmensnetzwerks *Networker Westfalen e.V.* (bis April 2005 Mybird e.V.), an dem neben der Wirtschaftsförderung Dortmund circa 100 IT-Unternehmen aus der Region, die den Verein gemeinsam finanzieren, beteiligt sind.

Mikrosystemtechnik: Diese neue Querschnittsbranche hat sich am Standort Dortmund dynamisch entwickelt. Nach Angaben der Stadt Dortmund arbeiten in den 24 Mikrosystemtechnik-Unternehmen am Standort aktuell rund 1.700 Beschäftigte. Wichtige Standortfaktoren für die Mikrosystemtechnik in Dortmund sind die Universität und die Fachhochschule mit diversen ingenieur- und naturwissenschaftlichen Studiengängen im Forschungsbereich Mikrotechnik, Nanostrukturen und Angewandte Mikroelektronik. Der Standort spielt bei der Entwicklung der Mikrosystemtechnik eine besondere Rolle, was auch politisch von Seiten des Landes NRW unterstützt wird. So ist der vom Land geförderte Fachverband für Mikrotechnik (IVAM) am Standort Dortmund ansässig.

Logistik: Potenzialfaktoren für die Logistikwirtschaft sind die verkehrlichen Knotenpunkte im Bereich Straße und Schiene, der Dortmunder Flughafen, der Binnenhafen am Dortmund-Ems-Kanal, die operative Logistik mit der Vielzahl an Umschlagplätzen und die IT-Kompetenz am Standort. Hinzukommen forschungsseitige Potenziale: Diverse Fachgebiete und Lehrstühle an der Universität befassen sich direkt oder indirekt mit Logistik. Ferner befindet sich das Fraunhofer-Institut für Materialfluss und Logistik in Dortmund. Die Logistikwirtschaft ist seit Jahren, wenn auch mit schwankender Intensität, eine Wachstumsbranche[124] in Dortmund und ist aus Sicht Dortmunds auch deshalb ein wichtiges Feld, da sie – zumindest im Bereich der operativen Logistik – geeignet ist, Arbeitsplätze für geringer Qualifizierte zu schaffen. Jedoch sind die Wachstumspotenziale in der Logistikbranche aufgrund ihrer Flächenintensität im Ballungsraum Dortmund begrenzt.

---

[124] Da bei Speditionsbetrieben viele Fahrer freiberuflich tätig sind und daher nicht in der Statistik der sozialversicherungspflichtig Beschäftigten auftauchen, kann das Beschäftigungspotential in der Logistik-Branche nur annähernd bestimmt werden.

Die Entwicklung der drei Kompetenzfelder ist unterschiedlich. Die Logistikbranche hat sich am Standort konsolidiert und zeigt weiter steigende Umsatzzahlen. Die Mikrosystemtechnik verzeichnet einen starken relativen Anstieg der Arbeitsplätze, der in absoluten Zahlen gemessen jedoch eher unerheblich ist. Da sich die IT-Branche als noch immer junge Branche neu organisiert, werden – so die Aussage von Thomas Ellerkamp, dem stellvertretenden Leiter der Wirtschaftsförderung – teilweise Unternehmen, die vor wenigen Jahren in Dortmund gegründet wurden, von größeren Unternehmen aufgekauft und nach kurzer Zeit an deren originären Standorten integriert, so dass im Dortmunder Raum Entzugseffekte wirksam werden.

Trotz der positiven Entwicklung der Kompetenzfelder konnten die Arbeitsplatzverluste im gewerblichen Bereich bei weitem nicht ausgeglichen werden. Hinzu kommt, dass die neu entstandenen Arbeitsplätze – z.B. in der Softwareentwicklung oder in der Mikrosystemtechnik – aufgrund der Anforderungsprofile keinen adäquaten Ersatz für die weggefallenen Arbeitsplätze bieten. Ferner verstärkt sich die sozialräumliche Segregation innerhalb der Stadt, da die Stadtteile uneinheitlich von der wirtschaftsstrukturellen Neuausrichtung profitieren.[125]

9.2.2 Wirtschaftsentwicklungsstrategie / Institutionelle Einbindung

Seit Ende der 1990er Jahre setzt Dortmund auf die Entwicklung der drei bereits beschriebenen Branchen bzw. Kompetenzfelder.[126] Trotz einiger Kritik[127] gab und gibt es, so die Dortmunder Wirtschaftsförderung, einen *breiten Konsens* zwischen Unternehmen und öffentlichen Akteuren. Vertreter der örtlichen Sparkasse wie auch der Dortmunder Wirtschaftsförderung sehen diesen *Dortmunder Konsens* als wichtigen Impuls für die Aufbruchstimmung und sind sich einig, dass dazu auch eine gewisse Offenheit sowie Dialog- und Kommunikationsbereitschaft gehörten, um gemeinsam in Netzwerken zu lernen.

Im Jahr 2000 wurde als Kernelement der Clusterförderung das *dortmund-project* gegründet, welches gemeinsam von der Stadt Dortmund, der ThyssenKrupp AG

---

[125] Um der ökonomischen Segregation innerhalb der Stadt entgegen zu wirken, beteiligt sich die Stadt Dortmund mit dem Stadtteil *Nordstadt*, der eine um 10%-punkte höhere Arbeitslosigkeit als die Gesamtstadt aufweist, an dem europäischen Förderprogramm URBAN, eine seit 1994 bestehende Gemeinschaftsinitiative der EU zur Unterstützung von Stadtteilen mit besonderen Problemlagen.

[126] Die Fokussierung auf diese drei Kompetenzfelder basierte auf einer Untersuchung des Instituts Arbeit und Technik aus dem Jahr 1998 (Rehfeld/Wompel 1999).

[127] Die Kritik rührte u.a. aus der Tatsache, dass die Stadt noch immer an den Folgen einer Konzentration auf wenige Branchen (Kohle und Stahl) zu leiden hat und sich nicht durch eine erneute Konzentration auf wenige Wirtschaftsfelder den gleichen Gefahren aussetzen will.

und der Unternehmensberatung McKinsey & Company initiiert wurde. Auslöser und Grund für das Engagement der Thyssen-Krupp AG, die sich auch finanziell beteiligte, war der Arbeitsplatzabbau bei der Zusammenlegung von Thyssen und Krupp und die Zusage, Ersatzarbeitsplätze am Standort Dortmund zu schaffen. Als plakatives Ziel wurde formuliert, bis zum Jahr 2010 70.000 neue Arbeitsplätze zu schaffen.[128]

Im Rahmen einer Umstrukturierung wurde 2005 das dortmund-project, das dabei als Marke erhalten blieb, in die Wirtschaftsförderung integriert. Zukünftig wird es in der Grundstruktur die drei Geschäftsbereiche *dortmund-project*, *Dienstleistungszentrum Wirtschaft* (DLZW) und *Kooperationsstelle Arbeit und Region* geben.[129] Ziel dieser Neustrukturierung ist einerseits deutlicher auf die Branchen- und Clusterentwicklung zu setzen und andererseits der immer wieder aufkeimenden Kritik zu begegnen, dass die Wirtschaftsförderung nur Unternehmen innerhalb der vorab beschriebenen Kompetenzfelder einen guten Service offeriere und die anderen Branchen vernachlässige.

Um nicht einen zu engen Fokus zu haben und für neue Trends offen zu sein, setzt die Wirtschaftsförderung Dortmund neben der Entwicklung der drei beschriebenen Kompetenzfelder auf weitere Zukunftsbranchen[130] am Standort. Da diese momentan jedoch im interregionalen Vergleich keine relativen Stärken aufweisen, werden die Zukunftsbranchen nicht als Kompetenzfelder nach außen kommuniziert. Es handelt sich vielmehr um so genannte Suchräume, in denen nach interessanten Teilmärkten Ausschau gehalten wird.

Dass die Wirtschaftsförderung in dem beschriebenen Ausmaß handeln kann, liegt u.a. in der guten Ressourcenausstattung und hohen Beschäftigtenzahl (ca. 70 Mitarbeiterinnen und Mitarbeiter für alle drei Geschäftsbereiche) begründet, was wiederum mit der hohen Förderzuweisung des Landes und der EU (Ziel-2-Gebiet) zusammenhängt und sich auch daraus ergibt, dass Dortmund professionell in der Projektbeantragung und im Projektmanagement agiert.

---

[128] Vorbild dazu war das Wolfsburger-Modell, bei dem im Rahmen eines Verbundes öffentlicher und privater Akteure versucht wurde, der Stadt eine alternative wirtschaftliche Entwicklung zu ermöglichen, um die bei VW abgebauten Arbeitsplätze zu kompensieren (Ziesemer 2004).

[129] Im dortmund-project werden die Bereiche Branchen- und Clusterentwicklung, Flächen- bzw. Standortentwicklung sowie Gründungsförderung zusammengefasst. Das DLZW wird Service-Anlaufstelle für alle Unternehmen sein. Die Kooperationsstelle Arbeit und Region wird sich um das Themenfeld Menschen und Kompetenzen kümmern (http://www.dortmund-project.de/de/presse/presse_detail.jsp?cid=7690).

[130] Als Zukunftsbranchen bzw. Suchräume hat die Wirtschaftsförderung Dortmund die Fertigungs-, Produktions- und Robotertechnik, Bio-Tech sowie E-Health (Verbindung zwischen der IT-Wirtschaft und der Pflege- bzw. Gesundheitswirtschaft) definiert.

9.2.3 Stadtsparkasse Dortmund

Die Sparkasse entspricht von ihrer Geschäftstätigkeit her einer typischen Großstadtsparkasse und zeichnet sich dadurch aus, dass sie die Region intensiv im Strukturwandel begleitet. Bei der Sparkasse Dortmund überwiegt das Kundeneinlagengeschäft. Das relativ geringe Kreditgeschäft kompensiert sie ertragsseitig, wie die Sparkasse Darmstadt (vgl. Kap. 9.1.3), durch ein überproportional hohes Provisionsaufkommen, vor allem resultierend aus dem Versicherungsgeschäft. Die Geschäftsentwicklung der Sparkasse ist stabil, „insgesamt trotz des gesamtwirtschaftlichen Umfeldes zufrieden stellend", so die Experten der Sparkasse Dortmund im Interview. Das hohe Finanzierungsengagement im Rahmen der Cluster- und Technologiepolitik wird sich aus Sicht der Sparkasse langfristig positiv auswirken. Kurz- bis mittelfristig seien diesbezüglich aber einige Wertberichtigungen hinzunehmen gewesen. Da das wirtschaftliche Umfeld einer Region einen Einfluss auf den Ertrag habe, so die Gesprächspartner, wird versucht durch die explizite Begleitung der Stadt im Strukturwandel die regionalen Rahmenbedingungen zu verbessern.

Organisatorisch weist der neu strukturierte Geschäftskundenbereich eine Besonderheit auf, indem er nach den Feldern Handwerk, Dienstleistung, Handel, Neue Technologien und Freiberufler organisiert ist. Damit soll der wirtschaftsstrukturellen Neuausrichtung der Stadt entsprochen werden und das Wissen über die Kunden spezifischer genutzt werden.

Marktsituation und -anteile

Der Marktanteil der Sparkasse liegt bei nahezu 60% im Bereich Hauptbankverbindungen. Da sich die privaten Großbanken in den letzen Jahren aus der Unternehmensfinanzierung zurückgezogen haben, konnte der Marktanteil im Geschäftskundenbereich ausgebaut werden. Hauptkonkurrenten sind auf Grund der ähnlichen Geschäftsausrichtung die beiden genossenschaftlich organisierten Banken in Dortmund. Zunehmende Konkurrenz stellen die so genannten Direktbanken, die nur Fragmente der Bankdienstleistung anbieten, und die Internetbanken dar. Ferner sei die Postbank im Privatkundenbereich eine sehr ernstzunehmende Konkurrenz.

Da die Stadt Dortmund zunehmend mit anderen Banken, wie der *WestLB* oder der *NRW.Bank* zusammenarbeitet, ist der Bereich *Public-Finance* rückläufig. Die Sparkasse will der Stadt diesbezüglich zukünftig verstärkt Angebote machen und damit die Kundenbindung zur Stadt zu erhöhen.

Fusionen, Zweigstellen und Konzentration innerhalb der Stadt

Fusionen sind gegenwärtig nicht geplant, eine Art *Ruhrgebietssparkasse* sei jedoch irgendwann und in irgendeiner Form denkbar. Fusionen bewirken aus Sicht der Sparkasse skalenökonomische Ersparnisse, haben aber ihre Grenzen und stellen kein Allheilmittel dar. Wenn die Geschäftsgebiete zu groß werden, bestehe die Gefahr einerseits Marktkenntnisse zu verlieren und andererseits sich nur noch auf die wirtschaftlich viel versprechenden Standorte innerhalb des Geschäftsgebiets zu konzentrieren und damit dem öffentlichen Auftrag nicht mehr gerecht zu werden. Die Vorteile einer Fusion sind teilweise auch durch (regionale) Kooperationen im Back-Office-Bereich zu realisieren, so die Meinung der Gesprächspartner. Eine diesbezügliche regionale Abwicklungsgesellschaft existiert allerdings im Geschäftsgebiet des Westfälischen Sparkassen- und Giroverbands (noch) nicht.

Die Sparkasse Dortmund hat eine umfassende Neuausrichtung ihrer Zweigstellenkonzeption vorgenommen und sich dabei im Wesentlichen an dem *Vertriebskonzept 2010*[131] des DSGV orientiert. Im Zuge dessen wurden die Zweigstellen stark automatisiert, so erfolgt die Bargeldversorgung fast nur noch über SB-Kassenautomaten. Um verstärkt in der Beratung und im Vertrieb eingesetzt werden zu können, wurden die Kundenberater so weit wie möglich von Routineaufgaben befreit. Hochwertige spezialisierte Beratungen werden auf die Hauptstelle und wenige Zweigstellen konzentriert. Geschlossen wurde aber keine Zweigstelle in Dortmund.

Regionale Entwicklung und Kreditportfolio

Nach Aussage von Thomas Ellerkamp von der Dortmunder Wirtschaftsförderung übernimmt die Sparkasse eine wichtige Funktion in der Mittelstandsfinanzierung. In der Regel ziehen sich – so der Dortmunder Wirtschaftsförderer – die privaten Banken bei Liquiditätsengpässen schnell zurück, da sie einerseits aufgrund der fehlenden mentalen Nähe zu ihren Kunden die Situation der Unternehmen nicht so gut beurteilen können und andererseits vor Ort nur über geringe Entscheidungsbefugnisse verfügen und sich erst die Rückendeckung aus der Zentrale holen müssen, die die Situation am Standort noch weniger beurteilen kann. Bei Sanierungsfällen besteht eine intensive Zusammenarbeit zwischen der Wirtschaftsförderung und der Sparkasse bzw. den genossenschaftlichen Banken. Die Sparkasse selbst verfügt

---

[131] Die Strategie 2010 sieht vor, dass die Standardgeschäftsstelle das Service-Tagesgeschäft aller Kunden möglichst automatisiert abwickelt und sich intensiv um vermögende Privatkunden kümmert. Für Firmenkunden werden spezialisierte Betreuer außerhalb der Zweigstellen zuständig sein. Gleichzeitig ist geplant, neue Zweigstellen in Einkaufszentren zu errichten.

nach eigenen Angaben über ein Netzwerk von Unternehmensberatungen etc., welches bei finanziellen Schieflagen von Unternehmen aktiviert wird.

Laut Ellerkamp zeigen die privaten Banken nicht nur bei Sanierungsfällen ein geringeres Engagement, sondern haben sich in den vergangenen Jahren insgesamt aus dem Finanzierungsgeschäft im Bereich der KMU-Finanzierung zurückgezogen. Die Volksbanken übernehmen eine ebenso wichtige Rolle, seien aber traditionell stärker im Handwerk engagiert. Die Sparkasse empfindet Ellerkamp als „zentralen Verbündeten bei der Entwicklung des Standorts". Eine Privatisierung hätte aus seiner Sicht mittel- bis langfristig katastrophale Folgen für den Standort.

Obwohl sich die Sparkasse auch im Rahmen der Unternehmensfinanzierung bei den Dortmunder Kompetenzfeldern engagiert, besteht nach eigener Aussage keine Klumpung von Risiken (vgl. Kap. 6.1), da die Cluster in sich funktional diversifiziert seien und verschiedenen Branchen zugerechnet würden.

Da Kapital ein wichtiger Engpassfaktor für die Entwicklung von Branchen ist und am Standort Dortmund ein Mangel an Risikokapitalangeboten bestand, legte die Sparkasse 1999 einen Risikofonds mit 15 Mio. € Stammkapital auf.

Dies wurde von den städtischen Akteuren sehr begrüßt. Risikominimierung, sich trotzdem in der Standortentwicklung engagieren und dabei Gewinne erwirtschaften waren die wesentlichen Gründe, warum die Sparkasse die *SparkassenVentureCapital Dortmund GmbH* (SVC) als 100%ige Tochter der Sparkasse gründete. Der Fonds beteiligt sich im Rahmen von Minderheitsbeteiligungen an Unternehmen[132] im Großraum Dortmund mit einer Summe zwischen 100.000 und 1 Mio. €. Eine Beteiligung unter dieser Summe ist laut Gerhard Steinkamp – Geschäftsführer des SVC – nicht rentabel.

Um das Risiko zu minimieren und andererseits Know-how, zum Beispiel bezüglich der Marktaussichten bestimmter Produktinnovationen, einzubringen, werden in der Regel spezialisierte Fonds beteiligt. Expertisen, insbesondere bei Gründungen im Hochtechnologiebereich, beschafft sich der Fonds auch bei Beratungsunternehmen. Ferner wird versucht die Beteiligungen über Landesbürgschaften abzusichern. Die mit Beteiligungskapital versorgten Unternehmen werden von der SVC

---

[132] Zielgruppe sind insbesondere Unternehmen aus den Bereichen Electronic Commerce, Virtual Reality, Cyberspace, Informations- und Softwaretechnologie, Kommunikationstechnik, Telekommunikation, Neue Medien, Entertainment, Call-Center, Robotertechnik, Mikrotechnik, Luft- und Raumfahrttechnik, Gentechnik, Biotechnologie, Medizintechnik, Umwelt- und Recyclingtechnik, Infrastruktur-Sanierung und Alternativenergie-Erzeugung.

intensiv betreut. Der wirtschaftliche Erfolg des Fonds, so Steinkamp, kann zurzeit noch nicht abgesehen werden, da sich Beteiligungen erst nach sechs bis sieben Jahren auszahlen. Es wurde bereits Anfang der 1980er Jahre ein Fonds gegründet, an dem auch die örtlichen Volksbanken und einige lokale Unternehmen beteiligt waren. Da er auch eingesetzt wurde, um Unternehmen in Krisensituationen zu stützen, war er wirtschaftlich nicht erfolgreich und musste eingestellt werden.

Eine Versorgungslücke sehen sowohl Gerhard Steinkamp vom SVC als auch Thomas Ellerkamp von der Wirtschaftsförderung in der *Seed-Finanzierung*[133], die auch der SVC aufgrund des hohen Risikos nicht alleine abdecken kann. Daher ist gemeinsam mit der örtlichen Sparkasse, der *NRW.Bank* und der *Schüchtermann-Schillerschen Familienstiftung* Anfang 2006 der *Seed Capital Dortmund Fonds* mit einem Grundkapital von 10 Mio. € aufgelegt worden.

Neben der Rolle als Kapitalgeber übernimmt, so Dieter Steemann, ebenfalls von der Wirtschaftsförderung, die Sparkasse eine wichtige Funktion im Aufbau von Netzwerken und bei der Durchführung und Finanzierung von Projekten. So beteiligt sich die Sparkasse an dem branchenspezifisch organisierten Dortmunder Gründerwettbewerb *start2grow*, indem sie zum Beispiel die Teilnehmer coacht, bei der Erstellung eines Businessplans behilflich ist und sich an der Jury beteiligt. Natürlich erhofft man sich dadurch auch Neukunden, die nach einigen Jahren gewinnbringend werden, so die Sparkasse. Denn, da sind sich die Gesprächspartner der örtlichen Sparkassen einig, eine Existenzgründerfinanzierung rentiert sich aufgrund des hohen Prüfaufwands und der Risiken erst, wenn daraus etablierte Unternehmen geworden sind und die Geschäftsbeziehung zur Sparkasse weiter besteht. Aufgrund des geringen Engagements der privaten Großbanken in diesem Geschäftsbereich sei das Risiko, dass diese Kunden – sind sie einmal etabliert – von anderen Banken übernommen würden, aktuell eher gering (vgl. zum so genannten Trittbrettfahrer-Problem Kap. 1.4.2).

---

[133] Darunter wird die Finanzierung einer Produktinnovation oder Geschäftsidee verstanden, die noch keine Marktreife hat und für die daher in der Regel noch kein Business-Plan besteht. Die eigentliche Start-Up-Finanzierung schließt sich an die Seed-Finanzierung an.

Engagement der Sparkasse

Auch die Sparkasse Dortmund setzt sich neben ihrer Funktion als Finanzintermediär auf zwei Ebenen für den Standort ein: Einerseits wird versucht die Mitarbeiterinnen und Mitarbeiter dafür zu sensibilisieren, dass sie bei einer gemeinwohlorientierten Bank beschäftigt sind und anzuregen, sich für die Region einzubringen. Anderseits engagiert sich die Sparkasse Dortmund bei einer Vielzahl von Projekten in personeller und finanzieller Hinsicht und hat in zwei Stiftungen mehrere Mio. € investiert. Die Zuwendungen werden, so die Sparkasse selbst, nach dem größtmöglichen regionalen Nutzen vergeben, wobei gerade beim Sponsoring auch die Werbewirksamkeit für die Sparkassen eine Rolle spiele. Die gemeinnützigen Ausgaben sind in den letzten Jahren aufgrund der schlechteren Ertragslage leicht zurückgegangen und lagen im Jahr 2004 bei rund 1,26 Mio. € zuzüglich ca. 67.000 € Ausschüttung aus den Stiftungen. Es erfolgt eine jährliche Ausschüttung an die Stadt, die diese nach dem Sparkassengesetz des Landes NRW für gemeinnützige Zwecke zu verwenden hat.

9.2.4 Ergebnisse

Bei einer abschließenden Betrachtung der wirtschaftlichen Entwicklung, der lokalen Wirtschaftsförderungsstrategie und der Sparkasse Dortmund ergeben sich folgende Punkte, die für die hier vorliegende Untersuchung von Interesse sind:

Erstens zeigt auch dieses Beispiel, dass Sparkassen in der Lage sind, sich der kommunalen Wirtschaftsförderungsstrategie anzupassen. Die Sparkasse Dortmund beteiligt sich an der Entwicklung endogener Kompetenzfelder, hat ihre Organisation in Teilen danach ausgerichtet und verfügt über ein hohes Wissen bezüglich Kompetenzfeldpolitik und Regionalökonomie.

Zweitens ist anzumerken, dass Sparkassen sich auch mit ihren Finanzierungsangeboten den lokalen Anforderungen in gewisser Weise anpassen. Beispielhaft dafür können der Risikofonds der Sparkasse, der aufgrund der Anfrage öffentlicher Akteure entstanden ist, oder der neue Wagniskapital-Fonds, der das Angebot im Bereich Seed-Finanzierung erweitert, angeführt werden.

Drittens zeigt die Betrachtung der Region Dortmund und der örtlichen Sparkasse die zentrale Bedeutung von regionalorientierten Kreditinstituten, da sie die Situation der Unternehmen im Kontext der regionalen Wertschöpfungskette einschätzen können. Diese Funktion ist in Dortmund durch den Rückzug der privaten Banken wichtiger geworden und ist bei Liquiditätsengpässen von KMU von zentraler Bedeutung. Unter Bezugnahme auf die neue Bankentheorie (vgl. Kap. 1.4.2) wird deutlich, wie stark räumliche Nähe Informationsasymmetrien reduzieren und damit die Bereitschaft Kredite zu vergeben, beeinflussen kann.

Als **viertes** ist die Aussage der Sparkassenmitarbeiter von Interesse, dass sich Existenzgründerfinanzierungen erst auf längere Sicht lohnen und dass es ein Vorteil sein kann, in weniger wettbewerbsintensiven Märkten in die Informationsbeschaffung zu investieren, da die Gefahr geringer ist, dass die Konkurrenz diese Kunden, sind sie einmal etabliert, *abjagt*.

Fünftens wird deutlich, dass die Impulse für ein spezifisches regionalökonomisches Engagement der Sparkasse nicht immer von ihr selbst ausgehen. So wurde das Gründernetzwerk, bei dem die Sparkasse eine wesentliche Rolle spielt, vom dortmund-project initiiert.

Ein solches Vorgehen kann natürlich und dies ist die **sechste** Erkenntnis, nur funktionieren, wenn es einen gemeinsamen Konsens der regionalen Akteure über die Standortentwicklung gibt. Dies bedeutet, dass die Akteure bereit sein müssen, gemeinsam zu lernen, wie Strukturwandel in der Region funktioniert. Eine solche *Governance-Struktur* ist damit auch eine der Voraussetzungen, um erfolgreiche Standortentwicklung zu betreiben (vgl. Kap. 3.4).

Siebtens wird deutlich, dass trotz des *Dortmunder Konsenses* und ausgewiesener relativer Stärken des Standorts die wirtschaftliche Entwicklung mäßig ist. Dies sagt aber nicht, dass Wirtschaftsförderung wirkungslos ist, sondern nur, dass ihre Wirkung nicht überschätzt werden darf, nicht grundsätzlich gegen den gesamtwirtschaftlichen Trend agiert werden kann und regionale Wirtschaftsentwicklung meist pfadabhängig (vgl. Kap. 1.3) ist.

Achtens zeigt das Beispiel, dass auch eine altindustrielle, vom Strukturwandel stark betroffene Stadt, die zumindest auf den ersten Blick nicht über städtebauliche oder kulturelle Highlights verfügt, ein positives Image schaffen kann. Ferner wird deutlich, dass bei der Umsetzung von Projekten und Beschaffung öffentlicher Fördermittel nicht nur die endogenen Stärken eine Rolle spielen, sondern auch die Fähigkeit der öffentlichen Akteure auf entsprechende Förderprogramme zu reagieren. Das heißt aber nicht, dass alle vom Strukturwandel betroffenen Städte zu jeder Zeit die Möglichkeit haben, in ähnlicher Weise zu agieren. Dortmund hat schon aufgrund seiner Lage, am Rand des Ruhrgebiets, besondere Chancen im Strukturwandel.

Neuntens zeigt sich, dass das Ergebnis einer erfolgreich erscheinenden Kompetenzfeldpolitik, in Arbeitsplätzen gemessen, gering ausfällt und damit keinesfalls mengenmäßig ausreichender Ersatz für die weggefallenen Industriearbeitsplätze geschaffen werden kann. Auch wird deutlich, dass die Ausrichtung auf einzelne Branchen bzw. Kompetenzfelder politisch schwer durchzuhalten ist.

Zehntens kann daher abschließend festgehalten werden, dass der Kompetenzfeldansatz zwar für eine Region wie Dortmund alternativlos, jedoch als lokale Wirtschaftsstrategie keinesfalls ausreichend und auch nicht als generelles Konzept auf alle Regionen übertragbar ist.

9.3 Landkreis Biberach

Der zur Region Oberschwaben gehörende Landkreis Biberach liegt im Dreieck zwischen Stuttgart, München und Zürich (bzw. der Bodenseeregion). Die Bevölkerung von rund 185.000 Einwohnern verteilt sich auf 45 Gemeinden und eine Fläche von 1.410 km². Die Bevölkerungsdichte ist mit 131 Einwohnern pro km² nur halb so hoch wie im baden-württembergischen Durchschnitt. Infolge eines anhaltenden Bevölkerungs- und Arbeitsplatzwachstums nehmen Bevölkerungsdichte und Verstädterung jedoch zu. Andere Landkreise mit einer ähnlich positiven Entwicklung befinden sich in der

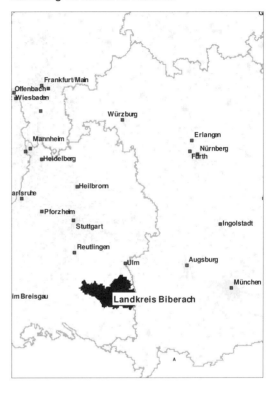

Abbildung 41: Landkreis Biberach

Regel in den Speckgürteln erfolgreicher Agglomerationen und profitieren von Suburbanisierungsprozessen (vgl. Kap. 2.3). Der Landkreis Biberach verfügt jedoch über eigene wirtschaftliche Kerne, insbesondere im exportorientierten gewerblichen Bereich, die die positive Entwicklung begründen.[134]

---

[134] Trotz der positiven Trends ist das Bruttoinlandsprodukt pro Erwerbstätigem und je Einwohner im Verhältnis zum Bundesland leicht unterdurchschnittlich. Dies hängt u.a. damit zusammen, dass einige Arbeitnehmer Teilzeit-Stellen bekleiden und im Nebenerwerb ihre landwirtschaftlichen Betriebe bewirtschaften, dass das Preis- und Lohnniveau relativ niedrig ist und dass Beschäftigte mit hoher Qualifikation infolge des hohen Anteils an gewerblicher Wirtschaft nur schwach vertreten sind.

Bei dem ReEnt-Indikator belegt der Landkreis Biberach Platz 8 von 439 Kreisen und kreisfreien Städten. Der gesamte IHK-Bezirk Ulm – der Landkreis Biberach ist Teil davon – schneidet bei vielen Standortrankings sehr gut ab und belegte zum Beispiel bei der Online Umfrage *Perspektive Deutschland* in verschiedenen Kategorien Spitzenplätze (IHK Ulm 2005).[135]

9.3.1 Wirtschaft, Arbeit und Potenziale

Der „Spätzünder Oberschwaben" (Schneider/Weigele 2003: 5) hat seinen wirtschaftlichen Anschluss erst nach dem Zweiten Weltkrieg begonnen. Ein wesentlicher Impuls war die Ansiedlung des pharmazeutischen Unternehmens *Boehringer Ingelheim Pharma KG*[136] in den 70er Jahren des vergangenen Jahrhunderts, das sich mit biopharmazeutischen Produkten einen Namen gemacht hat und mittlerweile fast 4.000 Mitarbeiter am Standort Biberach beschäftigt. Im Sog von Boehringer Ingelheim siedelten sich weitere pharmazeutische Unternehmen an. Ferner entwickelte sich die Branche Medizintechnik gut durch die Verzahnung zu den vielen Handwerksbetrieben, die teilweise als spezialisierte Zulieferer fungierten. Pharmazie, Medizin- und Biotechnik zählen heute zu den Stärken, mit denen sich die Region Oberschwaben insgesamt profiliert. Der IHK-Bezirk Ulm ist eine von 26 Regionen in Deutschland, die das Label *BioRegio* tragen. Unter diesem Label, das ehemals an Regionen vergeben wurde, die den gleichnamigen Bundeswettbewerb gewonnen haben (vgl. Kap. 2.2.2.1), firmieren Regionen, die über besondere Kompetenzen im Bereich der Biotechnologie verfügen, die regionale Akteure vernetzen und die Region nach außen entsprechend präsentieren. Wichtige wirtschaftsstrukturelle Kerne, die die Positionierung als BioRegio rechtfertigen, sind im Landkreis Biberach lokalisiert.[137] Nach Aussage von Wolfram Blüml, leitender Regierungsdirektor im Landkreis Biberach, war der Landkreis jedoch nicht die treibende Kraft bei der regionalen BioRegio-Initiative; die eigentliche Initiative ging von der Region Ulm aus. Die Entwicklung des Kompetenzfeldes Biotechnologie wird

---

[135] Biberach überbietet die umliegenden Kreise: Bei einer Untersuchung von Focus-Money, bei der die Landkreise bezüglich der Kriterien Investitionen im Gewerbe, Arbeitslosenquote, Wertschöpfung je Erwerbstätigen, Wanderungssaldo und Erwerbstätigenzahl eingestuft wurden, kam der Landkreis auf Platz 12 (Focus-Money 2004). In der Untersuchung von Focus-Money erreichte der im Westen angrenzende Landkreis Sigmaringen nur die Position 323. Bei der Erwerbstätigenentwicklung am Arbeitsort zwischen 2002 und 2003 liegt zwischen den Landkreisen eine vergleichbar hohe Spreizung vor: Biberach belegte den besten Platz in Baden-Württemberg und Sigmaringen den drittschlechtesten Platz (Statistisches Landesamt Baden-Württemberg 2005).
[136] Firmierte früher unter dem Namen Thomae.
[137] So befindet sich im Landkreis eine Mehrzweckanlage zur Großherstellung von Biopharmazeutika, die 2003 mit einer Investitionssumme von 255 Mio. € von Boehringer Ingelheim errichtet wurde.

von Seiten der Kreissparkasse durch die Stiftung eines Lehrstuhls für den neu gegründeten Studiengang *Pharmazeutische Biotechnologie* der Fachhochschule Biberach unterstützt.

Neben der Bio-, Medizintechnik und pharmazeutischen Industrie weist der Landkreis nach eigenen Angaben Stärken in den Bereichen Baumaschinen-, Werkzeugmaschinenbau und Metallverarbeitung auf. Obwohl die Region über eine hohe Lebensqualität verfügt, spielt der Tourismus keine wirtschaftsstrukturell prägende Rolle, da andere Regionen, etwa das Allgäu, etablierter seien.

Die am Standort ansässige Fachhochschule mit den dort angebotenen Studiengängen *Wirtschaft* und *Bauwesen* hat für die regionale Entwicklung bisher keine prägende Bedeutung, dies wird sich aber – so die Erwartung der Gesprächspartner – durch den neuen Studiengang *Pharmazeutische Biotechnologie* verändern. Die Nähe zur Universitätsstadt Ulm spielt, so der damalige Vorstandsvorsitzende[138] der Kreissparkasse, Otmar Weigele, nur im Rahmen der Grundlagenforschung eine Rolle. Direkte Zusammenarbeiten zwischen Unternehmen und Universitäten seien eher selten.

Rund 45% der sozialversicherungspflichtig Beschäftigten sind im produzierenden Gewerbe tätig, was für eine prosperierende Region ungewöhnlich viel ist. Für den Landkreis Biberach stellt dies aufgrund der hohen Exportorientierung der gewerblichen Wirtschaft im Landkreis jedoch eine der Voraussetzungen für den Erfolg dar und macht die Region unabhängig von der nationalen Binnenkonjunktur.

Nicht alle Teilregionen profitieren von der positiven Entwicklung im gleichen Maße. In einigen Kommunen des Landkreises (z.B. in Riedlingen) ist die wirtschaftliche Entwicklung wesentlich schwächer und es kommt zu ökonomischen und demographischen Schrumpfungsprozessen. Die schwächeren Teilregionen sind innerhalb des Landkreises eher peripher gelegen und verkehrstechnisch unzureichend angebunden. Die verkehrlichen Infrastrukturen zählen insgesamt zu den Schwächen des Landkreises, da der Kreis weder im Straßen- noch im Zug- oder Flugverkehr an die Hauptverkehrsströme angeschlossen ist.

---

[138] Während der Untersuchungslaufzeit verließ der Vorstandsvorsitzende der Sparkasse Biberach, Dr. Otmar Weigele, die Sparkasse. Auf die Kontinuität der Gespräche und Meinungsbildung der Sparkasse hatte dies keinen Einfluss.

9.3.2 Wirtschaftsentwicklungsstrategie / Institutionelle Einbindung

Der stellvertretende Landrat, Wolfram Blüml, ist neben einer Reihe weiterer Funktionen Wirtschaftsbeauftragter und wird dabei von einem Sachbearbeiter unterstützt. Im Landkreis setzt man weniger auf Wirtschaftsentwicklungs- oder Clusterstrategien als auf direkte Kontakte zu den Unternehmen. Aufgrund der über 30-jährigen Tätigkeit von Blüml im Landkreis und der damit einhergehenden guten Kontakte zu Verwaltung und Behörden lassen sich Genehmigungen sehr effizient organisieren.

Ein Wirtschaftsförderungsamt gibt es auf städtischer Ebene nur in Biberach. Der dort ansässige Mitarbeiter ist aber noch mit anderen Aufgaben betraut, so dass der Wirtschaftsförderung im Landkreis Biberach insgesamt wenige Ressourcen zur Verfügung stehen.

Auf Landkreisebene wird kein Standort- oder Regionalmarketing betrieben. Dass das eindeutige Kompetenzprofil der Region nicht für eine Vermarktung nach außen genutzt wird, ist nach Aussage der IHK Ulm auf die schwäbische Mentalität zurückzuführen. So werden Erfolge in Schwaben nicht gerne kommuniziert. Oder wie es der Vorstandsreferent der Kreissparkasse Wolfgang Schmitt ausdrückt: „Nicht geschimpft ist gelobt".

9.3.3 Kreissparkasse Biberach

Die Kreissparkasse Biberach betreibt zwar typische Bankgeschäfte für eine regionale Bank im ländlichen Raum, ungewöhnlich ist aber der hohe Eigenhandelsanteil (Wertpapiergeschäft auf eigene Rechnung) in der Bilanz, der vom Ertragsvolumen das Retailbanking übersteigt. Dies hat verschiedene Ursachen: Erstens verfügt die Sparkasse über genügend liquide Mittel und im Haus ist nach eigener Aussage das für Investmentbanking notwendige Know-how vorhanden. Zweitens ist für die Sparkasse das Wachstum in der Region aus betriebswirtschaftlicher Sicht ausgeschöpft, da eine Wachstumsgenerierung durch höhere Marktanteile in der Region nur durch einen harten Preiswettbewerb zu realisieren wäre. Drittens dienen die Investmentengagements der Risikominderung: Bei Regionalbanken bestehen, so Otmar Weigele, Klumpenrisiken aufgrund der oftmals einseitig konzentrierten Branchenstruktur vor Ort. Beteiligungen außerhalb der Region wirken daher *risikoavers* und diversifizieren das Portfolio. Viertens lässt sich mit den zusätzlichen

Einnahmen die Region noch stärker unterstützen. So wirkt, laut Weigele, das Investmentbanking wie der „Import eines Kapitalstocks in die Provinz".[139]

Die Kreissparkasse Biberach weist eine überdurchschnittlich gute Ertragssituation auf. Sowohl Zinsüberschuss als auch der Ertrag konnten über die letzten Jahre kontinuierlich erhöht werden. Aufgrund der erhöhten Zins- und Provisionsüberschüsse fiel die Cost-Income-Ratio (CIR), Kennziffer für effiziente Arbeitsweise, im Jahr 2004 deutlich. Wie der Leiter des Vorstandssekretariats Georg Stickel ausführte, bewegt sich die Eigenkapitalrendite trotz der hohen Eigenkapitalausstattung[140] seit Jahren deutlich oberhalb der 20%-Marke und wurde für das Jahr 2004 mit rund 25% bilanziert.

Der Erfolg der Kreissparkasse Biberach spiegelt sich auch im Ergebnis der *European Banking Study*, der *zeb/rolfes.schierenbeck.associates,* wieder. Diese hat ca. 4.000 Regionalbanken in Europa und 1.500 in Deutschland bezüglich Eigenkapitalrentabilität und CIR untersucht. In 2004 belegte die Kreissparkasse Biberach in Deutschland Platz 6 und in Europa Platz 246.[141]

Marktsituation und -anteile

Die Kreissparkasse Biberach hat vor Ort bei Hauptbankverbindungen einen Marktanteil von rund 38,2%. Die Wettbewerbsstruktur im Landkreis ist durch die am Standort vorhandenen 14 Genossenschaftsbanken gekennzeichnet, die im Privatkundengeschäft über einen Marktanteil von ca. 50% verfügen. Traditionell sind kleine Handwerks- und Landwirtschaftsbetriebe überwiegend Kunden bei den genossenschaftlich organisierten Banken. Großbauern, Beamte, Angestellte und größere gewerbliche Betriebe haben dagegen ihre Hauptkontoverbindung eher bei der Sparkasse. Die privaten Geschäftsbanken, mit denen die Sparkasse vor allem in Bezug auf das Kundensegment *international tätige Großkunden* im Wettbewerb steht, spielen im Landkreis Biberach nur eine nachgeordnete Rolle.

Die Kundenbindung zum Landkreis und den kreisangehörigen Kommunen ist sehr eng. Dies bezieht sich nicht nur auf den klassischen Kassenkredit, bei dem der Stadt kurzfristig Liquidität zur Verfügung gestellt wird, sondern auch auf Public-

---

[139] Diese Strategie auf andere Sparkassen zu übertragen ist aus Sicht der Sparkasse Biberach nur bedingt möglich, da einerseits Kapital und Know-how benötigt wird und andererseits Investmentbanking mit Risiken behaftet ist.
[140] Erhöht sich durch hohe Gewinne in den Vorjahren die Eigenkapitalausstattung von Sparkassen, verringert sich dadurch die Eigenkapitalrendite bei gleich bleibenden Erträgen, da der Ertrag in Relation zu dem nun höheren Eigenkapital beurteilt wird (vgl. Kap. 4.4.2).
[141] Eigene Angaben der Sparkasse und Telefonat mit Oliver Rosenthal von der zeb/rolfes.schierenbeck.associates am 23.05.2005.

Private-Partnership-Modelle. So hat die Sparkasse eine Tochtergesellschaft gegründet, die ein brachliegendes innerstädtisches Gebäude erworben, saniert und an das Landratsamt vermietet hat.

Fusionen, Zweigstellen und Konzentration im Landkreis

Fusionen sind weder geplant noch bankwirtschaftlich oder wirtschaftsstrukturell erforderlich, so die Gesprächspartner vor Ort.

Die Kreissparkasse verfügt über 40 Zweigstellen. Auch in den schrumpfenden Gemeinden des Landkreises will sich die Sparkasse nicht zurückziehen und investiert dort im gleichen Maße wie an anderen Standorten in die Modernisierung der Zweigstellen. In den letzten Jahren wurden rund 25 sogenannte *Wohnzimmersparkassen*, die im Nebenerwerb betrieben wurden, geschlossen, da in der Regel kein Nachfolger gefunden werden konnte. Die noch verbliebenen rund 30 Wohnzimmersparkassen sollen so weit wie möglich bestehen bleiben.

Im Gegensatz zu anderen Sparkassen sind bei der Sparkasse Biberach keine Abwicklungsgesellschaften zur gemeinsamen und damit effizienten Bearbeitung von Back-Office-Tätigkeiten (vgl. die Ausführungen zur Sparkasse Darmstadt in Kap. 9.1.3) geplant. Erstens sei es Ziel der Kreissparkasse, auch langfristig Arbeitsplätze für weniger Qualifizierte in der Region bereit zustellen, auch wenn dadurch Rationalisierungspotenziale ungenutzt bleiben. Zweitens – und da sind sich alle Gesprächspartner der Sparkasse Biberach einig – würden die Einsparpotenziale bei Banken überschätzt. Ein gutes Ertrags-Kosten-Verhältnis sollte eher über die Ertragsseite realisiert werden. Sparkassen dürfen zwar – so die Äußerungen der Banker – die Kostenseite nicht vernachlässigen, aber dem zunehmenden Wettbewerb im Bankenmarkt könnten sie allein mit einer Kostenreduzierung nicht gerecht werden. Die Kreissparkasse Biberach setzt daher auf eine Qualitätsorientierung und regionale Mehr-Wert-Strategie. Dass heißt, sie will die Kunden intensiver betreuen und unter dem Stichwort Allfinanz weitere Finanzdienstleistungsprodukte offerieren. In der Zukunft sei es darüber hinaus denkbar, auch bankfremde Leistungen anzubieten, wenn sie einen Bezug zur Region haben.

Regionale Entwicklung und Kreditportfolio

Nach Aussage des stellvertretenden Landrats nimmt die Sparkasse insbesondere für wachsende, nicht am Kapitalmarkt notierte Unternehmen eine wichtige Finanzierungsfunktion ein, die in den letzten Jahren an Bedeutung gewonnen hat, da die privaten Banken sich aus dem KMU-Segment zurückgezogen haben.

Eine wichtige Rolle für die regionale Wirtschaft hat die *Sparkassen-Chancenkapital BC* als 100%ige Tochtergesellschaft der Kreissparkasse Biberach, die seit 1999 Beteiligungskapital für Unternehmen aus der Region zur Verfügung stellt. Mit der im Westen angrenzenden Kreissparkasse Sigmaringen, die über keine eigene Beteiligungsgesellschaft verfügt, wird insofern kooperiert, als dass die Abwicklung von Beteiligungen[142] für Unternehmen im Kreis Sigmaringen übernommen wird. Ziel der Beteiligungsgesellschaft ist es, einerseits Gewinne zu erwirtschaften und anderseits die regionale Wirtschaft zu unterstützen. Dies vor dem Hintergrund eines chronischen Eigenkapitalmangels im Mittelstand, der sich im Hinblick auf Basel II negativ auf die Finanzierungskosten auswirkt. Durch den Einsatz eigenkapitalähnlichen Kapitals[143] verbessert sich die Bonität, wodurch sich die Finanzierungskosten reduzieren. Ferner will die Sparkasse den tradierten Familienunternehmen ein organisches Wachstum ermöglichen, erzwungene Übernahmen durch internationale Großkonzerne vermeiden und damit Arbeitsplätze in der Region sichern. Obwohl die Gesellschaft erst seit ca. fünf Jahren am Markt ist, werden nach Aussage der Sparkassenvertreter mit den rund 50 Unternehmensbeteiligungen Gewinne erwirtschaftet. Neben der Finanzierung von Erweiterungsinvestitionen engagiert sich die Beteiligungsgesellschaft bei Existenzgründern. Das Unternehmen stellt nicht nur Beteiligungskapital zur Verfügung, sondern begleitet die Unternehmen in betriebswirtschaftlichen und planerischen Belangen.

Engagement der Sparkasse

In ähnlicher Weise wie private Banken ihren Anteilseignern in Form einer Kapitalrendite verpflichtet sind, sind Sparkassen der Gesellschaft in den jeweiligen Trägerregionen verpflichtet, so die Kreissparkasse Biberach. Um die Erfüllung des öffentlichen Auftrags nachzuweisen, stellt die Kreissparkasse Biberach ihr Förderengagement sehr transparent dar. Sie bilanziert ihr regionalökonomisches Engagement in einer *Gesellschaftsbilanz* und wies für das Geschäftsjahr 2004 eine *Gesellschaftsdividende* von rund 4 Mio. € aus, die sich bezogen auf das Vorjahr verdoppelt hat. In dieser Summe sind sowohl Ausschüttungen, die sich aus dem Stiftungskapital der beiden sparkasseneigenen Stiftungen ergeben, Kapital, das den beiden Stiftungen neu zugeführt wurde und allgemeine gemeinnützige Aufwendungen der Sparkasse enthalten. Aufwendungen für Sponsoring sind in der Summe nicht enthalten.

---

[142] Sowohl Risiko als auch Ertrag gehen zugunsten bzw. zulasten der Sparkasse Sigmaringen.
[143] Beteiligungskapital wird aufgrund seiner Nachrangigkeit bei Ratingverfahren i.d.R. als Eigenkapital bewertet.

Das Förderengagement beschränkt sich nicht nur auf den soziokulturellen Bereich, sondern umfasst auch die Regionalentwicklung. So wurden zum Beispiel zur Erhöhung der regionalen Kompetenz im Bereich Biotechnologie eine Professur im Studiengang *Pharmazeutische Biotechnologie* der Hochschule Biberach zeitlich befristet finanziert sowie die Energieagentur und Tourismusgesellschaft finanziell unterstützt.

Die Unterstützung gemeinnütziger Aktivitäten der Sparkasse wie auch ihrer Stiftungen erfolgt aufgrund der vielen Anfragen selektiv. Zentrales Auswahlkriterium ist, dass der Nutzen einer möglichst großen Öffentlichkeit zugute kommt. Ferner versucht die Sparkasse, einen regionalen Proporz zu wahren, da die meisten Anfragen aus der Stadt Biberach kommen und die Gefahr besteht, das Umland zu benachteiligen. Eine Ausschüttung an den Träger erfolgt nicht. Allerdings übernimmt die Sparkasse im Rahmen ihrer Stiftungen Aufgaben im gemeinnützigen Bereich, insbesondere in der Kulturförderung, die der Landkreis aufgrund der angespannten Haushaltlage nicht finanzieren könnte.

9.3.4 Ergebnisse

Die Region Biberach – peripher und trotzdem prosperierend – ist in Verbindung mit der ansässigen Kreissparkasse für diese Untersuchung aus folgenden neun Gründen interessant:

Erstens ist das hohe Engagement der Sparkasse im Investmentbanking zu betrachten: Sparkassen werden mittels dieser Strategie in gewisser Weise unabhängig von der regionalen Entwicklung und diversifizieren so ihre Risikostruktur. Damit umgehen sie zwar partiell den Grundsatz, dass das in der Region erwirtschaftete Kapital wieder in die Region in Form von Kreditengagements fließt, jedoch kann ein solches Vorgehen eine sinnvolle Strategie für Sparkassen sein, die über freie Kapitalmittel verfügen, also die regionale Kreditnachfrage bereits erfüllt haben.

Aufgrund der starken Marktstellung der Genossenschaftsbanken wäre eine Erhöhung der regionalen Marktdurchdringung in Biberach nur über die Preispolitik zu realisieren und würde damit zu Lasten der Rentabilität gehen. Da die zusätzlichen Erträge letztendlich wieder der Region zugute kommen, werden durch diese Strategie sich selbst verstärkende Effekte freigesetzt, die bei Verlusten aber auch in die gegensätzliche Richtung wirken können.

Zweitens zeigt sich die wichtige Funktion regionaler Banken bei der Bereitstellung von Beteiligungskapital. Dies gilt insbesondere für eine Region mit einem hohen Anteil familiengeführter Unternehmen, denen aufgrund der geringen Eigenkapitalausstattung und Größenverhältnisse Finanzierungen am Kapitalmarkt nur schwer oder gar nicht möglich sind. Dies zeigt, dass kapitalmarktbasierte Finanzierungsformen, bei denen sich Unternehmen über Beteiligungen anstatt über Kredite finanzieren (vgl. Kap. 1.4.1), an Bedeutung gewinnen und partiell Bankkredite ablösen. Für Sparkassen ist dies aus zwei Gründen von Bedeutung: zum einen müssen sie aus geschäftspolitischem Kalkül darauf reagieren und zum anderen sollten sie die Unternehmen über Beteiligungskapital langfristig an sich binden.

Drittens ist die Sparkasse vorbildlich, was Transparenz bei der Kommunikation des gemeinwohlorientierten Engagements und des öffentlichen Auftrags betrifft. So wird nach relativ eindeutigen Kriterien ermittelt, welche monetären Beträge dem Landkreis zugute kommen und durch den Begriff *Gesellschaftsdividende* werden die besondere Rechtsform und die Verpflichtung der Sparkasse kommuniziert.

Viertens ist von Interesse, dass Kosteneinsparungen und Effizienz in der Abwicklung nicht das vornehmliche Ziel dieser Sparkasse sind. Die Kreissparkasse hält auch im Kontext des zu erwartenden zunehmenden Wettbewerbdrucks die Ertragsseite für relevanter als die Kostenseite und vertritt die Meinung, dass zu harter Kostenwettbewerb zu Lasten der Qualität geht, was nicht zum Profil von Sparkassen passt.

Fünftens verdeutlicht die untersuchte Region, dass sich auch ohne eine bewusste Kompetenzfeldpolitik wettbewerbsfähige – die ökonomische Entwicklung tragende – Cluster herausbilden können. Dass der Landkreis explizit keine strategische Wirtschaftspolitik betreibt, sondern eher auf Unternehmensservice und kurze Verwaltungswege setzt, heißt nicht, dass sich die regionalen Akteure nicht der Stärken der Region bewusst sind. Auch wird die Entwicklung der regionalen Kompetenzen seit kurzem durch die örtliche Sparkasse unterstützt, was sich zum Beispiel an dem finanziellen Engagement der Sparkasse für den neuen Studiengang *Pharmazeutische Biotechnologie* der Hochschule Biberach zeigt.

Sechstens ist die Region interessant, da sich ihre prosperierende Entwicklung nur schwer erklären lässt: So profitiert der Landkreis nicht von der Nähe zu umliegenden Zentren und kann sich daher weder als Wohnstandort noch mit einer spezialisierten ökonomischen Funktion im Sog einer Agglomeration entwickeln (vgl. Kap. 2.3). Ebenso ist die Anzahl der Beschäftigten im Dienstleistungsgewerbe, bei den unternehmensnahen Dienstleistungen und den Beschäftigten mit hoher Qualifikation – normalerweise regionale Erfolgsindikatoren – unterdurchschnittlich.

Die gute Entwicklung scheint u.a. der Tatsache geschuldet zu sein, dass die Region in den 60er und 70er Jahren des vergangenen Jahrhunderts nur wenige wirtschaftliche Kerne aufwies und damit einerseits nicht mit niedergehenden Branchen konfrontiert war und anderseits freie Produktionsfaktoren zur Verfügung standen, um neue Branchen anzusiedeln. In der regionalökonomischen Literatur wird ein solches Phänomen auch Leapfrogging genannt (vgl. Kap. 1.3).

Dabei profitierte der Landkreis u.a. davon, dass sich mit der *Pharmazeutischen Industrie* die richtige Branche zur richtigen Zeit ansiedelte. Dies verdeutlicht aber auch, dass die Ansiedlung vor allem zur damaligen Zeit zum Vorteil gereichen konnte. Darüber hinaus ist die gute Entwicklung der Branche durch die Anknüpfungspunkte zu traditionellen kleinen und mittleren Unternehmen in der Region zu erklären. Demnach scheint ein solcher Erfolg nicht überall realisierbar zu sein, sondern kommt vor allem dann zustande, wenn vor Ort Anknüpfungspunkte vorhanden sind, was bedeutet, dass solche Entwicklungen nicht ganz so zufällig zu sein scheinen, wie im Rahmen des Leapfrogging-Modells beschrieben (vgl. ebenfalls Kap. 1.3).

Siebtens zeigt die Entwicklung der Region, dass durch Ansiedlungen in Einzelfällen – wenn die angesiedelten Unternehmen auf ein produktives Standortgefüge treffen – wirtschaftliche Kerne entstehen können. Der Erfolg einer solchen Ansiedlung wäre wahrscheinlich für die Region bei heutigen weltwirtschaftlichen Rahmenbedingungen nicht so prägnant gewesen. Die Faktoren, die einen aus einer Ansiedlung entstehenden Erfolg bestimmen, sind komplex und ex ante nur sehr schwer zu bestimmen.

Achtens ist der Landkreis Biberach interessant, da die Wirtschaftsstruktur zwar viele recht kleine Unternehmen aufweist, aber auch einige große Unternehmen (z.B. Liebherr und Handtmann) als Leitunternehmen fungieren und somit für den Erfolg der Region mitverantwortlich sind. Dies wird in der Regionalpolitik, die vor allem kleinere und mittlere Unternehmen betrachtet, oftmals übersehen.

Neuntens zeigt das Beispiel, dass es zwar zu räumlichen Ausbreitungseffekten wirtschaftlicher Entwicklung kommen kann (vgl. Kap. 1.2.3), diese aber in sehr unterschiedlichen räumlichen Kontexten stattfinden. Die erfolgten Ansiedlungen sind zwar Verlagerungseffekten zuzuschreiben, allerdings nicht aus dem direkten räumlichen Umfeld. Ferner zeigt die Entwicklung in den schwächeren Teilräumen im Landkreis, wie gering sich positive Effekte selbst innerhalb eines Landkreises räumlich ausbreiten, was nach Aussage der Gesprächspartner vor allem in der schlechten infrastrukturellen Anbindung der schwächeren Teilräume begründet liegt.

9.4 Altmarkkreis Salzwedel

Der an der ehemaligen *deutsch-deutschen-Grenze* liegende Altmarkkreis Salzwedel wurde 1994 im Rahmen der Gebietsreform in Sachsen-Anhalt aus den Landkreisen Gardelegen, Klötze, Salzwedel und einem Teil des Landkreises Osterburg gegründet. Der Kreis ist mit einer Fläche von 2.292 km² beinahe so groß wie das Saarland. Mit einer Gesamtbevölkerung von rund 100.000 Einwohnern und einer Bevölkerungsdichte von 44 Einwohnern pro km² stellt er den dünn besiedelsten Raum in Sachsen-Anhalt dar.

Abbildung 42: Altmarkkreis Salzwedel

Obwohl der Landkreis in der Mitte Deutschlands liegt, kann die Region von der Lagegunst als peripher bezeichnet werden. Die Landeshauptstädte Hannover (ca. 152 km), Hamburg (ca. 134 km), Magdeburg (ca.100 km) und Schwerin (ca. 108 km) liegen zwar in der weiteren Umgebung, die Region befindet sich jedoch in keinem direkten Einzugsgebiet einer Agglomeration oder größeren Stadt. Hinzu kommt, dass verkehrliche Infrastrukturen, die eine schnelle Raumüberwindung ermöglichen, fehlen. Die Entfernung zur nächsten Autobahnanschlussstelle beträgt 54 PKW-Minuten und liegt damit deutlich über dem bundesdeutschen Durchschnitt von 17 Minuten.

Mit ca. 21.500 Einwohnern hat die Kreisstadt Salzwedel die Funktion eines Mittelzentrums. Grundzentren sind Gardelegen, Klötze, Arendsee, Beetzendorf, Kalbe (Milde) und Mieste. Die Orte Diesdorf/Dähre und Fleetmark/Brunau nehmen grundzentrale Aufgaben wahr. Trotz dieser auf den ersten Blick breiten Streuung zeichnet sich innerhalb des Landkreises ein Konzentrationsprozess ab: Einerseits liegen die Entvölkerungsschwerpunkte in den peripheren Teilregionen des Landkreises und anderseits konzentrieren sich die Unternehmensansiedlungen hauptsächlich auf die Orte Salzwedel, Gardelegen und Klötze bzw. Kusey.

Der Kreis ist in Relation zum Bundesland Sachsen-Anhalt von einem moderaten Bevölkerungsrückgang gekennzeichnet. Allerdings weist die Region bereits eine sehr geringe Bevölkerungsdichte auf und die Abwanderung hat in den letzten Jahren relativ stark zugenommen. Der Landrat, Hans-Jürgen Ostermann, führt dies u.a. darauf zurück, dass sich die Pendler[144] beruflich mittlerweile in den benachbarten Wirtschaftszentren etabliert haben und daher wegziehen. Dies ist vor allem problematisch, da der Landkreis nur sehr eingeschränkt über eigene wirtschaftliche Kerne verfügt und von den überregional erwirtschafteten Einkommen abhängig ist. Die Arbeitslosigkeit ist mit 16,2% im Vergleich zum Bundesland (20%) moderat.

Bezogen auf den ReEnt-Indikator nimmt der Landkreis Rang 382 von 439 zu vergebenen Plätzen ein. Erstaunlich ist, dass der Landkreis im Zukunftsatlas 2006 der Prognos AG zur Gruppe der 10 dynamischsten Regionen Deutschlands gehört. Im Rahmen der Prognos-Analyse wurden 14 Leit- und Wachstumsbranchen definiert und das Wachstum dieser Branchen in den jeweiligen Regionen zwischen 2000-2004 zugrunde gelegt. Anhand dieser Entwicklungen kann, nach Angaben der Prognos AG, die Clusterkompetenz einer Region abgelesen werden. Das gute Ergebnis des Altmarkkreises kommt zustande, da sich in den vergangenen Jahren, aufgrund der Nähe zu Wolfsburg und der hohen regionsbezogenen Unternehmensförderung, Automobilzulieferer angesiedelt haben und Automobil in der Analyse als eine der Leitbranchen definiert wurde (http://www.handelsblatt.com/news/ Default.aspx?_p=205790). Zu berücksichtigen ist allerdings, dass es sich bei den Ansiedlungen vielfach um Zweigwerke handelt, die die Region als günstigen Produktionsstandort nutzen und nur sehr wenig regional eingebunden sind.

9.4.1 Wirtschaft, Arbeit und Potenziale

Die Wirtschaftstruktur des Landkreises ist durch einen überdurchschnittlich hohen Beschäftigtenanteil im Agrarsektor gekennzeichnet. Der gewerbliche Bereich ist unterrepräsentiert und der Dienstleistungsanteil liegt im bundesdeutschen Durchschnitt. Der Dienstleistungsanteil ist im Wesentlichen auf (haushaltsnahe) Basisdienstleistungen, die aufgrund der geringen Einwohner-Arbeitsplatzdichte stark ins Gewicht fallen, zurückzuführen. Die unternehmensnahen Dienstleistungen sind deutlich unterdurchschnittlich vertreten.

---

[144] Der Kreis verzeichnet einen Pendlersaldo von -247 je 1.000 Beschäftigte.

Bedingt durch die Lage waren viele Bewohner vor der Wiedervereinigung als Grenzpersonal beschäftigt und brachten somit keine beruflichen Qualifikationen mit, an die im Rahmen einer wirtschaftlichen Entwicklung anzuknüpfen gewesen wäre. Um Arbeitsplätze für die Ehefrauen der Grenzsoldaten anzubieten, wurden Produktionswerke im Rahmen einer planwirtschaftlichen Standortentwicklung angesiedelt, die allerdings nach der Wende geschlossen wurden. Am Standort vorhandene Betriebe der Lebensmittelproduktion, aber auch kunststoff- und gummiverarbeitende Betriebe unterlagen nach der Wende einem räumlichen Konzentrationsprozess und verlagerten sich insbesondere nach Niedersachsen.

Laut Aussage der befragten Expertinnen und Experten hat der Kreis keine relativen Stärken im Sinne einer Kompetenzfeld- bzw. Clusterentwicklung. Auch historisch bestehen keine wirtschaftlichen Anknüpfungspunkte. Trotzdem gibt es einige Bereiche, mit denen die Region versucht, sich zu profilieren:

Der Landkreis verfügt über siedlungskulturelle und naturräumliche Potenziale, die sich zur touristischen und naherholungsorientierten Nutzung eignen. Vor allem der im ehemaligen Grenzgebiet verlaufende Radwanderweg bietet Anknüpfungspunkte. Ferner funktioniert, so der Landrat, die Zusammenarbeit mit dem benachbarten Kreis Stendal im Rahmen des Tourismusverbandes sehr gut. Allerdings bietet der Tourismus im Landkreis kein herausragendes Entwicklungspotenzial, da es einerseits an einer hinreichenden touristischen Infrastruktur, insbesondere im Bereich der Gastronomie, und anderseits an Image schaffenden kulturellen oder historischen Highlights fehlt. Nach Einschätzung des Landrats ist die Konkurrenz mit anderen touristischen Regionen zu hoch und die relativen Vorteile der Region sind zu niedrig, als dass für diesen Bereich eine besondere Dynamik zu erwarten wäre.

Im Bereich Automobil- und Fahrzeugbau profitiert die Region von der Nähe zur Region Wolfsburg und der hohen Förderung, die die Region als *Ziel-1-Gebietskulisse* im Rahmen der europäischen Strukturpolitik bislang erhält.[145] Mit der Initiative *Fahrzeugbau Altmark* wird versucht, die Unternehmen in den beiden zur Altmark gehörenden Kreisen Altmarkkreis Salzwedel und Kreis Stendal miteinander zu vernetzen und das diesbezügliche Profil und Image der Region zu stärken. Nach Aussage der regionalen Expertinnen und Experten sind die neu angesiedelten Unternehmen jedoch nur bedingt einzubinden. Häufig handelt es sich um konzernabhängige Zweigwerke, die an der Region wenig Interesse haben. So werden zum Beispiel die Zulieferstrukturen meist über die Mutterkonzerne determi-

---

[145] Es kann jedoch angenommen werden, dass sich die EU bei der Strukturmittel-Vergabe zukünftig auch in schwachen Regionen stärker an vorhandenen Potenzialen orientieren und die Region nicht mehr in den Genuss dieser hohen Förderzuweisungen kommt wird (vgl. Kap. 2.2.1).

niert. Die Region weist jedoch einige kleinere Metallverarbeitungsbetriebe auf, an die im Rahmen der Entwicklung einer Automobil- und Fahrzeugbaukompetenz angeknüpft wird.

Mit dem Naturstoffinnovationsnetzwerk Altmark (NinA) wurde an die landwirtschaftliche Basis angeknüpft, um die Region Altmark zum Technologie-, Produktions- und Demonstrationszentrum im Bereich nachwachsender Rohstoffe zu entwickeln. Das Projekt NinA wird im Rahmen des *InnoRegio* Programms (vgl. Kap. 2.2.2.1) gefördert. Allerdings sind sowohl die Vertreter der örtlichen Sparkasse als auch der Landrat und der Wirtschaftsförderer des Kreises der Auffassung, dass der Erfolg als mäßig einzustufen ist. Im Ergebnis sind bislang nur wenige Arbeitsplätze und Neugründungen entstanden. Ein Schlüsselunternehmen in der Weiterverarbeitung von Hanfpflanzen ist mittlerweile insolvent. Landwirte, die zuvor überzeugt wurden, nachwachsende Rohstoffe (vor allem Hanf) anzubauen, sind eher skeptisch geworden, da eine stabile Abnahme nicht gesichert ist. Der magere Erfolg dieser Aktivitäten mag u.a. daran liegen, dass, abgesehen von landwirtschaftlichen Nutzflächen, keine spezifischen Kompetenzen vorhanden waren und diese erst mittels öffentlicher Hilfe entwickelt wurden. Aktuell zeigen sich im Bereich nachwachsender Rohstoffe bzw. Biomasse zur Energiegewinnung neue Ansatzmöglichkeiten, die auch im Landkreis genutzt werden. Dieser sicherlich in den nächsten Jahren an Bedeutung gewinnende Wirtschaftsbereich wird allerdings von vielen ländlichen Regionen als Zukunftsfeld gesehen, so dass die Frage besteht, inwieweit Regionen davon alleine leben können.

In Bezug auf die Forschungslandschaft ist die Region schlecht aufgestellt. Im Landkreis gibt es keine öffentlichen Forschungseinrichtungen. Nach Aussage der Gesprächspartner hat die Fachhochschule im benachbarten Landkreis Stendal keine Ausstrahlung in die Region und aus Magdeburg ergeben sich nur sehr eingeschränkt forschungsseitige Impulse. Da die Betriebe in der Regel nur als Produktionsstätten fungieren, verfügt der Landkreis auch im privatwirtschaftlichen Bereich nur über beschränkte Forschungsressourcen. Der Landrat befürchtet, dass sich dadurch ein verstärkender Prozess einstellt: Wissensbasierte Wirtschaftsbereiche können sich, aufgrund der nicht ausreichend qualifizierten Bevölkerung und fehlender Forschungseinrichtungen, nicht etablieren und die Mitarbeiterinnen und Mitarbeiter können sich aufgrund der Betriebsstruktur und fehlender Bildungseinrichtungen nicht ausreichend qualifizieren. Dies spiegelt sich u.a. an der geringen Anzahl hochqualifizierter Beschäftigter im Landkreis wieder.

9.4.2 Wirtschaftsentwicklungsstrategie / Institutionelle Einbindung

Die Wirtschaftsförderung des Altmarkkreises Salzwedel wird durch das Innovations- und Gründerzentrum (IGZ) wahrgenommen, das gleichzeitig Existenzgründern und Unternehmen Büroflächen anbietet. Der Geschäftsführer des IGZ, Matthias Baumann, wird vom Landrat insbesondere bei der Unternehmensansiedlung unterstützt. Darüber hinaus engagieren sich die Städte des Kreises eigenständig in der Wirtschaftsförderung.

Aufgrund der geringen überregional wettbewerbsfähigen Stärken des Landkreises wird nicht versucht, spezifische Kompetenzen weiter zu entwickeln. Vielmehr setzt der Kreis auf Ansiedlung ohne spezifischen Fokus. Keine Clusterpolitik zu verfolgen beinhaltet aus Sicht der regionalen Akteure Vorteile. So sei das Risiko einer Abwärtsspirale als Folge einer Krise in einer Branche geringer. Ferner bleibt eine Offenheit zu allen Seiten bestehen. So soll durch eine breit gestreute Ansiedlungspolitik ein *Saatbeet* geschaffen werden, aus dem in der Zukunft spezifische Kompetenzen erwachsen.

Diese Ansiedlungspolitik hat durchaus Erfolge gezeigt, was an der kontinuierlichen Erhöhung der vor der Wende sehr niedrigen Zahl industrieller Arbeitsplätze deutlich wird.

Seit der Osterweiterung sei es allerdings - so die Gesprächspartnerinnen und Gesprächspartner - schwieriger geworden, Unternehmen anzusiedeln. So habe der Landkreis keine relativen Stärken bei den Infrastrukturen und mit den günstigen Faktorkosten in Osteuropa kann und will der Landkreis nicht konkurrieren. Der Landrat ist sehr besorgt über den Trend in der Landes-, Bundes- und EU-Politik, künftig im Sinne einer Clusterpolitik verstärkt Wachstumspole zu unterstützen und in diesem Zusammenhang auch öffentliche Infrastrukturen zu konzentrieren (vgl. auch Altmark Zeitung 27.04.2005). Das Land solle vielmehr die Ansiedlung und industrielle Entwicklung im ländlichen Raum vorantreiben. Ferner wird sowohl von Seiten der Sparkasse als auch vom Landrat und Wirtschaftsförderer kritisiert, dass die *Bund-Länder-Gemeinschaftsaufgabe Verbesserung der regionalen Wirtschaftsstruktur* (vgl. Kap. 2.2.2) zukünftig stärker auf Netzwerkmanagement setzt.

Als Zukunftsperspektive hofft der Landrat darauf, dass der Landkreis von einer stärkeren Dezentralisierung in der Lebensmittelverarbeitung infolge steigender Energiepreise und einer höheren ökologischen Sensibilität profitiert.

9.4.3 Sparkasse Altmark West

Die Sparkasse Altmark West hat sich gemäß der Devise des Ostdeutschen Sparkassen- und Giroverbands *ein Landkreis – eine Sparkasse*[146] im Rahmen der 1994 erfolgten Gebietsreform neu gebildet. Aufgrund ihres Geschäftsauftritts kann sie als eine typische Kreissparkasse im ländlichen Raum bezeichnet werden, vergibt allerdings für eine ostdeutsche Sparkasse, gemessen an der Bilanzstruktur, relativ viele Kredite. Die Sparkasse ist vorrangig im genuinen Bereich einer Retailbank tätig, der Eigenhandel fällt eher gering aus.

Marksituation und -anteile

Der Marktanteil bei den Hauptbankverbindungen liegt bei rund 52%. Anders als sonst im ländlichen peripheren Raum besteht, auch abgesehen von Genossenschaftsbanken, eine durchaus hohe Konkurrenz. Im Landkreis sind sieben Banken aus dem genossenschaftlichen Sektor und die drei großen deutschen Banken in der Rechtsform der AG (Deutsche Bank-SB, Dresdner Bank und Commerzbank) vertreten. Darüber hinaus stellt sich die VW-Bank, obwohl nicht am Standort präsent, als ernstzunehmende Konkurrenz dar. Dies vor dem Hintergrund, dass viele Arbeitnehmer in den Wolfsburger Wirtschaftsraum pendeln und einige von ihnen bei VW beschäftigt sind. Ferner spielen auch im Altmarkkreis die Internetbanken, insbesondere im Privatkundengeschäft, eine leicht zunehmende Rolle.

Da sich die privaten Banken in den letzten Jahren aus dem KMU-Geschäft zurückgezogen haben, konnte die Sparkasse in diesem Segment Marktanteile hinzugewinnen. Nach Aussage der Sparkasse hat sie diese Kunden auch dann übernommen, wenn es unter Ertrags- und Risikogesichtspunkten nur knapp ausreichend vertretbar war.

---

[146] Bei den in der Nachkriegszeit in Westdeutschland erfolgten Gebietsreformen wurden die Sparkassengeschäftsgebiete i.d.R. nicht gemäß ihren Gewährträgerregionen angeglichen. Dies führte dazu, dass teilweise mehrere kommunale Sparkassen in einem Landkreis agieren und dass in manchen Regionen überlagernde Geschäftsgebiete von Sparkassen bestehen bzw. in einem Kreis manche Stadtsparkassen mit der Kreissparkasse fusionierten, andere aber eigenständig blieben. Um dies zu verhindern, wurden in Ostdeutschland nach der Devise *ein Landkreis – eine Sparkasse* bzw. *eine Wirtschaftsregion – eine Sparkasse,* die Geschäftsgebiete der Sparkassen im Zuge der Gebietsreformen angepasst.

Fusionen, Zweigstellen und Konzentration im Landkreis

Bei flächenmäßig großen Geschäftsgebieten – wie es bei der Sparkasse Altmark West der Fall ist – besteht die Gefahr, dass sich Sparkassen innerhalb der Region auf die Zentren bzw. Siedlungsschwerpunkte fokussieren, die Bedürfnisse und Anforderungen der teilweise sehr peripheren Teilgebiete nicht im Blick haben und sich damit regionale Disparitäten vergrößern. Die Sparkasse Altmark West hat dies nach eigenen Angaben dadurch gelöst, indem zwei Gebietsdirektoren im Kreis tätig sind (einer in Salzwedel und einer in Gardelegen). Ferner verfügen die Kundenberater vor Ort über hohe Befugnisse.

Fusionen seien bankwirtschaftlich nicht geboten und trotz vieler gemeinsam durchgeführter kreisübergreifender Projekte und Initiativen nicht geplant. Im Rahmen einer anstehenden Gebietsreform in Sachsen-Anhalt bleiben die Landkreise Altmarkkreis Salzwedel und Kreis Stendal in ihrer jetzigen Form bestehen, da durch eine Zusammenlegung eine sinnvolle Verwaltungsgröße überschritten würde.

Die Sparkasse Altmark West hat in den vergangenen Jahren zwei Zweigstellen geschlossen.[147] Diese leichte Zweigstellenkonsolidierung wurde von der Politik mitgetragen. Ein weiterer Rückzug aus der Fläche ist zurzeit betriebswirtschaftlich nicht notwendig. Von der Gesprächspartnerin und den Gesprächspartnern wurde herausgestellt, dass die Sparkassenzweigstellen in peripheren Räumen als Kristallisationspunkte für die Nahversorgung und als Begegnungsort eine wichtige Rolle spielen. Einrichtungen wie Sparkassen scheinen für das Funktionieren kleinteiliger Nahversorgungszentren ein wichtiger, wenn auch nicht hinreichender Faktor zu sein, was sich daran zeigt, dass an einigen Orten nur noch eine Sparkassenzweigstelle besteht und andere Geschäfte nicht mehr existieren.

Regionale Entwicklung und Kreditportfolio

Die Sparkasse Altmark West strebt in erster Linie an, mit bankwirtschaftlichen Dienstleistungen Gewinne zu erwirtschaften. So werden Kredite nur dann vergeben, wenn die Risiken kalkulierbar sind und den kreditwesenrechtlichen Vorgaben entsprechen. Allerdings engagiert sich die Sparkasse Altmark West nach eigener Aussage auch, wenn die Prüf- und Transaktionskosten den zu erwartenden Ertrag nicht rechtfertigen. Diesbezüglich wurde darauf hingewiesen, dass die Prüfkosten aufgrund einer intensiveren Kundenkenntnis für die Sparkassen geringer seien als

---

[147] Ferner wurden einige Sparkassenstellen, die als Agenturen im Nebenerwerb betrieben wurden, geschlossen. Dies erfolgte auch aus Sicherheitsgründen, nachdem es bei so genannten Ein-Mitarbeiter-Geschäftsstellen zu fünf Überfällen gekommen war.

für private Banken, also in der Kundennähe ein wesentlicher Wettbewerbsvorteil liege. Aber nicht nur die Kundennähe verschaffe der Sparkasse Wissensvorteile, sondern auch das Detailwissen bezüglich der lokalen Wirtschaft, wodurch es einfacher sei, die Wettbewerbsfähigkeit eines Unternehmens im regionalen Kontext zu beurteilen. Um die Risiken zu minimieren, beteiligt die Sparkasse bei Unternehmenssanierungen die Bürgschaftsbank Sachsen-Anhalt GmbH. Ferner verfügt sie über ein Netzwerk mit Unternehmensberatern, das im Sanierungsfall aktiviert wird.

Bei eigenkapitalschwachen Unternehmen arbeitet die Sparkasse mit der Sparkassenbeteiligungsgesellschaft Sachsen-Anhalt mbH zusammen, die von zwölf Sparkassen aus dem Land Sachsen-Anhalt gegründet wurde. Im Sanierungsfall ist eine Beteiligung durch die Gesellschaft allerdings ausgeschlossen, da es explizites Ziel ist, Existenzgründer und Erweiterungsinvestitionen in innovativen Feldern zu finanzieren.

Laut dem Landrat ist die Sparkasse sowohl für die Entwicklung ökonomischer Basisfunktionen als auch für die Mittelstandsfinanzierung der gewerblichen Wirtschaft von zentraler Bedeutung. Ohne die Existenz der örtlichen Sparkasse würde es der Region, so jedenfalls die Meinung des Landrats, deutlich schlechter gehen.

Das Kreditportfolio ist durch hohe Anteile im Bauhandwerk, im Bereich Dienstleistungen und Verarbeitendes Gewerbe sowie Einzelhandel geprägt. Die Kredite sind aber hinreichend diversifiziert, so dass nach Aussage der Sparkasse keine Klumpenrisiken bestehen und der Tausch von Risiken nicht angezeigt sei.

Engagement der Sparkasse

Gemäß der Leitsätze der Sparkasse sind die Beschäftigten angehalten, sich aktiv für die Region zu engagieren. Neben der regionalökonomischen Funktion engagiert sich die Sparkasse Altmark West im sozialen und kulturellen Bereich durch vielfältige Aktivitäten. Das Engagement der Sparkassen wird offensiv kommuniziert und im Rahmen einer Nutzenbilanz im Geschäftsbericht dargestellt. Das gesamte monetär messbare Engagement hat sich in den letzten Jahren kontinuierlich erhöht und lag 2004 bei 295.000 €. Darin sind sowohl Spenden, Sponsoring, PS-Zweckerträge und Mittel der Ostdeutschen Sparkassenstiftung, die im Landkreis wirksam werden, enthalten. Die Sparkasse konnte bisher jedem Antrag auf Unterstützung entsprechen. Eine Gewinnausschüttung an den Gewährträger erfolgte bislang nicht.

9.4.4 Ergebnisse

Sowohl der Landkreis Altmarkkreis Salzwedel als auch die ansässige Sparkasse sind für die hier vorliegende Untersuchung aus folgenden Gründen von Interesse:

Erstens wird die Bedeutung öffentlich-rechtlicher Banken für periphere Regionen deutlich. Durch die Sicherstellung der Kreditversorgung verbleiben dem Kreis ökonomische Entwicklungsmöglichkeiten und kommerzielle Infrastrukturen werden aufrechterhalten, wodurch Krisenkreisläufe verhindert bzw. abgemildert werden.

Zweitens demonstriert die Sparkasse Altmark West, dass Sparkassen auch in einem wirtschaftlich schwierigeren Umfeld Gewinne erwirtschaften können und nicht in ihrer Existenz gefährdet sind. Ein solcher Trend wurde bereits mittels statistischer Analysen in Kapitel 8 festgestellt. Durch das Beispiel wird dies bestätigt und die Funktionsweise dezentraler Banken verdeutlicht. Von besonderer Bedeutung ist die diesbezügliche Erkenntnis, dass für Sparkassen die Prüf- und Transaktionskosten bei der Vergabe von Krediten aufgrund eines Wissensvorsprungs infolge der räumlichen Nähe geringer zu sein scheinen als für Zweigstellen der privaten Großbanken.

Drittens bestätigt sich auch bei dieser Sparkasse die Beobachtung, dass Sparkassen sich in ihrem regionalökonomischen Engagement der regionalen Strategie und den regionalen Potenzialen anpassen. So legen die Sparkasse wie auch der Landkreis keinen besonderen Fokus auf die Entwicklung wettbewerbsfähiger Cluster.

Viertens ist das Beispiel deshalb von Interesse, weil deutlich wird, dass Regionen wie der Altmarkkreis nicht von einer Kompetenzbasierten Strukturpolitik und einem räumlichen Konzentrationsprozess profitieren, sondern vielmehr in ihrer ökonomischen Entwicklung weiter geschwächt werden. Daher wird von den regionalen Akteuren gefordert, dass das Land bei der Ansiedlung von Unternehmen helfen soll.

Fünftens wird bei Betrachtung des Altmarkkreises Salzwedel deutlich, dass eine *Abstufung* zu einer Region, die keine Entwicklungspriorität mehr hätte und bei der im Rahmen der regionalen Strukturpolitik nur noch die Versorgung der Bevölkerung aufrechterhalten bliebe, für die regionalen Akteure nicht hinnehmbar wäre. So forderten die Gesprächspartner eine Abkehr von einer an Leuchttürmen orientierten Struktur- und Infrastrukturförderung und wünschen sich stattdessen eine flächendeckende Verteilung wirtschaftlicher Aktivitäten. Ökonomische und demographische Schrumpfungsprozesse zu akzeptieren und aktiv zu gestalten ist für den Landkreis inakzeptabel bzw. maximal für Teilräume im Landkreis hinnehmbar.

Durch die explizite Ansiedlungspolitik versuchen die regionalen Akteure einem Schrumpfungsprozess entgegenzuwirken und Wachstum zu generieren.

Sechstens ist davon auszugehen, dass die vor Ort vorhandenen Kompetenzen im Altmarkkreis nicht ausreichen, um in den Regionen einen selbsttragenden Aufschwung zu entfachen. Sollte es das politische Ziel sein, dass sich jede Region wirtschaftlich auf gleichem Niveau befindet, ist eine explizite Ansiedlungspolitik angezeigt, um die notwendigen Impulse zu schaffen.

Siebtens scheint im Rahmen der regionalen Strukturpolitik zukünftig eine stärkere Berücksichtigung besonderer Problemlagen, zum Beispiel die in sehr dünn besiedelten Regionen, notwendig. Dies wird auch vom Landrat vor dem Hintergrund nur noch schwer finanzierbarer Infrastrukturen und Dienstleistungen gefordert. Eine Unterstützung könnte zum Beispiel im Rahmen eines gezielten Rückbaus von Infrastrukturen erfolgen. Dies betrifft aber nicht nur monetäre Hilfen, sondern ebenso ist eine größere Flexibilität gefordert, zum Beispiel, wenn es darum geht, das vom Land festgelegte Straßenprofil für Kreisstraßen in dünn besiedelten Räumen unterschreiten zu dürfen, was laut Aussage der regionalen Akteure zurzeit kaum möglich ist.

Achtens wird deutlich, dass eine konsequente Ausrichtung auf überregional wettbewerbsfähige Cluster bzw. Kompetenzfelder in einer Region wie dem Altmarkkreis nicht zielführend wäre. Das heißt: selbst bei Ausnutzung und Weiterentwicklung vorhandener Anknüpfungspunkte, wie z.B. in der Automobilindustrie oder der landwirtschaftlichen Basis, sind die Chancen auf Bildung wettbewerbsfähiger Cluster gering. Daher scheint es angebracht, in solchen Regionen nicht nur nach international wettbewerbsfähigen Clustern zu suchen, sondern alle vor Ort vorhandenen Kompetenzen und Potenziale in Augenschein zu nehmen und regionale Netzwerke zu fördern.

Neuntens lassen sich aufgrund dieses Beispiels die Wirkungen von Entzugs- und Ausbreitungseffekten verdeutlichen:

Die Wolfsburger Automobilwirtschaft wirkt entziehend und ausbreitend zugleich: Zunächst einmal wird der Produktionsfaktor Arbeit entzogen. Allerdings, dies zeigt der hohe Anteil der *Auspendler* aus der Region, verlegen nicht alle, die in Wolfsburg Arbeit gefunden haben, ihren Wohnort. Dies führt dazu, dass ein Teil des im *Wolfsburger Raum* erwirtschafteten Einkommens im Altmarkkreis Salzwedel ausgegeben wird. Aktuell zeigen sich jedoch zunehmend Entzugseffekte, da viele – nach jahrelangem Pendeln – nun ihren Wohnsitz in die Nähe ihres Arbeitsplatzes verlegen.

Als Ausbreitungseffekte können die Ansiedlungen im Bereich der Automobilwirtschaft gesehen werden, insbesondere da es sich teilweise um Verlagerungen aus dem Raum Wolfsburg handelt. Allerdings zeigt sich, und dies ist allgemein das Problem von Ausbreitungseffekten, dass es sich dabei kaum um Arbeitsplätze für hochqualifizierte Beschäftigte handelt, sondern in der Regel um Produktionsstätten, die an den günstigeren Faktorkosten interessiert sind, wodurch sich die interregionalen Abhängigkeiten vergrößern. Ferner sind die angesiedelten Unternehmen nicht regional eingebettet und weisen damit kein hohes Standortverharrungsvermögen auf.

Auch zeigen sich in der Finanzwirtschaft Entzugs- und Ausbreitungseffekte gleichzeitig: In Niedersachsen ansässige Banken haben sich im Altmarkkreis Salzwedel niedergelassen bzw. bieten dort ihre Leistungen an. Diese Effekte sind einerseits als Ausbreitungseffekte anzusehen, da sie Arbeitsplätze in der Region geschaffen, Kapitalmittel investiert und eine Bankinfrastruktur aufgebaut haben. Anderseits können diese Ansiedlungen zugleich entziehende Wirkungen aufweisen und zwar dann, wenn diese Banken keine Finanzierungsdienstleistungen anbieten, sondern nur Kapital einsammeln, welches in die boomenden Zentren fließt. Dieser Effekt verstärkt sich, wenn sie über keine reale Präsenz in der Region verfügen, wie dies etwa bei der VW-Bank der Fall ist.

9.5 Vier Sparkassen und Regionen: Schlussfolgerungen

Sparkassen sind zwar auch in Städten von Bedeutung, in peripheren, insbesondere schwächeren Räumen, sind Sparkassen jedoch besonders wichtig für die regionale Entwicklung und sie sind auch dort nachhaltig wettbewerbsfähig. In einem Projektbericht der Europäischen Kommission wird postuliert, dass in schwachen peripheren Regionen Europas die Gefahr besteht, dass Kapital aufgrund fehlender lokaler Finanzinstitutionen abfließt und dadurch Krisenkreisläufe verstärkt werden (European Commission 2004). Das regionalorientierte Sparkassensystem in Deutschland reduziert solche Entwicklungen, was sich auch in den quantitativen Analysen in Kapitel 8 gezeigt hat.

Regionale Sparkassen sind – wie die vier Beispiele gezeigt haben – auch deshalb für eine flächendeckende Kreditvergabe wichtig, da räumliche Nähe bei der Kapitalvergabe, trotz vielfältiger Finanzierungsangebote im Internet, zumindest bei der Mittelstandsfinanzierung noch immer eine große Rolle spielt. Bankenmärkte sind also keineswegs raumlos (vgl. Kap. 1.4.3). Die Bedeutung der räumlichen Nähe erhöht sich bei eventuellen Liquiditätsengpässen der Unternehmen, da Sparkassen aufgrund der Nähe besonderes Know-how einbringen und durch ihre Unabhängigkeit einen wesentlich größeren Spielraum haben als konzerngebundene Bankstellen der Großbanken. Durch diese Funktion reduzieren regionalorientierte Banken gesamtwirtschaftliche Konjunkturschwankungen (vgl. Kap. 5.3) und übernehmen gerade für schwache Regionen eine wichtige Funktion, da Unternehmen dort in der Regel über weniger Eigenkapital verfügen und in *konjunkturellen Tälern* besonders gefährdet sind. Die befragten Banker äußerten, dass es für sie als Mitarbeiter einer regionalen Bank, aufgrund der Marktkenntnis und der stabilen Kunden-Bank-Beziehung, kostengünstiger sei Informationen für eine Kreditentscheidung zu beschaffen als für private Banken, die nur mit einer Zweigstelle vor Ort sind. Auch seien durch den Rückzug der privaten Banken Investitionen in Kunden-Bank-Beziehungen lohnenswerter geworden, da die Gefahr gering sei, dass private Banken in die Kundenbeziehungen eintreten, wenn aus Existenzgründern etablierte Unternehmen geworden sind. Mittels dieser Erkenntnisse werden die in Kapitel 8 gewonnen quantitativen Ergebnisse bestätigt bzw. veranschaulicht. So können Sparkassen auch in strukturschwachen bzw. peripheren Regionen hinreichende Erträge erwirtschaften. Gefahr droht vielmehr aufgrund der zunehmenden Konkurrenz durch Non-, Near- und Internetbanken vor allem im Privatkundengeschäft (vgl. auch Kap. 4.4.3). Wie auf die zunehmende Konkurrenz im Bankenmarkt zu reagieren ist, wird von den untersuchten Sparkassen unterschiedlich gesehen. Ob eher ein harter Preiswettbewerb oder eine Qualitätsorientierung angebracht sind, hängt u.a. vom räumlichen Umfeld (städtisch oder peripher) und der jeweiligen Konkurrenzsituation der Sparkasse ab.

Regionale Akteure mit hohem Interesse am Standort sind nicht nur für die Kreditvergabe von zentraler Bedeutung, sondern für die gesamte Standortentwicklung. Die Beispiele verdeutlichen, dass die Präsenz in der Fläche für die Entwicklung der Stadtteile und Dörfer zentral ist, da die Bankstellen wichtige Kristallisationspunkte einnehmen und somit eine polyzentrische Raumstruktur stärken.

Sowohl im Hinblick auf eine ausgeglichene Regionalentwicklung als auch für die Umsetzung Kompetenzbasierter Ansätze und damit die Inwertsetzung ungenutzter Wachstumspotenziale sind Sparkassen wichtige Akteure. Die Beispiele zeigen diesbezüglich, dass Sparkassen in der Lage sind, sich sowohl mit ihren spezifischen Finanzierungsinstrumenten als auch bei der Ausrichtung ihres regionalökonomischen Engagements den regionalen Gegebenheiten und Anforderungen anzupassen. Christof Morawitz von der Sparkasse Biberach bezeichnet Sparkassen in diesem Zusammenhang als *lernende Institutionen*, die sich der regionalen Situation und Strategie anpassen, aber auch neue Perspektiven und Know-how einbringen. Die Beispiele sind allerdings kein Beweis dafür, dass alle rund 470 Sparkassen gemäß ihrem öffentlichen Auftrag die Regionalentwicklung unterstützen.[148] So können die vier Sparkassen nur das Vermögen regionaler Banken für die Regionalentwicklung demonstrieren, das vor Ort von den regionalen Akteuren eingefordert werden sollte.

Dass Sparkassen – als Teil der Governance-Struktur – anpassungsfähig sind, demonstriert die Lernfähigkeit von Regionen bzw. deren Akteuren. Es kann in diesem Zusammenhang davon ausgegangen werden, dass die Fähigkeit einer Region, sich dem Strukturwandel zu stellen, auch von der Lernfähigkeit der regionalen Akteure abhängt. Wobei, dies verdeutlichen die Beispiele, die Möglichkeiten der grundsätzlichen Trendumkehr einer regionalen Entwicklung als eher gering einzuschätzen sind.

Stetigkeit regionaler Entwicklung ist nicht die einzige allgemeine Erkenntnis regionalökonomischer Wissenschaften, die durch Betrachtung der Beispiele bestätigt wird. So zeigt sich: erstens eine Pfadabhängigkeit regionaler Kompetenzen (insbesondere Darmstadt), zweitens, dass regionale Entwicklungschancen nicht zu verallgemeinern sind und nur im regionalen und zeitlichen Kontext zu betrachten sind (insbesondere Biberach), sowie drittens, dass Regionen komplexe Systeme sind, in denen kleine Eingriffe mitunter große Veränderungen bewirken. Was im Fall Biberach auch durch das Leapfrogging-Modell erklärt werden kann (vgl. Kap. 1.3). So können Unternehmensansiedlungen einen hilfreichen Impuls für die regionale Entwicklung leisten, deren Erfolg ist jedoch vor dem Hintergrund welt- und regionalökonomischer Gegebenheiten zu betrachten.

Ferner zeigt die Betrachtung der Regionen, dass es durchaus Räume (z.B. Altmarkkreis Salzwedel) gibt, die zu den Verlierern einer Kompetenzbasierten Regionalpolitik gehören, und dass räumliche Entzugs- und Ausbreitungseffekte zwar gleichsam wirksam werden, deren Wirkungsweise aber nur eingeschränkt vorhergesagt und damit politisch nutzbar gemacht werden kann. Diesbezüglich stellt sich zukünftig die Frage, ob alle Regionen gleichwertige ökonomische Funktionen einnehmen sollen oder ein differenziertes Raumleitbild angestrebt wird. Wird es weiterhin Ziel sein, dass alle Regionen eigenständige ökonomische Funktionen aufweisen, bedarf es – in der Hoffnung auf einen daraus resultierenden selbsttragenden Aufschwung – einer Investitionsumlenkungspolitik durch Ansiedlungsanreize.

---

[148] Bei Gesprächen mit Akteuren, die in der Stadterneuerung tätig sind (z.B. 38. Tagung des Deutsch-Österreichischen URBAN-Netzwerks in Leipzig am 12/13.10.2006), zeigte sich, dass sich die Sparkassenzweigstellen in strukturschwachen Stadtteilen zuwenig in der Revitalisierung, zum Beispiel im Rahmen von *Lokalen-Ökonomie-Maßnahmen* (vgl. Textkasten in Kap. 1.1.3), beteiligen (vgl. auch Gärtner 2003: 113).

Cluster sind zwar eine der Ursachen für den Erfolg von Regionen, allerdings teilweise, ohne dass die relevanten Akteure vor Ort dies explizit vorangetrieben haben (siehe Darmstadt und Biberach). Dortmund ist ein Hinweis dafür, dass Clustermanagement als Konzept, trotz diverser Widerstände, politisch umsetzbar ist. Die Stadt ist aber auch ein Beweis dafür, dass die Effekte – gemessen in Arbeitsplätzen – eher gering sind und die grundsätzliche Entwicklung nur langsam verändert werden kann. Insgesamt zeigt sich am Beispiel Dortmund, dass eine gemeinsame Vision der relevanten Akteure für die regionale Entwicklung erforderlich ist.

Die Bedeutung von Universitäten und Forschungseinrichtungen und deren Einbindung vor Ort scheint für die Regionalentwicklung unterschiedlich hoch zu sein bzw. unterschiedlich wahrgenommen zu werden. In Darmstadt existieren historisch gewachsene Netzwerke zwischen Forschungseinrichtungen und Unternehmen, deren Wichtigkeit von allen Akteuren betont wird. Auch in Dortmund wird auf die profilierte Forschungslandschaft und Vernetzung hingewiesen, deren Bedeutung allerdings wahrscheinlich auch deshalb zu relativieren ist, da die Stadt keine Identität als Wissenschaftsstandort hat. Biberach ist produktionsorientiert und viele ansässige Unternehmen haben eigene Entwicklungseinheiten. Die im Landkreis vorhandene Fachhochschule spielt in den Augen der befragten Akteure bis jetzt keine Rolle, was sich aber im Zuge des neu gegründeten Studiengangs *Pharmazeutische Biotechnologie* ändern soll. Der Altmarkkreis Salzwedel verfügt über keine staatlichen oder privaten Forschungseinrichtungen und die Unternehmen sind stark produktionsorientiert. Forschung findet am Standort faktisch nicht statt, was von den regionalen Akteuren als großes Manko gesehen wird.

Teil E

Herausforderungen einer ausgewogenen Strukturpolitik

Herausforderungen einer ausgewogenen Strukturpolitik

In Teil B dieser Arbeit wurde herausgearbeitet, dass sich neuere strukturpolitische Ansätze und raumwirtschaftliche Konzepte zunehmend an den vor Ort vorhandenen Kompetenzen orientieren und auf Konzentration bzw. Spezialisierung ökonomischer Aktivitäten im Raum setzen. Es kann davon ausgegangen werden, dass einige Regionen von einer solchen Neuausrichtung profitieren, andere dadurch allerdings benachteiligt werden.

Teil C und D haben die theoretische und tatsächliche Bedeutung von Sparkassen für eine ausgewogene am Wachstum und Ausgleich orientierte Strukturpolitik herausgearbeitet. Sparkassen sind auch in schwachen Regionen erfolgreich und können daher partiell einer Benachteiligung schwacher Räume entgegen wirken. Ferner wurde bei der Darstellung der vier untersuchten Regionen (vgl. insbesondere die Beschreibung zum Altmarkkreis Salzwedel in Kap. 9.4) deutlich, dass schwache Räume mit nur eingeschränkten überregional wettbewerbsfähigen Potenzialen kaum von einer auf Wachstum setzenden Strukturpolitik profitieren können.

So stellt sich abschließend die Frage, wie eine ausgewogene Strukturpolitik zu gestalten ist und wie eine solche Politik von den Sparkassen unterstützt werden kann? Zur Beantwortung dieser Frage werden die bei verschiedenen strukturpolitischen Interventionsstrategien zu erwartenden Auswirkungen auf einzelne Raumtypen erörtert (Kap. 10) und skizziert, wie eine ausgewogene Strukturpolitik zu gestalten und umzusetzen ist (Kap. 11). In diesem Rahmen wird diskutiert, wie Sparkassen als umsetzende Akteure einer auf Wachstum und Ausgleich setzenden Strukturpolitik agieren können. Die Arbeit schließt mit einer Zusammenfassung (Kap. 12).

10 Strukturpolitische Szenarien: Typenbildung benachteiligter Räume

In der Vergangenheit wurden Entwicklungsdefizite vor allem im peripheren ländlichen Raum vermutet. Regionale Strukturpolitik verfolgt daher traditionell das Ziel, die Lebensverhältnisse zwischen Stadt und Land, oft in Form einer Nachindustrialisierung des ländlichen Raums, anzugleichen (Hübler 2005: 57). Ein aktueller Wandel in der Strukturpolitik, in Form einer Konzentration auf die Wachstumspole, wird deshalb vielfach vor dem Hintergrund diskutiert, zugunsten gesamtwirtschaftlicher Wachstumseffekte Entwicklungsdefizite im ländlichen Raum zumindest kurzfristig zu akzeptieren. Folglich werden die Wirkungen einer solchen Neuausrichtung in erster Linie für den ländlichen peripheren Raum diskutiert, der in diesem Fall eine Funktion als ökologischer Ausgleichs-, Tourismus- oder Naherholungsraum übernehmen kann (z.B. Frey/Zimmermann 2005: 9). Doch wie zuvor aufgezeigt (vor allem Kap. 2), können auch Städte und Agglomerationen Verlierer der Entwicklung sein.

Vor diesem Hintergrund werden im Folgenden Typen regionalwirtschaftlich schwacher Räume gebildet, von denen angenommen werden kann, dass sie im Zuge einer strukturpolitischen Neuausrichtung eine weitere Benachteiligung hinnehmen müssen (Kap. 10.1). Die für diese Raumtypen zu erwartenden Folgen werden im Weiteren anhand strukturpolitischer Szenarien erläutert (Kap. 10.2). In Kapitel 10.3 erfolgt eine Einordnung bzw. Bewertung der Szenarien hinsichtlich sozialpolitischer und gesamtwirtschaftlicher Folgen.

10.1 Auf der Suche nach den Verlierern

Ziel der folgenden Kategorisierung ist die Auswirkungen verschiedener strukturpolitischer Szenarien für ein Spektrum benachteiligter Räume aufzuzeigen. Die Kategorisierung erfolgt unter der Prämisse einer veränderten, stärker am Wachstum orientierten Strukturpolitik, die nicht mehr in allen Regionen eine wirtschaftlich tragfähige Funktion vorsieht (vgl. Kap. 2.2). Berücksichtigt werden daher vor allem Räume, die einen schwachen regionalwirtschaftlichen Status quo aufweisen und die von der jetzigen Strukturpolitik besonders profitieren.

Die Raumtypen werden auf der Ebene der neun siedlungsstrukturellen Kreistypen des BBR (vgl. Textkasten in Kap. 8.2.3) auf Grundlage von Datenanalysen gebildet. Nachfolgend werden drei handlungsleitende Fragestellungen, das Vorgehen und die zentralen Ergebnisse dargestellt. Eine detaillierte Beschreibung der durchgeführten Analysen befindet sich im Anhang (II.3):

1. *Welche Kreistypen vereinen die meisten schwachen Räume auf sich?* Um Aussagen darüber treffen zu können, in welcher Regionsart die meisten Räume mit regionalwirtschaftlich schwachem Entwicklungsstand verortet sind, wurden die schwächsten Kreise/kreisfreien Städte selektiert und getrennt für West- und Ostdeutschland auf die Kreistypen verteilt.

   Ergebnis: Wie in den Abbildungen II.3.2 und II.3.3 im Anhang zu sehen ist, sind die Kreistypen 6 (Verdichtete Kreise) und 7 (Ländliche Kreise) im Grundtyp 2 häufig in der Gruppe der schwachen Kreise vertreten. Deutlich erkennbar ist auch, dass die ländlichen Kreise im Grundtyp 3, insbesondere Kreistyp 9 (Ländliche Kreise geringer Dichte) schlecht abschneiden. Kreistyp 1 (Kernstädte im Grundtyp 1) hat im Westen eine gewisse Bedeutung als schwacher Raum, kommt aber in Ostdeutschland keinmal in der Gruppe der schwächsten Räume vor.

2. *Welche Kreistypen erhalten die meisten raumwirksamen Mittel und stehen die Mittelzuweisungen im Verhältnis zu ihrer tatsächlichen regionalwirtschaftlichen Situation?* Um die Räume herauszufiltern, die von einer Kürzung ausgleichsorientierter Fördermittel besonders betroffen wären, wurden raumwirksame[149] Fördermittel und subjektorientierte Transfers (Differenz zwischen Primär Einkommen und dem Verfügbaren Einkommen) berechnet[150] und betrachtet, inwieweit die Mittelzuweisung der tatsächlichen raumwirtschaftlichen Situation entspricht.

   Ergebnis (vgl. Abb. II.3.4 im Anhang): Im Westen erhalten die Kreise/kreisfreien Städte des Kreistyps 5 (Kernstädte im Regionsgrundtyp 2) und 8 (Ländlich Kreise höherer Dichte im Grundtyp 3) im Verhältnis zu ihrer regionalwirtschaftli-

---

[149] Raumwirksame Finanzströme sind Finanzströme, die räumlich ungleich verteilt werden und Veränderungen in der Raumausstattung oder in regional wirksamen Aktivitäten auslösen. Dabei ist zwischen geplanten und ungeplanten raumwirksamen Finanzströmen zu unterscheiden (vgl. Fürst 1995: 679ff.). Im Rahmen, der hier vorgenommenen Analyse wurden geplante raumwirksame Finanzströme betrachtet.

[150] Es ist einschränkend anzumerken, dass mit diesem Vorgehen die räumliche Verteilung der dem Ausgleich dienenden Mittel nur unvollständig wiedergegeben werden kann. So sind beispielsweise die Agrarausgaben sowie die Mittel aus den EU-Strukturprogrammen, dem Bund-Länderfinanzausgleich und aus der Arbeitsmarktpolitik, die vom Volumen deutlich raumbedeutsamer sind als die Mittel der regionalen Strukturpolitik (BBR 2005b: 288), auf Ebene der Kreise/kreisfreien Städte nicht verfügbar.

chen Situation überproportional häufig hohe Mittelzuweisungen. Im Osten stechen die innerhalb des jeweiligen Regionsgrundtyps eher dicht besiedelten Kreise/kreisfreien Städte 1, 2, 5 und 8 hervor, die im Vergleich zu ihrer regionalwirtschaftlichen Verfassung relativ hohe Mittelzuweisungen erhalten. Der sehr ländlich strukturierte Kreistyp 9 (Ländliche Kreise geringer Dichte im Grundtyp 3) bekommt aus statistischer Sicht jedoch, entgegen seiner regionalwirtschaftlich schwachen Situation, unverhältnismäßig wenig Fördermittel.

3. *In welchen Kreistypen leben die meisten Menschen in regionalwirtschaftlich schwachen Räumen?* Um Aussagen darüber treffen zu können, in welchen Regionstypen die meisten Menschen von einem regionalwirtschaftlich schwachen Kontext betroffen sind, wurde die in schwachen Räumen lebende Bevölkerung den Kreistypen zugeordnet. Dies ist besonders dann von Bedeutung, wenn Strukturpolitik anstrebt, künftig in schwachen Regionen verstärkt direkt die Menschen zu fördern (Versorgungsstrategie, vgl. Kap. 2.2). Neben sozialpolitischen Aspekten geht es dabei um die Frage, in welchen Raumtypen die meisten Menschen zu alimentieren sind.

Ergebnis (vgl. Abb. II.3.5 im Anhang): In Westdeutschland rücken durch die Betrachtung der Bevölkerungsanzahl die Agglomerationen und Städte als schwache Räume in den Fokus. In Ostdeutschland finden sich insgesamt deutlich weniger Menschen in schwachen Regionen, was nicht alleine daran liegt, dass in Ostdeutschland insgesamt weniger Menschen leben. Ursächlich hierfür ist vielmehr das schon zuvor festgestellte Zentrum-Peripherie-Gefälle innerhalb Ostdeutschlands. So sind aus ostdeutscher Perspektive eher die ländlichen Räume schwach und diese sind weniger dicht besiedelt. Trotz der geringen Besiedlungsdichte ist in Ostdeutschland Kreistyp 9 (Ländliche Kreise geringer Dichte im Grundtyp 3) auch von der Bevölkerungszahl als schwacher Raum relevant.

Um Raumtypen, die aus gesamtdeutscher Sicht einen gewissen Grad an Strukturschwäche aufweisen, herauszubilden, wurden in einem weiteren Schritt die zuvor erwähnten Analysen zusammenfassend als Verteilungen auf die Kreistypen in das folgende Netzdiagramm[151] übertragen. Die Darstellung der verschiedenen Analysen[152] in einem Diagramm zeigt, bei welchen Raumkategorien sich Problemlagen häufen, und hat einen illustrativen Charakter (Details können den Einzelanalysen im Anhang II.3 entnommen werden).

Wie Abbildung 43 zu verstehen ist, wird nachfolgend am Beispiel des Kreistyps 8 (Ländliche Kreise höherer Dichte im Grundtyp 3) verdeutlicht: Ca. 13% der regionalwirtschaftlich schwachen Kreise/kreisfreien Städte fallen auf Kreistyp 8. Jedoch gehören ca. 16% der Räume, die die meisten raumwirksamen Mittel erhalten bzw. die höchste Alimentierungsquote (17%) aufweisen, zu diesem Kreistyp, was heißt, dass diese Räume häufiger in der Gruppe der Kreise/kreisfreien Städte vorkommen, die mit einer hohen Förderzuweisung bedacht werden, als in der Gruppe der regionalwirtschaftlich schwächsten Räume. Geringer ist die Relevanz bezogen auf die von regionalwirtschaftlicher Schwäche betroffene Bevölkerung, da nur 10% der in den schwächsten Räumen lebenden Gesamtbevölkerung auf diesen Kreistyp fallen.

Unter Berücksichtigung der unterschiedlichen Raumentwicklung in West- und Ostdeutschland wurden aus einer gesamtdeutschen Perspektive drei Räume definiert, die als *Verliererräume* für die Betrachtung strukturpolitischer Szenarien von besonderem Interesse sind. Diese drei Raumkategorien sind in das folgende Netzdiagramm farbig eingezeichnet. Die Dreiecksflächen markieren, welche siedlungsstrukturellen Kreistypen zu der jeweiligen Raumkategorie gehören. So umfasst die Raumkategorie I (Altindustriell-Städtisch) im Wesentlichen Kreistyp 1. Die Raumkategorie II (Industriell-Peripher) umfasst die Kreistypen 6 und 7 und ist daher mit einer breiteren Dreiecksfläche dargestellt. Dies gilt analog für die Raumkategorie III (Agrarisch-Peripher), die die Kreistypen 8 und 9 abdeckt und eine gewisse Nähe zu Kreistyp 7 aufweist.

---

[151] Bei der Interpretation der Abbildung ist zu berücksichtigen, dass die Ausprägung bei den einzelnen Kreistypen in dieser gesamtdeutschen Perspektive von der Summe der Ausprägung für West- und Ostdeutschland (siehe Anhang) abweichen kann, da die gesamtdeutsche Gruppe der Schwächsten nicht der Summe der Schwächsten im Osten und Westen entspricht. Dies vor dem Hintergrund, dass, wenn man zum Beispiel für den ReEnt-Indikator die schwächsten Kreise Gesamtdeutschlands abträgt, alle ostdeutschen Kreise/kreisfreien Städte in dieser Gruppe enthalten sind. Das heißt, dass der Osten damit stärker berücksichtigt wird als der Westen, was angesichts der immer noch starken Wohlfahrtsgefälle aber auch angezeigt ist, zumal die Probleme, die sich im Westen vor allem in den altindustriellen Regionen einstellen, durch die Berücksichtigung der Bevölkerungsanzahl einfließen.

[152] Um die verschiedenen Analyseergebnisse in einem Diagramm vergleichbar zu machen, wurde die in schwachen Räumen lebende Bevölkerung prozentual auf die Kreistypen verteilt.

Kapitel 10 - Strukturpolitische Szenarien: Typenbildung benachteiligter Räume

Abbildung 43: Drei Verliererräume nach verschieden Merkmalen

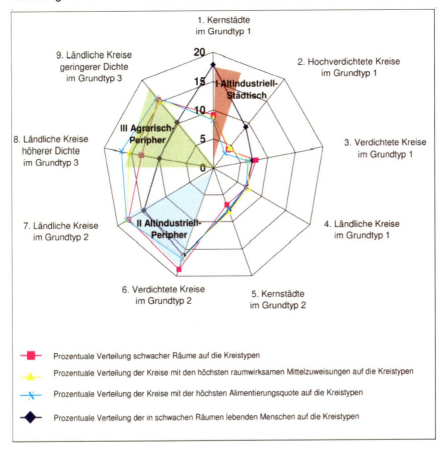

Datenquelle: BBR 2004 und 2005a, Statistische Ämter der Länder 2004, eigene Berechnungen

In Tabelle 8 werden die Raumtypen mit ihren wichtigsten Merkmalen vorgestellt und die jeweilige Ertragssituation der Sparkassen skizziert, die als Akteure einer Ausgleichspolitik für diese Räume von besonderer Bedeutung sind. Anhand der hier vorliegenden Unterteilung möglicher Verliererkategorien sollen die Wirkungen verschiedener strukturpolitischer Interventionsstrategien verdeutlicht werden. Die Konstitution dieser Raumtypen wurde neben den in diesem Kapitel vorgestellten Analysen, auf Grundlage der in Kapitel 2 diskutierten Raumtrends und -muster sowie der im Rahmen dieser Arbeit durchgeführten Expertengespräche vollzogen.

Tabelle 8: Merkmale schwacher Räume

Raumkategorie / Merkmale	(I) Altindustriell-Städtisch	(II) Altindustriell-Peripher	(III) Agrarisch-Peripher
Charakteristik	▪ Zentrale Lage, hohe Dichte ▪ Nur beschränkte urbane Knotenfunktion (geringe Ausstrahlung) ▪ Industriell geprägte Infrastrukturen ▪ Intrakommunale Disparitäten ▪ Geringes städtebauliches Potenzial	▪ Periphere Lage, mittlere Dichte ▪ Geringe Versorgungsfunktion ▪ Industriell geprägte Infrastrukturen ▪ Fragmentierte Struktur: funktionaler Wohnraum ▪ Quartiere nur teilweise städtebaulich integriert	▪ Sehr periphere Lage, sehr geringe Dichte ▪ Basis-Daseinsvorsorge nur schwer aufrechtzuerhalten ▪ Agrarisch geprägte Infrastrukturen ▪ Unzureichende naturräumliche bzw. kulturelle Potenziale bzw. zu peripher gelegen
Ökonomische Funktion / Beschäftigung	Hohe Beschäftigungsverluste im gewerblich-industriellen Bereich. Monostrukturierte Räume mit Anpassungsproblemen.	Hohe Beschäftigungsverluste im gewerblich-industriellen Bereich (teilweise ehemals Streitkräfte).	Agrarisch geprägt. Stetige Arbeitsplatzverluste in der Landwirtschaft und im Bereich der Basisfunktionen.
Relevanz als schwacher Raum	Westen: hoch; Osten: gering	Westen & Osten: mittel	Westen: gering; Osten: hoch
Beispiele	Westen: Bottrop, Gelsenkirchen. Osten (bedingt): Frankfurt (Oder), Halle, Magdeburg.	Westen: Pirmasens, Goslar. Osten: Hoyerswerda, Görlitz.	Westen (eher selten): Landkreis Lüchow-Dannenberg, Freyung-Grafenau (bedingt). Osten: Demmin, Nord-Vorpommern, Mecklenburg-Strelitz, Altmarkkreis Salzwedel.
Ertragssituation der Sparkassen	Leicht unter dem Durchschnitt; EKR und Betriebsergebnis überdurchschnittlich, CIR schwach.	Leicht unter dem Durchschnitt; einzelne Ertragsvariable zeigen keine Auffälligkeiten.	Schwächeres Ergebnis als im Durchschnitt; insbesondere CIR und Betriebsergebnis nach Bewertung schwach.

I Altindustriell-Städtisch: Erstens zeigt sich insbesondere im Westen, dass die in Agglomerationsräumen liegende Kernstadt (Kreistyp 1) aus strukturpolitischer Sicht von Bedeutung ist. Da viele in schwachen Räumen lebende Menschen in diesem Stadttyp zu finden sind, ist diese Raumkategorie nicht nur aus sozialpolitischer, sondern auch aus ökonomischer Perspektive zentral. Dies ist besonders von Bedeutung, wenn Strukturpolitik zukünftig stärker auf eine Versorgungsstrategie setzen würde, da die Personen in schwachen Räumen dann dauerhaft zu alimentieren wären. Ferner ist diese Raumkategorie vor dem Hintergrund, dass innerhalb dieser Städte teilweise hohe intrakommunale Disparitäten bestehen und sich auf Stadtteilebene selbst verstärkende Problemlagen zeigen, zu berücksichtigen.

Bei Betrachtung der schwächsten Städte innerhalb dieser Kategorie stechen in erster Linie altindustrielle monostrukturierte Räume mit ökonomischen Anpassungsproblemen und nur geringem städtebaulichen Potenzial hervor. Mit der Raumkategorie I (altindustriell-städtisch) sind insofern Räume beschrieben, die traditionell altindustrielle Wirtschaftszweige wie Stahl, Bergbau, Werften usw. aufweisen bzw. aufwiesen und bis heute den Strukturwandel hin zu neuen wissensbasierten Sektoren nur bedingt vollzogen haben, zugleich nur beschränkt als Zentren mit urbanen Versorgungsfunktionen wettbewerbsfähig sind und zusätzlich von Suburbanisierungstendenzen betroffen sind.

Städte dieses Typs finden sich vor allem im Westen, zum Beispiel Bottrop oder Gelsenkirchen, im Osten befindet sich in der Gruppe der schwächsten Räume nicht einmal der Kreistyp 1 (Kernstädte in Agglomerationen). Zwar ist Chemnitz im Osten die schwächste Kernstadt, gehört aber dort zu den 33% wohlhabensten Kreisen/kreisfreien Städten. Aufgrund der anderen räumlichen Struktur lassen sich in Ostdeutschland aber auch Städte, die nicht dem Kreistyp 1 angehören, dieser Kategorie zuordnen. Beispiele dafür sind Frankfurt (Oder) als ehemaliges Zentrum der Halbleiterindustrie, Magdeburg als bedeutender Maschinenbaustandort zu DDR-Zeiten und Halle als Kern der Chemiewirtschaft in Ostdeutschland.

II Altindustriell-Peripher: Zweitens bildet sich bei den ländlicheren Kreisen im Regionsgrundtyp 2 (Kreistyp 6 und 7) eine Raumkategorie mit schwacher Wirtschaftsstruktur heraus. Sowohl die Betrachtung der absoluten und relativen Verteilung der schwächsten Kreise/kreisfreien Städte (vgl. Abb. II.3.2 und II.3.3 im Anhang) als auch die Bevölkerungsanzahl (vgl. Abb. II.3.5) zeigen, dass in diesem Bereich für West- und Ostdeutschland eine gesamtwirtschaftlich relevante Konzentration schwacher Räume vorliegt.

Es lassen sich im Wesentlichen zwei Gruppen schwächster Kreise/kreisfreier Städte im Bereich des Kreistyps 6 und 7 identifizieren: einerseits agrarisch geprägte Räume und andererseits Räume, die zwar peripher gelegen, aber gleichzeitig industriell geprägt sind und in den letzten Jahren deutliche Arbeitsplatzverluste im gewerblichen Bereich hinnehmen mussten. Die schwachen altindustriell geprägten Kreise (Typ 6 und 7) bilden die Grundlage dieser Kategorie.

Beispiele sind im Westen die kreisfreie Stadt Pirmasens, die als ehemaliges Zentrum der Schuhwirtschaft zwischen 1995 und 2003 27,7%[153] ihrer Arbeitsplätze in Fertigungsberufen verloren hat oder der Landkreis Goslar, ein traditioneller Chemie- und Bergbaustandort (Zink und Blei), wo im gleichen Zeitraum 24,6% der

---

[153] Alle Angaben BBR 2005a, eigene Berechnungen

Arbeitsverhältnisse in Fertigungsberufen weggefallen sind. Goslar ist zusätzlich davon betroffen, dass sich die dort ansässigen Bundeswehr- und Bundesgrenzschutzstandorte massiv verkleinert haben. Im Osten lassen sich folgende Beispiele nennen: Hoyerswerda, eine kreisfreie Stadt, die als Bergbau- und Energiestandort in kurzer Zeit ihre Bevölkerung beinahe verzehnfachte (Kröhnert et al. 2004: 47) und im oben angegebenen Zeitraum sogar eine Abnahme von 62,2% der Beschäftigungsverhältnisse in Fertigungsberufen zu verzeichnen hat und die kreisfreie Stadt Görlitz als Zentrum des Waggon- und Fahrzeugbaus mit einer Reduktion der Beschäftigten in Fertigungsberufen von 46,4%.

Grundsätzlich können diesem Raumtyp auch Kreise/kreisfreie Städte zugerechnet werden, die vom Abzug der alliierten oder sowjetischen Streitkräfte und von Stilllegungen der Bundeswehrstandorte betroffen sind, wofür Pirmasens wieder ein gutes Beispiel ist. Die kreisfreie Stadt ist nicht nur vom Niedergang der Schuhindustrie betroffen, sondern leidet wirtschaftlich auch unter dem Abzug der US-amerikanischen Streitkräfte.

Das starke industrielle Wachstum hat sich in diesen peripher verorteten Räumen i.d.R erst ab Mitte des letzten Jahrhunderts ergeben, was sich vielfach in den städtebaulichen Qualitäten niederschlägt: Es wurde in kurzer Zeit funktionaler Wohnraum, teilweise in Plattenbauweise, errichtet. Die neu entstandenen Quartiere sind nur teilweise in die vorhandenen Stadt- bzw. Dorfkerne integriert. Dies zeigt sich deutlich in Hoyerswerda, das im Krieg stark zerstört wurde und wo aufgrund eines Braunkohleveredelungswerkes in wenigen Jahren die Bevölkerung so rasant anstieg, dass dort in den 1950er Jahren erstmals im großen Stil industriell gefertigte Wohnblöcke errichtet wurden. In Hoyerswerda entstand das erste Großplattenwerk der DDR (Kröhnert et al. 2004: 42). Aber auch westdeutsche Städte dieser Prägung haben aufgrund schnell errichteten Wohnraums oftmals ein wenig attraktives Stadtbild. Anders hingegen die an der polnischen Grenze liegende Stadt Görlitz, die zwar zu DDR-Zeiten ebenfalls ein eindeutiges gewerbliches Profil hatte und diesbezüglich funktionalen Wohnraum errichtete, allerdings an eine historisch attraktive Stadtgestalt aus Vorkriegszeiten anknüpfen kann, die im Krieg nahezu unzerstört blieb und zu DDR-Zeiten nur marginal verändert wurde. Als im 19. Jahrhundert ein Großteil der Gründerzeitviertel mit ihren Villen und mehrstöckigen Stadthäusern in Görlitz entstanden, war die Stadt unter dem Beinamen *Pensionopolis* als Ruhesitz für Beamte und Pensionäre sehr beliebt (Hamann 28.10.2004, Engelhard 27.12.2002).

III Agrarisch-Peripher: Drittens zeigt sich ein Raumtyp, der vor allem im Kreistyp 9 (Ländliche Kreise geringer Dichte im Grundtyp 3) angesiedelt ist, aber auch den Kreistyp 8 und 7 tangiert. Diesem Typ sind ländlich-agrarisch geprägte periphere

Kreise zu zurechnen, die nicht das naturräumliche bzw. kulturelle Potenzial haben, um alleine von einer touristischen Entwicklung zu leben, und zu peripher gelegen sind, um als wochenendbezogene oder permanente Zuflucht- und Erholungsorte mit den Funktionen alternative Lebensstile, Wellness oder regionale Nahrungsmittel zu fungieren. Trotz der eher geringen Bevölkerungsanzahl, die in diesen Kreisen von einem schwachen regionalen Umfeld betroffen ist, ist dieser Raumtyp von gesellschaftlicher und ökonomischer Relevanz, da auf Grund der schon jetzt geringen Bevölkerungsdichte Infrastrukturen der Daseinsvorsorge nur sehr schwer aufrecht zu erhalten sind. Ferner kann vermutet werden, dass diese agrarisch geprägten Räume bei einer Reform der EU-Agrarsubventionen negativ betroffen sein werden, was insbesondere für ostdeutsche Regionen mit agrarischen Großbetrieben gilt, die von der jetzigen Subventionspraxis besonders profitieren (Land/Willisch 2002).

Im Westen kommt Kreistyp 9 in der Grundgesamtheit nur selten vor und spielt entsprechend als schwacher Raum keine besondere Rolle. Im Osten ist er jedoch insgesamt stark vertreten und häufig unter den schwachen Räumen zu finden.

Zu berücksichtigen ist außerdem, dass dieser Raumtyp im Osten nicht nur wesentlich häufiger vorkommt als im Westen, sondern die diesem Kreistyp zugehörigen Kreise im Osten deutlich peripherer und ländlicher sind als im Westen (vgl. Kap. 2.3). So haben die Beschäftigten im Primär-Sektor in diesem Kreistyp im Osten einen Anteil von 5,9% zu 1,5% im Westen (BBR 2004).

Die regionalwirtschaftlich schwächsten Kreise des Kreistyps 9 sind die Landkreise Uecker-Randow (5,5% Beschäftigte im Primär-Sektor[154]), Demmin (10.6%), Nordvorpommern (7,2%), Kyffhäuserkreis (4,8%) und Mecklenburg-Strelitz (11,1%). Doch auch der in Kapitel 9.4 beschriebene landwirtschaftlich geprägte Altmarkkreis Salzwedel steht regionalwirtschaftlich schlecht da, und kann dieser Gruppe zugerechnet werden. Von seiner Schwäche und Struktur kann im Westen als eindeutiger Vertreter dieser Gruppe nur der Landkreis Lüchow-Dannenberg (3,1% Beschäftigte im Primär-Sektor) angeführt werden, bedingt noch der Landkreis Freyung-Grafenau an der tschechischen Grenze, in dem der Beschäftigtenanteil im Primär-Sektor aber wesentlich geringer ist. Bei Betrachtung der in der Abbildung 44 dargestellten geographischen Verteilung der Beispiele dieses Raumtyps, fällt die sehr periphere Lage auf, wobei peripher, vor dem Hintergrund der ehemaligen deutsch-deutschen-Teilung, auch in der Mitte Deutschlands sein kann.

---

[154] Alle Daten BBR 2004.

Kreise/kreisfreie Städte der zuvor beschriebenen drei Kategorien schwacher Räume sind in der folgenden Karte farbig eingetragen. Die mit einer Straffur gekennzeichneten Städte/Kreise eignen sich nur bedingt als Beispiele.

Abbildung 44: Karte mit Beispielen schwacher Räume

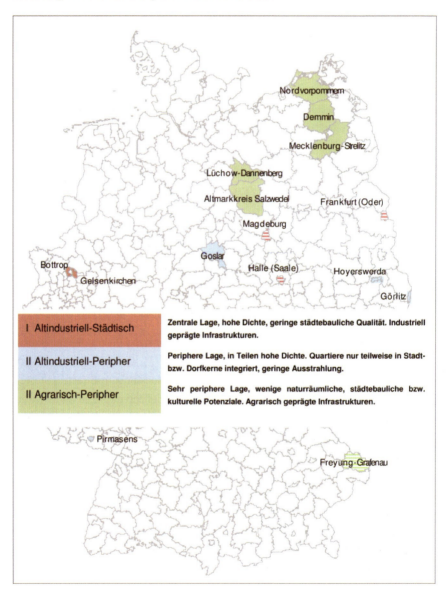

Zusätzlich zu diesen auf Ebene der Kreise/kreisfreien Städte gebildeten Raumtypen zeigen sich noch weitere benachteiligte Raumtypen. Diese lassen sich aber aufgrund der Aggregationsebene Kreise/kreisfreie Städte nicht aus den Datenanalysen herleiten, sondern ergeben sich aufgrund der Expertengespräche und im Zuge der in Kapitel 2 vorgenommenen raumspezifischen Betrachtungen. Diese Räume werden nachfolgend kurz beschrieben:

Profillose Klein- bis Mittelstädte: In diese Kategorie fallen Städte, die in ihrer Funktion als Städte geschwächt sind und von denen angenommen werden kann, dass sie weiter an Bedeutung verlieren.

Städte dieses Typs können, entweder weil sie nicht im direkten Speckgürtel der boomenden Zentren liegen oder nicht genügend städtebauliches und naturräumliches Potenzial bzw. keine eigenständige Identität aufweisen, nicht von Suburbanisierungswellen profitieren. Vielmehr haben sie aufgrund eines geänderten Mobilitätsverhaltens und einer gestiegenen Bedeutung von Metropolen bzw. Großstädten Versorgungsfunktionen an bedeutendere Zentren in der Umgebung verloren. Dabei handelt es sich in der Regel um kreisangehörige Städte. Beispiele für solche Räume sind im Westen die zwischen dem Ruhrgebiet und Münster liegende Stadt Ahlen und die Stadt Hamm, am östlichen Rand des Ruhrgebiets. Im Osten lässt sich die knapp 6.500 Einwohner zählende Stadt Geithain im Landkreis Leipziger Land anführen. Geithain hat im Rahmen der Gebietsreformen ihre Funktion als Kreisstadt verloren und spielt im zusammengelegten Kreis als Versorgungsort kaum noch eine Rolle. So mussten beispielsweise die Mittelschule und das Gymnasium fusionieren (Süddeutsche Zeitung 28.02.2006, http://www.geithain.de/). Auch zeigt dieser Raumtyp Überschneidungen zum Raumtyp altindustriellstädtisch: So könnte beispielsweise die Stadt Herten im Ruhrgebiet dieser Kategorie zugerechnet werden.

Benachteiligte Stadtteile: Wie in Kapitel 2.3.2 ausgeführt, zeigen sich zunehmend Disparitäten innerhalb von Städten hinsichtlich der Lebensbedingungen und der sozialen sowie ökonomischen Situation. Die Problematik benachteiligter Stadtteile wurde in Großbritannien, Frankreich und den Niederlanden bereits in den 1970er Jahren aufgegriffen und spielt in der bundesdeutschen Diskussion seit den 1990er Jahren eine zunehmende Rolle, was sich an diversen Länderprogrammen und dem seit 1999 laufenden Bundesprogramm *Soziale Stadt* zeigt. Im Rahmen dessen werden in Deutschland 430 benachteiligte Stadtteile in 284 Städten und Gemeinden (Stand 2006) gefördert. Dabei lassen sich im Wesentlichen zwei Gebietstypen unterscheiden und zwar innerstädtische oder innenstadtnahe (Altbau-) Quartiere und Großwohnsiedlungen (Gärtner/Müller 2004, http://www.sozialestadt.de/programm/). Die Großwohnsiedlung Osterholz-Tenever am Stadtrand von Bremen, das innerstädtisch gelegene Bahnhofsviertel mit gründerzeitlicher Baustruktur in Hof oder der gemischt genutzte Stadtteil Bottrop-Boy sind Beispiele im Westen. Als Beispiele im Osten können der Stadtteil Sachsendorf-Madlow in Cottbus, der in den 70er und 80er Jahren des vergangenen Jahrhunderts vor allem für die Beschäftigten des Braunkohlekombinats Cottbus errichtet wurde, oder der in Plattenbauweise errichtete Stadtteil Halle-Neustadt angeführt werden. Halle und Bottrop sind gleichzeitig als Beispiele für die Kategorie altindustriell-städtisch aufgeführt.

Schwache Stadtteile sind aber auch in gutsituierten Kernstädten zu finden. Als Beispiele für Stadtteile mit besonderen Problemlagen in wirtschaftsstrukturell gut positionierten Städten lassen sich die Großwohnsiedlungen Köln-Chorweiler oder Bonn-Dransdorf anführen.

10.2 Szenarien regionaler Strukturpolitik

Wie in den vorherigen Kapiteln aufgezeigt (insbesondere Kap. 2), sind Raumentwicklung und regionalwirtschaftliche Wohlfahrtsgefälle von verschiedenen Grundfaktoren bestimmt und werden durch politische raumwirksame Faktoren beeinflusst. Der Einfluss regionaler Strukturpolitik wird im Folgenden anhand der zuvor herausgearbeiteten Raumtypen skizziert. Die Bandbreite der regionalen Strukturpolitik wird dabei durch drei explorative Szenarien[155] dargestellt. Ausgehend von der Prämisse, dass regionale Strukturpolitik zukünftig eher wachstums- als ausgleichsorientiert sein wird (vgl. Kap. 2), bildet das Status-quo-Szenario den Fixpunkt als die am stärksten am Ausgleich orientierte Variante. Als Gegenpol folgt ein Wachstums-Szenario, das konsequent und ausschließlich auf Wachstumsziele ausgerichtet ist. Dazwischen ist das Hybrid-Szenario angeordnet, dass der in Kap. 3 skizzierten ausgewogenen regionalen Strukturpolitik entspricht und auf Wachstum und Ausgleich setzt.

Zur Veranschaulichung wird die Abbildung 9 aus Kap. 2.2, die die Ziel- und Strategieachsen der regionalen Strukturpolitik abbildet, wieder aufgegriffen und die drei Szenarien werden in diese Systematik eingetragen (vgl. Abb. 45). Die X-Achse gibt an, ob die regionale Strukturpolitik in erster Linie aus einer sozialpolitischen oder

---

[155] Die Szenarienmethode wird seit den 1970er Jahren zur Abgrenzung und Bewertung alternativer, in sich konsistenter Entwicklungspfade eingesetzt. Von einer breiteren Öffentlichkeit wurden Szenarien im Rahmen des Berichts an den Club of Rome „Grenzen des Wachstums" wahrgenommen, in dem Meadow mittels Computersimulationen unterschiedliche Szenarien zur globalen Entwicklung durchführte (Meadows 1972, vgl. auch Kap. 1.2.4). Die Entwicklung qualitativer Szenarien erfreut sich zunehmender Beliebtheit in der Politikberatung und der Regionalentwicklung (Meinert 2004, Libbe 2002). Neben quantitativen und qualitativen Szenarien bzw. Mischformen daraus lassen sich grob normative und explorative Szenarien unterscheiden. In normativen Szenarien wird ein gewünschter Soll-Zustand definiert. Ziel bei normativen Szenarien ist es, Wege zur Erreichung dieser normativ festgelegten Zielsituation zu erkunden. Explorative Szenarien erkunden hingegen die zu erwartenden Zukunftsbilder bei unterschiedlichen Rahmenbedingungen bzw. Entwicklungspfaden (Steinmüller/Schulz-Montag 2005: 10).

einer wachstumsorientierten Zielsetzung betrieben wird. Die Y-Achse bezieht sich auf die Frage, ob in allen Teilräumen eine gleichgerichtete Wirtschaftsentwicklung stattfinden soll (Entwicklungsstrategie) oder gleichwertige Lebensbedingungen durch eine dauerhafte Alimentierung (Versorgungsstrategie) angestrebt werden, mit welcher Strategie also Strukturpolitik betrieben wird.

Abbildung 45: Ziel- und Strategieachsen der drei Szenarien

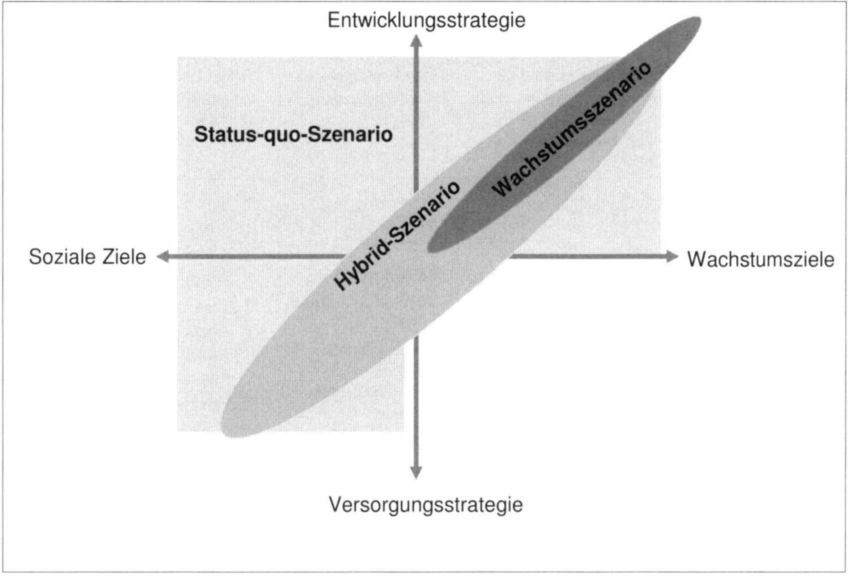

In der folgenden Tabelle sind die drei Szenarien eingetragen und werden hinsichtlich der Aspekte Leitbild, Motivation, Strategie, Raumebenen, Instrumente und Rolle regionaler Banken eingeordnet.

Tabelle 9: Strukturpolitische Szenarien im Vergleich

	1. Status Quo (S1)	2. Wachstum (S2)	3. Hybrid (S3)
Struktur-politisches Leitbild	▪ Regionale Gleichwertigkeit! Gleichwertigkeit als quantitativer Begriff ▪ Beschleunigung natürlicher Konvergenzprozesse ▪ Zunehmende Orientierung an überregional bedeutsamen Potenzialen	▪ Regionale Ungleichheiten! ▪ Wachstumsgenerierung durch Förderung von Wachstumspolen ▪ Hoffnung auf räumliche Ausbreitungseffekte	▪ Differenziertes Raumleitbild! Gleichwertigkeit als qualitativer Begriff (Lebensqualität) ▪ Wachstumsgenerierung durch Förderung von Wachstumspolen ▪ Schwache Regionen sind besonders zu unterstützen ▪ Aufrechterhaltung einer Basisversorgung
Motivation	Vergangenheit: Zielharmonie. Aktuell: Ambivalenz	Ausschließlich gesamtwirtschaftliche	Wachstumsziele und soziale Ziele, für die auch Wachs-

	1. Status Quo (S1)	2. Wachstum (S2)	3. Hybrid (S3)
	zwischen einer sozialpolitischen und wachstumsorientierten Motivation.	Wachstumsziele.	tumseinbußen in Kauf genommen werden.
Strategie	Durch Investitionsumlenkung werden schwache Räume entwickelt. Zunehmend Unterstützung von Wachstumspotenzialen (Entwicklungsstrategie).	Ausschließliche Entwicklungsstrategie.	Wachstumsorientierung durch konsequente Entwicklungsstrategie. Sozialpolitische Ziele werden zunehmend mittels einer Versorgungsstrategie verfolgt.
Raumebene	Förderung orientiert sich an administrativen Räumen bzw. Arbeitsmarktregionen, teilweise sehr kleinräumige Fördergebietskulisse. Insbesondere bedürftige Räume werden gefördert.	Administrative Räume spielen nur bedingt eine Rolle. Zunehmende Bedeutung von Wirtschaftsräumen.	Die administrative Ebene spielt nur bei der Unterstützung schwacher Räume eine Rolle. Entwicklung wettbewerbsfähiger Potenziale orientiert sich vor allem an Wirtschaftsräumen.
Instrumente	▪ Investitionsförderung (GA) ▪ Die selben Instrumente werden für Wachstumsregionen und schwache Räume eingesetzt ▪ Bauliche Infrastrukturen	▪ Monitoring regionaler Wachstumsräume ▪ Wettbewerbe ▪ Sektoral orientierte Förderung ▪ Förderung von Wachstumskernen durch Verbundprojekte ▪ FuE-Infrastrukturen	▪ Monitoring ▪ Definition von Funktionen einzelner Räume ▪ Wettbewerbe ▪ Modellprojekte ▪ Förderung von Basisinfrastrukturen in schwächeren Regionen ▪ Flexible offene Instrumente ▪ Augleichszahlungen für schrumpfende Regionen (Zielvereinbarungen) ▪ Subjektorientierte Alimentierung (z.B. Bürgergeld)
Rolle regionaler Banken	Regionale Banken tragen zur Entwicklung schwacher Räume und damit zur regionalen Konvergenz bei.	Regionale Banken sind als Teil der Cluster/Wertschöpfungsketten in den Wachstumszentren von Bedeutung. Durch ihre flächendeckende Präsenz verhindern sie aber notwendige Konzentrationsprozesse und sind daher kontraproduktiv.	Unterstützen sowohl Wachstum als auch Ausgleich. Stellen Teilhabe sicher und sorgen für ein Mindestmaß bankenwirtschaftlicher Versorgung. Bereiten den Boden für Ausbreitungseffekte und wirken als endogene Stabilisatoren.

Das **Status-quo-Szenario** bildet die aktuelle Strukturpolitik auf Landes-, Bundes- und EU-Ebene (Stand 2007) ab. Der Ursprung der mit diesem Szenario dargestellten regionalen Strukturpolitik liegt in einer ausgleichsorientierten Tradition, legt somit ein Leitbild einer gleichgewichtigen ökonomischen Entwicklung in allen Teilräumen zugrunde, orientiert sich aber zunehmend an der Förderung wettbewerbsfähiger Potenziale.

Wie in der Abbildung 45 dargestellt, ist die diesem Szenario zugrunde liegende Strukturpolitik sowohl sozial- als auch wachstumspolitisch motiviert. In der Vergangenheit haben sich auch deshalb diese Ziele nicht widersprochen, weil angenommen wurde, dass durch eine sozialpolitisch motivierte regionale Ausgleichspolitik die Ressourcen einer Volkswirtschaft bestmöglich genutzt werden und somit gesamtwirtschaftliches Wachstum gefördert wird (vgl. Kap. 2.2).

Aufgrund veränderter Rahmenbedingungen und einer neuen raumwirtschaftlichen Orientierung, zum Beispiel im Rahmen des Clusteransatzes, rückt eine Ausrichtung an Wachstumspotenzialen stärker in den Vordergrund. Dadurch zeichnen sich zunehmend Konflikte zwischen Wachstums- und Ausgleichszielen ab. Da die Konzentration von Fördermitteln auf Wachstumsregionen (sozial-)politisch nur schwer durchzuhalten ist, besteht die Gefahr, dass eine entsprechende Wachstumspolitik flächendeckend mit der Folge umgesetzt wird, dass auch oder gerade in schwachen Regionen nach wettbewerbsfähigen Potenzialen, in der Annahme so die regionalen Wohlfahrtsgefälle abbauen zu können, gesucht wird.

So steht die mit diesem Szenario dargestellte Strukturpolitik in dem Spannungsfeld, auf der einen Seite aus gesamtwirtschaftlichen Erwägungen Wachstumspole zu unterstützen, und auf der anderen Seite damit zum regionalen Ausgleich beitragen zu wollen.

Diese Art der Strukturpolitik orientiert sich vornehmlich an administrativen Räumen bzw. Arbeitsmarktregionen, u.a. weil anhand dieser Gebietskulissen die Verteilung von Fördermitteln organisiert wird. Regionale Banken haben bei dieser strukturpolitischen Strategie eine wichtige Funktion und tragen zur Entwicklung schwacher Räume bei.

Das **Wachstums-Szenario** vollzieht hingegen eine konsequente Förderung wettbewerbsfähiger Potenziale unabhängig von der regionalen Bedürftigkeit. Räumliche Ungleichgewichte werden in Kauf genommen und ein damit einhergehendes Raumleitbild wird transparent kommuniziert. Vor dem Hintergrund, dass es um die Förderung von Potenzialen und nicht um Regionalentwicklung geht, spielen administrative Räume nur bedingt eine Rolle. Im Rahmen dieses Szenarios ist regionale Strukturpolitik nicht als Ausgleichspolitik, sondern als raumbezogene Wirtschaftspolitik (vgl. Kap. 3.4) zu verstehen. Grundidee ist es, die Wachstumspole, insbesondere (Groß-) Städte bzw. Agglomerationen soweit zu stärken, dass es zu Ausbreitungseffekten kommt, wovon langfristig auch schwache Räume profitieren sollen. Wirtschaftliche Entwicklung soll nach diesem Szenario nur in sich dynamisch entwickelnden Regionen gefördert werden. In solchen Regionen übernehmen regionale Banken als Teil der regionalen Wertschöpfungskette bzw. des Produktionsclusters eine wichtige Rolle und unterstützen Wachstumsprozesse. Die Sparkassen in Deutschland sind bei diesem Szenario aber aufgrund ihrer flächendeckenden Präsenz kontraproduktiv, da sie durch die Entwicklung schwacher Räume Konzentrationsprozesse behindern.

Der dritte Weg – das **Hybrid-Szenario** – verfolgt einerseits Wachstumsziele unabhängig von der regionalen Bedürftigkeit und sieht anderseits spezifische Programme und Instrumente für schwache Räume vor. Leitbild ist eine funktional differenzierte Raumstruktur nach dem nicht alle Regionen ökonomisch gleichwertig entwickelt sein müssen. Der Begriff der Gleichwertigkeit orientiert sich dabei stärker an Qualität als an Quantität. Der wachstumsorientierte Teil einer solchen Strukturpolitik verfolgt ausschließlich eine Entwicklungsstrategie und nur ausgewiesene Wachstumspotenziale werden unterstützt. Die ausgleichsorientierte Komponente des Szenarios, also die Unterstützung der schwachen Regionen, setzt zwar, wenn möglich auch an den vor Ort vorhandenen Potenzialen und Netzwerken an, folgt jedoch in besonders schwachen, vor allem schrumpfenden Regionen eher einer Versorgungsstrategie.

Die Teilräume Deutschlands dürfen nach diesem Szenario zwar unterschiedlich entwickelt sein, Basisinfrastrukturen sind aber in allen Regionen aufrecht zu erhalten, damit eine Teilhabe am wirtschaftlichen und gesellschaftlichen Leben möglich bleibt.

Im Rahmen des Hybrid-Szenarios orientiert sich die Strukturpolitik sowohl an administrativen als auch an wirtschaftsstrukturellen Räumen. Administrativ vor allem dort, wo es um die Förderung bzw. Stabilisierung schwacher Räume geht. Wirtschaftsstrukturell, wenn es um die Förderung von Wachstumspotenzialen geht.

Kernpunkt dieses Szenarios ist die Kombination aus einer konsequenten Wachstumsorientierung und der Förderung einer funktionalen Differenzierung der Räume bei gleichzeitiger Stabilisierung schwacher Räume sowie der Aufrechterhaltung von öffentlichen Basisinfrastrukturen auf einem gewissen Niveau für die Versorgung der in schwachen respektive schrumpfenden Regionen verbleibenden Bevölkerung. Wie die untersuchten Beispiele (vgl. Kap. 9) gezeigt haben, können Sparkassen im Rahmen eines solchen Szenarios sowohl Wachstums- als auch Ausgleichsprozesse unterstützen und wirken als regionale Stabilisatoren.

Für jeden der zuvor herausgearbeiteten Raumtypen werden nun die drei Szenarien hinsichtlich ihrer anzunehmenden Wirkungen durchgespielt. Daran anschließend wird die zu erwartende Entwicklung des Sparkassenertrags für den jeweiligen Raumtyp beschrieben. Die Szenarienverläufe werden jeweils in einem Diagramm (Abb. 47-49) skizziert. Zunächst wird die Grundposition der drei Raumtypen dargestellt (Abb. 46). Auf der X-Achse wird der Grad der Versorgung mit Infrastrukturen und Daseinsvorsorgefunktionen abgetragen. Ist der Kreis rechts des Nullpunktes lokalisiert, bedeutet dies, dass auch spezifische Infrastrukturen, z.B. wirtschaftsnahe Infrastrukturen, FuE-Infrastrukturen, öffentliche Institute usw. vorhanden sind. Links des Nullpunkts sind die Basisfunktionen eingezeichnet. Mit der Y-Achse wird dargestellt, ob eine Region eher eine exportorientierte oder eine nach innen gerichtete Wirtschaftsstruktur mit lokalen Branchen aufweist. Exportorientiert bedeutet in diesem Kontext, dass eine Region spezialisiert ist und daher andere Regionen mit Leistungen versorgt, also relative Stärken aufweist. Relative Stärken beinhalten aber nicht nur die direkten Exportaktivitäten wie bei der Exportbasis-Theorie (vgl. Kap. 1.2.2), vielmehr werden die damit verbundenen Leistungen in der gesamten regionalen Wertschöpfungskette betrachtet, wie der Clusteransatz es nahe legt (vgl. Abb. 4 in Kap. 1.2.2).

Die Veränderung der Kreisgröße signalisiert, wie stark der entsprechende Raum bei dem jeweiligen Szenarienverlauf wirtschaftlich und demographisch schrumpfen wird. Die Breite der Pfeile demonstriert die angenommene Eintrittswahrscheinlichkeit der Szenarienverläufe (vgl. Abb. 47-49). Die Achsen sind nicht metrisch skalierbar, sondern zeigen grobe Entwicklungstrends, die auf eigenen qualitativen Einschätzungen beruhen.

Abbildung 46: Diagrammübersicht der Szenarien

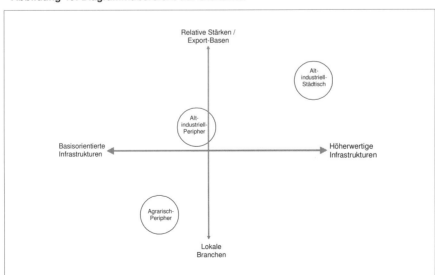

10.2.1 Raumtyp I: Altindustriell-Städtisch

Die beim Raumtyp I (altindustriell-städtisch) zu erwartenden Verläufe des *Status-quo-Szenarios* lassen sich vielfach schon heute beobachten: Einige altindustrielle Regionen können, sofern die Voraussetzungen vor Ort vorhanden sind, von auf Wachstum setzenden strukturpolitischen Ansätzen profitieren, wie sich zum Beispiel an der Region Dortmund zeigt (vgl. Kap. 9.2). Ein solcher Szenarienverlauf ist in der folgenden Abbildung 47 mit S1a dargestellt. Diese Räume profitieren von der aktuellen Strukturpolitik, da sie als schwache Regionen besonders gefördert werden. Allerdings haben auch die erfolgreichen Räume dieser Kategorie Schwierigkeiten mengenmäßig und vom Anforderungsprofil her die infolge des wirtschaftlichen Strukturwandels weggefallenen Arbeitsplätze zu substituieren. Es kann davon ausgegangen werden, dass diese Städte zwar mittel- bis langfristig an Bevölkerung und Wirtschaftskraft verlieren, gleichzeitig aber aufgrund einer allgemeinen Zentrenorientierung ihre Versorgungsfunktion für das Umland ausbauen können. Im Rahmen einer stärkeren Dienstleistungsorientierung wird sich der Anteil der exportorientierten Branchen weiter reduzieren.

Andere Räume hingegen, zum Beispiel Städte wie Bottrop oder Gelsenkirchen, verlieren angesichts fehlender Kompetenzen und der Konkurrenzsituationen mit benachbarten Städten beim Status-quo-Szenario weiter. Zwar profitieren sie infolge der derzeitigen Förderpolitik, die entsprechenden Wirkungen entfalten sich allerdings aufgrund nicht adäquater Instrumente nur eingeschränkt. Es kann angenommen werden, dass schwache altindustrielle Städte, die kaum Potenziale aufweisen, deutlich an Bevölkerung und somit Infrastrukturen und Daseinsvorsorgefunktionen verlieren. Ein solcher Szenarienverlauf ist in der Abbildung 47 mit S1b abgebildet.

Beim *Wachstums-Szenario* besteht für sehr wenige altindustrielle Räume die Chance, sich aufgrund eigener Stärken und einer geschickten politischen Vermarktung derselben mit spezialisierten Funktionen zu profilieren. Dies vor dem Hintergrund, dass im Rahmen des Wachstums-Szenarios zu fördernde Projekte vielfach über Wettbewerb ausgeschrieben werden (S2a).

Da aber im Rahmen des Wachstums-Szenarios nur die Räume in den Genuss einer strukturpolitischen Förderung kommen, die über relative Stärken verfügen, also zumindest in einem Bereich besser aufgestellt sind als andere Räume, werden die meisten schwachen Räume von einer Förderung ausgeschlossen. Damit gehen eine Abnahme der wirtschaftlichen Bedeutung, ein Rückgang der Bevölkerung und ein Abbau der Infrastrukturen einher. Ein dadurch einsetzender sich kumulativ verstärkender Effekt ist vor allem für altindustrielle Agglomerationen problematisch, da Versorgungsinfrastrukturen auf eine hohe Anzahl von Nutzern ausgerichtet sind und sich bei abnehmender Bevölkerung die hierfür aufzubringenden Entgelte deutlich erhöhen. Darüber hinaus besteht die Gefahr der internen Fragmentierung, das heißt, dass sich die Problemlagen in einigen Stadtteilen massiv verstärken und diese teilweise aufgegeben werden müssen (S2b).

Abbildung 47: Szenarienverläufe beim Raumtyp Altindustriell-Städtisch

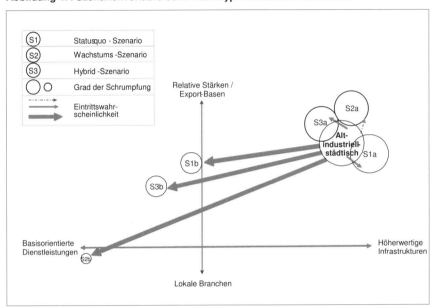

Im Rahmen des *Hybrid-Szenarios* kann Schrumpfung auch als Chance verstanden werden, insbesondere wenn spezifische Instrumente bereit stehen um dies zu unterstützen. Entsprechende Beispiele im Rahmen der *Creative Industries* finden sich im Ausland: Liverpool, Manchester oder Detroit (Diederichsen 2004, Grant 2004). Dies heißt aber nicht, dass altindustrielle Räume dadurch den Strukturwandel abwenden können. So verlor Liverpool im Laufe des zwanzigsten Jahrhunderts beinahe die Hälfte seiner Einwohner (Munck 2004: 54). Möglichkeiten müssen sich aber nicht auf die Kreativwirtschaft beschränken, sondern können sich auch darin ausdrücken, dass Flächen und Gebäude zur Verfügung stehen, um gesellschaftliche oder ökonomische Innovationen auszuprobieren. Im Rahmen dieses strukturpolitischen Szenarios erfolgt eine nach Stadtteilen und deren Potenzialen wie auch Problemlagen differenzierte Politik. Es kann davon ausgegangen werden, dass sich manche dieser Räume auch mit klassischen ökonomischen Feldern auf einem gewissen Niveau stabilisieren werden (S3a).

Beim Hybrid-Szenario werden die in besonders schwachen Räumen nicht aufrecht zu haltenden ökonomischen und demographischen Schrumpfungsprozesse durch entsprechende Instrumente aktiv gestaltet und soweit wie möglich die Lebensqualität aufrechterhalten. Es ist anzunehmen, dass zwar auch bei diesem Szenario die meisten dieser Räume schrumpfen, sich aber auf einem gewissen Niveau stabilisieren (S3b).

Der Sparkassenertrag ist beim Raumtyp I (altindustriell-städtisch) in der Ausgangsposition leicht unterdurchschnittlich (vgl. Tab. 8). Sollten diese Regionen sich sehr positiv entwickeln, wovon – unabhängig vom Szenario – nur für einen Teil dieser Regionen auszugehen ist, kann angenommen werden, dass ihr Ertrag trotz eines verbesserten regionalen Entwicklungsstands aufgrund vermehrter Bankenkonkurrenz mittel- bis langfristig abnehmen wird. Sollten diese Räume weiter an ökonomischer Bedeutung verlieren, wird es für öffentlich-rechtliche Sparkassen schwierig werden, sich ähnlich schnell zu verkleinern und entsprechend Zweigstellen zu schließen und Beschäftigte zu entlassen. Dies gilt insbesondere für das Wachstumsszenario, bei dem sehr weitgehende und schnell voranschreitende Schrumpfungsprozesse zu erwarten sind.

10.2.2 Raumtyp II: Altindustriell-Peripher

Für das *Status-quo-Szenario* sind beim Raumtyp II zwei Verläufe wahrscheinlich:

Erstens wird es einigen Regionen gelingen, an die vorhandenen dominierenden Wirtschaftssektoren anzuknüpfen bzw. andere vorhandene Potenziale auszubauen, wobei sie aufgrund der regionalwirtschaftlich schwachen Disposition von einer strukturpolitischen Unterstützung profitieren. Als Beispiel dafür kann die Stadt Pirmasens angeführt werden, wo sich aus der ehemaligen stark konzentrierten Schuhwirtschaft neue Kompetenzen im Bereich von Spezialklebstoffen entwickelt haben. Auch wenn dadurch bislang nur ein Bruchteil der weggefallenen Arbeitsplätze ersetzt werden kann, zeigen sich positive Effekte für die Region bzw. besteht die Möglichkeit der regionalwirtschaftlichen Stabilisierung (S1a).

Abbildung 48: Szenarienverläufe beim Raumtyp Altindustriell-Peripher

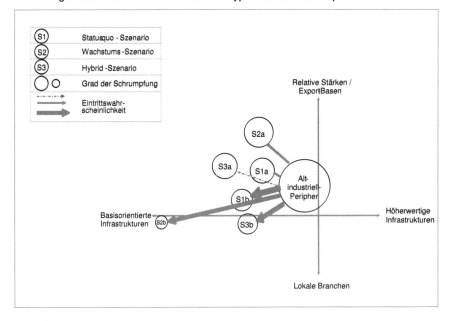

Zweitens werden für einen Großteil dieser Räume die auf Wachstum und Entwicklung wettbewerbsfähiger Potenziale setzenden Instrumente nicht hilfreich sein. Infolge der als gering einzustufenden Attraktivität dieser Räume sind für die Mehrheit andere Entwicklungspotenziale, die an Lebensqualität bzw. städtebauliche Potenziale gebunden sind, eher unwahrscheinlich. Problematisch ist die Situation insbesondere für Räume, in denen Funktionen profilprägend waren, aus denen sich keine Anknüpfungspotenziale einer stärker wissensbasierten Wirtschaftsstruktur ergeben. Sehr deutlich wird das beim Altmarkkreis Salzwedel (vgl. Kap. 9.4), der als ehemaliger Grenzstandort kaum heute gefragte Kompetenzen aufweist (S1b).

Beim *Wachstums-Szenario* werden nur wenige Regionen die Möglichkeiten haben, aus eigener Kraft wettbewerbsfähige Kerne zu entwickeln. Nur in den wenigen altindustriell-peripheren Räumen, in denen eine Herausbildung neuer wettbewerbsfähiger Kerne oder der Erhalt von Produktionsfunktionen möglich ist, wird die Bevölkerung nur gering schrumpfen und können Infrastrukturen sowie Daseinsvorsorgefunktionen im Wesentlichen erhalten bleiben (S2a).

Für die meisten Räume wird beim Wachstums-Szenario eine deutliche ökonomische Schwächung in Verbindung mit einem Rückbau der Basisfunktionen und eine starke Bevölkerungsschrumpfung einsetzen, die etwas schwächer ausfallen wird, sofern eine Alimentierung der Bevölkerung erfolgt. Die alten Produktionsfunktionen zu erhalten wird nur bei sinkenden Lohnkosten wahrscheinlich sein, da ansonsten die Konkurrenz aus Osteuropa, China und anderen günstigen Produktionsstandorten zu groß ist. Aufgrund der peripheren Lage besteht nur eingeschränkt die Möglichkeit, Arbeitsplätze in benachbarten besser positionierten Regionen zu besetzten und langfristig dort hin zu pendeln (S2b).

Beim *Hybrid-Szenario* ist ebenfalls eine Spreizung zwischen den Regionen dieses Raumtyps zu erwarten:

Einigen Regionen wird es gelingen, an den spezifischen Kompetenzen anzuknüpfen und dafür entsprechende strukturpolitische Programme zu nutzen. So kann zum Beispiel angenommen werden, dass eine Stadt wie Görlitz aufgrund ihrer städtebaulichen Potenziale gute Chancen hat, sich mittels einer Neupositionierung auf einem gewissen Niveau zu stabilisieren (S3a).

Räume, die nicht über hinreichende Potenziale verfügen, werden schrumpfen und an Bedeutung verlieren. Aufgrund der auf die einzelnen Räume zugeschnittenen strukturpolitischen Förderangebote, die den sozialverträglichen Rückbau von Infrastrukturen unterstützen und die ökonomischen Basisfunktionen fördern, damit das Geld möglichst lange in der Region verbleibt, können sich diese Regionen aber auf einem bestimmten Niveau stabilisieren (S3 b).

Es kann davon ausgegangen werden, dass die Räume bei diesem Szenario stärker schrumpfen werden als beim Status-quo-Szenario, aber weniger stark als beim Wachstums-Szenario. So wird sich eine Stadt wie Hoyerswerda, die zu DDR-Zeiten aufgrund von Industrieansiedlungen in kurzer Zeit ihre Bevölkerung massiv gesteigert hat, langfristig deutlich zurückentwickeln müssen.

Auch aufgrund abnehmender Bankenkonkurrenz können Sparkassen in den altindustriell-peripheren Räumen, die sich demographisch und ökonomisch stabilisieren, ihren Ertrag langfristig sichern. Im Zuge starker Schrumpfungsprozesse besteht jedoch die Gefahr, dass sich Sparkassen nicht schnell genug dieser Entwicklung anpassen können und deutliche Ertragseinbußen hinnehmen müssen.

10.2.3 Raumtyp III: Agrarisch-Peripher

Beim *Status-quo-Szenario* ist für schwache agrarisch geprägte und peripher gelegene Regionen eine Stabilisierung dann möglich, wenn sich diese Regionen auf spezifische Funktionen, zum Beispiel Tagungstourismus, Wellness oder nachwachsende Rohstoffe spezialisieren und damit eine Nische besetzen. Auch können die nach innen ausgerichteten Wirtschaftsbereiche, zum Beispiel Vermarktung regionaler Lebensmittel, zu einer Stabilisierung beitragen, da dadurch die vorhandenen Einkommen länger in der Region verbleiben. Allerdings ist darauf hinzuweisen, dass im Augenblick viele Regionen auf diese Entwicklung setzen, und es schwierig sein wird, als Region alleine von solchen Aktivitäten zu leben. Insofern ist auch bei einem positiven Szenarienverlauf mit einer Schrumpfung dieser Regionen zu rechnen (S1a).

Für die meisten Räume dieser Kategorie wird die Versorgung mit öffentlichen Infrastrukturen und Daseinsvorsorgefunktionen im Basisbereich aufgrund der bisherigen ausgleichsorientierten Politik noch eine gewisse Zeit ausreichend sein, mittelfristig aber abgebaut werden. Dies wird dann wiederum den Trend zum ökonomischen Rückbau und zu einer Abwanderung und Schrumpfung der Bevölkerung verstärken (S1b).

Beim zweiten strukturpolitischen Szenario, dem *Wachstums-Szenario,* ergeben sich für diese Raumkategorie idealtypisch zwei Verläufe:

Zum einen besteht die Möglichkeit, dass wenige Regionen wettbewerbsfähige Kerne herausbilden, die zum Beispiel im Bereich ökologische oder hoch technologisierte Landwirtschaft liegen könnten (S2a).[156]

Abbildung 49: Szenarienverläufe beim Raumtyp Agrarisch-Peripher

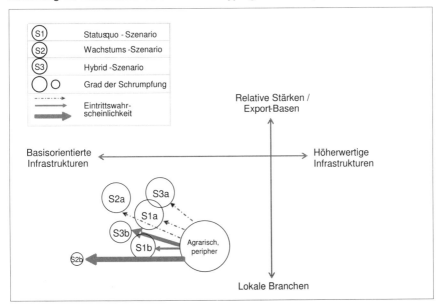

---

[156] Dies vor dem Hintergrund, dass die meisten dieser Regionen in Ostdeutschland liegen und dort die zusammenhängenden landwirtschaftlichen Flächen deutlich größer sind als im Westen und daher für eine solche Entwicklung prädestiniert wären.

Zum anderen ist für den Großteil der Räume anzunehmen, dass die Herausbildung wettbewerbsfähiger Funktionskerne nicht gelingt und sie sowohl ökonomisch als auch demographisch stark schrumpfen werden. Gleichzeitig werden ökonomische Funktionen im Bereich der endogenen Versorgung wegbrechen und basisorientierte Infrastrukturen sowie öffentliche Daseinsvorsorgefunktionen stark reduziert bzw. innerhalb der Regionen räumlich konzentriert werden (S2b).

Im Rahmen des *Hybrid-Szenarios* werden zwar ebenfalls die meisten Regionen dieses Raumtyps deutlich schrumpfen, aber es wird Räume geben, die sich mit spezifischen Funktionen behaupten können und die dabei strukturpolitisch unterstützt werden. Eine solche Funktion ist stark von der natur- und kulturräumlichen Ausstattung und der Lage, insbesondere Entfernung zu den Zentren, abhängig. Denkbar sind Themen wie Gesundheits-, Wellnessregion, Künstlerdorf u.v.m. (S3a).

Es ist allerdings anzunehmen, dass die meisten Regionen dieses Raumtyps nicht prädestiniert sind, wettbewerbsfähige Kerne zu entwickeln und die Regionen beim Hybrid-Szenario nicht als prioritäre Wachstumsregionen gefördert werden. Im Rahmen eines diesem Szenario zugrunde liegenden differenzierten Raumleitbildes ist es aber denkbar, dass Regionen zum Beispiel eine Funktion als ökologische Ausgleichsräume einnehmen und dafür Ausgleichszahlungen beziehen. Viele dieser Regionen werden deutlich an Einwohnern verlieren und die öffentlichen Infrastrukturen werden zurückgehen, wobei aber eine Basisversorgung in allen Regionen aufrechterhalten bleibt (S3b).

Der Ertrag von Sparkassen ist zwar grundsätzlich in schwächeren peripheren Regionen etwas besser, allerdings in sehr peripheren ostdeutschen Regionen, die bei diesem Raumtyp die Mehrheit bilden, wiederum schwächer als im Durchschnitt (vgl. Kap. 8.2.4 - 8.2.5 und Tab. 8). Sollten diese Regionen sehr schnell ökonomisch und demographisch schrumpfen, wird dies auch den Ertrag von Sparkassen in Mitleidenschaft ziehen. Zudem sind Wertberichtigungen vor allem dann zu erwarten, wenn die Immobilienwerte, die zur Besicherung von Krediten bei regionalen Banken eine nicht unbedeutende Rolle spielen, deutlich an Wert verlieren. Doch auch bei einer langsamen Anpassung ergeben sich für Sparkassen in diesen Regionen besondere Herausforderungen: Sparkassen können zwar aufgrund ihres Geschäftskonzepts im Vergleich zu den privaten Banken auch bei recht kleinen Betriebsgrößen erfolgreich wirtschaften, aber es stellt sich die Frage, was die Untergrenze der Geschäftsvolumina sein wird, bis zu der sich eine regionale Bank nachhaltig erfolgreich betreiben lässt. Fusionieren Sparkassen in diesen Regionen im großen Umfang, stellt sich wiederum die Frage, ob nicht die für eine Regionalbank geforderte geographische Nähe zu ihren Kunden dadurch verloren geht.

Die Entwicklung der Sparkassen ist bei diesem Raumtyp allerdings auch wie folgt vorstellbar: Sparkassen werden in peripheren stark schrumpfenden Regionen kaum noch Ertrag im operativen Bankengeschäft erwirtschaften, aber – vielleicht sogar in Kooperation mit den Genossenschaftsbanken – die Versorgung der in den Regionen verbleibenden Bevölkerung und Unternehmen mit Bankdienstleistungen sicherstellen. Aufgrund der zu erwartenden niedrigen Kreditnachfrage (vgl. Kap. 8.4) hätten die Sparkassen relativ viele Mittel zur Verfügung und könnten diese außerhalb der Region investieren. Infolge der daraus resultierenden Einnahmen könnten Sparkassen die regionale Entwicklung auch stark geschrumpfter peripherer Regionen auf einem niedrigen Niveau unterstützen. Dies wäre als „Import eines Kapitalstocks in die Provinz" wie es der ehemalige Vorstandsvorsitzende der Sparkasse Biberach für die Sparkasse Biberach ausdrückt, allerdings auf einem deutlich höheren Niveau betreibt, zu verstehen (vgl. Kap. 9.3.3).

10.2.4 Profillose Klein- bis Mittelstädte und benachteiligte Stadtteile als weitere Raumtypen

Für *profillose Klein- bis Mittelstädte* als auch für *benachteiligte Stadtteile* lassen sich aufgrund der großen Heterogenität nur vage Aussagen zu den Entwicklungsverläufen treffen.

Grundsätzlich ist es möglich, dass einige der *profillosen Klein- bis Mittelstädte*, und zwar vor allem dann, wenn sie im Umfeld der Ballungsräume liegen, Funktionen im Bereich *Wohnen* übernehmen oder sich z.B. mit unternehmensbezogenen Dienstleistungen komplementär zu den Ballungszentren positionieren und in der Folge ihre Bevölkerungszahl stabilisieren.

Dies erscheint zwar bei allen drei strukturpolitischen Szenarien für diesen Raumtyp möglich und ist sogar aufgrund der Chancendisposition wahrscheinlicher als bei den anderen Räumen, wird aber nicht bei allen funktionieren. Vielmehr ist zu erwarten, dass eine nicht unerhebliche Zahl dieser Städte weiter an wirtschaftlicher und urbaner Bedeutung verlieren und je nach Szenario in unterschiedlicher Intensität Infrastrukturen und öffentliche Daseinsvorsorgefunktionen einbüßen wird. Die Unterschiede zwischen den Szenarien liegen insbesondere in der Intensität der Schrumpfung und des ökonomischen Bedeutungsverlusts. Im Falle des *Status-quo-Szenarios* bleiben die bestehenden ökonomischen Strukturen in stärkerem Maße erhalten und die Infrastrukturen in einem größeren Umfang bestehen. Für das *Wachstums-Szenario* ist anzunehmen, dass die Funktion als Stadt an Bedeutung abnimmt und diese Räume am deutlichsten an Bevölkerung verlieren. Bezogen auf das *Hybrid-Szenario* ist zu erwarten, dass Städte in der Funktion als Stadt zwar gestärkt werden, aber insgesamt an Einwohnern und Wirtschaftskraft verlieren. Aus diesem Prozess können unter der Prämisse, dass diese Entwicklung aktiv gestaltet wird, allerdings neue Chancen erwachsen. Eine solche Neupositionierung sollten Sparkassen vor Ort unterstützen, auch um ihre eigene Ertragsbasis zu sichern.

Die Chancen für *benachteiligte Stadtteile* lassen sich grob nach den Dimensionen städtebauliche Qualitäten, Bewohnerstruktur, Nutzungsdiversität und Attraktivität der Gesamtstadt bestimmen. Eine große Bedeutung hat ferner die Lage bzw. die städtebauliche und verkehrliche Integration in die Gesamtstadt.

Monostrukturierte Großwohnsiedlungen am Rande altindustrieller Agglomerationen verfügen in der Regel nur über eingeschränkte lokal-ökonomische Potenziale, die sie im Rahmen einer *wachstumsorientierten Strukturpolitik* geltend machen können. Es ist zu befürchten, dass im Zuge der demographischen Entwicklung die Wohnungsnachfrage in solchen Quartieren weiter sinken wird. Konsequent ist der in Ostdeutschland bereits stattfindende (Teil-)Rückbau solcher Quartiere. So wurden beispielsweise mehrere Quartiere im Stadtteil Sachsendorf-Madlow (Cottbus) weggerissen und weitere Gebiete als Rückbau-Reserven eingestuft, in denen Sanierungen nicht mehr durchgeführt werden (Grünzig 2007: 28f).

Durch eine Verbesserung der Wohnqualität, wie sie sowohl im Zuge des *Status-quo-* als auch des *Hybrid-Szenarios* erwartet werden kann, können solche Stadtteile stabilisiert werden. Wobei im Zuge des Hybrid-Szenarios mehr Geld in die Stadtteile mit Entwicklungspotenzialen fließen wird als in Stadtteile ohne Potenziale. Innenstadtnahe Quartiere mit gründerzeitlichen Gebäudestrukturen haben bei allen Szenarien deutlich bessere Chancen, werden sich aber, vor allem wenn die Gesamtstadt nur über eine geringe Wirtschaftskraft verfügt, nicht aus eigener Kraft helfen können.

Sparkassen können sich aus schwachen Stadtteilen aus politischen Gründen kaum zurückziehen. Aufgrund einer in machen Stadtteilen weiter wegbrechenden Ertragsbasis kann ein Punkt erreicht werden, an dem sich Zweigstellen nicht mehr gewinnbringend betreiben lassen. Allerdings kann sich der Sparkassenertrag langfristig stabilisieren, wenn sich die Sparkassen vor Ort verstärkt engagieren, damit zu einer stabilen Entwicklung beitragen und ihre Kundenbindung stärken.

10.3 Bewertung der Szenarien

In Anlehnung an die theoretischen Erkenntnisse (vgl. Kap. 1 und 3), die Beschreibung der vier Regionen (vgl. Kap. 9) und die dargestellten Raumtrends (vgl. Kap. 2) wird aus gesamtwirtschaftlicher Sicht eine Sinnhaftigkeit räumlicher Konzentration und Spezialisierung ökonomischer Prozesse unterstellt. Daraus lässt sich aber keine Gesetzmäßigkeit ableiten, die besagt: je mehr Agglomeration und Konzentration, umso besser für die gesamtwirtschaftliche Entwicklung. Dies gilt vor allem für Deutschland als Land mit polyzentrischem Raumgefüge (vgl. Kap. 3.3). Es bleibt offen, was die optimale Größe wirtschaftlicher Zentren ist und wo diese Zentren in Zukunft liegen werden. Wachstumspole von heute können die Verliererregionen von morgen sein und schwache Räume können morgen zu stabilen Wachstumsregionen werden, wie sich an den Problemlagen der altindustriellen Regionen auf der einen Seite und an den Erfolgsgeschichten *Oberschwabens* oder des *Emslands* auf der anderen Seite ablesen lässt.

Die Szenarien werden im Folgenden unter Berücksichtigung von Wachstums- und Ausgleichszielen sowie Zielen einer nachhaltigen Regionalentwicklung beleuchtet.

Die Kritik am *Status-quo-Szenario* lässt sich am einfachsten durch eine Bewertung der aktuellen regionalen Strukturpolitik ableiten: Im Kern ist anzumerken, dass im Rahmen der Strukturpolitik zwar sukzessive auf Wachstum gesetzt wird, dies aber eher appellativ geschieht (sollte, müsste, könnte), ohne dabei die Konsequenzen für schwache Regionen zu thematisieren und für diese Regionen alternative Entwicklungen zu diskutieren.

So heißt es zum Beispiel in einer Pressemitteilung des für den Aufbau-Ost zuständigen Bundesministers TIEFENSEE zum Abbau des Entwicklungsrückstandes in Ostdeutschland: "Wir werden die Wachstumskerne weiter stärken. Dazu gibt es keine Alternative" (Tiefensee 2006). Ausführungen hinsichtlich der Konsequenzen für Regionen ohne Wachstumskerne und den strukturpolitischen Umgang damit unterbleiben. Wenn im Rahmen einer traditionell ausgleichsorientierten Strukturpolitik Instrumente wie der Clusteransatz implementiert werden, die auf Wachstum und Konzentration setzen, und damit implizit von einer ungleichen Verteilung ökonomischer Aktivitäten im Raum ausgegangen wird, sind Konflikte programmiert. In einem Positionspapier der Akademie für Raumforschung und Landesplanung wird trotz der damit einhergehenden Gefahren empfohlen, Clusterpolitik flächendeckend einzuführen, „weil ansonsten die Ausgleichspolitik mit Sicherheit konterkariert werden würde" (2006: 5). Es scheint, als wolle man zwar Wachstumskerne räumlich konzentriert fördern, diese aber konsensorientiert mit der Gießkanne verteilen, oder besser noch: nur in den schwachen Regionen fördern. „Was geschieht mit Regionen, denen ökonomische Zukunftsperspektiven nicht testiert werden können oder wie werden Wachstumskerne ermittelt und gefördert (...). Nur Stichworte wie Cluster oder industrielle Leuchttürme von der Politik (...) in die Diskussion zu bringen und den Rest der Phantasie der Zuhörer zu überlassen, reicht nicht mehr aus" (Hübler 2005: 57).

Um nicht vom *goldenen Segen* der Strukturpolitik abgeschnitten zu werden, müssen Regionen Kompetenzen heraufbeschwören, die als relative Stärken nicht in der Region existieren. „Unter diesen Bedingungen ist die Versuchung relativ groß, dass regionale Akteure Projekte beantragen und befürworten, denen sie ansonsten, wenn sie diese im vollen Umfang aus eigener Tasche hätten bezahlen müssen, nicht die höchste Priorität eingeräumt hätten" (Lammers 1998: 30). Gesamtwirtschaftlich ist es wenig sinnvoll, wenn Clusterförderung flächendeckend ausufert, also wenn sich etwa jede Region veranlasst sieht, möglichst viele Cluster für sich reklamieren zu müssen, weil sie sich davon Fördermittel erhofft. Dies gilt in ähnlicher Weise auch für das in Deutschland ausgebrochene „Metropolenfieber" (Leber/Kunzmann 2006: 58), bei dem sich alle großen und weniger großen Stadtregionen bemühen als Metropolregion wahrgenommen zu werden (ebenda).

Da es an spezialisierten Programmen und Instrumenten für sehr schwache Regionen fehlt, können langfristig trotz des Grundsatzes einer gleichwertigen Entwicklung solche Regionen kaum von der aktuellen Strukturpolitik profitieren. Gegen den Trend schrumpfende Räume zu entwickeln, anstatt grundsätzlich veränderte Raummuster hinzunehmen, und die Prozesse im Hinblick auf eine annehmbare Lebensqualität zu gestalten, erscheint wenig sinnvoll.

Werden die Konsequenzen einer veränderten Raumentwicklung und einer stärker auf Wachstum setzenden Strukturpolitik nicht transparent diskutiert, besteht die Gefahr von Fehlinvestitionen nicht nur der öffentlichen Hand, sondern auch privater Akteure. Dieses Problem verstärkt sich dadurch, dass nicht nur von der Landes- und Bundesebene die Konsequenzen der tatsächlichen Raumentwicklung und einer stärker auf Wachstum setzenden Strukturpolitik nicht deutlich gemacht werden, sondern auch von der Lokalpolitik an dem Leitbild einer stetig fortschreitenden Entwicklung festgehalten wird. Dies ist vor allem dann problematisch, wenn Siedlungsstrukturen im Glauben an stetiges Wachstum erweitert werden, sich also Städte und Dörfer ausweiten und gleichzeitig nach innen fragmentieren. Dadurch werden Infrastrukturen zur Kostenfalle und urbane bzw. kommunale Funktionen, die eine notwendige Dichte benötigen, brechen zusammen.

Beim *Wachstums-Szenario* werden im Gegensatz dazu sehr konsequent Wachstumspotenziale dort gefördert, wo sie vorhanden sind. Dies vor dem Hintergrund, dass die Fördermittel in den Wachstumszentren benötigt werden, um dort eine notwendige kritische Masse zu erreichen und folglich ein räumlicher Ausgleich, zumindest kurz- bis mittelfristig, nicht gewollt ist.

Auf den ersten Blick weist das Wachstums-Szenario im Vergleich zum Status-quo-Szenario gesamtwirtschaftliche Vorteile auf. Allerdings besteht die Gefahr, dass eine solche Strukturpolitik sozialpolitische Probleme, mit sich selbst verstärkenden Krisenkreisläufen und sozialen Folgekosten, nach sich zieht. Vor dem Hintergrund, dass davon nicht nur ländlich periphere Regionen, sondern auch bevölkerungsstarke altindustrielle Städte und Regionen betroffen sein werden, kann dies zu einer ernstzunehmenden gesamtwirtschaftlichen Kostenbelastung werden.

Ferner wohnt einem solchen strukturpolitischen Verständnis eine Ungewissheit auf zwei Ebenen inne: Erstens fehlt es an Wissen darüber, welche Räume sich in der Zukunft positiv oder negativ entwickeln, wo Innovationen entstehen und welche Räume langfristig aufgegeben werden müssen. Eine „Strategie der dauerhaften Diskriminierung von Regionen maßt sich ein Zukunftswissen an, das vor künftigen Generationen (und künftigem Wissen) Bestand haben muss" (Hahne 2005: 259). „Es wird impliziert, dass die gegenwärtigen Schwerpunkte auch die zukünftigen sind. Dies ist aber nicht notwendig der Fall" (Dybe 2003: 221). So zeigt sich zwar eine Pfadabhängigkeit regionaler Entwicklung, die sich aber in der Regel erst ex post erklären lässt (vgl. Kap. 1.3).

Zweitens gibt es keine gesicherte Erkenntnis darüber, dass eine wachstumsorientierte Strukturpolitik tatsächlich gesamtwirtschaftlich zum Erfolg führt. Weder die Kompetenzbasierten Ansätze, die mit Ad-hoc-Erklärungen arbeiten und die Erkenntnisse aus einzelnen Beobachtungen ableiten (vgl. Kap. 1.1), noch die neue Wachstumstheorie, die ihre Erkenntnisse im Wesentlichen aus formalisierten Modellen zieht (vgl. Kap. 1.2.1), können einen Beweis dafür liefern, dass eine strukturpolitische Förderung von Wachstumsräumen, also die Förderung einer Konzentration ökonomischer Prozesse im Raum, gesamtwirtschaftlich sinnvoll ist. Wenn also der gesamtwirtschaftliche Nutzen einer ausschließlich am Wachstum orientierten Strukturpolitik nicht bewiesen werden kann und eine solche Art der Strukturpolitik darüber hinaus keinen sozialpolitischen Nutzen bedingt, wird die Legitimation sehr schwer. Gegen eine konsequente und ausschließliche Wachstumsorientierung spricht ferner die gesetzliche Verankerung von Ausgleichs- bzw. Kohäsionszielen in der EU und in Deutschland (vgl. Kap. 2.2).

Trotzdem kann aus dieser Kritik keine ausschließliche Ausgleichsorientierung im Rahmen der regionalen Strukturpolitik abgeleitet werden. Werden Vor- und Nachteile bzw. Risiken vor dem Lichte nicht beeinflussbarer räumlicher Entwicklungsmuster abgewogen, muss es vielmehr darum gehen, beides zu tun, aber bewusst und transparent. D.h. Wachstumspotenziale, unabhängig von der Gebietskulisse, dort zu fördern, wo sie vorhanden sind, und andererseits in schwächeren Räumen basisorientierte Infrastrukturen des Konsums, der Bildung und der Kultur mit spezifischen Instrumenten zu entwickeln bzw. aufrecht zu erhalten, um damit Teilhabe und wirtschaftliche Entwicklung zu ermöglichen. Eine solche ausgewogene Strukturpolitik sieht das *Hybrid-Szenario* vor.

Die hier skizzierte ausgewogene strukturpolitische Strategie hat neben zu erwartenden wachstumspolitischen Effekten den Vorteil, dass schwächere Regionen weiterhin über Zugänge verfügen und *Möglichkeitsräume* im Sinne eines nationalen räumlichen Innovationssystems erhalten bleiben. Dies kann zudem zur Folge haben, dass neue Potenziale, die sich auch aus demographisch und ökonomisch schrumpfenden Kontexten ergeben, genutzt werden.

Grundsätzlich stellt das hier präferierte Hybrid-Szenario aber keinen komplett neuen Weg regionaler Struktur- bzw. Raumordnungspolitik dar, sondern wird aktuell in Teilen, wenn auch wenig differenziert und transparent, vollzogen und wurde bereits Ende der 1960er Jahre diskutiert. So schlug 1969 der Beirat für Raumordnung beim Bundesminister des Inneren vor: „Passivsanierung ist dort anzuwenden, wo das Entwicklungspotenzial des Gebietes weder zur Industrieansiedlung noch zur Förderung des Fremdenverkehrs ausreicht (...). Für die verbleibende Bevölkerung muss ein Mindestmaß an Versorgung mit öffentlichen Dienstleistungen sichergestellt werden" (Beirat für Raumordnung 1969, zit. nach Hübler 2005: 58).

11 Sparkassen als Akteure einer ausgewogenen Strukturpolitik

Eine an das Hybrid-Szenario angelehnte, ausgewogene Strukturpolitik weist im Kern drei Eckpunkte auf: Erstens geht es, und dies gilt gleichermaßen für den wachstums- wie den ausgleichsorientierten Teil, darum, die vor Ort vorhandenen Potenziale weiter zu entwickeln. Im Mittelpunkt steht dabei das vorhandene „territoriale Kapital" (Leber/Kunzmann 2006: 67) bzw. das „Umsetzungspotenzial" (Hübler 2005: 60). Um dies zu realisieren sind Akteure mit einer Kenntnis der regionalen Wirtschaftsstruktur von großer Bedeutung. Zweitens bilden regionale Wertschöpfungsketten den Anknüpfungspunkt für die regionale Strukturpolitik. Dies bezieht sich für die wachstumsorientierte Strukturpolitik zum Beispiel auf die Unterstützung überregional bedeutsamer Cluster, kann aber im Rahmen der ausgleichsorientierten Politik zugleich bedeuten, die regionale Verarbeitung und Vermarktung von Lebensmitteln zu unterstützen. Und drittens ist im Zuge der ausgleichsorientierten Politik stärker auf eine Versorgungsstrategie zu setzen, sprich: nicht alle Regionen müssen eine selbsttragende ökonomische Entwicklung aufweisen.

Insgesamt ist darauf zu achten, dass eine ausgewogene, an Wachstums- und Ausgleichszielen orientierte Strukturpolitik nicht in einer abgeschwächten Wachstumsorientierung endet, sondern vielmehr eine konsequente Trennung zwischen wachstumsgeleiteter und ausgleichsorientierter Strukturpolitik vollzieht.[157] Wachstumspotenziale können nicht politisch verteilt, sondern nur in ihrer Entwicklung unterstützt werden.

Wie in der folgenden Abbildung dargestellt, sollte eine solche Strukturpolitik wachstumsbezogen überregional bedeutsame Stärken fördern, unabhängig davon, ob diese in strukturschwachen oder erfolgreichen Regionen vorzufinden sind.

---

[157] Beide Elemente – Wachstums- und Ausgleichsorientierung – sind trotz der hier vorgeschlagenen konzeptionellen Trennung, auf Projekt- und Instrumentenebene zu vernetzen, um gegensätzliche Wirkungen zu vermeiden und Synergien zu nutzen. Dies ist nicht nur Aufgabe der regionalen Strukturpolitik, sondern bedarf einer Integration anderer Politikbereiche, insbesondere der Raumordnungspolitik.

Abbildung 50: Wachstumsorientierung einer ausgewogenen Strukturpolitik

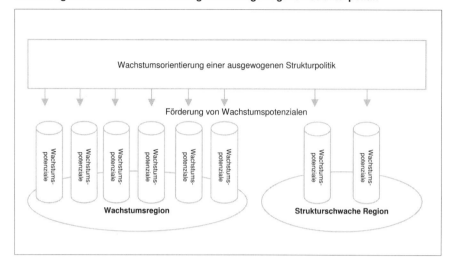

Vor dem Hintergrund, dass überregional wettbewerbsfähige Potenziale ungleich verteilt sind und in schwachen Regionen seltener vorkommen, sind ebendiese Regionen besonders zu unterstützen. Grundbedingung dafür, dass Regionen von der ausgleichsorientierten Strukturpolitik profitieren können, hat, wie dies im Rahmen der aktuellen Strukturpolitik teilweise bereits erfolgt, die regionale Bedürftigkeit zu sein. Regionale Bedürftigkeit ist in diesem Kontext nicht ausschließlich regionalwirtschaftlich zu messen, sondern sollte besondere Problemlagen, wie sehr geringe Siedlungsdichte, deutliche Schrumpfung, sehr periphere Lage etc., berücksichtigen.

Die explizite Berücksichtigung von Wachstumszielen im Rahmen regionaler Strukturpolitik darf nicht in einer überhasteten und ausschließlich an Wachstumszielen orientierten Politik enden. Dies lässt sich weder mit veränderten globalökonomischen Rahmendingungen noch mit einer schwammig formulierten Lissabon-Agenda der EU-Kommission rechtfertigen und auch nicht durch eine Neudefinition gleichwertiger Lebensbedingungen legitimieren.

Um nicht ausschließlich im *könnten, sollten und wollten* zu verharren, wird im Folgenden grob skizziert, was bei einer ausgewogenen Strukturpolitik zu berücksichtigen ist (Kap. 11.1) und wie eine solche Strukturpolitik von den Sparkassen vor Ort unterstützt werden kann (Kap. 11.2).

11.1 Ausgewogene Strukturpolitik

Zur Umsetzung einer ausgewogenen Strukturpolitik bedarf es erstens einer gemeinsamen Orientierung der übergeordneten Raumebene und der vor Ort umsetzenden Akteure, zweitens eines neuen Raumleitbilds, das unterschiedliche ökonomische Funktionen von Räumen zulässt, drittens eines Handelns in größeren Raumbezügen, da sich wirtschaftsstrukturelle Kompetenzen nicht an administrativen Räumen festmachen lassen und viertens einer flexiblen Gestaltung von Daseinsvorsorge.

11.1.1 Gemeinsame Orientierung der verschiedenen Raumebenen

Eine ausgewogene Strukturpolitik stellt sowohl Anforderungen an die übergeordnete Raumebene, im Sinne einer Regionalpolitik bzw. regionalen Strukturpolitik, als auch an die vor Ort umsetzenden Akteure der Standortpolitik. Zur Verdeutlichung wird dazu Abbildung 13 (Ebene der raumbezogenen Wirtschaftspolitik) aus Kapitel 3.4 aufgegriffen. Die Abbildung 51 verdeutlicht, dass sowohl für die Wachstums- als auch für die Ausgleichspolitik eine Kombination aus Top-Down- und Bottom-Up-Ansatz von zentraler Bedeutung ist, also eine gemeinsame Orientierung der verschiedenen Raumebenen wichtig ist.

Abbildung 51: Umsetzungsebenen einer ausgewogenen Strukturpolitik

Bund und Länder
Regionalpolitik / Regionale Strukturpolitik (auf Teilräume ausgerichtete Wirtschaftspolitik)

Wachstumspolitik — Ausgleichspolitik

⇨ Regional-Monitoring
⇨ Neue Instrumente

Zielvereinbarungen — Bezugsraum / Raumleitbild — Zielvereinbarungen

⇨ Sichtung eigener Potenziale
⇨ Strategieentwicklung

Standortpolitik, z.B. kommunale Wirtschaftsförderung
Kommunen, Kreise und weitere Akteure (z.B. Sparkassen)

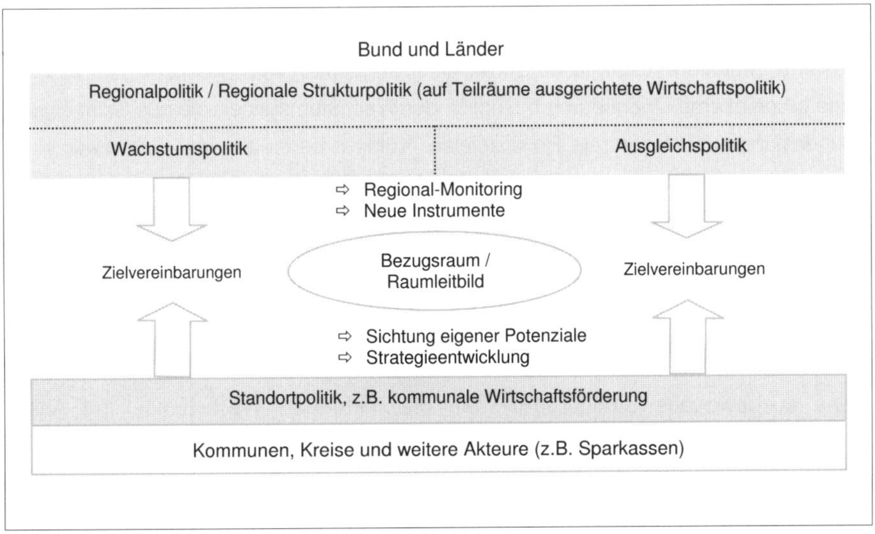

Die übergeordnete Raumebene benötigt auf der einen Seite einen Überblick über relevante Wachstumspotenziale bzw. Entwicklungsdefizite in den Regionen und hat Programme und Instrumente zu entwickeln, die sicherstellen, dass ein solcher Ansatz nicht durch eine politische Konsensorientierung verwässert wird.

Sowohl für erfolgreiche als auch für strukturschwache Regionen kommt es auf der anderen Seite darauf an, die Stärken und Schwächen zu identifizieren, sich die Funktionen in der räumlichen Arbeitsteilung und die regionale Identität bewusst zu machen und an der tatsächlichen Situation orientierte Entwicklungskonzepte zu erstellen. Eine Beteiligung der übergeordneten Raumebene bei der Erstellung solcher Entwicklungskonzepte trägt infolge der größeren Neutralität dazu bei, dass sich die Konzepte an der realen Ausgangssituation orientieren. So ist eine Art *Clearingstelle* denkbar, die zwischen lokaler Standortpolitik und regionaler Strukturpolitik vermittelt, spezifische Kompetenzen und Erfahrungen (Auswertung von *Good Practice*) einbringt und hilft, entsprechende Handlungs- und Aktionspläne zu erstellen. Dies bezieht sich sowohl auf die Entwicklung wettbewerbsfähiger Wachstumsfelder als auch auf die Unterstützung strukturschwacher Räume. Mit den Akteuren in schrumpfenden Räumen können beispielsweise individuelle Zielvereinbarungen geschlossen werden, die eine finanzielle Unterstützung zur Gestaltung und Anpassung der Infrastrukturen gewähren und nicht wie bisher aufgrund der verminderten Einwohnerzahl die Schlüsselzuweisungen reduzieren und damit die Regionen zusätzlich belasten.

Doch auch für die Entwicklung von Wachstumskernen bedarf es einer gemeinsamen Orientierung der übergeordneten Raumebene und der lokalen bzw. regionalen Akteure. D.h. nicht, dass zwischen den Raumebenen eine Einigung über die gesamte regionalwirtschaftliche Entwicklung angestrebt wird, vielmehr geht es um eine gemeinsame Orientierung bezüglich der Wachstumsfelder, die aus Sicht eines Bundeslandes eine zentrale Rolle spielen. Konkret bedeutet dies, dass zwar von Seiten der übergeordneten Ebene eine grundlegende strategische Orientierung definiert wird (Top-down), diese aber durch die Einbindung der nachgeordneten Ebenen (Bottom-up) subsidiär konkretisiert bzw. ergänzt wird.

11.1.2 Neue Raumleitbilder

Eine ausgewogene Strukturpolitik, die gleichermaßen Wachstums- und Ausgleichsziele berücksichtigt, lässt sich nur umsetzen, wenn die damit verbundenen Folgen transparent kommuniziert und unterschiedliche Funktionen von Regionen zugelassen werden. Für einzelne Räume kann dies bedeuten, dass sie langfristig auf eine selbsttragende ökonomische Funktion verzichten müssen. Eine Akzeptanz regionaler Ungleichheiten steht im direkten Widerspruch zu den traditionellen Ausgleichszielen regionaler Strukturpolitik. Wie konsequent eine solche Strukturpolitik umgesetzt werden sollte und welche Folgen damit für einzelne Regionen einhergehen, kann hier nicht umfassend beantwortet werden. Allerdings kann bezogen auf die in Kap. 10.1 herausgebildeten Raumkategorien mit Entwicklungsdefiziten grob folgende Unterteilung vorgenommen werden: Für altindustriell-städtische Räume ist ein Schrumpfen hinzunehmen und möglichst so zu gestalten, dass die entstehenden *Freiräume* zu einer Erhöhung der Lebensqualität führen. Schon aufgrund der hohen Einwohnerzahl kann es volkswirtschaftlich jedoch nicht sinnvoll sein, diese Räume so stark in ihrer Substanz zu schwächen, dass nur noch ein kompletter oder teilweiser Rückbau möglich ist. Bei den altindustriell-peripheren Regionen sollte nicht gegen den Trend einer Abnahme der ökonomischen Bedeutung agiert werden. Trotzdem ist zu versuchen, diese Räume auf Grundlage regionaler Entwicklungskonzepte zu stabilisieren. In strukturschwachen agrarisch-peripheren Regionen sind die mit einem solchen strukturpolitischen Leitbild verbundenen Konsequenzen am deutlichsten. Im Extremfall kann es darum gehen, nur eine Mindestversorgung der Bevölkerung zu sichern.

Selbstverständlich darf ein solches Vorgehen nur für Einzelfälle gelten und muss sich an den Vor- und Nachteilen für die in den entsprechenden Regionen lebende Bevölkerung, für die gesamte Volkswirtschaft, aber auch an ökologischen Belangen orientieren (z.B. Hübler 2005: 57). Zwar ist eine eigenständige Entwicklung auch in diesen Regionen zu unterstützen, allerdings nicht durch die Umlenkung privater oder öffentlicher Investitionen, wenn sie kaum Chancen auf einen selbsttragenden Aufschwung in diesen Räumen schaffen. Ebenso ist Abstand davon zu nehmen, in peripheren Regionen auf verkehrliche Infrastrukturen zu setzen und die wenigen verkehrsarmen Räume in der Hoffnung auf Entwicklung weiter zu zerschneiden und damit ökologische Potenziale zu zerstören.

Es ist sinnvoll in strukturschwachen agrarisch-peripheren Regionen, Wirtschaftsaktivitäten strukturpolitisch zu unterstützen, welche die regionale Wertschöpfung erhöhen, um so interne Einkommenskreisläufe zu fördern und damit zu einer ökonomischen Stabilisierung beizutragen. Zwar heißt das nicht, dass viele der schwachen Räume ausschließlich von regionalen Wertschöpfungsketten leben können, aber genau hier muss ein neues Verständnis von Regionalentwicklung ansetzen. So spricht nichts gegen eine eigenständige ökologisch orientierte Entwicklung von Regionen bei gleichzeitiger dauerhafter Alimentierung. Dies insbesondere, wenn eine solche Politik gesamtwirtschaftlich günstiger ist als eine Investitionsumlenkungspolitik. Übernimmt eine Region eine ökologische (Ausgleichs-)Funktion, ist damit ein gesamtwirtschaftlicher bzw. -gesellschaftlicher Nutzen verbunden, der in einem marktwirtschaftlichen System monetär zu kompensieren ist (vgl. die Ausführungen zum Odenwald in Kap. 9.1.4). In den 2006 aktualisierten Leitbildern und Handlungsstrategien für die Raumentwicklung wird vorgeschlagen, großräumige Verantwortungsgemeinschaften zu bilden (Bundesministerium für Verkehr, Bau und Stadtentwicklung 2006, vgl. auch Kap. 2.2.2). Es stellt sich allerdings die Frage, ob die dafür „notwendigen Umverteilungsmechanismen zwischen Metropole und peripherem Hinterland im Spannungsverhältnis von lokalen Gebietskörperschaften und Bundesländern konsensfähig sein werden" (Leber/Kunzmann 2006: 59f).

Bezogen auf ein neues Raumleitbild ist außerdem zu diskutieren, was unter gleichwertigen Lebensbedingungen zu verstehen ist, denn statistische Maßzahlen sagen relativ wenig über die subjektiv empfundene Lebensqualität. Zumal – was häufig nicht berücksichtigt wird – die regionalen Lebenshaltungskosten, vor allem durch unterschiedliche Wohnkostenniveaus verursacht, voneinander abweichen (BBR 2005b: 8ff.). Allerdings lassen sich die faktisch feststellbaren schlechteren regionalwirtschaftlichen Lebensbedingungen in schwachen peripheren Räumen nicht einfach damit *wegdefinieren*, dass die Indikatoren zur Messung *abgehängter Regionen* verändert werden und Lebensqualität, zum Beispiel in Form intakter Umwelt, in den Vordergrund gestellt wird.[158] Vor diesem Hintergrund ist ein strukturpolitisches Leitbild auch in Bezug auf neue Formen der Finanzierung und Organisation von Transferzahlungen, mit dem Ziel den Betroffenen Teilhabe zu ermöglichen, zu diskutieren.[159]

11.1.3 Neue Wahrnehmungs- und Handlungsräume

Bei dem hier vorliegenden Verständnis ausgewogener Strukturpolitik wird die Region als Handlungsebene mit ihrem regionsspezifischen Potenzial bedeutsam. Die vor Ort vorhandenen wirtschaftsstrukturellen Kompetenzen und regionalen Netzwerke, aber auch Milieu- und Kulturfaktoren, Wissenskulturen und städtebaulichen Strukturen bilden den Ausgangspunkt einer eigenständigen Strategie. Deren Be-

---

[158] Wie verschiedene Untersuchungen zeigen, korreliert empfundene Lebensqualität stärker mit der Arbeitslosenquote als mit dem Verfügbaren Einkommen (z.B. BBR 2005b: 6ff.). So scheint die Möglichkeit, ein eigenverantwortliches Leben führen zu können, wofür Erwerbsarbeit auch aus Gründen gesellschaftlicher Anerkennung eine wesentliche Voraussetzung darstellt (z.B. Weck 2005: 9), wichtiger zu sein als die Höhe des tatsächlichen Einkommens.

[159] Die im Zuge einer Reform des Sozialstaates und aufgrund der Erkenntnis, dass bezahlte Arbeit in unserer Gesellschaft abnimmt, diskutierten Formen einer garantierten Grundsicherung bzw. eines Bürgergeldes (z.B. Opielka 2006, Füllsack 2002) sollten bei einer solchen Diskussion Berücksichtigung finden. Aufgrund des damit einhergehenden Einkommens- bzw. Kaufkrafttransfers in schwache Regionen können solche Ansätze zugleich ein geeignetes Instrument zur Vermeidung von Krisenkreisläufen in schwachen Regionen darstellen.

zugsräume gehen allerdings i.d.R. über enge administrative Regionsgrenzen hinaus, folgen einer eigenen Logik und sind unterschiedlich starr bzw. flexibel, haben aber Schnittpunkte und Integrationsfelder. Es ist keine neue Erkenntnis, dass sich Wahrnehmungs- bzw. Handlungsräume und soziale bzw. relationale von administrativen Räumen unterscheiden (z.B. Bormann 2001, Blotevogel 1995, Läpple 1991), allerdings werden überörtliche bzw. überregionale Raumbezüge von Kommunen und Kreisen nur marginal berücksichtigt.

Um *Kirchturmdenken* zu überwinden und unnötige Konkurrenzsituationen, bei denen gerade kleinere Gemeinden oft gegeneinander ausgespielt werden, zu vermeiden, wird bereits seit geraumer Zeit über interkommunale Kooperationen diskutiert (z.B. Danielzyk/Rietzel 2003, Heinz 2000, Kistenmacher et al. 1994). Bei der Beachtung sich überlagernder Raumbezüge im Rahmen einer ausgewogenen Strukturpolitik geht es aber nicht darum, feste Kooperationen mit benachbarten Gemeinden einzugehen bzw. Gebietsreformen durchzuführen, sondern zunächst einmal die möglichen Bezugsräume für verschiedene Themen zu orten, die beispielhaft in der folgenden Abbildung dargestellt sind. Relevante Bezugsräume bestimmen sich nicht territorial, sondern funktional, sind aber bezüglich der Handlungsoptionen territorial zu verorten. Dies ist nicht zuletzt deshalb wichtig, da Kompetenzbasierte Ansätze an ökonomischen Netzwerken und Wertschöpfungsketten orientiert sind, die sich nicht auf administrative Regionen beschränken und je nach Thema verschiedene sich überlagernde Handlungsräume betreffen, was sich deutlich bei der Verortung regionaler Produktionscluster zeigt (Akademie für Raumforschung und Landesplanung 2006: 4). Eine Orientierung an Bezugsräumen darf sich nicht auf Potenzialräume für wirtschaftliche Entwicklungen und Cluster beschränken, sondern muss die Positionierung als urbaner Lebens- bzw. Kulturraum berücksichtigen.

Abbildung 52: Überlappende Raumbezüge

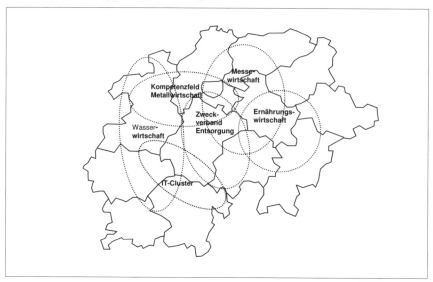

Wie diese Raumbezüge innerhalb einer Standortentwicklung aussehen, hängt u.a. vom Regionstyp und von der Lage im Raum ab (vgl. auch die Ausführungen zu Darmstadt in Kap. 9.1.4). Zum Beispiel können für profillose Klein- bis Mittelstädte neue Chancen durch eine wirtschaftsstrukturell komplementäre Positionierung zu benachbarten Metropolen bzw. Großstädten entstehen. Dies könnte als Wohnstadt mit urbanen Dienstleistungen oder durch spezialisierte Dienstleistungsfunktionen geschehen. Für altindustrielle Städte, deren Wirtschaftsbesatz oft nicht ausreicht, um ein Kompetenzfeld alleine erfolgreich zu besetzen, können sich durch themenbezogene Kooperationen neue Handlungsalternativen ergeben (vgl. auch Gärtner et al. 2003: 106ff.). Doch auch für periphere Räume sind übergreifende Raumbezüge zumindest bei der Erbringung von Daseinsvorsorgeleistungen von Bedeutung. Es wird insbesondere in ökonomisch und demographisch schrumpfenden Regionen unerlässlich sein, nach innovativen Lösungsansätzen zu suchen und interkommunale Kooperation im Bezug auf die Basisinfrastruktur zu forcieren.

11.1.4 Daseinsvorsorge flexibel gestalten

Eine neue auf Wachstum und Ausgleich setzende Strukturpolitik folgt zwar einem Leitbild, nach dem nicht mehr alle Räume ökonomisch prioritär entwickelt werden, trotzdem ist eine Basisversorgung im Sinne öffentlicher Daseinsvorsorge und so weit beeinflussbar auch im Bereich ökonomischer Infrastrukturen flächendeckend aufrecht zu erhalten.

Aufgrund enger werdender finanzieller Spielräume der öffentlichen Hand bedarf es jedoch in strukturschwachen, insbesondere peripheren schrumpfenden Räumen besonderer Anstrengungen das jetzige Niveau aufrecht zu erhalten. Vielfach wird diesbezüglich über Mindeststandards, die in allen Regionen vorhanden sein sollten, diskutiert (z.B. Hahne 2005: 263ff.). Diese dürfen nicht zu starr sein und müssen Möglichkeit zur flexiblen bzw. mobilen und innovativen Erbringung bieten. Leitlinie sollte sein, nicht am Althergebrachten festzuhalten, sondern eine möglichst hohe Lebensqualität für die in den schwächeren Stadtteilen und Dörfern lebenden Menschen zu erreichen. Diesbezügliche Erfahrungen wurden in den vergangenen Jahren im Rahmen des Aktionsprogramms „Modellvorhaben der Raumentwicklung" des Bundesministeriums für Verkehr, Bau- und Wohnungswesen u.a. im Bereich der Schulversorgung, des öffentlichen Personennahverkehrs aber auch der Ver- und Entsorgung gemacht (Bundesministerium für Verkehr, Bau- und Wohnungswesen 2005). Ferner lässt sich auf die langjährigen Erfahrungen bei der Daseinsvorsorgebereitstellung in dünn besiedelten skandinavischen Regionen zurückgreifen (z.B. Fobe/Rieger-Genennig 1999).

Zukünftig ist zu diskutieren, was zumutbare Erreichbarkeit von Daseinsvorsorge bedeutet. Dabei geht es nicht nur um geographische Entfernungen, sondern ebenso um die Frage: „people to service" oder „service to people"? So schlägt HAHNE vor, die Möglichkeiten telekommunikationsgestützter Lösungen weiterzuentwickeln. „Denn viele physische Funktionen und Mobilitätsnotwendigkeiten können durch Telekommunikation ersetzt werden, und das bis in den medizinischen Bereich hinein (Stichwort Telemedizin)" (Hahne 2005: 263).

Daneben ist das Engagement der Bürgerinnen und Bürger sowie der Unternehmen zu fördern und es sind neue kooperative Formen einer Daseinsvorsorge zu entwickeln. Dies gilt nicht nur für schwache agrarisch-periphere Räume, sondern für alle in Kapitel 10.1 definierten Raumtypen. Gerade in altindustriellen Städten und in benachteiligten Stadtteilen zeigen sich besondere Problemlagen, zum Beispiel in Form nicht integrierter Randgruppen und bildungsferner Schichten, die besondere Anstrengungen und eine Aktivierung der Nachbarschaft erfordern.

Öffentliche Leistungen sind nicht allein aus der Verwaltungsperspektive zu formulieren. Das kann für periphere dünn besiedelte Regionen zum Beispiel bedeuten, kommerzielle Infrastrukturen, die von den Bewohnerinnen und Bewohnern gewünscht sind, aber aufgrund mangelnder Tragfähigkeit nicht mehr angeboten werden, eigenständig zu erbringen. Ein diesbezüglich gutes Beispiel sind die seit einigen Jahren immer wieder entstehenden, von der Dorfgemeinschaft getragenen Nachbarschaftsläden (Hoffmann 18.11.2005). Förderprogramme, die auf solche Entwicklungen abzielen, aktivieren bürgerschaftliches Engagement und leisten damit Hilfe zur Selbsthilfe. Die Verbraucherinnen und Verbraucher vor Ort können durch ihr Einkaufsverhalten und ihre Bereitschaft sich einzubringen selbst entscheiden, wie hoch der Stellenwert solcher Projekte für die regionale Entwicklung ist.

Daseinsvorsorge ist nach diesem Verständnis aktivierend, koordinierend, steuernd und gewährleistend. Wichtig ist es, in schwachen Regionen räumlich geballte Krisenkreisläufe zu verhindern, einen Rückbau der Infrastruktur aktiv zu gestalten und nicht zuletzt den Zugang zur gesamtgesellschaftlichen Entwicklung zu sichern.

11.2 Sparkassen als umsetzende Akteure einer ausgewogenen Strukturpolitik

Wie im Rahmen dieser Arbeit aufgezeigt wurde, sind Sparkassen wichtige Akteure in der regionalen Standortpolitik. Diese Funktion lässt sich in Bezug auf eine ausgewogene Strukturpolitik noch akzentuierter ausüben, was nachfolgend skizziert wird.

Um eine konsistente regionale Entwicklungsstrategie zu entwerfen, bedarf es, wie bereits dargestellt, einer *gemeinsamen Orientierung der verschiedenen Raumebenen*. Sparkassen können vor Ort helfen, die regionale Ausgangslage bewusst zu machen, Stärken und Schwächen zu identifizieren sowie Handlungskonzepte zu entwickeln. Dabei kommt es darauf an, dass eine Orientierung an den tatsächlichen Stärken erfolgt und keine Wunschkompetenzen entwickelt werden. Sparkassen können insbesondere dann, wenn sie sich an der Finanzierung von Entwicklungskonzepten beteiligen sollen, eine Art Filterfunktion übernehmen. So ist zum Beispiel in schrumpfenden Regionen die Ausweisung von Gewerbe- bzw. Wohngebieten kritisch zu hinterfragen.

Zur Entwicklung der regionalen Potenziale sollten Sparkassen ferner neue Instrumente an der Schnittstelle zwischen Bankenwirtschaft und Strukturpolitik entwickeln. Im Hinblick auf die Diskussion um Clusterpolitik und Kompetenzfeldförderung könnten sie beispielsweise regionale Netzwerke fördern und innovative Finanzierungsinstrumente für das Clustermanagement, etwa mit degressiver Förderung und steigender Beteiligung der davon profitierenden Unternehmen, entwickeln. Vor dem Hintergrund, dass Risiko- und Beteiligungskapitalfinanzierung an Bedeutung zunehmen, sollten Sparkassen sich verstärkt neuen Finanzierungsformen widmen. Denn auch bei diesen Finanzierungsformen verspricht räumliche Nähe Vorteile und regionale Banken haben dadurch die Möglichkeit, sich kompensierende Erträge zu sichern, die im Zuge einer Formalisierung von Kreditbeziehungen unter Umständen verloren gehen (vgl. Kap. 1.4.4). Insbesondere im Bereich der Seed-Finanzierung, also der Finanzierung in der Frühphase von Unternehmen, besteht, wie Akteure vor Ort aussagten, eine Versorgungslücke (vgl. Kap. 9.2.3).

Im Rahmen der Analysen wurde deutlich (vgl. Kap. 8.2.2), dass die Größe von Sparkassen mit der regionalen Situation korrespondiert. Das heißt, dass Sparkassen in dünn besiedelten Regionen von ihrem Geschäftsvolumen deutlich kleiner sind als in städtischen Räumen. Es stellt sich die Frage, wie Sparkassen auf eventuelle Gebietsreformen reagieren sollten, bei denen gerade im ländlichen Raum Kreise zusammengelegt werden. Sparkassen mit zu großen Geschäftsgebieten könnten ihre regionale Bindung verlieren bzw. sich auf räumliche Kerne konzentrieren. Dadurch besteht die Gefahr, dass Versorgungslücken entstehen. Regional abgestimmte Fusionskonzepte sind daher gleichermaßen an Wirtschaftsräumen und bankwirtschaftlichen Notwendigkeiten auszurichten. Dies vor dem Hintergrund, dass wirtschaftsstrukturelle Kompetenzen und regionale Positionierungsmöglichkeiten nicht an administrativen Grenzen halt machen, was, wie bereits dargelegt, struktur- aber auch sparkassenpolitisch ein Agieren in neuen *Wahrnehmungs- und Handlungsräumen* notwendig macht. Genauso wie es im Rahmen der Standortentwicklung nicht darum geht, neue starre administrative Einheiten zu schaffen, sondern themenbezogen zu kooperieren, sollten Sparkassen nicht immer direkt Fusionen eingehen. So sind auch aufgabenbezogene Interessengemeinschaften mit benachbarten Sparkassen sinnvoll und sollten weiter ausgebaut werden. Darüber hinaus können Sparkassen bei der Eruierung relevanter Raumbezüge unterstützend tätig werden und helfen politisches Kirchturmdenken zu überwinden.

Zwar haben die Analysen gezeigt, dass Sparkassen in schwachen peripheren Regionen mindestens so erfolgreich sind wie im Zentralraum – was im Sinne einer ausgleichsorientierten Strukturpolitik eine wichtige Erkenntnis ist – allerdings nimmt der Ertrag in sehr dünn besiedelten ostdeutschen Regionen wieder leicht ab. Ferner ist zu erwarten, dass Sparkassen in ökonomisch und demographisch schrumpfenden Regionen Probleme haben werden, sich der neuen Situation schnell genug anzupassen und die eigenen Kapazitäten zu reduzieren. Sparkassen müssen Konzepte entwickeln, die Antworten darauf finden, wie Institute in stark schrumpfenden Räumen, in denen ein bestimmtes Maß an wirtschaftlicher Aktivität und Bevölkerungsdichte unterschritten wird, ihren Versorgungsauftrag erfüllen, die regionale Entwicklung unterstützen und gleichzeitig dauerhaft ausreichende Erträge erwirtschaften können. Dies ist im Rahmen einer hier präferierten ausgewogenen Strukturpolitik vor allem für die Stabilisierung schwacher peripherer Räume von Relevanz. Ferner sollten Sparkassen in schrumpfenden Regionen, aber auch in schwachen Stadtteilen, auf endogene Versorgung ausgerichtete Projekte unterstützen, anregen *Daseinsvorsorge flexibel zu gestalten* und bürgerschaftliches Engagement fördern. Dies kann soweit gehen, dass, auch um die regionale Identität zu fördern, alternative Tausch- und Währungssysteme entwickelt werden. Im In- und Ausland sind bezüglich solcher *local exchange and trading systems (LETS)* bereits vielfältige Erfahrungen gemacht worden (z.B. Lee 1999, Hoffmann 1998). Dabei geht es nicht darum, sich von der nationalen bzw. globalen Ökonomie abzukoppeln, sondern regionale Bindungen zu fördern und die Lebensqualität vor Ort zu verbessern.

Ferner sollten Sparkassen kleinteilige Finanzierungsinstrumente (z.B. Micro-Lending), die an der spezifischen Situation in strukturschwachen Stadtteilen ansetzen, entwickeln. Solche Instrumente kommen vor allem in den Ländern, die über eine schlechte Versorgung mit Bankdienstleistungen verfügen, zur Anwendung (vgl. Textkasten in Kap. 4.4.1). So sind zum Beispiel in Großbritannien so genannte *Community Development Financial Institutions* bzw. *Credit Unions* zum Teil mit staatlicher Unterstützung entstanden. Dabei handelt es sich um verschiedene Arten von Non-Profit-Finanzintermediären, die in erster Linie für Mikro-Unternehmen und ärmere Bevölkerungsgruppen entsprechende Finanzprodukte anbieten. Diese Instrumente sind mitunter durchaus innovativ, weil sie beispielsweise ein anderes Sicherungssystem haben, das u.a. auf der individuellen bzw. kollektiven Verantwortung der Existenzgründer basiert. So wie das dezentrale Sparkassensystem Anregungen für andere Länder geben kann, können umgekehrt Erfahrungen anderer Länder Anregungen für die Sparkassen in Deutschland geben.

Regionale Sparkassen sind jedoch nicht nur hinsichtlich der Umsetzung einer ausgewogenen Strukturpolitik gefordert, sondern müssen sich auch veränderten Rahmenbedingungen anpassen. Dies bezieht sich zum einen auf den zunehmenden Konkurrenz- und Preisdruck, der sich zumindest im Privatkundengeschäft infolge der Direkt- bzw. Internetbanken bemerkbar macht. Wie Sparkassen darauf reagieren sollten, wird innerhalb der Sparkassenlandschaft unterschiedlich diskutiert. Wesentlich wird dabei in der Zukunft sein, den Verbund intensiver zu nutzen und die Fertigungstiefe in der Nachbearbeitung zu reduzieren. Mengeneffekte und damit Kostenreduktionen könnten und sollten auch durch eine verstärkte Kooperation benachbarter Sparkassen realisiert werden.

Zum anderen ergeben sich veränderte Rahmenbedingungen durch eine Formalisierung und Harmonisierung der Kreditmärkte, mit der Folge, dass informationsbedingte Marktvorteile partiell abgewertet werden. Die Analysen haben gezeigt, dass für den ökonomischen Erfolg regionaler Banken soziales Kapital und die Konzentration auf die Region eine zentrale Rolle spielen (vgl. Kap. 1.4.4.). Informationskapital, das zum Teil auf implizitem Erfahrungswissen beruht und nur in den Köpfen der Mitarbeiter existiert, stellt einen nicht unerheblichen Vermögenswert regionaler Banken dar. Durch die Einführung IT-gestützter Scoring-Systeme oder Basel-II besteht die Gefahr, dass traditionelle, auf räumliche Nähe basierende Kunden-Bank-Beziehungen und der damit einhergehende Wettbewerbsvorteil an Bedeutung verlieren. Sparkassen müssen daher einen Weg finden, wie sie einerseits die sich aus dem Einsatz automatisierter und formalisierter Instrumente ergebenden Effizienzvorteile ausschöpfen und anderseits auch künftig *Fühlungsvorteile* nutzen und damit die regionale Entwicklung unterstützen können. Eine Möglichkeit besteht etwa darin, das Wissen über die regionale Wirtschaftsstruktur in die Scoring-Modelle einfließen zu lassen oder im Rahmen von Rating-Prozessen (Basel II) einzusetzen. So kann etwa die Stellung in der regionalen Wertschöpfungskette mehr über die Risiken und Ertragsaussichten von Unternehmen aussagen als die Branchenzugehörigkeit.

Es reicht für regionale Sparkassen nicht aus, sich engagiert für die regionale Entwicklung einzusetzen, sondern sie müssen ihre Leistungen, die sie für die Region erbringen, auch transparent kommunizieren und sich dauerhaft dieser Verpflichtung stellen. So ist es zum Beispiel denkbar, einen Standard zu entwickeln, nach dem alle Sparkassen ihren Beitrag für die Region quantifizieren. Diese Ergebnisse könnten sowohl in der Kommunikation vor Ort genutzt werden als auch aggregiert bundesweit bzw. auf Ebene der europäischen Union kommuniziert werden. Durch die damit geschaffene Transparenz und Vergleichbarkeit würden sich Sparkassen zwangsläufig verpflichten, dauerhaft etwas für die Region zu tun. Die Kreissparkasse Biberach (vgl. Kap. 9.3.3) ist ein gutes Beispiel dafür, wie sich der öffentliche Auftrag transparent kommunizieren lässt.

Bei der Umsetzung einer ausgewogenen Strukturpolitik sind zwar die Sparkassen vor Ort gefordert, sie sind dazu aber auf die Unterstützung der gesamten Sparkassenfinanzgruppe angewiesen. So benötigen die Sparkassen spezifisches Wissen bezüglich Raumentwicklung, das flächendeckend nicht in ausreichendem Maße vorhanden ist. Sowohl der DSGV, die Regionalverbände als auch die Landesbanken sollten einerseits Know-how bereit halten, um gemeinsam mit den Sparkassen vor Ort die Regionen zu entwickeln bzw. Analysen erstellen zu können und anderseits sollte Regionalentwicklungs- bzw. Standortentwicklungs-Kompetenz Bestandteil der sparkasseninternen Fort-, Weiterbildungs- und Studienprogramme sein. Genauso wie für die einzelnen Sparkassen bankspezifische Kompetenzen bereitgehalten werden, sollten Kompetenzen für die Raumentwicklung verbandsintern vorhanden sein und die Sparkassen dafür sensibilisiert werden.

Die vorliegende Untersuchung hat gezeigt, dass Sparkassen das Potenzial haben, eine ausgewogene Strukturpolitik zu unterstützen. Der Sparkassenlandschaft ist es anzuraten, dieses Potenzial zu nutzen und auch tatsächlich flächendeckend als *regionale Banken mit Raumverantwortung* zu agieren. Die Sparkassenfinanzgruppe sollte in der Lage sein, die dazu notwendige Motivation und Kompetenz zu vermitteln.

12 Zusammenfassung

Neuere strukturpolitische Ansätze und raumwirtschaftliche Konzepte, namentlich der Clusteransatz, orientieren sich zunehmend an den vor Ort vorhandenen Kompetenzen und setzen auf Konzentration ökonomischer Aktivitäten im Raum. Theoretisch können solche Anätze zum gesamtwirtschaftlichen Wachstum beitragen. Wachstumspotenziale sind allerdings ungleich im Raum verteilt und finden sich vielfach in erfolgreichen Regionen und weniger häufig in schwächeren Räumen, die folglich benachteiligt werden. Eine solche Benachteiligung konterkariert die traditionellen Ausgleichsziele der regionalen Strukturpolitik.

Da die Konzentration von Fördermitteln im Rahmen der regionalen Strukturpolitik auf Wachstumsregionen politisch nur schwer durchzuhalten und zu legitimieren ist, werden die auf Wachstum setzenden Instrumente oft flächendeckend eingesetzt bzw. kommen speziell in strukturschwachen Regionen zur Anwendung um dort eine sich selbsttragende wirtschaftliche Entwicklung zu unterstützen. Allerdings können solche Instrumente ihre Wirkung in Regionen ohne hinreichende Potenziale nur eingeschränkt entfalten und gesamtwirtschaftlich ist es wenig sinnvoll, wenn der Clusteransatz ausufert. Wachstumspolitisch hat dies zur Folge, dass die Ressourcen derartig breit gestreut werden, dass nirgends mehr die erforderliche Dichte oder kritische Masse für Wachstumspole bzw. Cluster erreicht wird.

Daraus die Konsequenz zu ziehen, im Rahmen der regionalen Strukturpolitik ausschließlich auf Wachstum zu setzen, ist jedoch keine empfehlenswerte Alternative, weil dies erstens sozialpolitische Verwerfungen mit erheblichen Folgekosten nach sich ziehen kann, zweitens keine Gewissheit darüber besteht, welche Räume in der Zukunft zu Wachstumsmotoren werden, drittens kein Beweis existiert, dass solche Ansätze zwingend zum gesamtwirtschaftlichen Optimum führen und viertens die Gefahr besteht, dass wenn diese Räume auch hinsichtlich der Basisdienstleistung nicht mehr gefördert werden, keine Talente und Begabungen auf der Subjektebene hervorgebracht werden. Eine ausschließliche Wachstumsorientierung ist aber auch vor dem Hintergrund abzulehnen, dass eine persönliche Entfaltungsfreiheit, die Chancengleichheit voraussetzt, grundgesetzlich verankert ist. Daher ist es dringend geboten in allen Regionen zumindest Zugänge zu Basisinfrastrukturen, insbesondere im Bildungsbereich, sicherzustellen.

Anhaltend schwache wirtschaftliche Wachstumsraten, auf hohem Niveau verharrende Arbeitslosenquoten, eine sich reduzierende Bevölkerung, eine angespannte Lage der öffentlichen Haushalte, kaum noch vorhandene frei vagabundierende Ansiedlungspotenziale bzw. häufige Mitnahmeeffekte im Rahmen einer Ansiedlungspolitik und zersiedelte sowie infolge einer flächendeckenden Verkehrsinfrastruktur zerschnittene Landschaften lassen die Frage aufkommen, ob eine Umverteilung der knappen Wachstumspotenziale in die Regionen bzw. deren breite Streuung, gesamtwirtschaftlich noch sinnvoll sein kann. Aus der Regionalökonomie lässt sich begründen, dass spezifische Angebotsstrukturen, Infrastrukturen und Arbeitsmärkte mit sozioökonomischen Rückkopplungen geeignet sind, Regionen nachhaltig zu prägen. Also lässt sich eine ausschließlich auf Ausgleich setzende Strukturpolitik, die, wie in der Vergangenheit vielfach Praxis, versucht, strukturschwache Regionen durch eine Investitionsumlenkungspolitik zu entwickeln, ebenso wenig als Optimum der regionalen Strukturpolitik postulieren wie eine reine Wachstumspolitik.

Bezugspunkt der Arbeit ist daher eine ausgewogene Strukturpolitik, die einerseits überregional relevante Wachstumspotenziale dort fördert, wo sie vorhanden sind und andererseits in schwächeren Räumen regionale Wertschöpfungsketten unterstützt, an den spezifischen endogenen Potenzialen, die sich auch oder gerade im Rahmen einer demographischen und ökonomischen Schrumpfung ergeben können, ansetzt und basisorientierte Infrastrukturen des Sozialwesens, des Konsums, der Bildung und der Kultur mit spezifischen flexiblen Instrumenten entwickelt bzw. aufrechterhält. Wichtig ist, in schwachen Regionen räumlich geballte Krisenkreisläufe zu verhindern und einen Rückbau der Infrastruktur aktiv zu gestalten.

Eine solche strukturpolitische Strategie bedarf eines veränderten Raumleitbildes, das stärker ausdifferenzierte Raumfunktionen zulässt und in Teilräumen auch eine deutliche Schrumpfung akzeptiert. Gleichwertigkeit wird danach weniger ökonomisch als qualitativ – im Sinne einer subjektiv empfundenen Lebensqualität – beurteilt. Ein neues Raumleitbild, das Schrumpfung akzeptiert, ist für halbwegs intakte, dünn besiedelte periphere Naturlandschaften deutlich akzeptabler als für altindustrielle dicht besiedelte Städte, die, wie die Analysen gezeigt haben, gerade in Westdeutschland häufig zu den räumlichen Verlierern gehören.

Soll ein strukturpolitisches Konzept, das auf Wachstum und Ausgleich abzielt und gleichermaßen in starken und schwächeren Räumen an den vor Ort vorhandenen Kompetenzen ansetzt, Leitlinie sein, sind regionale Akteure erforderlich, die bereit und fähig sind, einerseits den Standort gemeinsam zu entwickeln und andererseits zum flächendeckenden Ausgleich beizutragen. Dem dezentralen Sparkassensystem in Deutschland kommt in diesem Zusammenhang eine besondere Rolle zu:

Erstens sind Sparkassen aufgrund ihrer Nähe zur lokalen Wirtschaft, ihrer Kenntnis über Netzwerke und der Möglichkeit Kreditmittel zu vergeben, geeignet, die vor Ort vorhandenen Potenziale und Kompetenzfelder mit zu gestalten.

Zweitens, und dies ist insbesondere für schwächere Räume von zentraler Bedeutung, stellen sie eine kreditwirtschaftliche Versorgung ubiquitär sicher. Sparkassen sind durch das Regionalprinzip an die Region gebunden und dürfen als Einlagen eingenommene Gelder im Prinzip nur in der eigenen Region verwenden.

Dass Sparkassen nicht nur aus einer abstrakten Perspektive wichtige Akteure sind, konnte durch die qualitative Analyse von vier Sparkassen und ihren Geschäftsgebieten aufgezeigt werden. Sie stellen gleichermaßen in städtischen Agglomerationen, einschließlich der zum Teil mit erheblichen Entwicklungsdefiziten behafteten Stadtteile, und in sehr peripheren Regionen die kreditwirtschaftliche Versorgung sicher.

Die Bedeutung der Sparkassen als dezentrale Regionalbanken ist auch deshalb hoch, da räumliche Nähe bei der Kreditvergabe an KMU, trotz vielfältiger Finanzierungsangebote im Internet, wichtig ist und Bankenmärkte keineswegs raumlos sind. Die Relevanz räumlicher Nähe erhöht sich bei eventuellen Liquiditätsengpässen oder ökonomischen Schieflagen von Unternehmen, da Sparkassen aufgrund der Nähe besonderes Know-how einbringen und durch ihre Unabhängigkeit einen wesentlich größeren Spielraum haben als konzerngebundene Bankstellen. Sowohl im Hinblick auf eine ausgeglichene Regionalentwicklung als auch für die Umsetzung Kompetenzbasierter Ansätze und damit der Inwertsetzung ungenutzter Wachstumspotenziale sind Sparkassen damit wichtige Akteure. Dies ist von besonderem Interesse für ein dezentral strukturiertes Land wie Deutschland, in dem es viele wirtschaftliche Zentren gibt, die sich über einen langen Zeitraum entwickelt haben.

Sparkassen weisen *trotz oder wegen* ihres öffentlichen Auftrags in den vergangenen zehn Jahren eine bessere Ertragssituation auf als ihre privatwirtschaftlich organisierten Konkurrenten. Es stellt sich allerdings die Frage, ob sie auch in peripheren und strukturschwachen Regionen hinreichend erfolgreich sind, um dort zur regionalen Entwicklung beitragen zu können. So birgt das Regionalprinzip, das die Kapitalmobilität beschränkt und eine Reinvestition des in der Region angesparten Kapitals bedingt – zumindest in der theoretischen Betrachtung – auch ein Problem: Sparkassen sind an die Region gebunden und dürfen nicht in anderen Regionen investieren, was dazu führen kann, dass sie in schwachen Regionen einen geringeren Ertrag erwirtschaften. Eine schlechtere Ertragslage hätte aber nicht nur Auswirkungen auf eine schlechtere Kreditverfügbarkeit, sondern auch auf das gesamte Engagement der Sparkassen für die regionale Entwicklung, was den ausgleichspolitischen Nutzen mindern würde.

Analysen der Ertragssituation aller Sparkassen in Deutschland und ihrer Geschäftsgebiete haben allerdings ergeben, dass Sparkassen in schwachen und peripheren Regionen mindestens so erfolgreich sind, wie in wohlhabenden städtischen Räumen. Folglich ist es den Sparkassen nicht nur aus regionalökonomischer, sondern ebenso aus betriebswirtschaftlicher Perspektive zu empfehlen an dem Regionalprinzip festzuhalten. Dies vor dem Hintergrund, dass erstens die enge Bindung an die Region eine Voraussetzung für den Erfolg von Sparkassen ist und es zweitens sinnvoll erscheint, in allen Regionen als Sparkasse aktiv zu sein, da ansonsten auch aus betriebswirtschaftlicher Sicht Ressourcen ungenutzt blieben.

Folgt man der klassischen Bankentheorie, bei der Faktoren wie räumliche Nähe, Vertrauen, Kenntnis der lokalen Märkte keine Rolle spielen, lässt sich nur schwer erklären, dass Banken, die sich infolge der regionalen Gegebenheiten auf eine schwächere Kundengruppe beschränken müssen, ähnlich hohe oder sogar höhere Gewinne erwirtschaften wie solche in prosperierenden Räumen. Es entspricht der ökonomischen Intuition, dass die Ertragsaussichten von Banken in prosperierenden städtischen Regionen besser sind als in schwachen peripheren Räumen, in denen die zu versorgende Bevölkerung breiter verteilt ist, die Anzahl der Bankkunden pro Bankstelle geringer ist, die Einkommen niedriger sind und weniger Entwicklungsimpulse vorliegen. Die Verknüpfung von Elementen der neuen Bankentheorie mit raumwirtschaftlichen Aspekten kann aber auch zu anderen Annahmen führen, die sich, wie die Ergebnisse der Analysen gezeigt haben, empirisch bestätigen: *Erstens* haben sich die privaten Geschäftsbanken speziell aus den strukturschwachen und peripheren Regionen zurückgezogen und den Genossenschaftsbanken und Sparkassen dieses Feld überlassen. *Zweitens* kann die geringere Wettbewerbsintensität vor Ort stabile Kunden-Bank-Beziehungen begünstigen, wodurch sich Informationsasymmetrien reduzieren und es lohnenswert wird in die Informationsbeschaffung zu investieren und höhere Risiken, z.B. in der Existenzgründerfinanzierung, einzugehen. *Drittens* versetzt das Geschäftsmodell die Sparkassen in die Lage, vor Ort flexibel zu agieren, die Marktkenntnis zu nutzen und gleichzeitig durch den Verbund eine kostengünstige Abwicklung, insbesondere im Back-Office-Bereich, zu realisieren. Es ist anzunehmen, dass der Zusammenhang zwischen regionaler Strukturschwäche und guten Ertragsaussichten von Banken vor allem in Verbindung mit einem Geschäftsmodell, das vor Ort eine enge regionale Bindung bei gleichzeitiger Nutzung von Skaleneffekten durch den Verbund ermöglicht, besteht.

Den Sparkassen ist anzuraten, an Wettbewerbsvorteilen festzuhalten, die sich aus räumlicher Nähe und engen Kunden-Bank-Beziehungen ergeben und die eventuell im Zuge einer Formalisierung der Kreditbeziehung (z.B. Basel II) an Wert verlieren könnten. Ferner müssen sie Strategien entwickeln, wie sie in Regionen, in denen zukünftig ein deutlicher Bevölkerungsrückgang droht, weiterhin ihrer Aufgabe gerecht werden können und gleichzeitig einen ausreichenden, ihre Existenz sichernden Ertrag erwirtschaften. Gleiches gilt für strukturschwache Stadtteile, in denen sie sich akzentuierter an einer strukturpolitischen Entwicklung beteiligen und hierfür spezifische Instrumente entwickeln sollten, die auch weniger vorzeigbare Ökonomiefelder fördern. Erfahrungen aus anderen Ländern können hierzu durchaus Anregungen bieten. Nicht zuletzt sollten Sparkassen ihre Leistungen im Rahmen der Regionalentwicklung viel deutlicher und transparenter kommunizieren.

Teil F

Anhang

ANHANG

I VERZEICHNISSE **301**

    I.1 Literatur   301

    I.2 Internet   317

    I.3 Interviews   317

    I.4 Daten   318

II STRUKTURDATEN UND ANALYSEN **319**

    II.1 Korrelationsberechnungen (in Kap. 8)   319

    II.2 Vier Regionen und Sparkassen (in Kap. 9)   320

    II.3 Analysen zur Typenbildung benachteiligter Räume (in Kap. 10)   323

I Verzeichnisse

I.1 Literatur

Ache, P. (2004): Auf dem Weg zu territorialer Kohäsion. Die europäischen Strukturprogramme und Raumentwicklung. In: Raumplanung 116. S. 182-186

Akademie für Raumordnung und Landesplanung (2006): Wie hell strahlen „Leuchttürme"? Anmerkungen zur Clusterpolitik in ländlichen Räumen. Positionspapier aus der ARL, Nr. 66. Hannover

Alessandrini, P. / Zazzaro, A. (1999): A 'Possibilist' Approach to Local Financial Systems and Regional Development: The Italian Experience. In: Martin, R. (Hg.): Money and the Space Economy. London. S. 71-92

Allgemeine Zeitung (12.12.2003): Sparkasse vor Verkauf. Nach Stralsunder Beschluss droht Rechtsstreit.

Altmark Zeitung (27.04.2005): Landkreis gibt deutliche Signale an die Politik.

Aring, J. / Herfert, G. (2001): Neue Muster der Wohnsuburbanisierung. In: Brake, K. / Dangschat, J.S., Herfert, G. (Hg.): Suburbanisierung in Deutschland aktuelle Tendenzen. Opladen. S. 43-56

Aring, J. / Sinz, M. (2006): Neue Leitbilder der Raumentwicklung in Deutschland. Modernisierung der Raumordnungspolitik im Diskurs. In: disP 165, 2/2006. S. 43-60

Arndt, H. (1978): Irrwege der Politischen Ökonomie. München

Arndt, M. / Bürkner, H.-J. / Kühn, M. / Knorr-Siedow, T. (2005): Stärkung der Städte und Stadtregionen. Positionspapier zur Neuausrichtung der Förderpolitik im Land Brandenburg

Articus, S. (2002): Stadt der Zukunft: Gewährleister statt Rundumversorger. In: Der Städtetag, 7-8/2002. S. 6-9

Axt, H.-J. (2000): EU-Strukturpolitik. Opladen

Bachtler, J. / Wishlade, F. (2004): Searching for Consensus: The Debate on Reforming EU Cohesion Policy. Glasgow

Bade, F.-J. / Kiehl, M. (2002): Wissensintensive Dienstleistungen in Dortmund, Teil A.1+A.2, Analyse der Wirtschafts- und Beschäftigungsentwicklung am Standort Dortmund / östliches Ruhrgebiet. Dortmund

Barjak, F. (14.12.2004): Wie durchdacht ist das Cluster-Konzept? Problematische Umsetzung in die Strukturpolitik. In: Neue Zürcher Zeitung

BBR (Bundesamt für Bauwesen und Raumordnung), 2003: Aktuelle Daten zur Entwicklung der Städte, Kreise und Gemeinden. Berichte. Band 17. Bonn

BBR (Bundesamt für Bauwesen und Raumordnung), 2004: siehe Datenverzeichnis (I.4)

BBR (Bundesamt für Bauwesen und Raumordnung), 2005a: siehe Datenverzeichnis (I.4)

BBR (Bundesamt für Bauwesen und Raumordnung), 2005b: Raumordnungsbericht 2005: Berichte. Band 21. Bonn

BBR (Bundesamt für Bauwesen und Raumordnung), o.J.: Referat I 6 – Raum und Stadtbeobachtung. Siedlungsstrukturelle Regions- und Kreistypen

Beaverstock, J, / Hoyler, M. / Pain, K. / Taylor, P. (2001): Comparing London and Frankfurt as world cities. A relational study of contemporary urban change. Anglo-German Foundation for the Study of Industrial Society.

Becher, G. / Rehfeld, D. (1986): Regionale Wirtschaftspolitik – Neue Problemlagen und Konzepte. In: Gegenwartskunde 2/86. S. 249-280

Becher, G. / Rehfeld, D. (1987): Forschungsbericht zum Stand der Regionalforschung. Braunschweig

Beetz, S. (2006): Regionale Disparitäten und Steuerung ländlicher Entwicklung. Materialien der Interdisziplinären Arbeitsgruppe „Zukunftsorientierte Nutzung ländlicher Räume". Materialen Nr. 9. Berlin

Beirat für Raumordnung beim Bundesministerium für Verkehr, Bau- und Wohnungswesen (2005): Zusammenfassende Empfehlungen an den Bundesminister für Verkehr, Bau- und Wohnungswesen.

Benz, P. (2004): Stadtumbau und die Zukunft des Städtischen. In: Kolmer, M. / Benz, P. (Hg.): Ziel Zukunft, Die Chancen der Wissenschaftsstadt Darmstadt. Darmstädter Dokumente No. 23. S. 7-9

Benzler, G. / Wink, R. (2004): Regionale Innovationspole: Schlüssel zu mehr Wachstum in Deutschland? In: List Forum für Wirtschafts- und Finanzpolitik, Band 30, Heft 3. S. 253-271

Beyer, S. (2006): Urbanistik. Triumph der City. In: Der Spiegel, 2/2006. S. 134-135

Bieg, H. (2001): Bilanzpolitik der Kreditinstitute und Finanzdienstleistungspolitik. In: Gerke, W. / Steiner, M.: Handwörterbuch des Bank- und Finanzwesens. Stuttgart

Birg, H. (2002): Auswirkungen und Kosten der Zuwanderung nach Deutschland. Kurzgutachten des Gutachtens und Bewertung der Bayerischen Staatsregierung

Blotevogel, H. H. (1995): Raum. In: Akademie für Raumforschung und Landesplanung (Hg.): Handwörterbuch der Raumordnung. Hannover. S. 733-740

Blotevogel, H. H. (2006): Neuorientierung der Raumordnungspolitik? Die neuen "Leitbilder und Handlungsstrategien für die Raumentwicklung in Deutschland" in der Diskussion. Manuskript

Bodin, M. (2001): Brüssel-Basel: Implikationen für die Regionen. Vortrag an der Universität Hannover, Abteilung „Geld und internationale Finanzwirtschaft" am 21.11.2001

Bömer, H. (2000): Ruhrgebietspolitik in der Krise. Kontroverse Konzepte aus Wirtschaft, Politik, Wissenschaft und Verbänden. Dortmunder Beiträge zur Raumplanung 101. Dortmund

Bömer, H. (2005): Moderne kommunale Wirtschaftsförderungspolitik in Zeiten der Massenarbeitslosigkeit. Das Beispiel Dortmund. Institut für Raumplanung, Universität Dortmund Arbeitspapier 182

Bormann, R. (2001): Raum, Zeit, Identität. Sozialtheoretische Verortungen kultureller Prozesse. Opladen

Borner, S. (2002): Wachstumsorientierte Wirtschaftspolitik durch regionale Clusterbildung? Gutachten zuhanden des Staatssekretariats für Wirtschaft der Schweiz. Basel

Braatsch, B. (2002): Geldpolitik und Regionen. Arbeitspapier Nr. 10 der Landeszentralbank in der freien Hansestadt Bremen in Niedersachsen und Sachsen-Anhalt

Brake, K. (2001): Neue Akzente der Suburbanisierung. Suburbaner Raum und Kernstadt: eigene Profile und neuer Verbund. In: Brake, K./ Dangschat, J.S., Herfert, G. (Hg.): Suburbanisierung in Deutschland aktuelle Tendenzen. Opladen. S. 15-26

Brake, K. / Dangschat, J. S. / Herfert, G. (2001): Suburbanisierung in Deutschland aktuelle Tendenzen. Einführung. In: Brake, K. / Dangschat, J. S. / Herfert, G. (Hg.): Suburbanisierung in Deutschland aktuelle Tendenzen. Opladen. S. 7-11

Brezis, E. S. / Krugmann, P. R. / Tsiddon, D. (1993): Leapfragging in International Competition: A Theory of Cycles in National Technological Leadership. In: The American economic review, Vol. 83, No. 5. S. 1211-1219

Brosius, F. (2002): SPSS 11. Bonn

Brückner, W. (1987): Nord und Süd im kulturellen Selbstverständnis der Deutschen. Ein Klischee, seine Ausformung, seine Auswirkungen. In: Landeszentrale für politische Bildung Baden-Württemberg (Hg.): Nord-Süd in Deutschland? Vorurteile und Tatsachen. Stuttgart. S. 11-28

Buchmann, P. (2001): Hat die Sparkassenorganisation eine Zukunft? In: Zeitschrift für das ganze Kreditwesen, Nr. 2001/10. S. 578-583

Budd, L. (1999): Globalization and the Crisis of Territorial Embeddedness of International Financial Markets. In: Martin, R.: Money and the Space Economy. London. S. 115-137

Bundesministerium für Verkehr, Bau und Stadtentwicklung (2006): Leitbilder und Handlungsstrategien für die Raumentwicklung in Deutschland. www.bmvbs.de (Zugriff 21.11.2006)

Bundesministerium für Verkehr, Bau- und Wohnungswesen (24.03.2004): Pressemitteilung: Stolpe: Ostdeutsche Wachstumskerne als Motoren für Aufbau Ost.

Bundesministerium für Verkehr, Bau- und Wohnungswesen (2005): Öffentliche Daseinsvorsorge und demographischer Wandel. Erprobung von Anpassungs- und Entwicklungsstrategien in Modellvorhaben der Raumordnung. Berlin und Bonn

Bundesministerium für Wirtschaft und Technologie (24.01.2001): Pressemitteilung: GA-Rahmenplan zur Förderung schwächerer Wirtschaftsregionen verabschiedet.

Bundesministerium für Wirtschaft und Technologie (14.01.2005): Pressemitteilung: Neues GA-Förderangebot „Kooperationsnetzwerke und Clustermanagement".

Bundesregierung (2005): Stellungnahme der Bundesregierung zum Raumordnungsbericht 2005 des Bundesamtes für Bauwesen und Raumordnung.

Bundesverband deutscher Banken (2004): Banken 2004. Fakten, Meinungen, Perspektiven. Berlin

Buttler, F. / Hirschenauer, F. (1995): Wachstumspole. In: Akademie für Raumplanung und Landesforschung (Hg.): Handwörterbuch der Raumordnung. Hannover. S. 1058-1063

Camagni, R. (1991): Local milieu, uncertainty and innovation networks: towards a dynamic theory of economic space. In: ders. (Hg.): Innovation networks: spatial perspectives. London. S. 121-144

Camagni, R. (2003): Regional Clusters, Regional Competencies and Regional Competition. Paper delivered at the International Conference on "Cluster management in structural policy – International experiences and consequences for North Rhine-Westphalia"

Capital – Das Wirtschaftsmagazin (2001): Boomtowns – Städtetest. Ausgabe 7/2001. S. 52-65

Capital – Das Wirtschaftsmagazin (2005): Die Hoffnungsträger. Die wirtschaftliche Flaute hinterlässt Spuren auch in den großen deutschen Städten. Ein Capital-Test zeigt, welche Kommunen gegen den Trend überaus erfolgreich sind. Ausgabe 2/2005. S. 14-19

Carstensen, P. H. (2005): Regierungserklärung von Ministerpräsident Peter Harry Carstensen am 25. Mai 2005 im Schleswig-Holsteinischen Landtag

Cassidy, E. / Davis, C. / Arthurs, D. / Wolfe, D. (2005): Measuring the National Research Council's Technology Cluster Initiatives. CRIC Cluster conference: Beyond Cluster-Current Practices & Futures Strategies. Ballarat. June 30 – July 1, 2005

Cetorelli N. / Gambera, M. (2001): Banking Market Structure, Financial Dependence and Growth: International Evidence from Industry Data. In: The Journal of Finance, Vol. LVI, No.2, April 2001. S. 617-648

Chick, V. / Dow, S. C. (1988): A post-Keynesian perspective on the relation between Banking and Regional Development. In: Arestis. P. (Hg.): Post-Keynesian monetary economics. Alderhots, Hants. S. 219-250

Collin, S. / Fisher, T. / Mayo, E. / Mullineux, A. / Sattar, D. (2001): The State of Community Development Finance. London

Cooke, P. (1994): Innovation networks and regional development: Learning from European experience. In: Krumbein, W. (Hg.): Ökonomische und politische Netzwerke in der Region, Beiträge aus der internationalen Debatte. Münster und Hamburg. S. 233-247

Cooke, P. / Clifton, N. / Oleaga, M. (2005): Social Capital, Firm Embeddedness and Regional Development. In: Regional Studies, Vol. 39.8. S. 1065-1077

Cooke, P. / Uranga, M. G. / Etxebarria, G. (1997): Regional innovation systems: Institutional and organisational dimensions. In: Research Policy, Vol. 26. S. 475-491

Crow, K. A. (2001): Ausgleichs- versus Wachstumsziel. Eine Effektivitätsanalyse der Gemeinschaftsaufgabe „Verbesserung der regionalen Wirtschaftsstruktur" am Beispiel Sachsen-Anhalt. Dissertation Universität Halle

Cruickshank, D. (2000): Competition in UK banking: A report to the Chancellor of the Exchequer. Norwich

Danielzyk, R. / Rietzel, R. (2003): Regionalplanung als Motor regionaler Kooperation. Das Beispiel Oderland-Spree. In: Informationen zur Raumentwicklung, Heft 8/9, 2003. S. 513-522

DBB (Deutsche Bundesbank), 2005a: siehe Datenverzeichnis (I.4)

DBB (Deutsche Bundesbank), 2005b: siehe Datenverzeichnis (I.4)

DBB (Deutsche Bundesbank), 2005c: Finanzstabilitätsbericht. Frankfurt am Main

DBB (Deutsche Bundesbank), 2005d: Monatsbericht September 2005. Die Ertragslage der deutschen Kreditinstitute im Jahr 2004. Frankfurt am Main

DBB (Deutsche Bundesbank), 2006a: siehe Datenverzeichnis (I.4)

DBB (Deutsche Bundesbank), 2006b: siehe Datenverzeichnis (I.4)

De Bruijn, P. / Lagendijk, A. (2005): Regional Innovation Systems in the Lisbon Strategy. European Planning Studies, Vol. 13, No. 8. S.1153-1171

Der Spiegel (2006): Demographie. Großstädte gegen den Trend. Ausgabe 12/2006. S. 18

Derudder B. / Taylor, F. / Catalano, G. (2003): Hierarchical Tendencies and Regional Patters in the World City: A Global Urban Analysis of 234 Cities. In: Regional Studies, Vol. 37/2003. S. 875-886

Deutsch, K.-G. / Gräf, B. / Just, T. / Quitzau, J. / Rollwagen, I. / Schneider, S. (2004): Perspektiven Ostdeutschlands – 15 Jahre danach – Deutsche Bank Research Nr. 306

DGB (2004): Demokratische und soziale Teilhabe – Gleichwertigkeit der Lebensverhältnisse. Eckpunkte des DGB zur Reform der bundesstaatlichen Ordnung In: Einblick 09/04

Diederichsen, D. (2004): Brachenmusik – Detroit, Bronx, Manchester. In: Oswalt, P. (Hg.): Schrumpfende Städte. Band 1: Internationale Untersuchung. S. 324-331

Difu (Deutsches Institut für Urbanistik), 2005: Wohnen in der Innenstadt. In: Difu-Berichte 1+2/2005

DIW (Deutsches Institut für Wirtschaftsforschung), 2003: Zweiter Fortschrittsbericht wirtschaftswissenschaftlicher Institute über die wirtschaftliche Entwicklung in Ostdeutschland. Kurzfassung. Wochenbericht 47/03. http://www.diw.de/deutsch/produkte/publikationen/wochenberichte/docs/03-47-1.html (Zugriff 28.11.2006)

Dohnanyi, K. von (2004): Das Problem Ostdeutschland – Die Empfehlungen des „Gesprächskreises Ost". In: Wirtschaftsdienst, 10/2004. S. 611-614

Dow, S. C. (1999): The Stages of Banking Development and the Spatial Evolution of Financial Systems. In: Martin, R.(Hrsg.): Money and the Space Economy. London. S. 31-48

DSGV (Deutscher Sparkassen und Giroverband), 2004: Märkte 2004. Berlin

DSGV (Deutscher Sparkassen und Giroverband), 2005: Fakten, Analysen, Positionen 23. Sparkassen und Bankenmarkt in Deutschland. Berlin

DSGV (Deutscher Sparkassen- und Giroverband), 2006: siehe Datenverzeichnis (I.4)

Dybe, G. (2003): Regionaler wirtschaftlicher Wandel. Die Sicht der evolutionären Ökonomie und der „Neuen Wachstumstheorie". Münster, Hamburg und London

Eckey, H.-F. (1995): Regionale Strukturpolitik. In: Akademie für Raumforschung und Landesplanung (Hg.): Handwörterbuch der Raumordnung. Hannover. S. 815-821

Eickhof, N. (2005): Regional- und Industriepolitik in den neuen Bundesländern. Diskussionsbeitrag Nr. 77. Universität Potsdam. Wirtschafts- und Sozialwissenschaftliche Fakultät. Potsdam

Einecke, H. / Busse, C. (09.01.2006): Zuversicht bei deutschen Banken kehrt zurück. Nach Übernahmewelle 2005 wird eine weitere Konsolidierung erwartet, insbesondere bei Landesbanken und Sparkassen. In: Süddeutsche Zeitung

Einig, K. / Guth, D. (2005): Neue Beschäftigungszentren in deutschen Stadtregionen: Lage, Spezialisierung, Erreichbarkeit. In: Raumforschung und Raumordnung (RuR), 6/2005. S. 444-458

Engelhard, D. (27.12.2002): Patrizier Pracht in `Pensionopolis´. Ausflugstipp: Görlitz. In: Berliner Morgenpost

Engerer, H. / Schrooten, M. (2004): „Untersuchung der Grundlagen und Entwicklungsperspektiven des Bankensektors in Deutschland (Dreisäulensystem)" im Auftrag des Bundesministeriums der Finanzen. Deutsches Institut für Wirtschaftsforschung. Berlin

Europäischer Rat (2000): Schlussfolgerung des Vorsitzenden. Sondertagung am 23. und 24. März 2000

European Commission (2004): Local Employment Development in Remote Rural Areas. Third Thematic Report of the IDELE Project

Expertenkommission „Überprüfung und Neukonzeption der Regionalpolitik" (2003): Neue Regionalpolitik (NRP). Schlussbericht. Zürich

Fieseler, B. M. (2006): Sparkassen entlasten ihr ökonomisches Eigenkapital. Interview. In: DieSparkassenZeitung, Nr. 17. S. 15

Fischer, K.-H. (2005): Banken und unvollkommener Wettbewerb. Empirische Beiträge zu einer Industrieökonomik der Finanzmärkte. Dissertation Universität Frankfurt am Main

Fischer, K.-H. / Pfeil, C. (2004): Regulation and Competition in German Banking. In: Krahnen, J. P. / Schmidt, R.: The German financial system. Oxford. S. 291-349

Florida, R. (1995): Toward the Learning Region. In: Futures, Vol. 27, No. 5. S. 527-536

Fobe, K. / Rieger-Genennig, K. (1999): Bürgerämter und Nachbarschaftsläden. Neue Wege in der kommunalen und privaten Dienstleistung. Frankfurt/Main, New York

Focus (2000): 83 Städte im Test. Ausgabe 50/2000

Focus-Money (2004): Standort Deutschland. Wo der Motor brummt. 52/2004

Frankfurter Allgemeine Zeitung (25.07.2006): Polen wird größter Empfänger von EU-Strukturmitteln

Freixas, X / Rochet, J.-C. (1997) Microeconomics of Banking. Cambridge

Frey, R. L. / Zimmermann, H. (2005): Neue Rahmenbedingungen für die Raumordnung als Chance für marktwirtschaftliche Instrumente. In: disP 161, 2/2005. S. 5-18

Friedmann J. / Weaver, C. (1979): Territory and Function. The Evolution of Regional Planning. London

Fröhlich, N. / Huffschmid, J. (2004): Der Finanzdienstleistungssektor in Deutschland. Edition der Hans Böckler Stiftung. Düsseldorf

Fujita, M. / Krugman, P. / Veneables, J.V. (1999): The Spatial Economy. Cities Regions and International Trade. London

Füllsack, M. (2002): Leben ohne zu arbeiten? Zur Sozialtheorie des Grundeinkommens. Berlin

Fürst, D. / Knieling, J. (2002): Expertise: Konsens-Gesellschaft und innovationsorientierte Entwicklung. Neue Modelle der Wissensproduktion und –verarbeitung (Modus 2) am Beispiel „Lernender Region". Hannover

Fürst, D. (1995): Öffentliche Finanzen als Instrument der Regionalpolitik. In: Akademie für Raumordnung und Landesplanung (Hg.): Handwörterbuch der Raumordnung. S. 679-685. Hannover

Fürst, D. / Klemmer, P. / Zimmermann, K. (1976): Regionale Wirtschaftspolitik. Tübingen

Fürst, D. / Zimmermann, K. (2005): Diskussionspapier zum Workshop „Neue Formen der Governance" am 21.03.05 in Hannover

Gärtner, S. (2003): Sparkassen als Akteure einer integrierten Regionalentwicklung: Potenzial für die Zukunft oder Illusion? Graue Reihe des Instituts Arbeit und Technik. Nr. 2003-05. Gelsenkirchen

Gärtner, S. (2004): Integrierte Wirtschaftsförderung: regionalökonomische Ansätze und Konzepte. In: Widmaier, B. / Beer, D. / Gärtner S. / Hamburg, I. / Terstriep, J.: Wege zu einer integrierten Wirtschaftsförderung. Baden-Baden. S. 13-73

Gärtner, S. (2006): Kompetenzbasierte Strukturpolitik: Positionierungsmöglichkeiten von Stadt, Land, Agglomerationsräumen und dem was dazwischen liegt. In: Hangebruch, N. / Kiehl, M. / Prossek, A. / Utku, Y. / Weiß, K. (Hg.): Agglomerationen – Situation und Perspektiven. Arbeitsmaterial. Hannover

Gärtner, S. / Grote Westrick, D. / Helmstädter, E. / Rehfeld, D. (2003): Städtische Entwicklungschancen und -risiken im wirtschaftlichen Strukturwandel: Endbericht für die Enquetekommission „Zukunft der Städte in NRW". Gelsenkirchen

Gärtner, S. / Müller, A. (2004): Lern- und Kompetenzförderlichkeit: ein Anliegen der Stadt- und Landesplanung? In: Arbeitsgemeinschaft Qualifikations-Entwicklungs-Management: Kompetenzentwicklung 2004: Lernförderliche Strukturbedingungen. Münster. S. 115-151

Gärtner, S. / Terstriep, J. / Widmaier, B. (2006): Von der Wirtschaftsförderung zur Standortentwicklung: zur Verortung der kommunalen Wirtschaftsförderung. In: Gärtner, S. / Terstriep, J. / Widmaier, B. (Hg.): Wirtschaftsförderung im Umbruch. München. S. 243-251

Gemeinsame Landesplanung Berlin-Brandenburg (2006): Planerische Überlegungen der Gemeinsamen Landesplanungsabteilung zur Überarbeitung des Zentrale Orte Systems (ZOS). http://www.mir.brandenburg.de/cms/detail.php?id=5lbm1.c.183869.de&_siteid=92 (Zugriff: 28.11.2006)

Genosko, J. (1997): Globalisierung und regionale Restrukturierung. Diskussionsbeiträge der Katholischen Universität Eichstätt, Wirtschaftswissenschaftliche Fakultät Ingoldstadt. Nr. 93. Ingoldstadt

Geppert, K. / Gornig, M. (2003): Die Renaissance der großen Städte – und die Chancen Berlins. Wochenbericht des DIW 26/03. Berlin

Gerlach, R. (1999): Strukturelle Grundlagen der Sparkassenarbeit. In: Sparkasse, Nr. 7/1999. S. 310 - 312

Gerling, K. / Schmidt, K.-D. (2000): Zur Arbeitsteilung zwischen Regionen: Das nordöstliche Brandenburg aus der Sicht der regionalökonomischen Theorie. Kieler Arbeitspapier Nr. 965

Grabher, G. (1990): On the Weakness of Strong Ties. The Ambivalent Role of Inter-Firm Relations in the Decline and Reorganization of the Ruhr. Discussion paper FS I 90-4. Wissenschaftszentrum Berlin für Sozialforschung

Granovetter, M. (1973): The strength of weak ties. In: The American journal of sociology. Volume 78, Number 6. S. 1360 -1380

Grant, L. (2004): Liverpooler Zwischenstation. In: Oswalt, P. (Hg.): Schrumpfende Städte. Band 1: Internationale Untersuchung. S. 420-424

Grichnik, D. / Börner, C. J. (1999): Bankwirtschaftliche Verbundsysteme als strategische Netzwerke zwischen Markt und Hierarchie. Verbände als fokale Organisationen im Finanz-Verbund. In: Hartmann-Wendels, T. / Büschgen, H. E (Hg.): Mitteilungen und Berichte. Institut für Bankwirtschaft und Bankrecht an der Universität zu Köln. S. 1-32

Grote Westrick, D. / Rehfeld, D. (2003): Cluster (Standortverbünde) in der Regio Rheinland. Projektbericht des Instituts Arbeit und Technik. Gelsenkirchen

Grote Westrick, D. / Rehfeld, D. (2006): Innovationskultur im Ruhrgebiet?! Studie für das Ministerium für Wirtschaft, Mittelstand, Energie und Verkehr NRW. Unveröffentlichter Projektbericht. Gelsenkirchen

Grünzig, M. (2007): Auf dem Weg in den urbanen Kollaps. Bauen in den Neuen Bundesländern (2): Stadtumbau Cottbus. In: Deutsches Architektenblatt, 3/2007. S. 28-31

Güde, U. (1995): Geschäftspolitik der Sparkassen, Grundlagen und aktuelle Probleme. Stuttgart

Haasis, H. (08.08.2005): Mit den Menschen für die Menschen. In: Deutsche Sparkassenzeitung. Beilage „Sparkassen-Finanzgruppe: Gut für die Region"

Hackethal, A. / Schmidt, R. (2005): Structural Change in the German Banking System? Working Paper No. 147 der Johann Wolfgang Goethe-Universität Frankfurt am Main

Hagelüken, A. / Einecke, H. (15.04.2004): Brüssel will sich Sparkassen vorknöpfen. EU-Arbeitsgruppe: Hindernisse für die Übernahme von öffentlich-rechtlichen Banken beseitigen. In: Süddeutsche Zeitung

Hahne, U. (1985): Regionalentwicklung durch Aktivierung intraregionaler Potenziale. München

Hahne, U. (2005): Zur Neuorientierung des Gleichwertigkeitsziels. In: Raumplanung und Raumordnung, Heft 4. S. 257-265

Hahne, U. / Stackelberg, K. von (1994): Regionale Entwicklungstheorien. Konkurrierende Ansätze zur Erklärung der wirtschaftlichen Entwicklung in Regionen. Freiburg

Hakenes, H. / Schnabel, I. (2005): The Threat of Capital Drain: A Rationale for Public Banks? Working-Paper. Max Planck Institute, Bonn

Hamann, G. (28.10.2004): Wie schrumpft man eine Stadt? In: Die Zeit, Nr. 45

Hamburg, I. / Widmaier, B. (2004): Wissensverarbeitung in der Wirtschaftsförderung. In: Widmaier, B. / Beer, D. / Gärtner, S. / Hamburg, I. / Terstriep, J.: Wege zu einer integrierten Wirtschaftsförderung. Baden-Baden. S. 75-112

Handelsblatt (21.07.2004): Stille Stars. Deutschlands unbekannte Wachstumsregionen.

Handelsblatt (22.11.2005): Handelsblatt Bankengipfel in Frankfurt: Im Privatkunden- und Ratenkreditgeschäft bauen Postbank, Norisbank, CC-Bank und MLP ihre Marktposition aus.

Hannemann, C. / Läpple, D. (2004): Zwischen Reurbanisierung, Suburbanisierung und Schrumpfung. Ökonomische Perspektiven der Stadtentwicklung in West und Ost. Auflösung der Stadt oder eine mögliche Renaissance der Stadt. http://www.kommunale-info.de/index.html?/infothek/2313.asp (Zugriff: 09.05.2006)

Hein, W. (2000): Die Ökonomie des Archipels und das versunkene Land. Die Struktur von Wirtschaftsräumen im Informationszeitalter. In: E+Z – Entwicklung und Zusammenarbeit, Nr. 11. http://mandela.inwent.org/E+Z/1997-2002/ez1100-9.htm (Zugriff 12.06.2006)

Heinz, W. (2000): Interkommunale Kooperation in Stadtregionen: das Beispiel der Bundesrepublik Deutschland. In: Heinz, W. (Hg.): Stadt & Region – Kooperation oder Koordination. Ein internationaler Vergleich. Schriften des Deutschen Instituts für Urbanistik. Band 93. Stuttgart. S. 169- 274

Henneke, H.-G. / Wohltmann, M. (2005): Was erwarten die Kommunen von den Unternehmen der Sparkassen-Finanzgruppe? In: Der Landkreis, 10/2005. S. 1-5

Hoffmann, C. (08.05.2005): Sparkassen-Kunden gehen fremd. In: Frankfurter Allgemeine Sonntagszeitung

Hoffmann, G. (1998): Tausche Marmelade gegen Steuererklärung. Ganz ohne Geld – Tauschringe und Talentbörsen. München

Hoffmann, G. (18.11.2005): Für den täglichen Einkauf in den Dorfladen. Im niedersächsischen Roringen funktioniert die Nahversorgung wieder. In: Neue Zürcher Zeitung

Hoppe, A. (2000): Die Implementation der europäischen Regionalpolitik im Vergleich Deutschland und Großbritannien. Dissertation zur Erlangung des akademischen Grades eines Doktors der Sozialwissenschaften der Ruhr-Universität Bochum

Hottenrott, V. (2002): Die Überschuldung privater Haushalte in Deutschland vor dem Hintergrund der neuen Insolvenzordnung. Inaugural-Dissertation zur Erlangung der Würde eines Doktors der Wirtschaftswissenschaften der Wirtschaftwissenschaftlichen Fakultät der Ruprecht-Karls-Universität Heidelberg

Hotzan, J. (1994): dtv-Altlas zur Stadt. Von den ersten Gründungen bis zu modernen Stadtplanung. München

Hübler, K. H. (2005): Die Schaffung gleichwertiger Lebensbedingungen in allen Teilräumen. In: Raumforschung und Raumordnung (RuR),1/2005. S. 55-62

Hübner, D. (2005): Regional policy and the Lisbon agenda – Challenges and Opportunities: Speech. London School of Economics. http://www.grondweteuropa.nl/9326000/1f/j4nvgjok6iwsea9_j9vvgjnazrhmix9/vgxpdofngmzn?nctx=vg9pk3qd26zl (Zugriff: 04.04.2005)

IHK Ulm (09.05.2005): Pressemitteilung: Bürger verteilen brillante Noten.

Illueca, M. / Pastor, J. M. / Tortosa-Ausina, E. (2005): The Effect of Geographic Expansion on the Productivity of Spanish Savings Banks. Fundación de Las Cajas de Ahorros. Documento De Trabajo, No. 213/2005

Instinsky, O. (2006): "Gruppen-Effekt" steuert das eigene Kreditrisiko. In: DieSparkassenZeitung, Nr. 17. S.16

Kappel, R. (1999): Weltmarkt und endogene Entwicklung: entwicklungstheoretische Rück- und Vorblicke. In: Nord-Sued aktuell, Heft 3. S. 434-446

Karl-Bräuer-Institut (1994): Privatisierung von Sparkassen und Landesbanken. Heft 78. Wiesbaden

Karsten, M. / Usbeck, H. (2001): Gewerbesuburbanisierung – Die Tertiärisierung der suburbanen Standorte. In: Brake, K. / Dangschat, J.S. / Herfert, G. (Hg.): Suburbanisierung in Deutschland aktuelle Tendenzen. Opladen. S. 71-80

Keßler, A. / Riekeberg, M. (1999): Privatisierung kommunaler Sparkassen. Wissenschaftlich fundierte Forderung oder ideologisch geführte Diskussion? In: Zeitschrift für das gesamte Bank- und Börsenwesen, 4/99. S. 279-289

KfW-Bankengruppe (2005): Das deutsche Kreditgewerbe im internationalen Vergleich: Betriebswirtschaftlich wenig rentabel, volkswirtschaftlich hoch produktiv. KfW-Research, Nr. 17

Kind, G. (1995): Raumplanung in der DDR. In: Akademie für Raumforschung und Landesplanung (Hg.): Handwörterbuch der Raumordnung. Hannover. S. 776-783

Kistenmacher, H. / Geyer, T. / Hartmann, P. (1994): Regionalisierung in der kommunalen Wirtschaftsförderung. Köln

Klagge, B. (2003): Regionale Kapitalmärkte, dezentrale Finanzplätze und die Eigenkapitalversorgung kleiner Unternehmen – eine institutionell orientierte Analyse am Beispiel Deutschlands und Großbritanniens. In: Geographische Zeitschrift, 2003/91, Heft 3 + 4. S. 175-199

Klagge, B. / Martin, R. (2005): Decentralized versus centralized financial systems: is there a case for local capital markets? In: Journal of Economic Geography, 2005/5. S. 387-421

Klemmer, P. (1998): Regionalpolitik. In: Klemmer, P. (Hg.): Handbuch Europäische Wirtschaftspolitik. München. S. 457-517

Klemmer, P. (2004): Wo wohnen Deutschlands Spitzenverdiener und Kaufkraftträger? Eine regionale Analyse der Primär- und Sekundäreinkommensverteilung sowie der Entwicklung der Kaufkraft. Deutscher Verband für Wohnungswesen, Städtebau und Raumordnung e. V.. Berlin

Köhler, P. (14.11.2005): Hessen fordert Sparkassen heraus. In: Handelsblatt

Kohlhaussen, M. (2001): Eigenkapital der Kreditinstitute. In: Gerke, W. / Steiner, M. (Hg.): Handwörterbuch des Bank- und Finanzwesens. Stuttgart. S. 584-595

Kolmer, M. (2004): Vom Zukunftsatlas zur Wissenschaftsstadt. In: Kolmer, M. / Benz, P. (Hg.): Ziel Zukunft, Die Chancen der Wissenschaftsstadt Darmstadt. Darmstädter Dokumente, No. 23. S. 41-49

Kommission der Europäischen Gemeinschaft (2004): Vorschlag für eine Verordnung des Europäischen Parlaments und des Rates über den Europäischen Fonds für regionale Entwicklung. Brüssel

Köppen, B. (2005): Zurück in die Stadt oder Schrumpfung überall? Reurbanisierung und Schrumpfung in ostdeutschen Städten. In: Städte im Umbruch 3-2005. www.schrumpfende-stadt.de

Körber, M. / Peters, U. / Weck, S. (2001): Wirtschaften im Kontext. Neue Räume für eine solidarische und nachhaltige Ökonomie? Dortmund und Dessau

Körber-Weik, M. / Wied-Nebbeling, S. (1987): Ein wirtschaftliches Süd-Nord-Gefälle in der Bundesrepublik? Wirtschaftskraft und Wirtschaftsentwicklung der Bundesländer im Vergleich. In: Landeszentrale für politische Bildung Baden-Württemberg (Hg.): Nord-Süd in Deutschland? Vorurteile und Tatsachen. Stuttgart. S. 82-105

Koschatzky, K. (2001): Räumliche Aspekte im Innovationsprozess. Ein Beitrag zur neuen Wirtschaftsgeographie aus Sicht der regionalen Innovationsforschung. Münster, Hamburg und London

Koschatzky, K. (2002): Innovationsorientierte Regionalentwicklungsstrategien: Konzept zur regionalen Technik- und Innovationsförderung. Arbeitspapier R2/2002. Karlsruhe

Köster, T. (2005): Vortrag von Herrn Dr. Thomas Köster, Geschäftsführer des Nordrhein-Westfälischen Handwerkstags anlässlich der Basel II-Konferenz am 25. Februar 2005 in Frankfurt zum Thema: Kapitalversorgung im Mittelstand – ein unlösbares Problem?

Krahnen, J. P. (1998): Finanzierungstheorie: Ein selektiver Überblick. Working Paper Series: Finance&Accounting, No. 15. Johannes Wolfgang Goethe-University. Frankfurt/Main

Krätke, S. (2001): Institutionelle Ordnung und soziales Kapital der Wirtschaftsregionen: zur Bedeutung von Raumbindungen im Kontext der Globalisierung. In: Geographische Zeitschrift, 89. Jg., Heft 2+3. S. 144-164

Krätke, S. / Scheuplein, C. (2001): Produktionscluster in Ostdeutschland. Methoden der Identifizierung und Analyse. Hamburg

Krieger-Boden, C. (2000): Globalisation of World Economics. Kiel Working Paper No. 1009. Kiel

Krieger-Boden, C. (2005): Raumwirtschaftstheorie. In: Akademie für Raumforschung und Landesplanung (Hg.): Handwörterbuch der Raumordnung. Hannover. S. 899-906

Kröhnert, S. / van Olst, N. / Klingholz, R. (2004): Deutschland 2020 – Die demografische Zukunft der Nation. Berlin-Institut für Weltbevölkerung und globale Entwicklung

Krüger, T. (1996): Teilökonomien der Stadtregionen. Grundlagen, Strategien und Konzeption für die Wirtschaftsförderung. Dissertation. Hamburg

Krugman, P. (1991): Geography and Trade. London

Kühn, G. (1987): Regionales Wirtschaftsgefälle und seine Konsequenzen für Kommunalpolitik. In: Landeszentrale für politische Bildung Baden-Württemberg (Hg.): Nord-Süd in Deutschland? Vorurteile und Tatsachen. Stuttgart. S. 106-120

Kunz, D. (1987): Die Nord-Süd-Drift. Über die Ursachen von Bevölkerungsbewegungen und der Verlagerung der Erwerbstätigkeit in der Bundesrepublik. In: Landeszentrale für politische Bildung Baden-Württemberg (Hg.): Nord-Süd in Deutschland? Vorurteile und Tatsachen. Stuttgart. S. 121-137

Kunzmann, K. R. (1986): Structural problems of an old industrial area: The case of the Ruhr District. In: Goldberg, W. (Hg.): Ailing steel. New York. S. 409-437

Kunzmann, K. R. (2001): Welche Zukunft für Suburbia? Acht Inseln im Archipel der Stadtregion. In: Brake, K. / Dangschat, J. S. / Herfert, G. (Hg.): Suburbanisierung in Deutschland aktuelle Tendenzen. Opladen. S. 213- 221

Ladwig, B. (2005): Projekt Föderalismusreform – ein Rückblick aus gewerkschaftlicher Sicht. In: Frankfurter Streitschrift für Demokratie, Recht und Gesellschaft, Heft 2/2005. S. 13-18

Lammers, K. (1997): Perspektiven der Regionalpolitik unter Bedingungen eines verschärften Standortwettbewerbs. In: Ministerium für Wirtschaft, Technologie und Verkehr des Landes Schleswig-Holstein: Regionale und nationale Handlungsmöglichkeiten der Wirtschaftspolitik bei fortschreitender Globalisierung. Workshop-Dokumentation vom 14.11.1997. S. 32-36

Lammers, K. (1998): Wachstumspolitische Anforderungen an Konzepte der regionalen Wirtschaftsförderung. In: Wirtschaftsförderung und Regionalentwicklungsgesellschaft Flensburg/Schleswig mbH: Zukunft der regionalen Wirtschaftsförderung in Schleswig-Holstein. Workshop-Dokumentation vom 19.05.1998. S. 28-32

Lammers, K. (2003): Süd-Nord-Gefälle in West- und Ostdeutschland? In: Wirtschaftsdienst, 2003/11. S. 736-739

Lammers, K. (2004): Problemregion Ostdeutschland – was ist zu tun? In: Wirtschaftsdienst, 2004/10. Zeitgespräch. S. 623- 626

Land, R. / Willisch, A. (2002): Transformation des Produktionsmodells der Agrarwirtschaft. Die Anwendung eines industriesoziologischen Konzepts in der Agrarsoziologie. http://www.thuenen-institut.de/Publikationen/Vortrag%20Land%20Willisch.pdf (Zugriff: 16.11.06)

Läpple, D. (1991): Essay über den Raum. In: Häußermann, H. / Ipsen, D. / Krämer-Badoni, T. / Läpple, D. / Rodenstein, M. / Siebel, W. (Hg.): Stadt und Raum. Soziologische Analysen. Pfaffenweiler. S. 157-207

Läpple, D. (1994): Zwischen gestern und übermorgen. Das Ruhrgebiet – eine Industrieregion im Umbruch. In: Kreibich, R. / Schmid, A. S. / Siebel, W. / Sieverts, T. / Zlonicky, P.: Bauplatz Zukunft. Dispute über die Entwicklung von Industrieregionen. Essen. S. 37-51

Läpple, D. (1998a): Globalisierung – Regionalisierung: Widerspruch oder Komplementarität. In: Kujath, H. (Hg.): Strategien der regionalen Stabilisierung. Wirtschaftliche und politische Antworten auf die Internationalisierung des Raumes. Berlin. S. 61-82

Läpple, D. (1998b): Ökonomie der Stadt oder Ökonomie in der Stadt. In: Häußermann, H. (Hg.): Großstadt – soziologische Stichworte. Opladen. S.193-207

Lasuen, J. R. (1973): Urbanisation and Development – The Temporal Interaction between Geographical and Sectoral Cluster. In: Urban Studies, 10/1973. S. 163-188

Leber, N. / **Kunzmann, K. R.** (2006): Entwicklungsperspektiven ländlicher Räume in Zeiten des Metropolenfiebers. In: disP 166, 3/2006. S. 58-70

Leborgne, D. / **Lipietz A. D.** (1988): New technologies, new modes of regulation: some spatial implications. In: Environment and Planning D: Society and Space. Vol. 6. S. 263-280

Lee, R. (1999): Local Money: Geographies of Autonomy and Resistance? In: Martin, R. (Hg.): Money and the Space Economy. London

LeVeen, J. (1998): Industry Cluster Literature Review. http://www.planning.unc.edu/courses/261/leveen/litrev.htm (Zugriff: 12.05.2006)

Lessat, V. (1998): Anmerkungen zum Milieu- und Netzwerkbegriff aus ökonomischer Sicht. In: Matthiesen, U. (Hg.): Die Räume der Milieus. Berlin. S. 266-276

Libbe, J. (2002): Stadt 2030 als Beitrag zur Zukunftsforschung. In: Stadt 2030 Infobrief, No. 4/ Februar 2002. http://www.newsletter.stadt2030.de/index4.htm (Zugriff: 01.12.2006)

Maier, G. / **Tödtling, F.** (1996): Regional- und Stadtökonomik 2. Regionalentwicklung und Regionalpolitik. Wien, New York

Maretzke, S. (2006a): Regionale Rankings – ein geeignetes Instrument für eine vergleichende Bewertung regionaler Lebensverhältnisse? In: Informationen zur Raumentwicklung, Heft 6/7.2006. S. 325-335

Maretzke, S. (2006b): Der Infrastrukturindikator – ein Baustein zur Abgrenzung der neuen GRW-Fördergebiete. In: Bundesamt für Bauwesen und Raumordnung (BBR): Informationen aus der Forschung des BBR, Nr. 3/Juni 2006. S. 8-9

Marshall, A. (1919): Industry and Trade. London

Martin, R. (1999): The New Economic Geography of Money. In: Martin, R.: Money and the Space Economy. London. S. 3-27

Martin, R. / **Sunley, P.** (2003): "Deconstructing clusters: chaotic concepts or policy panacea?" In: Journal of Economic Geography, 2003/3. S. 5-35

Max-Planck-Institut zur Erforschung von Wirtschaftssystemen (2001): Aktueller Forschungsschwerpunkt. Lokale Industrielle Cluster. In: Max-Planck-Gesellschaft zur Förderung der Wissenschaften e.V., Jahrbuch 2001. München. S. 820-824

Meadows, D. (1972): Die Grenzen des Wachstums – Bericht an den Club of Rome zur Lage der Menschheit. Stuttgart

Meinert, S. (2004): Denken in Alternativen. Szenario-Übungen als didaktischer Ansatz in der politischen Bildung. http://www.eurostudies.kiev.ua/mat-meinert-denken-in-alternativen_de.pdf (Zugriff: 03.12.2006)

Metz, A. (2005): Halbzeit in Brüssel. Eine Bilanz des Frühjahrsgipfels zur Lissabon-Strategie am 22./23. März 2005.

Ministerium für Wirtschaft des Landes Brandenburg (2006): Die Neuausrichtung der Wirtschaftsförderpolitik des Landes Brandenburg. http://www.wirtschaft.brandenburg.de/ sixcms/detail.php?id=123423&_siteid=10 (Zugriff: 28.11.2006)

Möllring, H. (2003). Rede des Niedersächsischen Finanzminister Hartmund Möllring anlässlich der Auftaktveranstaltung „Modernisierung des Sparkassenrechts" am 26.05.2003

Moulaert, F. / Sekia, F. (2003): Territorial Innovation Models: A Critical Survey. In: Regional Studies, Volume 37. S. 289-302

Müller, A. / Rehfeld, D. / Fernández Sánchez, N. / Grote Westrick, D. / Nordhause-Janz, J. / Öz, F. / Stolte, W. (2002): Innovationsschwerpunkte in Gelsenkirchen: wirtschaftliche Wachstumsfelder und Strategien für ihre weitere Entwicklung. Projektbericht des Instituts Arbeit und Technik Nr. 2002-02. Gelsenkirchen

Munck, R. (2004): Deindustrialisierung: Großbritannien. In: Oswalt, P. (Hg.): Schrumpfende Städte. Band 1: Internationale Untersuchung. S. 50-57

Mußler, H. (05.11.2005): Sparkassen vor der Zerreißprobe. Die Finanzgruppe sucht nach einer gemeinsamen Basis. In: Frankfurter Allgemeine Zeitung

Muth, J. / Rehfeld D. (2004): Diskussionspapier: Strukturpolitik in ausgewählten Regionen – Ergebnisse einer vergleichenden Untersuchung. Gelsenkirchen

Myrdal, G. (1959): Ökonomische Theorie und unterentwickelte Regionen. Stuttgart

Myrdal, G. (1969/first published 1957): Economic Theory and Under-Developed Regions. London.

Naegele, G. / Heinze, G. (2006): Finanzdienstleistungen in der Seniorenwirtschaft. Präsentation beim Forum Finanzdienstleistungen am 24.08.2006 in Berlin

Nagelschmidt, M. / Neymanns, H. (1999): Wandel bewältigt? Perspektiven der ostdeutschen Genossenschaftsbanken. Frankfurt am Main

Neuberger, D. (2000): Regionalökonomik und Finanzierung kleiner und mittlerer Unternehmen: Erklärung für ein Ost-West-Gefälle in Deutschland? In: Konjunkturpolitik. Zeitschrift für angewandte Wirtschaftsforschung. 15. Jahrgang, Heft 1-2. S. 33- 61

Neuberger, D. / Räthke, S. (2001): Klassische versus elektronische Vertriebswege von Bankdienstleistungen für kleinere Unternehmen. Thünen-Reihe Angewandter Volkswirtschaftstheorie. Working Paper No. 30. Universität Rostock

Neuberger, D. / Schindler, M. (2001): Nutzen und Kosten des öffentlichen Auftrags bei Sparkassen und Landesbanken. In: Eichhorn, P. / Püttner, G. (Hg.): Zeitschrift für öffentliche und gemeinwirtschaftliche Unternehmen. Sonderdruck, Beiheft 27. S. 86-117

Neue Zürcher Zeitung (22.06.2005): Deutsche Sparkassen an der kurzen Leine. Harzige Konsolidierung im öffentlichen Bankensektor.

Neuhoff, A. (1998): Zum Standortsystem der höherwertigen unternehmensorientierten Dienstleistungen in Nordrhein-Westfalen. Stabilität oder Umbruch im Formationswechsel. Dissertation an der Gerhard-Mercator-Universität Gesamthochschule Duisburg zur Erlangung des Grades eines Doktors der Philosophie

Nitschke, A. / Schoder, M. (2005): Kreditkonditionen unter dem Diktat der Bonität. Ergebnisse einer DIHK-Umfrage zur Unternehmensfinanzierung im Mittelstand. Berlin/Brüssel

Noll, W. (2006): Perspektiven der Strukturpolitik als Mehrebenenpolitik. In: Gärtner, S. / Terstriep, J. / Widmaier, B. (Hg.): Wirtschaftsförderung im Umbruch. München und Mering. S. 77-88

Nonn, C. (2004): Gegen den Ballungsraum: Anfänge der Strukturpolitik 1946-1966. In: Goch, S. (Hg.): Strukturwandel und Strukturpolitik in Nordrhein-Westfalen. Münster. S. 81-104

Nürk, B. (1995): Privatisierung von Sparkassen und Landesbanken – überzeugende Gegenargumente fehlen. In: Deutsche Bank Bulletin 17. März 1995

Opielka, M. (2006): Sozialhilfe – Grundsicherung – Grundeinkommen in Deutschland, Chancen einer Grundeinkommensversicherung. In: Carigiet, E. / Mäder, U. / Opielka, M. / Schulz-Nieswandt, F. (Hg.): Wohlstand durch Gerechtigkeit. Deutschland und die Schweiz im sozialpolitischen Vergleich. Zürich. S. 170-189

Palma, G. (1981): Dependency: A Formal Theory of Underdevelopment or a Methodology for the Analysis of Concrete Situations of Underdevelopment? In: Streeten, P. (Hg.): Recent issues in world development. Oxford. S. 383-426

Perlik, M. / Messerli, P. (2001): Neuere Ansätze der Regionalentwicklung und ihre Implementierung in nationalen und internationalen Entwicklungsprogrammen. Geographisches Institut der Universität Bern

Petersen, M. A. / Rajan, R. G. (1995): The Effects of Credit Market Competition on Lending Relationships. In: The Quarterly Journal of Economics, 1995/110. S. 407-443

Petzina, W. (1987): Wirtschaftliche Ungleichgewichte in Deutschland. Ein historischer Rückblick auf die regionale Wirtschaftsentwicklung im 19. und 20. Jahrhundert. Landeszentrale für politische Bildung Baden-Württemberg (Hg.): Nord-Süd in Deutschland? Vorurteile und Tatsachen. Stuttgart. S. 59-81

Pflüger, M. / Südekum, J. (2004): Die neue Ökonomische Geographie und Effizienzgründe für Regionalpolitik. http://www.uni-konstanz.de/suedekum/vjh.pdf (Zugriff: 21.06.2006)

Pieroth, B. (2006): Plurale und unitarische Strukturen demokratischer Legitimation. In: Europäische Grundrechte-Zeitschrift, Hefte 12-16. S. 330-338

Piore, M. / Sabel, C. (1984): The Second Industrial Divide. New York

Piore, M. / Sabel, C. (1985): Das Ende der Massenproduktion. Berlin

Porteous, D. (1999): The Development of Financial Centres: Location, Information, Externalities and Path Dependence. In: Martin, R.: Money and the Space Economy. London. S. 95-114

Porter, M. (1990): The Competitive Advantage of Nations. New York

Porter, M. (1993): Nationale Wettbewerbsvorteile. Erfolgreich konkurrieren auf dem Weltmarkt. Wien

Porter, M. (1999a): Unternehmen können von regionaler Vernetzung profitieren. Trotz Globalisierung liegen viele langfristige Wettbewerbsvorteile direkt vor der Haustür. In: Harvard Business Manager, Heft 21/3. S. 51-63

Porter, M. (1999b): Wettbewerb und Strategie. München

Pott, W. (12.12.2004): Banken fordern Zugriff auf Sparkassen. Die Landesregierung bremst. Doch damit ist der Kampf um öffentlich-rechtliche Institute nicht beendet. In: Welt am Sonntag

Potthoff, C. (16.07.2005): Der Traum von nationalen Champions ist ausgeräumt. Deutschlands Banker rechnen mit weiterer Konzentration in der Finanzbranche – Diskussion mit Ulrich Brixner, Alexander Dibelius, Thomas Fischer, Jürgen Fitchen. In: Handelsblatt

Predöhl, A. (1949): Außenwirtschaft. Göttingen

Prognos AG (2004): „Zukunftsatlas" Ergebnisübersicht Gesamtranking. http://www.prognos.com/zukunftsatlas/p_zukunftsatlas_karten_04.html (Zugriff: 24.11.2006)

Rehfeld, D. (1999): Produktionscluster. Konzeption, Analyse und Strategien für eine Neuorientierung der regionalen Strukturpolitik. München und Mering

Rehfeld, D. (2001): Global Strategies Compared: Firms, Markets and Regions. In: European Planning Studies, Vol. 9, No. 1. S. 29-46

Rehfeld, D. (2005): Perspektiven der Strukturpolitik nach 2006. In: Institut Arbeit und Technik: Jahrbuch 2005. Gelsenkirchen. S. 220-231

Rehfeld, D. (2006): Wirtschaftsförderung – Steuerungsinstrument oder Dienstleistung und immer wieder: Die Hoffnung auf den Jackpot. Überlegungen am Beispiel des Clustermanagements. In: Gärtner, S. / Terstriep, J. / Widmaier, B. (Hg.): Wirtschaftsförderung im Umbruch. München. S. 53-76

Rehfeld, D. / Gärtner, S. / Grote Westrick, D. / Muth, J. / Öz, F. (2004): Strategische Handlungsfelder in Nordrhein-Westfalen: Ministerium für Wirtschaft und Arbeit des Landes Nordrhein-Westfalen. Notiert in NRW. Düsseldorf

Rehfeld, D. / Müller, A. / Muth, J. / Potratz, W. / Tödtling-Schönhofer, H. / Schausberger, B. / Tsagaris, M. / Tödtling, F. / Bachtler, J. / Downes, R. / Taylor, S. (2003): Halbzeitbewertung des Ziel 2-Programms 2000-2006 des Landes Nordrhein-Westfalen. Abschlussbericht. Gelsenkirchen

Rehfeld, D. / Wompel, M. (1999): Standort mit Zukunftsprofil: Innovationsschwerpunkte in Dortmund: eine Untersuchung im Auftrag der Wirtschafts- und Beschäftigungsförderung Dortmund. Gelsenkirchen

Reifner, U. / Siebert, D. / Evers, J. (1998): Community Reinvestment. Eine amerikanische Besonderheit für den deutschen Banken- und Sparkassenmarkt? Baden-Baden

Ritter, T. / Gmünden, H. G. (1999): Wettbewerbsvorteile im Innovationsprozeß durch Netzwerk-Kompetenz: Ergebnisse einer empirischen Untersuchung. In: Engelhard, J. / Sinz, E.J. (Hg.): Kooperation im Wettbewerb. Neue Formen und Gestaltungskonzepte im Zeichen von Globalisierung und Informationstechnologie. Bamberg und Wiesbaden. S. 385-410

Ritzer, U. (28.08.2006): Leichter leben auf Pump. Norisbank-Chef Theophil hat den Easycredit zur Marke gemacht – zum Entsetzen von Verbraucherschützern. In: Süddeutsche Zeitung

Rooks, G. / Oerlemans L. (2005): South Africa: A Rising Star? Assessing the X-effectiveness of South Africa's National System of Innovation. European Planning Studies, Vol. 13, No. 8. S. 1205-1225

Roos, M. (2003): Internationale Integration und die neue ökonomische Geographie. In: Perspektiven der Wirtschaftspolitik, Volume 4, Issue 1. S. 107-121

Rosenfeld, St. A. (2002): Creating SmartSystems. A guide to cluster strategies in less favoured regions. North Carolina

Sachverständigenrat zur Begutachtung der gesamtwirtschaftlichen Entwicklung (2004): Auszug aus dem Jahresgutachten 2004/05. Das deutsche Bankensystem: Befunde und Perspektiven (Ziffern 351 bis 389). S. 272-303

Sachverständigenrat zur Begutachtung der gesamtwirtschaftlichen Entwicklung (2005): Jahresgutachten 2005/06. „Die Chancen nutzen – Reformen mutig vorankriegen".

Sassen, S. (2002): Machtbeben. Wohin führt die Globalisierung. Stuttgart, München

Schätzl, L. (2001): Wirtschaftsgeographie 1. Theorie. 8. Auflage. München

Scheuplein, C. (2001): Räumliche Produktionssysteme in der ökonomischen Theorie. In: Geographische Zeitschrift, 89. Jg., Heft 1. S. 17-31

Schimanke, D. (2006): Die Lissabon-Strategie: Konzept, Methode, Stand. www.fes.de/aspol/docs/ 20060309_schimanke.pdf (Zugriff: 24.11.2006)

Schneider, P. / Weigele, O. (2003): Erfahren, fair und zuverlässig. Motor von Wirtschaft und Gesellschaft. In: Kreissparkasse Biberach (Hg.): Sicherer Grund im Oberland. 150 Jahre Kreissparkasse Biberach. Biberach. S. 4-7

Schrumpf, H. / Müller, B. (2001): Sparkassen und Regionalentwicklung. Eine empirische Studie für die Bundesrepublik Deutschland. Bonn

Schubert, R. (1998): Kommunale Wirtschaftsförderung. Die kommunale Verantwortung für das wirtschaftliche Wohl - eine theoretische Untersuchung mit Bezügen zur Praxis. Tübingen

Schumpeter, J. (1987, Nachdruck von 1934): Theorie der wirtschaftlichen Entwicklung: eine Untersuchung über Unternehmensgewinn, Kapital, Zins und den Konjunkturzyklus. Berlin

Schürt, A. / Spangenberg, M. / Pütz, T. (2005): BBR-Arbeitspapier. Raumstrukturen. Konzept – Ergebnisse – Anwendungsmöglichkeiten – Perspektiven

Sinclair, S. P. (2001): Financial Exclusion: A Introductory Survey. Centre into Socially Inclusive Services (CRSIS), Edinburgh College of Art, Heriot Watt University

Sinn, H. W. (2004): Gleichwertige Lebensverhältnisse und Faktorpreisausgleich. ifo Standpunkt Nr. 55. http://www.cesifo-group.de/portal/page?_pageid= 36,102910&_dad= portal&_schema=PORTAL&item_link=stp055.htm (Zugriff: 29.03.05)

Sinz, M. / Strubel, W. (1986): Zur Diskussion über das wirtschaftliche Süd-Nord-Gefälle unter Berücksichtigung entwicklungsgeschichtlicher Aspekte. In: Friedrichs, J. / Häußermann, H. / Siebel, W. (Hg.): Süd-Nord-Gefälle in der Bundesrepublik? Opladen. S. 12-50

Sommerfeld, O. (2005): Wettbewerb kontra Daseinsvorsorge. Die Strukturmerkmale der kommunalen Sparkassen in Deutschland im Lichte des EG-Wettbewerbsrechts. Hamburg

Sparkassenfinanzgruppe (o.J.).: Netzwerk für Markt- und Technologiegutachten. Grundlagen für Ihre Finanzierung.

Spudulyte, E. (2003): Die Osterweiterung und die Regionalpolitik der EU. Konsequenzen aus den regionalpolitischen Maßnahmen Irlands und den neuen Bundesländern für eine Osterweiterung. Dissertation der Philosophischen Fakultät der Rheinisch-Westfälischen Technischen Hochschule Aachen. http://deposit.ddb.de/cgi-bin/dokserv?idn=967116562&dok_var=d1&dok_ext=pdf&filename=967116562.pdf (Zugriff: 29.10.2006)

Städte- und Gemeindebund Nordrhein-Westfalen (06.04.2005): Pressemitteilung: Sparkassen müssen erhalten bleiben. Städte- und Gemeindebund NRW hebt tragende Rolle bei regionaler Wirtschafsförderung und Strukturwandel hervor.

Stadtsparkasse Wuppertal (2005): Sparkasse. Gut für Wuppertal. Eine Bilanz unseres Selbstverständnisses. Wuppertal

Statistische Ämter der Länder (2004): siehe Datenverzeichnis (I.4)

Statistische Ämter der Länder (2005): siehe Datenverzeichnis (I.4)

Statistische Ämter der Länder (2006): siehe Datenverzeichnis (I.4)

Statistisches Landesamt Baden-Württemberg (27.04.2005): Eildienst. Nur 8 von 44 Stadt- und Landkreisen haben noch Zuwachs an Erwerbstätigen, Stärkster Zuwachs in Biberach – Stärkster Rückgang im Kreis Heidenheim.

Stein, J-H. von (2001): Bankbilanz. In: Gerke, W. / Steiner, M.: Handwörterbuch des Bank- und Finanzwesens. Stuttgart. S. 169-191

Steinmüller, K. / Schulz-Montag, B. (2005): Z_Szenarienprozesse. Aus Trends und Zukunftsbildern Strategien für morgen und übermorgen entwickeln. http://www.z-punkt.de/zpunkt/documents/Z_szenarioprozesse.pdf (Zugriff: 01.12.2006)

Stern, K. (2000): Die institutionellen Grundlagen der Sparkassenorganisation. In: Archiv für Kommunalwissenschaften, Halbjahresband 2000. S. 1-13

Süddeutsche Zeitung (12.02.2003): Deutsche Banken im Stresstest.

Süddeutsche Zeitung (28.02.2006): Zum Experimentieren gezwungen.

Süddeutsche Zeitung (15./16.07.2006): Staaten wollen Brüssel zum Sparen zwingen.

Süddeutsche Zeitung (25.07.2006): Sparkassenstreit vor der Lösung.

Süddeutsche Zeitung (30.10.2006): Sparkassen-Chef will weniger Landesbanken.

Tiefensee, W. (2006): Pressemitteilung Nr. 362/2006: Ehrliche Analyse hilft den neuen Ländern. Jahresbericht zum Stand der Deutschen Einheit im Bundestag.

Tiefensee, W. (12.03.2006): Wir müssen weg vom Prinzip Gießkanne. Interview. In: Frankfurter Allgemeine Sonntagszeitung

Tietmeyer, H. (12.09.2003): Föderalismus bedeutet Wettbewerb. In: Handelsblatt

Volkmann, M. (2000): Delphi-Methode 2000. http://rpkhome.mach.uni-karlsruhe.de/~paral/MAP/ndelphi_methode_b.html (Zugriff: 07.03.2006)

Völter, A. (2000): Die Sparkassen und das Retailbanking. Stuttgart

Voss, B. (1995): Jahresabschlusspolitik der Banken. Vortrag, gehalten im Rahmen des Bank- und Börsenseminars, Universität zu Köln am 21. Juni 1995

Waniek, R. W. (1995): Organisation der Wirtschaftsförderung. Regionalisierung der Strukturpolitik. Erfahrungen aus der „Zukunftsinitiative für die Regionen Nordrhein-Westfalens" (ZIN). In: Ridinger, R. / Steinröx, M. (Hg.): Regionale Wirtschaftsförderung in der Praxis. Köln. S. 187-200

Weber, A. (1909): Über den Standort der Industrien. Erster Teil: Reine Theorie des Standorts. Tübingen

Weber, A. (16.10.2004): Auf der Suche nach dem Königsweg zwischen Zentralität und Dezentralität - Potenzial als "nationaler Champion" nutzen. In: Börsen-Zeitung

Weck, S. (2005): Quartiersökonomie im Spiegel unterschiedlicher Diskurse. Standpunkte und theoretische Grundlagen zur Revitalisierung erneuerungsbedürftiger Stadtteile. Dortmunder Beiträge zur Raumplanung

WEED (2006): Vorwort. In: Globalisierung von Finanzdienstleistungen. Politische Kämpfe, Erfahrungen und Alternativen. Dokumentation einer internationalen Konferenz. 2-4 Dezember 2005 in Bonn. S. 1-2

Wengler, M. O. (2001): Gemeinnütziges Engagement der Sparkassen: Umfang und regionale Wirkung. In: Institut für Wirtschaftsforschung: Wirtschaft im Wandel. Jahrgang 7, Ausgabe 12. S. 298-305

Wengler, M. O. (2002): Externe Effekte von öffentlichen Unternehmen: Die Geschäftstätigkeit der kommunalen Sparkassen. In: Heinrich, C. / Kujath, H.-J. (Hg.): Die Bedeutung von externen Effekten und Kollektivgütern für die regionale Entwicklung. Münster. S. 109-127

Wittkowski, B. (04.03.2004): Leitartikel. Stralsunder Missverständnisse. In: Börsen-Zeitung

Ziesemer, A. (2004): Strategische Stadtentwicklungsplanung im Ruhrgebiet. Eine Analyse am Beispiel der Städte Duisburg und Dortmund. Dortmunder Vertrieb für Bau- und Planungsliteratur. Dortmund

Zimmermann, H. (2003): Regionaler Ausgleich versus Wachstum – eine Balance finden. In: Thüringer Innenministerium (Hg.): Thüringer Raumordnungskonferenz am 05.09.2003, Volkshaus Sömmerda. S. 19-38

Zypries, B. (2003): Wie viel Unterschiedlichkeit verträgt die Republik? In: Bundesverband deutscher Banken: Reformblockaden aufbrechen - den Föderalismus neu gestalten. Symposium des Bundesverbandes der Deutschen Banken mit dem Ostdeutschen Bankenverband und der Universität Leipzig. S. 32-39

I.2 Internet

http://www.dortmund-project.de/de/presse/presse_detail.jsp?cid=7690 (Zugriff: 14.06.2005)

http://www.gutfuerdeutschland.de/nachrichten/globaler_champion.html (Zugriff: 29.12.2005)

http://www.handelsblatt.com/news/Default.aspx?_p=205790 (Zugriff: 12.05.2006)

http://www.wdr.de/themen/wirtschaft/wirtschaftsbranche/brauereien/index_050201.jhtml?rubrikenstyle=wirtschaft (Zugriff: 16.05.2005)

http://www.sozialestadt.de/programm/ (Zugriff 28.02.2007)

http://www.zwischennutzung.net/mainframe.html (Zugriff: 20.12.2006)

http://www.geithain.de/ (Zugriff: 03.05.2005)

www.schwedt.de (Zugriff: 27.11.2006)

http://www.statsoft.com/textbook/stathome.html (Zugriff: 08.06.2006)

I.3 Interviews

Aring, Dr. J., Prof.	Lehrstuhl Stadt- und Regionalplanung an der Universität Kassel und Büro für angewandte Geographie
Arnold, G.	Vorstandsreferentin, Sparkasse Altmark West
Blüml, W.	Leitender Regierungsdirektor und stellvertretender Landrat
Böther, U.	Sparkassendirektor, Sparkasse Altmark West
Ellerkamp, T.	Wirtschafts- und Beschäftigungsförderung Dortmund, Stellvertretender Leiter
Glaser, Dr. J.	Projektmanager der Clusterentwicklung bei der Wachstumsinitiative Süderelbe AG, Hamburg
Hein, Dr. W., Prof.	Deutsches Übersee-Institut, Hamburg
Helmstädter, Dr. E., Prof.	Forschungsprofessor am Institut Arbeit und Technik, Gelsenkirchen
Henneke, Dr. H. G., Prof.	Hauptgeschäftsführer des Deutschen Landkreistags
Kolb, M.	Abteilungsdirektor Unternehmerkunden der Sparkasse Darmstadt
Kolmer, M.	stellv. Amtsleiter des Amtes für Wirtschaftsförderung der Stadt Darmstadt
Lammers, Dr. K.	Leiter der Abteilung Europäische Integration, Hamburgisches Weltwirtschaftsarchiv
Läpple, Dr. D., Prof.	Lehrstuhl Stadt- und Regionalökonomie, Technische Universität Hamburg-Harburg
Lehr, P.	Abteilungsdirektor Betriebswirtschaft der Sparkasse Darmstadt
Morawitz, Dr. C.	Vorstand der Kreissparkasse Biberach

Neben, H.	Kreditabteilungsdirektor, Sparkasse Altmark West
Ostermann, H.-J.	Landrat, Altmarkkreis Salzwedel
Röllinghoff, Dr. S.	Wirtschafts- und Beschäftigungsförderung Dortmund, Fachreferent der Geschäftsführung
Schmitt, W.	Vorstandsreferent der Kreissparkasse Biberach
Sellner, G.	Vorstandsvorsitzender, Sparkasse Darmstadt
Spehl, Dr. H., Prof.	Lehrstuhl für Volkswirtschaftslehre, Universität Trier
Steemann, D.-K.	Teamleiter Branchen- und Technologieentwicklung, Wirtschafts- und Beschäftigungsförderung Dortmund
Steinkamp, G.	Geschäftsführer, S-Venture capital Dortmund GmbH
Stickel, Dr. G.	Leiter Vorstandssekretariat, Kreissparkasse Biberach
Straub-Neumann, U.	Referentin für Presse- und Öffentlichkeitsarbeit, Kreissparkasse Biberach
Weigele, Dr. O. M.	Vorstandsvorsitzender, Kreissparkasse Biberach
Weiser, K.-H.	Leiter Gründungs- und Innovationscenter, Sparkasse Dortmund
Wurzel, C.	Vorstandssekretariat, Sparkasse Dortmund
Zimmermann, Dr. Dr. H., Prof.	Präsidium der Akademie für Raumforschung und Landesplanung, Hannover

I.4 Daten

BBR (Bundesamt für Bauwesen und Raumordnung), 2004: Indikatoren und Karten zur Raumentwicklung – Ausgabe 2004. CD-Rom

BBR (Bundesamt für Bauwesen und Raumordnung), 2005a: Indikatoren und Karten zur Raumentwicklung – Ausgabe 2005. CD-Rom

DBB (Deutsche Bundesbank), 2005a: Monatsberichte 1996-2005. Frankfurt am Main

DBB (Deutsche Bundesbank), 2005b: Entwicklung des Bankstellennetzes im Jahr 2004. Frankfurt am Main

DBB (Deutsche Bundesbank), 2005c: Finanzstabilitätsbericht. Frankfurt am Main

DBB (Deutsche Bundesbank), 2006a: Bankstellenstatistiken 1995-2004 (Sonderauswertung)

DBB (Deutsche Bundesbank), 2006b: GuV-Statistiken 1995-2004 (Sonderauswertung)

DSGV (Deutscher Sparkassen- und Giroverband), 2006: Bilanzstatistik (Sonderauwertung)

Statistische Ämter der Länder (2004): Arbeitnehmerentgelt in den kreisfreien Städten und Landkreisen.

Statistische Ämter der Länder (2005): Auswertung durch das Landesamt für Datenverarbeitung und Statistik Nordrhein-Westfalen

Statistische Ämter der Länder, 2006 (Sonderauswertung)

II Strukturdaten und Analysen

II.1 Korrelationsberechnungen (in Kap. 8)

II.1.1: Korrelationskoeffizienten* (Spearman-Rho) zwischen Sparkassen- und Regionalindikatoren 1999-2003 für Gesamt, West- und Ostdeutschland

Sparkassen-daten \ Regionalindikatoren	Gesamtdeutschland		Westdeutschland		Ostdeutschland	
	ReEnt-Indikator	BaRegio-Indikator	ReEnt-Indikator	BaRegio-Indikator	ReEnt-Indikator	BaRegio-Indikator
EK vor Steuern	0,13304714	0,13986434	-0,04634592	-0,03450656	0,0313658	0,09148002
CIR	-0,00472261	-0,00425495	0,07999015	0,07950026	-0,22206733	-0,24926563
Betriebsergeb. vor/DBS	0,19161867	0,18283834	0,06604564	0,05354886	0,24276133	0,3272854
Betriebsergeb. nach/DBS	-0,02196882	-0,00691047	0,0257341	0,04506013	0,01954495	0,08992952
Zinsüberschuss	0,41578816	0,39174958	0,30716536	0,27232535	0,23789981	0,39123168

Datenquelle: BBR 2004 und 2005a, DSGV 2006 (Bilanzstatistik), Statistische Ämter der Länder 2004, 2005 und 2006, eigene Berechnungen

* Das Signifikanzniveau ist bei allen Korrelationsanalysen unerheblich, da immer mit der Grundgesamtheit (n = 463) gearbeitet wurde.

II.1.2: Korrelationskoeffizienten* (Pearson) zwischen Sparkassenerfolgsindikatoren und allen Regionalvariablen für Gesamt-, West und Ostdeutschland

Sparkassendaten \ Regionaldaten	Besch. besatz	Veränd. der Besch.	ALQ	BWS	Anteil der techn. Berufe	Verfügb. Eink.	Veränd. Verfügb. Eink.	Anzahl Insolv.	Zugang Gewerbe-bemeld.	Saldo Gewer-be-meld.	GewSt.	Anzahl Untern.	Veränd. der Bev.	Einwohner-dichte	Zentren nahe Bevölk.
Gesamtdeutschland															
EKR	-0,127	-0,159	0,231	-0,231	-0,085	-0,136	-0,066	0,034	-0,169	-0,209	-0,167	-0,177	-0,191	-0,080	-0,081
CIR	0,087	0,037	-0,062	0,066	-0,004	-0,032	0,011	0,009	0,141	0,143	0,003	0,064	0,047	0,063	0,085
Betriebsergebnis vor/DBS	0,069	-0,195	0,242	-0,220	-0,115	-0,091	-0,148	0,071	-0,247	-0,217	-0,143	-0,203	-0,188	-0,120	-0,160
Betriebsergebnis nach/DBS	-0,151	0,088	-0,050	-0,059	-0,023	0,050	0,021	-0,053	-0,096	0,043	-0,042	-0,066	0,069	-0,052	-0,067
Westdeutschland															
EKR	-0,118	0,110	-0,027	-0,054	0,037	0,074	0,119	-0,059	-0,127	-0,105	-0,043	-0,066	0,014	-0,022	0,055
CIR	0,079	-0,082	0,067	0,027	-0,051	-0,121	-0,068	0,037	0,125	0,146	-0,045	0,020	-0,059	0,039	0,024
Betriebsergebnis vor/DBS	-0,149	0,026	0,027	-0,126	-0,040	0,088	0,000	0,004	-0,211	-0,140	-0,040	-0,113	-0,002	-0,070	-0,065
Betriebsergebnis nach/DBS	-0,173	0,082	-0,001	-0,122	-0,034	0,033	0,004	-0,041	-0,113	0,023	-0,085	-0,099	0,070	-0,062	-0,045
Ostdeutschland															
EKR	-0,127	0,082	-0,127	-0,117	-0,164	-0,113	-0,016	-0,076	-0,084	0,164	-0,005	-0,065	0,024	-0,142	-0,300
CIR	0,113	0,161	-0,172	-0,054	0,121	0,158	0,174	0,032	0,146	-0,068	0,029	0,170	0,155	0,180	0,313
Betriebsergebnis vor/DBS	-0,169	-0,233	0,233	0,105	-0,115	-0,265	-0,249	-0,017	-0,218	0,061	-0,093	-0,221	-0,158	-0,255	-0,352
Betriebsergebnis nach/DBS	-0,033	0,027	-0,036	-0,076	-0,093	-0,100	-0,050	-0,033	-0,086	-0,025	0,031	-0,082	-0,040	-0,074	-0,255

Datenquelle: BBR 2004 und 2005a, DSGV 2006 (Bilanzstatistik), Statistische Ämter der Länder 2004, 2005 und 2006, eigene Berechnungen

II.1.3: Korrelationskoeffizienten zwischen Kreditvergabe, Regionalindikatoren und Zentrum-Peripherie-Position für Gesamt-, West- und Ostdeutschland

Anteile Kredite / Regionaldaten	Gesamtdeutschland			Westdeutschland			Ostdeutschland		
	Anteil Privat kredite	Anteil Geschäfts kredite	Kredite ges.	Anteil Privat kredite	Anteil Geschäfts kredite	Kredite ges.	Anteil Privat kredite	Anteil Geschäfts kredite	Kredite ges.
ReEnt-Indikator	-0,33275	-0,47564	-0,40143	0,07880	-0,13460	-0,00142	0,01798	0,00371	0,00347
BaRegio-Indikator	-0,32654	-0,49755	-0,41202	0,07479	-0,18466	-0,03346	0,30464	0,14579	0,24885
Einwohnerdichte	0,11931	0,24629	0,18641	-0,03205	0,14692	0,05315	-0,39844	-0,13142	-0,30338
Anteil Zentren. Bevölkerung	0,07342	0,16429	0,10480	-0,06165	0,06635	-0,02560	-0,33484	-0,26242	-0,31697

Datenquelle: BBR 2004 und 2005a, DSGV 2006 (Bilanzstatistik), Statistische Ämter der Länder 2004, 2005 und 2006, eigene Berechnungen

II.1.4: Kontrollrechnung: Korrelationskoeffizienten (Pearson) zwischen der ALQ und Sparkassenerfolgsdaten (1999-2003)

	Betriebsergebnis vor/DBS	Betriebsergebnis nach/DBS	EKR	CIR
ALQ	0,233	-00,4	0,224	-0,059

Datenquelle: DSGV 2006 (Bilanzstatistik)

II.2 Vier Regionen und Sparkassen (in Kap. 9)

II.2.1: Ausgewählte Strukturdaten der untersuchten Regionen (Stand 2003)

Raumeinheit / Regionaldaten	Bund	Darmstadt	Hessen	Dortmund	NRW	Biberach	Baden-Württem.	Alt-markkr. Salzw.	Sachsen-Anhalt
Beschäftigte in Dienstleistungsber. (%)	62,7	67,2	67,0	70,6	63,2	50,2	58,6	56,8	61,8
Beschäftigte in wissensintens. unternehmensbezogenen Dienstleistungen (%)	7,6	16,8	10,5	10,8	8,0	3,9	7,4	2,7	5,2
Erwerbstätige Primärer Sektor (%)	2,4	0,3	1,6	0,5	1,5	4,2	2,1	7,7	3,4
Erwerbstätige Sekundärer Sektor (%)	27,2	23,1	24,5	16,6	26,6	43,1	34,3	30,9	26,1
Erwerbstätige Tertiärer Sektor (%)	70,4	76,6	73,9	82,9	71,9	52,8	63,6	61,4	70,5
Gesamtwanderungssaldo je 1000 E.	1,7	6,2	0,8	1,2	1,9	4,2	2,9	-6,9	-5,2
Einpendler in % an Beschäftigten	37,0	68,7	45,5	41,0	37,0	20,0	34,1	23,3	32,0
Auspendler in % an Beschäftigten	36,7	42,5	42,0	33,3	35,7	24,6	31,4	38,4	38,4
Bruttoinlandsprodukt in T€ je Einwohner	25,8	52,4	31,2	27,6	26,0	27,0	29,2	14,7	17,7
Verhältnis bebauter Fläche zu Freifläche	0,13	0,44	0,16	1,13	0,24	0,11	0,14	0,06	0,10
Erreichbarkeit Autobahnen in PKW-Minuten	17	5	14	10	11	35	18	54	28
Erreichbarkeit Oberzentren in PKW-Minuten	35	0	26	0	29	35	31	59	44

Datenquelle: BBR 2004 und 2005a

II - Strukturdaten und Analysen

II.2.2: Ausgewählte Strukturdaten der untersuchten Sparkassen

Indikatoren \ Sparkassen	Darmstadt	Dortmund	Biberach	Altmark West	Durchschnitt Bund
Bilanzsumme in T€ (Ø 99-2003)	3.229	6.257	3.789	794	2.058
EKR (Ø 99-2003)	17,2	10,9	23,4	15,9	12,58
CIR (Ø 99-2003)	64,12	keine Angaben	56,6	60,85	66,60
Mitarbeiter/Auszubildende 2004	887/53	1.994/138	734/71	235/20	-
Mitarbeiter/Auszubildende Saldo 2000-2004	-27/-11	-43/-6	68/9	-15/-6	-
Geschäftsstellen (einschließlich Agenturen bzw. Nebenerwerbssparkassen) / Saldo 2000-2004	42/-5	80/0	76/-26	18/-16	-

Datenquelle: Geschäftsberichte und Angaben der Sparkassen, DBB 2005a, eigene Berechnungen

II.2.3: Materialiensammlung zu den untersuchten Regionen und Sparkassen

Materialien und Literatur	Internet
Darmstadt **Amt für Wirtschaftsförderung der Stadt Darmstadt** (o.J.): IT-Kompetenznetz Darmstadt, Region Starkenburg, Stärken des Standorts **Amt für Wirtschaftsförderung der Stadt Darmstadt** (o.J.): Wirtschaftsförderung in Darmstadt, Mechatronik **Amt für Wirtschaftsförderung der Stadt Darmstadt** (o.J.): Wirtschaftsförderung in Darmstadt, Dienstleistungen **Benz, P.** (2004a): Stadtumbau und die Zukunft des Städtischen. In: Kolmer, M. / Benz, P. (Hg.): Ziel Zukunft, Die Chancen der Wissenschaftsstadt Darmstadt. Darmstädter Dokumente No. 23 **Benz, P.** (2004b): Das Wirtschaftsprofil unserer Stadt. In: Kolmer, M. / Benz, P. (Hg.): Ziel Zukunft, Die Chancen der Wissenschaftsstadt Darmstadt. Darmstädter Dokumente No. 23 **Braun, M.**, 2003: Wachstumspotenziale mobilisieren. In: Der Landkreis 5/2003 **Frankfurter Allgemeine Zeitung** (06.09.2002): Makler für die Region. Wirtschaftsförderung schafft Servicestelle für Unternehmen, **Kolmer**, M. (2004): Vom Zukunftsatlas zur Wissenschaftsstadt. In: Kolmer, M. / Benz, P. (Hg.): Ziel Zukunft, Die Chancen der Wissenschaftsstadt Darmstadt. Darmstädter Dokumente No. 23 **Sparkasse Darmstadt** (2004): Geschäftsbericht 2003 **Stadt Darmstadt und Unternehmerverband Südhessen e.V.** (2001): Industriepolitisches Leitbild der Wissenschaftsstadt Darmstadt **Wirtschaftswoche,** (2002): Technologieatlas Deutschland. Wo Deutschland am modernsten ist. Heft 38/2002	http://www.darmstadt.de/wisstadt/index.html (Zugriff: 02.06.06) http://www.proregiodarmstadt.de (Zugriff: 02.06.06) http://www.sparkasse-darmstadt.de/ (Zugriff: 03.06.06) http://www.sparkasse-darmstadt.de/528171dd2e5e2494/index.htm (Zugriff: 03.06.06)

Dortmund

Rehfeld, D. / Wompel, M. (1999): Standort mit Zukunftsprofil: Innovationsschwerpunkte in Dortmund: eine Untersuchung im Auftrag der Wirtschafts- und Beschäftigungsförderung Dortmund. Gelsenkirchen

Sparkasse Dortmund (2003): Geschäftsbericht 2002

Sparkasse Dortmund (2004): Geschäftsbericht 2003

Sparkasse Dortmund (2005): Beteiligungskapital. Wir beteiligen uns, damit Ihre Innovation erfolgreich wird

Sparkasse Dortmund (2005): Geschäftsbericht 2004

Sparkasse Dortmund (2005): Wirtschaft und Existenzgründer, Motor für die Wirtschaft in Dortmund

Wirtschafts- und Beschäftigungsförderung Dortmund (2004): Branchenbericht 2003

Sparkasse Dortmund (2005) Pressemitteilung vom 16.03.05: Gut für Dortmund: Sparkasse ist mit Nähe und Kompetenz erfolgreich

Westdeutsche Allgemeine Zeitung (20. April 2005): Marktplatz ersetzt Schalterhalle, Sparkassen rüsten sich für die Zukunft – Dortmunder Filiale bereits umgebaut

http://www.dortmund-project.de (Zugriff: 14.06.05)

http://www.mybird.de (Zugriff: 16.05.05)

http://www.routeindustriekultur.de (Zugriff: 17.06.05)

http://www.tzdo.de (Zugriff: 14.06.05)

http://www.wdr.de/themen/wirtschaft/wirtschaftsbrache/brauereien/index_050201.jhtml?rubrikenstyle=wirtschaft (Zugriff: 16.05.05)

http://www1.dortmund.de/themen/stadtportrait/ (Zugriff: 14.06.05)

http://www2.dortmund.de/statistik-wahlen/ (Zugriff: 29.04.05)

Biberach

Kreissparkasse Biberach (2003): Geschäftsbericht 2003

Kreissparkasse Biberach (2003): Jahresbericht 2003

Kreissparkasse Biberach (2003): Sicherer Grund im Oberland

Kreissparkasse Biberach (2004): Ein langer Schatten über Oberschwaben? Sonderdruck zum 150-jährigen Jubiläum der Kreissparkasse Biberach

Kreissparkasse Biberach (10.03.2005): Pressemitteilung. Für die Zukunft gerüstet

Kreissparkasse Biberach (2004): Zahlen Fakten, Daten. http://www.ksk-bc.de/2bfbc566939d1a04/index.htm (Zugriff 14.04.05)

Schwäbische Zeitung (06.10.2004): Kreissparkasse Biberach, Zusammenarbeit mit LEG verstärkt

Schwäbische Zeitung (02.12.2004): Erweiterung Sanierungsgebiet „Östliche Innenstadt", Kaufhaus X spiegelt nicht länger Krise wieder

Schwäbische Zeitung (11.03.2005): Pressemitteilung: Landkreis Biberach und Kreissparkasse Biberach – Haftung fällt weg, Geschäftspolitik bleibt

Schwäbische Zeitung (29.11.2004): Unternehmertag der Kreissparkasse Biberach, Mittelstand braucht mehr Eigenkapital

Statistisches Landesamt Baden-Württemberg (27.04.2005): Eildienst. Nur 8 von 44 Stadt- und Landkreisen haben noch Zuwachs an Erwerbstätigen, Stärkster Zuwachs in Biberach – Stärkster Rückgang im Kreis Heidenheim

Wochenblatt (03.03.2005): Weigele: Werden die Großbanken ablösen

http://focus.msn.de/finanzen/immobilien/landkreistest?page=2 (Zugriff: 24.05.05)

http://www.ksk-bc.de (Zugriff: 12.05.05)

Altmark

Altmark Salzwedel (2005): Landschaft, Lage. http://www.altmarkkreis-salzwedel.de/deutsch/vorstellung/ landschaft/index.php (Zugriff: 14.04.05)

Altmark Zeitung (27.04.05): Landkreis gibt deutliche Signale an die Politik

Regionale Planungsgemeinschaft Altmark (2002): Die Altmark – mittendrin: Integriertes Regionales Entwicklungskonzept der Region Altmark (Sachsen-Anhalt) im Rahmen der Phase II des Wettbewerbes. Salzwedel-Stendal

Regionalmanagement Altmark [RemA], http://www.die-altmark-mittendrin.de (Zugriff 22.04.05)

Sparkasse Altmark West (1999): Geschäftsbericht 1999

Sparkasse Altmark West (2000): Geschäftsbericht 2000

Sparkasse Altmark West (2001): Geschäftsbericht mit Nutzenbilanz 2001

Sparkasse Altmark West (2002): Geschäftsbericht mit Nutzenbilanz 2002

Sparkasse Altmark West (2003): Geschäftsbericht 2003 – Unsere Sparkasse im Wandel der Zeit

Sparkasse Altmark West (2004): Das Geschäftsjahr 2003 auf einen Blick. http://www.spaw.de/ihre_sparkasse/wir_ueber _uns/bilanz.php?IFLBSERVERID=IF@@051@@IF. (Zugriff: 14.04.05)

http://www.altmark-journal.de/staedtenetz/ (Zugriff: 22.04.05)

http://www.mittlere-altmark.de/start.php (Zugriff: 22.04.05)

http://www.deba.de/de_index.htm (Zugriff: 25.04.05)

http://www.gruenderzentrum-salzwedel.de/ (Zugriff: 29.04.05)

II.3 Analysen zur Typenbildung benachteiligter Räume

In Kapitel 10 wurden Typen schwacher Räume aufgeführt, anhand derer strukturpolitische Szenarien durchgespielt wurden. Handlungsleitend für die Bildung dieser Raumtypen waren dabei drei Fragestellungen. Die diesbezüglich durchgeführten Detailanalysen werden folgend, getrennt für West- und Ostdeutschland dargestellt:

Frage 1: Welche Kreistypen vereinen die meisten schwachen Räume auf sich?

Um Aussagen darüber treffen zu können, in welcher Regionsart die meisten Räume mit regionalwirtschaftlich schwachem Entwicklungsstand verortet sind, wurden die Kreise/kreisfreien Städte, die nach dem ReEnt-Indikator unterhalb des Medians liegen, selektiert. Das heißt, dass, wie in Abbildung II.3.1 dargestellt ist, für West- und Ostdeutschland jeweils eine Gruppe gebildet wurde, die alle Kreise mit einem unterdurchschnittlichen regionalökonomischen Entwicklungsstand erfasst, sprich die Räume, die zu den 50% schwächsten Kreisen/kreisfreien Städte gehören. Aus Gründen der Verständlichkeit wird diese Gruppe als die schwächsten Kreise/kreisfreien Städte bezeichnet.

II.3.1: Gruppenbildung der schwächsten Kreis/kreisfreien Städte

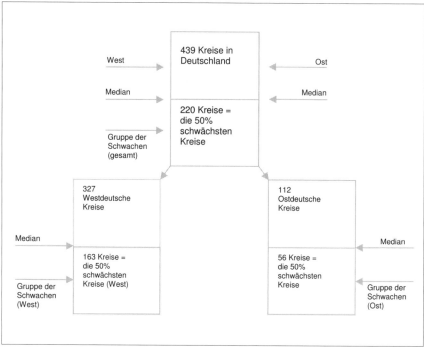

Für diese Gruppen wurden Häufigkeitsauszählungen der neun Kreistypen vorgenommen. Das folgende Diagramm gibt die Verteilung der schwächsten Kreise/kreisfreien Städte auf die neun Kreistypen für West- und Ostdeutschland in Prozent wieder.

II.3.2: Verteilung der schwächsten Kreise auf die Kreistypen (Ost und West)

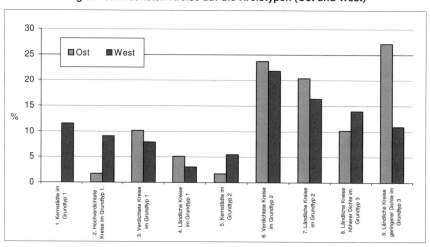

Datenquelle: BBR 2004 und 2005a, eigene Berechnungen

II - Strukturdaten und Analysen

Im Westen verteilen sich die schwachen Kreise/kreisfreien Städte auch auf die städtischen, agglomerativen Räume. Im Osten zeigt sich bezüglich der schwachen Räume eine Konzentration auf die ländlich peripheren Kreistypen.

Da die Grundverteilung der 439 Kreise und kreisfreien Städte auf die 9 Kreistypen nicht proportional ist,[160] wurde in einem weiteren Schritt die Abweichung zwischen der Verteilung der schwächsten Kreise/kreisfreien Städten und der Verteilung der Grundgesamtheit auf die Kreistypen für West- und Ostdeutschland ermittelt und in das folgende Diagramm eingetragen, das somit die relative Verteilung darstellt. Damit wird folglich die Frage beantwortet, ob ein Kreistyp im Vergleich zur Grundverteilung häufiger oder weniger häufig in der Gruppe der schwächsten Kreise/kreisfreien Städte vertreten ist. Die Abweichung ist in Prozentpunkten und nicht in Prozentsätzen angegeben (vgl. zum Verständnis der Methode Kap. 8.2.5).

II.3.3: Abweichung zwischen Grundverteilung und Verteilung der Gruppe der schwächsten Kreise (Ost und West)

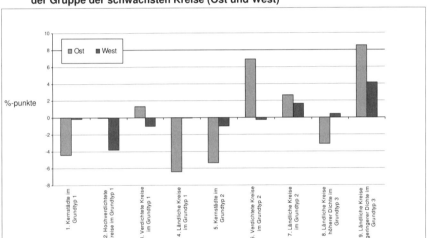

Dastenquelle: BBR 2004 und 2005a, eigene Berechnungen

Bezogen auf die Abweichung von der Grundgesamtheit treten im Westen die ländlichen Kreise nicht besonders hervor. Der sehr ländliche Kreistyp 9 erscheint allerdings in West und Ost häufig in der Gruppe der Schwachen. Die städtischen Räume sind als Verlierer unterrepräsentiert.

Vor dem Hintergrund, dass es nicht nur auf die relative Verteilung, sondern gleichermaßen auf die absolute Anzahl an wirtschaftlich schwachen Räumen ankommt, ergeben sich bei einer Zusammenführung beider Diagramme folgende Verlierergruppen: Auffällig sind die Kreistypen 6 (Verdichtete Kreise) und 7 (Ländliche Kreise) im Grundtyp 2. Deutlich erkennbar ist auch, dass die sehr ländlichen Kreise im Grundtyp 3, insbesondere Kreistyp 9 (Ländliche Kreise geringer Dichte) schlecht abschneiden. Kreistyp 8

---

[160] So kommt beispielsweise in Deutschland Kreistyp 6 (Verdichtete Kreise im Grundtyp 2) 91 mal vor, aber Kreistyp 4 (Ländliche Kreise im Grundtyp 1) nur 23 mal (BBR 2004).

(Ländliche Kreise höherer Dichte) ist zwar im Westen mengenmäßig als schwacher Raum von Bedeutung, liegt aber im Diagramm II.3.3, das die Abweichung zur Grundgesamtheit angibt, nur knapp über der Nulllinie und im Osten darunter. Auf den Kreistyp 1 (Kernstädte im Grundtyp 1) fällt zwar im Westen eine bestimmte Anzahl schwacher Räume, es besteht aber keine Abweichung zur Grundgesamtheit, also liegt keine relative Konzentration vor. Im Osten ist dieser Raumtyp als schwacher Raum (Abb. II.3.3) sogar deutlich unterrepräsentiert.

Frage 2: Welche Kreistypen erhalten die meisten raumwirksamen Mittel und stehen die Mittelzuweisungen im Verhältnis zu ihrer tatsächlichen regionalwirtschaftlichen Situation?

Um die Räume herauszufiltern, die von einer Kürzung ausgleichsorientierter Fördermittel besonders betroffen wären, werden folgend raumwirksame Fördermittel und subjektorientierte Transfers betrachtet. Die Analyse stützt sich auf Datensätze raumwirksamer Fördermittel, die vom BBR (2005a) auf Ebene der Kreise/kreisfreien Städte elektronisch zur Verfügung gestellt werden. Vor dem Hintergrund, dass es hier um die Betrachtung des räumlichen Ausgleichsziels geht, wurden nur jene Mittel beachtet, die von ihrer Sachlogik ausgleichsorientiert sind.[161] Als raumwirksame Mittel sind Städtebauförderungsmittel, Mittel aus den ERP-Regionalprogrammen[162] und Zuschüsse im Rahmen der Gemeinschaftsaufgabe zur Verbesserung der regionalen Wirtschaftsstruktur für gewerbliche Wirtschaft, Fremdenverkehr und Infrastruktur eingeflossen. Im Darlehensbereich wurde nur der Zinsvorteil, also die eigentliche Beihilfe-/Subventionsintensität[163], berücksichtigt.

Es ist einschränkend anzumerken, dass mit diesem Vorgehen die räumliche Verteilung der dem Ausgleich dienenden Mittel nur unvollständig wieder gegeben werden kann. So fehlen beispielsweise die Agrarausgaben sowie die Mittel aus den EU-Strukturprogrammen, dem Bund-Länderfinanzausgleich und aus der Arbeitsmarktpolitik[164], die vom Volumen deutlich raumbedeutsamer sind als die Mittel der regionalen Strukturpolitik (BBR 2005: 288).

---

[161] Da beispielsweise die vom BBR als raumwirksam ausgewiesenen Mittel der Kreditanstalt für Wiederaufbau breit streuen und keine Verteilung nach der regionalen Bedürftigkeit erkennen lassen, sind diese nicht eingegangen.

[162] ERP steht für European Recovery Program, das nach dem zweiten Weltkrieg von den USA zur wirtschaftlichen Entwicklung Westdeutschlands aufgelegt wurde. Da es sich um einen revolvierenden Fonds handelt und die Mittel als Kredite vergeben werden, wird das Vermögen bis heute zur Förderung der Wirtschaft eingesetzt. In den ERP-Regionalprogrammen werden Kredite zu vergünstigten Konditionen an Unternehmen in strukturschwachen Gebieten vergeben.

[163] Dies ist der Förderwert, der sich aus der Differenz zwischen vergünstigtem und marktüblichem Zinssatz bezogen auf Laufzeit und Tilgung ergibt. Als Förderwert wurde 4% der Darlehenssumme angesetzt. Dies entspricht dem Wert, den das BBR in ihren Raumordnungsberichten für diesbezügliche Betrachtungen zugrunde legt (BBR 2005: 286).

[164] Gerade die raumwirksamen Transfers im Rahmen der Arbeitsmarktpolitik, die sich aus der Gegenüberstellung der Leistungen der Bundesanstalt für Arbeit an eine Region und der Beitragsfinanzierung aus der Region ergeben, sind erheblich. So hatte 2001 der in diesem Rahmen stattgefundene Ost-West-Transfer ein Volumen von über 12 Mrd. € und ist damit rund doppelt so hoch wie der Transfer im Länderfinanzausgleich (BBR 2005: 289).

Dies berücksichtigend wurde zusätzlich die subjektorientierte Alimentierungsquote (pro Kopf) aus der Differenz zwischen Primär Einkommen und dem Verfügbaren Einkommen berechnet. Während die Einkommen aus abhängiger Arbeit, von Selbstständigen und aus Vermögenseinkommen summiert das Primär Einkommen ergeben, berücksichtigt das Verfügbare Einkommen staatliche Umverteilungsmaßen in Form von Steuern und Transferzahlungen (vgl. auch Klemmer 2004 und Kapitel 7.2.2). Mit diesem Vorgehen lassen sich die Regionen identifizieren, die nur einen geringen bzw. gar keinen Beitrag zum Staatshaushalt leisten bzw. am stärksten alimentiert werden. Dies ist immer dann der Fall, wenn das durchschnittliche Primär Einkommen das Verfügbare Einkommen (beides pro Kopf) nur marginal übersteigt bzw. unterschreitet.

Angelehnt an die vorangegangenen Analysen wurden die Kreise/kreisfreien Städte mit den höchsten raumwirksamen Mitteln (50%) sowie die mit der höchsten subjektorientierten Alimentierungsquote (50%) für West- und Ostdeutschland ermittelt und für beide Indikatoren eine Häufigkeitsauszählung der 9 Kreistypen vorgenommen.

Die folgenden Netzdiagramme (II.3.4) geben die Verteilung der Kreise/kreisfreien Städte, die die höchste Mittelzuweisung erhalten, die die höchste Alimentierungsquote aufweisen und die regionalwirtschaftlich am schwächsten sind, wieder.

Wie im ersten Diagramm der Abbildung II.3.4 abgelesen werden kann, ergibt sich im Westen insgesamt eine relativ große Übereinstimmung zwischen regionalwirtschaftlicher Bedürftigkeit, raumwirksamen Mitteln und subjektorientierter Alimentierungsquote. Kreistyp 2 (Hochverdichtete Kreise im Grundtyp 1), Kreistyp 3 (Verdichtete Kreise im Grundtyp 1) und Kreistyp 6 (Verdichtete Kreise im Grundtyp 2) sind sowohl als Raumeinheit als auch subjektorientiert weniger häufig in der Gruppe der Räume mit hohem Mittelzufluss als in der Gruppe der schwächsten Räume zu finden, bekommen also aus statistischer Sicht weniger Mittel als ihnen aufgrund ihrer regionalwirtschaftlichen Situation zustehen. Anders bei Kreistyp 5 (Kernstädte im Regionsgrundtyp 2) und Kreistyp 8 (Ländliche Kreise höherer Dichte im Grundtyp 3), bei denen sich ein Überhang derart ergibt, dass mehr Städte zu der Gruppe mit hohen Mittelzuweisungen gehören als Städte in der Gruppe der Schwachen zu finden sind.

Im Osten (siehe zweites Diagramm in Abb. II.3.4) wird vor allem deutlich, dass der sehr ländlich strukturierte Kreistyp 9 (Ländliche Kreise geringer Dichte im Grundtyp 3) zwar häufig in der Gruppe der Schwachen vertreten ist, jedoch nicht entsprechend oft in der Gruppe der Empfänger der meisten raumwirksamen Mittel vorkommt. Das heißt, dass dieser Kreistyp bezogen auf die hier zugrunde gelegten raumwirksamen Mittel keinen entsprechenden Mittelzufluss erhält. Anders bei den Kreistypen 1, 2, 5 und 8, bei denen die Anzahl der Kreise mit hohen raumwirksamen Zuweisungen höher ist als die Anzahl der schwachen Räume. Dabei handelt es sich eher um dicht besiedelte Räume innerhalb des jeweiligen Grundtyps.

II.3.4: Die schwächsten Kreise, die Kreise mit den meisten raumwirksamen Mitteln und die mit der höchsten subjektorientierten Alimentierungsquote im Vergleich (West und Ost)

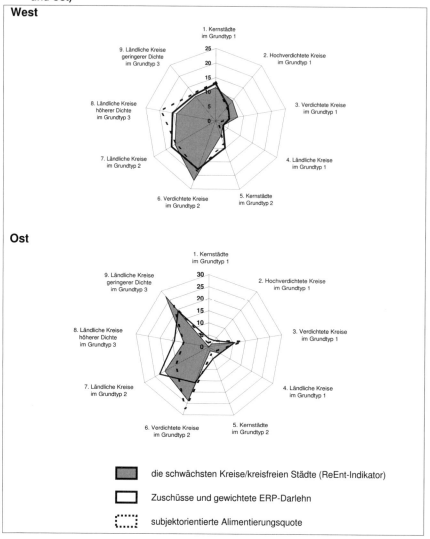

Datenquelle: BBR 2004 und 2005a, Statistische Ämter der Länder 2004, eigene Berechnungen

Frage 3: In welchen Kreistypen leben die meisten Menschen in regionalwirtschaftlich schwachen Räumen?

Die Erkenntnis, welche Kreistypen regionalwirtschaftlich besonders schwach sind, sagt noch nicht viel darüber aus, wie viele Menschen in den jeweiligen Kreistypen von einer regionalwirtschaftlich schwachen Verfassung betroffen sind. Dies vor dem Hintergrund, dass die Kreise über sehr unterschiedliche Flächengrößen und Einwohnerzahlen verfügen. Das folgende Netzdiagramm gibt die Anzahl der in schwachen Räumen (50% schwächste Kreise/kreisfreie Städte) lebenden Einwohner als Verteilung auf die Kreistypen für West- und Ostdeutschland[165] an.

II.3.5: Anzahl der Einwohner in den schwächsten Regionen (West und Ost)

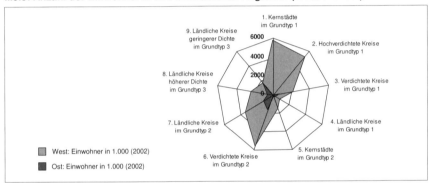

Datenquelle: BBR 2004 und 2005a, eigene Berechnungen

Die Abbildung zeigt, dass der Osten über deutlich weniger Menschen in schwachen Räumen verfügt als der Westen, was nicht alleine damit zu begründen ist, dass in Ostdeutschland insgesamt weniger Menschen leben. Die Ursache hierfür liegt vielmehr darin begründet, dass die ländlich peripheren Räume im Osten verstärkt zu den schwachen Räumen gehören und diese weniger dicht besiedelt sind. Werden die schwächsten Kreise/kreisfreien Städte im Osten abgetragen, so befindet sich kein einziges Mal der Kreistyp 1 (Kernstädte im Grundtyp 1) in dieser Kategorie. Was aber nicht heißt, dass diese Räume aus gesamtdeutscher Perspektive nicht schwach wären. Aus ostdeutscher Perspektive gehören die Städte aber eher zu den wohlhabenden Standorten.

Bemerkenswert ist, dass im Osten der Kreistyp 9 (ländliche Kreise geringer Dichte im Grundtyp 1) auch von der Anzahl der Bevölkerung als schwacher Raum relevant ist, obwohl dieser Kreistyp sehr dünn besiedelt ist. Aber ebenso bleiben die ländlicheren Kreise (Kreistyp 6, 7) im Grundtyp 2, und zwar in Ost und West, als Verlierer relevant. Eine wichtige Erkenntnis ist, dass in Westdeutschland die Agglomerationen und Städte als schwache Räume bei dieser Betrachtung stärker in den Vordergrund rücken.

---

[165] Vor dem Hintergrund, dass Berlin historisch bedingt eine für eine Hauptstadtsituation untypische Sonderrolle einnimmt und die hohe Bevölkerungszahl zu einer Verzerrung führen könnte, wurde Berlin bei dieser Analyse aus der Gruppe der schwächsten Kreise/Städte eliminiert.